18 20

39.90

Zwischen Himmel & Erde
Mozarts geistliche Musik

Zwischen Himmel & Erde

MOZARTS GEISTLICHE MUSIK

ZWISCHEN HIMMEL UND ERDE
Mozarts geistliche Musik

Katalog mit Audio-CD zur
31. Sonderschau des DOMMUSEUMS ZU SALZBURG
8. April bis 5. November 2006

Förderer: Raiffeisenverband Salzburg, Salzburg AG, Gredler-Kerzen

Herausgeber: Peter Keller/Armin Kircher
Redaktion: Reinhard Gratz, Peter Keller, Heidi Pinezits/Dommuseum zu Salzburg,
Armin Kircher/Kirchenmusikreferat der Erzdiözese Salzburg

Arbeitsgruppe: Ferdinand Altnöder, Christina Gastager-Repolust,
Ernst Hintermaier, Peter Keller, Armin Kircher, Rudolf Pacik,
Franz Padinger, Balthasar Sieberer, Gerhard Walterskirchen
Projektion: checkpointmedia/Sascha Selke
Figurinen: Andreas Gamerith

Bibliographische Informationen der Deutschen Bibliothek
Die Deutsche Bibliothek verzeichnet diese Publikation in der Deutschen
Nationalbibliographie; detaillierte bibliographische Daten sind im
Internet über http://dnb.ddb.de abrufbar.

1. Auflage 2006

© 2006 Dommuseum zu Salzburg
Kapitelplatz 6, A-5020 Salzburg
www.kirchen.net/dommuseum

© 2006 Verlag Schnell & Steiner GmbH
Leibnizstraße 13, D-93055 Regensburg
ISBN 3-7954-1869-0
www.schnell-und-steiner.de

© 2006 Carus-Verlag Stuttgart
Sielminger Str. 51, D-70771 Leinfelden-Echterdingen
Carus 24.047
ISBN 3-89948-074-0
www.carus-verlag.com

Alle Rechte vorbehalten

Grafische Gestaltung: Eric Pratter, media&design
Druck: Salzburger Druckerei
Lithographie: Repro Studio Salzburg
CD-Herstellung: Carus-Verlag Stuttgart
Salzburg 2006

Inhalt

AUFSÄTZE

Manfred Hermann Schmid	9	Mozarts Kirchenmusik
Peter Paul Kaspar	24	Mozart und der liebe Gott Theophilus – Amadeus – Gottlieb
Helmut Reinalter	33	Mozarts Religionsvorstellung
		Das freimaurerische Symbol des „Großen Baumeisters aller Welten"
Patrick Bircher	37	Einblicke in die liturgische Praxis zur Zeit Wolfgang Amadeus Mozarts
Gerhard Walterskirchen	47	Mozart und die Orgel „der könig aller instrumenten"
Ulrich Leisinger	50	Fragmente im Werk Mozarts
Thomas Hochradner	56	Der lange Schatten des Mythos
		Über Anekdotisches rund um Mozarts Kirchenmusik
Carena Sangl	67	Die Rezeption der geistlichen Musik Mozarts in Salzburg bis um 1900
Rainer Michaelis	70	Das Mozartporträt Johann Georg Edlingers in der Berliner Gemäldegalerie
Martin Braun	75	Das letzte Porträt Wolfgang Amadeus Mozarts
		Ein biometrisch-statistischer Vergleich
Richard Bauer	77	In München Stadtrat, in Berlin Mozart?
		Notwendiger Widerspruch gegen eine Weltsensation

ESSAYS

Papst Benedikt XVI.	83	Liturgie und Kirchenmusik. Mein Mozart
Nikolaus Harnoncourt	84	Die Kirchenmusik der Mozartzeit als „Schule des Hörens"
Philipp Harnoncourt	86	Vom Hören und Erfassen geistlicher Musik
Peter Hofer	89	Wolfgang Amadeus Mozart – zum 250. Geburtstag
Egon Kapellari	92	„Aber die Engel singen nur im *Ave verum*"
Hans Maier	94	Ungeliebter Zwang zur Kürze Der Kirchenmusiker Mozart und die Aufklärung
Luise Müller	95	Glauben, Leben, Musik
Peter Planyavsky	97	Solemnis-Schiff in Breverl-Flasche Die geniale Ökonomie in Mozarts Messen
Franz Karl Praßl	100	Mozart in der Liturgie heute Gedankensplitter
Heinz-Walter Schmitz	102	Mozarts Kirchenmusik ist unzeitgemäß oder Mozart muss man stehend hören
Wolfgang Schüssel	106	Glaube und Musik

INTERVIEWS

108	Nikolaus Harnoncourt, Klaus Küng, Georg Ratzinger, Helmuth Rilling, Thomas Daniel Schlee, Gerhard Wimberger

KATALOG

116	Das religiöse Leben eines Laien
143	Mozarts geistliche Musik
191	Spannungsfelder künstlerischen Schaffens
237	Inhalt der CD
246	Autoren und Abkürzungen
247	Biographien
249	Kataloge, Sammelschriften
251	Aufsätze, Monographien
254	Fotonachweis
255	Leihgeber

Grußwort des Erzbischofs von Salzburg

„Gott immer vor Augen"

Der 250. Geburtstag Wolfgang Amadeus Mozarts bietet Anlass, im Dommuseum zu Salzburg die diesjährige Sonderausstellung dem Thema „Zwischen Himmel und Erde", der geistlichen Musik Mozarts zu widmen.

Es gibt kaum einen passenderen Ort, diese wichtige Sparte im Schaffen Mozarts zu präsentieren, denn im Salzburger Dom erklang der Großteil der kirchenmusikalischen Kompositionen Mozarts erstmals, im Dom wurde Mozart getauft, hier wurden bereits seine Eltern getraut, und von 1779 bis 1781 wirkte Mozart am Dom als Organist. Für seine fürsterzbischöflichen Dienstherren Siegmund Schrattenbach und Hieronymus Colloredo schrieb er so bedeutsame Werke wie die *Krönungsmesse* (KV 317) für den Ostersonntag des Jahres 1779 und die *Vesperae solennes de Confessore* (KV 339) mit der berührenden Vertonung des Psalms „Laudate Dominum".

In drei Bereichen wird die Ausstellung das religiöse Leben des 18. Jahrhunderts in Salzburg, das kirchenmusikalische Schaffen Mozarts, schließlich Mozarts Beziehung zur Religion, zu seinen Dienstgebern und zu Fragen der Transzendenz darstellen.

Zeitlebens beschäftigte sich Mozart mit Kirchenmusik: „Kirchenmusik war das Lieblingsfach Mozarts", schrieb Franz Xaver Niemetschek in seiner 1798 in Prag erschienenen Biographie Mozarts. Zu keiner Gattung hat Mozart mehr Werke beigetragen als zur „Musica sacra". Die Salzburger Tradition, repräsentiert durch die Hofmusiker Johann Ernst Eberlin, Leopold Mozart und Michael Haydn, war dem jungen Musiker unmittelbares Vorbild für die Konzeption seiner liturgischen Werke. Dazu kamen später die musikalischen Eindrücke auf seinen Reisen, insbesondere wurde die Begegnung mit der italienischen Kirchenmusik für ihn prägend. Mozart selbst legte in einem Brief vom 4. November 1777 dar, was einen guten Kirchenstil ausmacht: ein guter Vokal- und Instrumentalsatz und gute Fugen.

Die Beliebtheit der Kirchenmusik Mozarts basiert auf dem Gleichgewicht kontrastierender Elemente: der Synthese von Lebensfreude und religiöser Hingabe, von Theatralischem und Andächtigem, von Irdischem und Himmlischem, wie es im Titel unserer Ausstellung heißt. In der Verbindung dieser offenbaren Gegensätze mag das Geheimnis für die Wirkung dieser Musik liegen, in der die barocke Tradition, die Eleganz des Rokoko und das klassische Maß sich glücklich vereinen. Franz Schuberts Tagebucheintragungen, Mozart zeige „uns in den Finsternissen dieses Lebens eine lichte, helle, schöne Ferne, worauf wir mit Zuversicht hoffen", gilt im Besonderen für Mozarts geistliche Musik.

Mozarts Kirchenmusik ist auch Ausdruck seiner eigenen Religiosität, wie sie u. a. im Brief an den Vater vom Oktober 1777 zum Ausdruck kommt: „Ich habe Gott immer vor Augen. Ich erkenne seine Allmacht, ich fürchte seinen Zorn; ich erkenne aber auch seine Liebe, sein Mitleiden und seine Barmherzigkeit gegen seine Geschöpfe. Er wird seine Diener niemalen verlassen." Daher hatte auch der Tod, dieser „wahre, beste Freund des Menschen", wie Mozart in einem Brief an seinen Vater schreibt, „nichts Schreckendes" für ihn, sondern „sehr viel Beruhigendes und Tröstendes". Musikalischen Ausdruck findet dieser tröstliche Gedanke in der ergreifenden Motette *Ave verum* (KV 618) und in Mozarts „opus ultimum", dem unvollendet gebliebenen *Requiem* (KV 626).

Gerade für Mozarts Kirchenmusik darf gelten, was Papst Benedikt XVI. zum Erlebnis geistlicher Musik sagt, dass uns dabei „eine Schönheit berührt, die uns nicht nur den kulturellen Glanz des christlichen Glaubens, sondern die Nähe zu Gott selber spüren lässt". Diese Erfahrung wünsche ich den Besuchern der Ausstellung im Dommuseum, ebenso wie das Erlebnis der geistlichen Musik Mozarts. Denn Mozart bedeutet, wie Hermann Hesse sagt: „Die Welt hat einen Sinn, und er ist uns erspürbar im Gleichnis der Musik."

Dr. Alois Kothgasser
Erzbischof von Salzburg

AUFSÄTZE

Manfred Hermann Schmid[1]

Mozarts Kirchenmusik

Mozart hat von früh an Musik gemacht, wo immer sie nur gefragt war, und deshalb so gut wie alles komponiert, von der Messe über die Oper bis zur Tanzmusik. Die Vielfalt der Gattungen, von denen ihm keine lästig fiel, ist geradezu eines seiner Kennzeichen, das ihn von anderen Komponisten unterscheidet. Könnten wir ihn fragen, welches Fach ihm am liebsten war, wäre ihm eine Antwort vermutlich schwer gefallen. Seine Witwe Konstanze hat sie ihm abgenommen, als sie 1827 Abbé Maximilian Stadler (* Melk 1748, † Wien 1833), der sich anschickte, die Echtheit des *Requiem* zu verteidigen, mit Auskünften zur Entstehung bedachte und auf Kirchenmusik generell zu sprechen kam: „indem dieß sein Lieblingsfach sey". Das trifft sich fast wörtlich mit einer Bemerkung in der ersten Biographie, die Franz Xaver Niemetschek 1798 in Prag veröffentlicht hatte: „Kirchenmusik war das Lieblingsfach Mozarts. Aber er konnte sich demselben am wenigsten widmen." Ein drittes und letztes Mal hinterlässt Konstanze Mozarts Hinweis Spuren im Lebenswerk ihres zweiten Mannes, in Nissens *Biographie W. A. Mozart's* von 1828: „Mozart's liebste Unterhaltung war Musik; wenn ihm daher seine Gemahlin eine recht angenehme Ueberraschung an einem Familienfeste machen wollte, so veranstaltete sie im Geheim die Aufführung einer neuen Kirchen-Composition von Michael oder Joseph Haydn."[2]

Für die hohe Wertschätzung der Kirchenmusik sind vielerlei Gründe denkbar. So muss Johann Michael Haydn (* Rohrau 1737, † Salzburg 1806) sie nicht zuletzt der Würde ihrer Texte wegen bevorzugt haben. Das enthob ihn möglicherweise des ständigen Ärgers mit Dichtungen zweifelhaften Ranges, wie seine frühen Biographen 1808 mutmaßten: „Vielleicht liegt in dieser ästhetischen Orthodoxie zum Theil die Ursache, warum er am liebsten Kirchenmusik schrieb." Bei Mozart dürften neben persönlicher Frömmigkeit, auch wenn er der Religionsausübung nicht die gleiche Zeit widmen konnte wie seine eifrige Schwester Nannerl, noch weitere Momente ausschlaggebend gewesen sein. Mit dem Hören der Beichte und dem regelmäßigen Besuch der Messe – am 4. Februar 1778 behauptete er dem Vater gegenüber, Freundschaft mit Menschen ohne Religion könne nicht von Dauer sein –, stellte er sich in eine Gemeinschaft, die Grundlage seiner gesellschaftlichen Existenz war. Und als Musiker erreichte er in dieser Gemeinschaft mehr Hörer als sonstwo. Während die Oper auf einen engeren Adelskreis beschränkt blieb, in der Form des Singspiels wiederum auf ein leicht zufrieden zu stellendes bürgerliches Publikum, Klaviermusik Sache der musizierenden Laien war und das Streichquartett Expertentum und anspruchsvolle Spieler voraussetzte, konnte Kirchenmusik jedermann hören. Sie war unabhängig von Stand und finanziellem Vermögen. Das mag für Mozart mit seinen inneren und vom reichsstädtisch geprägten Vater ererbten Vorbehalten gegenüber einem dominierenden Geburtsadel eine Rolle gespielt haben.

Andere Gründe sind innermusikalischer Art. Zu den Eigenheiten seines Schaffens gehört für Mozart in Wien die Entdeckung von Geschichte, das heißt, die Erkenntnis von Vergänglichem, so erfolgreich es im Moment auch sein mag, und von Bleibendem über den Tag hinaus. In der bewussten Begegnung mit Händel und Bach erfährt er etwas von historischer Konstanz. Begreiflich werden konnte ihm das nur auf dem Boden von Kirchenmusik. Sie hielt schon immer eine gewisse Distanz zum nur Modischen, hatte vor allem aber selbst etwas von jener historischen Tiefe, für die Mozart sich zu interessieren begann.

In der Kirche war die älteste Schicht abendländischer Musik ständig präsent: der gregorianische Choral. Damit begann auch der musikalische Elementarunterricht. Am Kapellhaus in Salzburg, an dem der Vater Violine lehrte, wurden die Schüler zunächst „im Figural- und Choralge-

1. *Familie Mozart* (aus: Nissen 1828, nach Johann Nepomuk della Croce, 1780/1781)

sange unterwiesen", wie Leopold Mozart in seinem Bericht *Vom gegenwärtigen Zustande der Musik in Salzburg* 1757 ausdrücklich betont. Und geordnetes Choralsingen war ihm so etwas wie eine akustische Visitenkarte. Vom Kölner Dom und seinen „schreyenden" Sängern – „das psallieren ist mehr eine Judenschule als ein Christlicher Gesang" – konnte er sich deshalb 1763 nur negativ äußern. Zum Choral gehörte schließlich noch das organistische Intonieren in Form von Versetten. Sie hatten in Ergänzung zu galanten Menuetten, wie sie im Nannerl-Notenbuch überliefert sind, zu Wolfgang Amadeus Mozarts frühestem Übungsmaterial gehört. Da Choral in der Kirche akkordisch aus dem Stegreif auf der Orgel begleitet wurde, blieben zudem historisch ältere Techniken im Blick auf die Bewahrung des jeweils eigenen Charakters von Kirchentonarten konserviert. In der Fastenzeit, wenn Instrumente zu schweigen hatten, musste „moderne" Musik ganz unterbleiben. Was erklang, waren Kompositionen in der Palestrina-Nachfolge. Palestrina selbst scheint im Gegensatz zu Dresden und Wien in Salzburg nicht mehr aufgeführt worden zu sein, wohl aber sind benutzte Stimmenkopien des 18. Jahrhunderts von Werken aus der Zeit der Domweihe von 1628 belegt, die auch noch in der Tradition der Choralbearbeitung stehen, wenn sie einen Cantus firmus zugrunde legen. Mozart begegnete also in der Kirche schon immer historisch älteren Schichten, die auch früh Spuren in seinem Werk hinterlassen haben, sei es in harmonisch kirchentonalen Wendungen, sei es in Choralzitaten. Das „Viaticum" der *Sakramentslitanei* KV 243 legt in langen Notenwerten die Melodie des „Pange lingua"-Hymnus in den Sopran, das *Misericoridas Domini* (KV 222, Kat.Nr. 52.) gemahnt mit einer Rezitationsformel an Psalmodie. Den Einbau von Choralzitaten, für die Michael Haydn mit seinem Werk das Vorbild lieferte, hatte der Vater Leopold im Auge, wenn er am 4. Oktober 1777 dem Sohn auf die Paris-Reise die „Choraltöne" als immer nützlich nachschickt. Soweit Mozart in Wien auf Choral zurückkommt, hat er verlässlich Salzburger Werke von Michael Haydn im Ohr. Das Bläserthema der *Maurerischen Trauermusik* (KV 477) lehnt sich an den Introitus von dessen Schrattenbach-Requiem aus dem Jahr 1771 an. Der Tonus peregrinus im eigenen *Requiem* hat Michael Haydns Chor „Cantate Domino" zur Voraussetzung, den Mozart schon einmal und komplett in allen Stimmen benutzt hatte, nämlich für sein Oratorium *Betulia liberata* (vgl. a. Kat.Nr. 51.).

Ein anderes rückwärts gewandtes Element der Kirchenmusik ist der Kontrapunkt. Bezeichnenderweise sind Handwerkslehre und kirchlich gebundene Kunst hier eng verknüpft. Als Mozart begann, ausgelöst von italienischen Erfahrungen und der Begegnung mit Padre Martini sich konsequent in Kontrapunkt zu üben, nahm er Kirchenwerke der älteren Generation zum Muster. Denn in Bologna hatte er als Prüfungsarbeit einen Satz in altem Stil über eine Choralmelodie, nämlich die Vesperantiphon „Quaerite primum regnum Dei", zu schreiben gehabt. Der Vater legte ihm 1773 eigens ein Heft mit ausgewählten Kompositionen des früheren Hofkapellmeisters Johann Ernst Eberlin (* Jettingen 1702, † Salzburg 1762) an. Der Praxis gemäß handelte es sich fast ausschließlich um Musik zur Karwoche. Wenn Mozart selbst nachahmend solche Stücke schrieb, hatten sie lateinischen und liturgischen Text. Als Kompositionen wären sie freilich

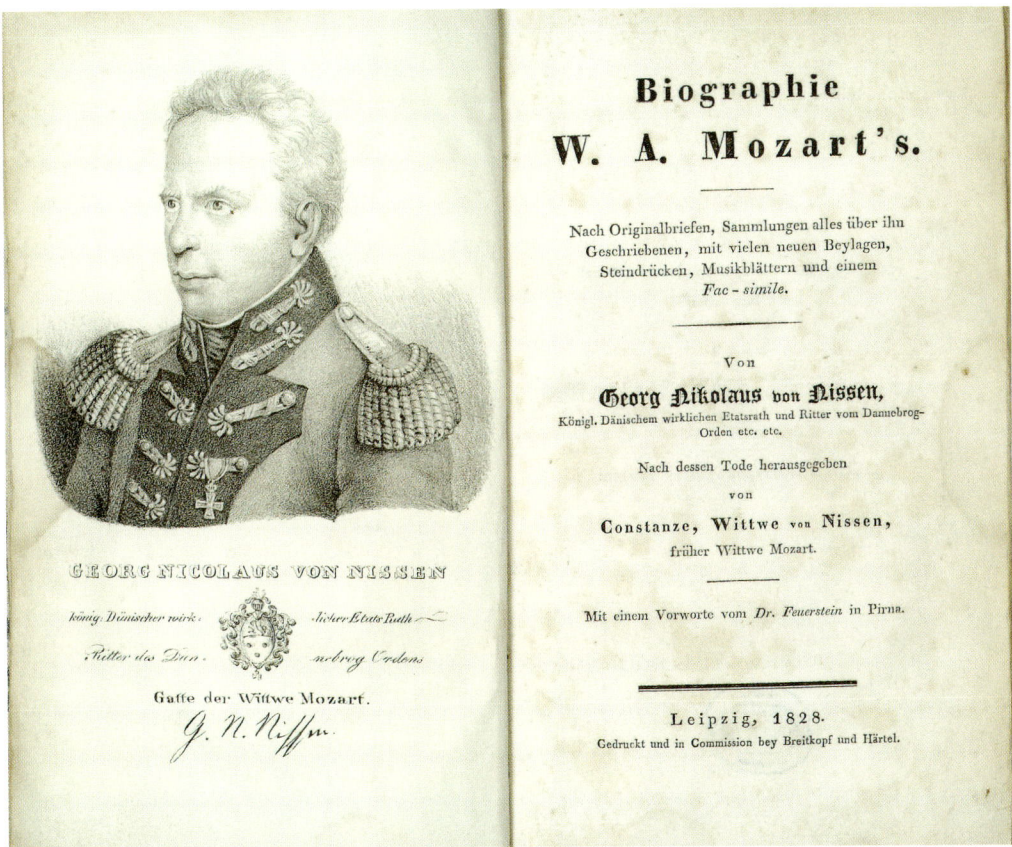

2. Georg Nikolaus von Nissen/
Titelseite der Biographie Nissens
(aus: ders. 1828)

missverstanden. Das *Kyrie* (KV 89) ist nie innerhalb einer Messe erklungen. Es dokumentiert aber als Übungsarbeit die kirchliche Prägung der Lehre von musikalischem Satz. Eine Probe in diesem Sinne hatte Mozart schon 1765 dem Britischen Museum mit seinem kleinen *God is our Refuge* (KV 20, Kat.Nr. 50.) zur ewigen Aufbewahrung überreicht. Im Zusammenhang seiner Studien hat Mozart sich sogar mit so alter Musik befasst, dass er deren Schrift gar nicht mehr lesen konnte und seine Absicht, aus Stimmen eine Partitur zu erstellen, aufgeben musste (*Cibavit eos*, KV 44). Noch dieser misslungene Versuch zeugt aber von einem Streben nach Perfektionierung in „einem guten saz der vocal=stimmen", der Mozart als Basis für „einen guten kirchen=styl" und letztlich alle ernsthafte Musik galt.

In der modernen Kirchenmusik waren demnach wesentlich auch immer ältere Elemente mit enthalten: Choral, Kontrapunkt, archaisierende Wendungen. Insofern sind die kirchenmusikalischen Gattungen, in denen sich diese ganz unterschiedlichen Schichten mischen, wofür die Zeit den Begriff des „stile misto" geprägt hat, für einen vielseitigen Komponisten von besonderem Interesse. Dass in der Vielfalt auch historische Brechungen eingeschlossen sind, wurde Mozart aber erst in seinen letzten Jahren bewusst. Deshalb haben seine beiden großen Wiener Werke einen erstaunlich neuen Ton, der das von Konstanze behauptete Interesse Mozarts für Kirchenmusik glaubhaft erscheinen lässt. Im *Requiem* ist jener auffällige Psalmton mit seinen wechselnden Rezitationsebenen beim Vers des Introitus („Te decet hymnus") solistisch aus einem Tutti-Kontext herausgehoben, der einem *Funeral Anthem* von Georg Friedrich Händel verpflichtet ist. Die Vorbereitung in historisierendem Rückgriff steigert noch das „Ehrwürdige" des Chorals. Der neuen Rolle traditionell imitatorischer Techniken wiederum hatte schon die *c-Moll-Messe* (KV 427, Kat.Nr. 42.–43.) den Weg gebahnt. Denn während in der Salzburger Zeit – und das gilt weiterhin für Michael Haydns Messen – Fugen und Fugati immer „zeitgenössisch" klingen, beginnt der Kontrapunkt bei Mozart, historische Distanz zu evozieren. Die Musik wird modern gerade dadurch, dass sie Altes wiedergewinnt. Mit ihren Händel- und vielleicht auch Bach-Anklängen überschreitet sie vertrauten Erfahrungshorizont und sprengt zudem, selbst als Fragment, alles aus dem letzten Salzburger Jahrzehnt Gewohnte. Den Anlass für das Werk, der sich wieder erübrigt haben muss, würden wir gerne kennen. Mozart hat ihn dem Vater gegenüber hinter einem persönlichen Gelübde verborgen. Zu einer provisorischen Aufführung ohne Credo und Agnus ist es nur in Salzburg gekommen. Aufgeführt aber wollte Mozart seine Messe in jedem Fall wissen. Denn die Salzburger sollten hören können, wohin sich seine Kunst inzwischen entwickelt hatte. Gerade an der Messvertonung der Ordinariumssätze mit den in ihr eingeschlossenen, geschichtsgebundenen Ansprüchen ließ sich erahnen, wozu seine Musik fähig war. Merkwürdigerweise hatte das 19. Jahrhundert für eine solche Demonstration höchster Kunst im Dienst der Liturgie kein Verständnis mehr. Der Caecilianismus hielt in einem Geschichtsbruch, der die lebendige Vielfalt einer toten Pseudohistorizität zu opfern bereit war, Mozarts Messen für „weltlich" (s. S. 67–69). Das ist ein eigenartiges Missverständnis. Dass Kirchenmusik nur mit einem Segment Anteil

3. Pietro Antonio Lorenzoni, *Wolfgang Amadeus Mozart im Galakleid*, 1763, Salzburg, Internationale Stiftung Mozarteum (vgl. Kat.Nr. 102.)

an dem haben wollte, was mittelalterliche Denker als höchste Gottesgabe ansahen, hätte Mozart nicht verstanden. Für ihn bedeutete gerade Kirchenmusik im Gegensatz zu eher nur partikularen weltlichen Gattungen das Ganze an Musik.

Kirchenmusik hat Mozart deshalb auch sein ganzes Leben begleitet, vom frühen *Scande coeli limina* (KV 34) bis zum unvollendeten *Requiem* (KV 626, Kat.Nr. 45.–46.). Unterbrochen war die Reihe an Werken nur kurz, als die josephinischen Reformen in Wien wenig Spielraum ließen, so dass 1784–1787 Anlässe fehlten. Sonst gibt es aber keine Zeit, in der Mozart nicht mit Kirchenmusik beschäftigt gewesen wäre. Gerade in seinen letzten Jahren, als er berechtigte Hoffnung hatte, Kapellmeister am Stephansdom zu werden, wandte er sich wieder intensiv dem Komponieren für die Kirche zu. Wie es bei allen größeren Gattungen seine Gewohnheit war, schuf er sich 1788–1791 einen Fundus angefangener Werke, die sich im Ernstfall rasch vollenden ließen. Diese Entwürfe in voller Partitur sind erst im Rahmen der Arbeiten an der *Neuen Mozart Ausgabe* in ihrer Bedeutung erkannt worden.[3] Vorher waren sie gleich zweifacher Fehldeutung ausgesetzt gewesen: Sie seien Verworfenes aus der Salzburger Zeit, nicht wert einer weiteren Ausarbeitung. Die Untersuchungen zu Schrift und Papier einerseits und zur Musik andererseits lassen aber keinen Zweifel an später Datierung wie besonderem Anspruch. Fünfmal hat Mozart eine Messe mit dem Kyrie begonnen. In einem Fall ist auch ein Gloria angefangen. Anders als bei Salzburger Werken ist mit einer Ausnahme das Ensemble der Streicher immer vierstimmig, rechnet also mit der Viola. C-Dur-Sätze tragen in ihrer Thematik der Beteiligung von Trompeten und Pauken Rechnung, während die beiden Entwürfe, die nicht in der Trompeten-Tonart C geschrieben sind, einem lieblicheren Typus angehören; die beiden Kyrie-Vertonungen in G-Dur und D-Dur, die ohne Vorspiel sofort mit dem Chor beginnen, gemahnen in ihrem Tonfall gar an ältere, marianische Stücke.

Als erster, aber lange unbemerkt, hat Maximilian Stadler, der beste Kenner des Mozart'schen Nachlasses, weil er der Witwe beim Ordnen geholfen hatte, die Qualität der Kompositionen erkannt: „ganz im Kirchenstyl und überaus schön", steht von seiner Hand auf einem der Manuskripte. Zwei der angefangenen Sätze hat er im frühen 19. Jahrhundert sogar mit Geschick vollendet. Dem festlichen *C-Dur-Kyrie* ist deshalb mit KV 323 sogar eine eigene, wenn auch chronologisch irreführende Köchelnummer zuteil geworden (Kat.Nr. 53.). Am Rand von Mozarts Manuskript verlieh Stadler 1809 nicht nur seiner Bewunderung für ein „Meisterstuk" und eine „herrliche Composition" Ausdruck, sondern auch seiner Hoffnung, dass Mozarts Musik, die in einem einzelnen Kyrie verloren war, umtextiert weiterleben könnte: „Es machte mir Mühe, ein solches Meisterstuk zu vollenden. Ich wäre aber der unmaßgeblichen Meinung, dass statt des Kyrie andre Worte, sollten es auch teutsche seyn, unterlegt werden sollten, und dann wäre diese herrliche Composition ein selbständiges Werk, welches allenfals ein Chor, und zwar ein recht prächtiger, majestätischer Chor genannt zu werden verdiente." 1827 hat der Verleger Diabelli Stadlers Fassung mit dem Text des *Regina coeli* in Stimmen veröffentlicht, leider ganz ohne Konsequenzen für die musikalische Praxis, jedenfalls die des 20. Jahrhunderts.

Die Krone unter den fragmentarischen Einzelsätzen der Wiener Jahre gebührt einem monumentalen *Kyrie in d-Moll* (KV 341) Besetzt mit gleich vier Hörnern, zwei Trompeten und Pauken sowie einem bei Mozart singulären Holzbläsersatz Beethoven'schen Typs, das heißt mit gleichzeitiger Verwendung von Oboen und Klarinetten, dazu paarigen Flöten und immer wieder solistischen Fagotten, lässt einen hochfeierlichen Anlass vermuten, auf den auch die besondere Art der Textdarstellung verweist. Denn das Anrufungswort „Kyrie" ist mit Bläserstößen, die an die Posaunenakkorde der *Zauberflöte* gemahnen, zunächst ganz für sich gestellt, bevor das ebenfalls dreifache „eleison" folgt, das sich der piano-Melodie der Streicher anschmiegt, in den tieferen Chorstimmen aber unerwartet von einem Echo des Kyrie-Rufs kontrapunktiert wird, so dass beide Textpartikel gleichzeitig erklingen. Erst in einem zweiten großen Tutti-Abschnitt sind die getrennten Worte zu einem „Kyrie eleison" markanter Deklamation zusammengefügt, weil jeweils in Gegenposition zur Eins die Takt-Zwei herausgehoben ist –

einer der unverkennbar dramatischen Züge des Werks. Es scheint, dass Süßmayer bei seiner Suche nach Requiemmaterial im Mozart'schen Nachlass auf dieses Kyrie gestoßen ist. Einer erst jüngst veröffentlichten These nach dürfte er die Takte 27–30 für sein Agnus Dei benutzt haben, mit dem er Mozarts unfertiges Requiem ergänzte.

Kirchenmusik hat also entgegen gewohnten Vorstellungen auch in Mozarts Wiener Schaffen wichtige Spuren hinterlassen. Sie hat ihn eigentlich ständig begleitet, wo immer er sich aufhielt. Das frühe *Kyrie* (KV 33) ist in Paris entstanden, das *Misericordias Domini* (KV 222, Kat.Nr. 52., Abb. 14) in München. Für Mannheim war eine Messe zumindest geplant; das erst 1778/1779 ein Stück weit ausgeführte *Kyrie in Es-Dur* (KV 322) könnte damit in Zusammenhang stehen. Seine ersten vollständigen Messen hat Mozart als Zwölfjähriger bei seinem zweiten Wienbesuch geschrieben und dabei gleich zwei verschiedene Typen erprobt, die Leopold Mozart in seinem Verzeichnis der Jugendwerke des Sohnes „große" und „kleine" Messe nennt: bei KV 49 die Missa brevis mit ihrer raschen Deklamation und kompakten Anlage und bei KV 139 die Missa longa mit ihrer Nummernfolge in Gloria wie Credo und reicher Bläserbesetzung, Trompeten und Pauken eingeschlossen; selbst die üblicherweise nur die Singstimmen verstärkenden Posaunen bekommen an wichtigen Stellen eigene Parte. Das repräsentative Werk dürfte für die Einweihung der Waisenhauskirche in Wien am 7. Dezember 1768 geschrieben worden sein. Auch auf zwei Italienreisen ist Kirchenmusik entstanden, nämlich auf der ersten 1770 in Mailand die Solomotette *Quaere superna* mit dem vorausgehenden Rezitativ „Ergo interest" (KV 143) und auf der dritten und letzten das *Exsultate, jubilate* (KV 165, Kat.Nr. 48.). Für die italienische Art der Kirchenmusik hatte sich Mozart sogar besonders interessiert. Der reisende Engländer in Sachen Musik, Charles Burney (* Shrewsbury 1726, † Chelsea 1804), berichtet 1770 aus Bologna, Vater und Sohn Mozart am 13. August in der Kirche S. Giovanni in Monte angetroffen zu haben, wo wie jedes Jahr eine Art kirchenmusikalischer Wettstreit ausgetragen wurde, bei dem jedes Stück in Messe und Vesper von einem anderen Komponisten gesetzt war.

Mozarts vielfältige Beschäftigung mit der Kirchenmusik zeigt sich auch zu Hause in Salzburg, wo er nicht nur für den Dom schrieb, sondern für viele andere Kirchen. Das *Exsultate, jubilate* (KV 165, Kat.Nr. 48.) arbeitete er für die Dreifaltigkeitskirche in ein Trinitäts-Offertorium um, für St. Peter schuf er die *Dominicusmesse* (KV 66, Kat.Nr. 41.) anlässlich der Primiz seines Freundes Dominicus Hagenauer. Am Jahrhundertjubiläum der Wallfahrtskirche Maria Plain 1774 beteiligte er sich mit Musik zum Festtag und seiner ganzen Octav, vermutlich mit den beiden Messen KV 192 und 194 (Kat.Nr. 38.) sowie der *Lauretanischen Litanei* (KV 195). Für das nahe Kloster Seeon im Bayerischen war schon 1766 oder 1767 das Offertorium *Scande coeli limina*

4. Pietro Antonio Lorenzoni, *Leopold Mozart*, um 1765, Salzburg, Internationale Stiftung Mozarteum (vgl. Kat.Nr. 104)

(KV 34) entstanden. Eine Sonderstellung haben die beiden *Regina coeli* (KV 108 und 127, Kat.Nr. 49.). Mozart dürfte sie der Nepomuk-Kapelle im Schloss Mirabell zugedacht haben, wo der Fürsterzbischof ab Mitte Mai seine Sommerresidenz hatte und das Frauenverbot möglicherweise weniger strikt galt als im Dom, so dass Solopartien auch von einer der Hofsängerinnen übernommen werden konnten; Leopold Mozart erwähnt jedenfalls 1778 ein früheres *Regina coeli*, „welches der Wolfgang für die Haydin gemacht" habe.

Die Vielzahl an Anlässen und Kompositionen hatte zur Folge, dass Mozart sämtliche Schreibarten für die Kirchenmusik vom Kontrapunkt über deklamierend vollstimmigen Chorsatz bis zur opernhaft solistischen Rezitativ- und Arientechnik früh beherrschte und zudem mit allen denkbaren Gattungen vertraut war. Für die Messe hat er nicht allein die Sätze des Ordinariums Kyrie-Gloria-Credo-Sanctus/Benedictus-Agnus vertont und Vokalsätze fürs Offertorium geschaffen, sondern auch noch zahlreiche „Epistelsonaten". Im 18. Jahrhundert war es nämlich weithin üblich, nach der ersten Lesung an Stelle des Graduale einen Instrumentalsatz aufzuführen. In Salzburg änderte sich das erst 1783, wie Michael Haydns erste Biographen 1808 berichten: „Bey dem schnellen Fortrücken kirchlicher Reformationen zu Salzburg unter dem weisen und unvergeßlichen Fürsten,

5. Andreas Nesselthaler, *Michael Haydn*, um 1802, Salzburg, Privatbesitz

6. *Padre Giovanni Battista Martini*, Salzburg, Internationale Stiftung Mozarteum

Erzbischof Hieronymus Colloredo, erhielt Haydn den Auftrag, zur Verbannung der Symphonien, welche unter dem Hochamte zwischen der Epistel und dem Evangelium zum Aergerniß andächtiger Seelen und musikalischer Ohren herabgeleyert wurden, etwas anders nach beliebigem Worttexte zu schreiben. Haydn gehorchte, nahm den Text aus dem römischen Missal, Graduale genannt, bearbeitete ihn für die gewöhnlichen 4 Singstimmen, 2 Violine (hie und da auch mit Blasinstrumenten) und die Orgel." Michael Haydn, der schon 1778 bei seiner *Hieronymusmesse* die übliche Sonate durch einen Vokalsatz ersetzt hatte und am 6. Dezember 1783 mit dem Graduale „Viderunt omnes" zum Weihnachtsfest seinen epochemachenden Zyklus begann, wirkte mit seinen schlichten, gleichwohl sorgfältig deklamierenden Kompositionen selbst noch in Wien auf Mozart ein. Das *Ave verum corpus* (KV 618, Kat.Nr. 44.) ist ohne das Michael Haydn'sche Vorbild und dessen neuartigen Chorsatz schwerlich denkbar. Zu seinen Salzburger Zeiten war Wolfgang Amadeus Mozart aber noch ganz der alten Praxis verpflichtet, wie 17 Sonaten belegen. In ihnen sind der Orgel, die anders als sonst auf zwei Systemen geschrieben ist, also nicht nur den bezifferten Bass, sondern ab KV 144 einen vollstimmigen Satz notiert hat, wichtige Aufgaben übertragen. So darf sie nach Bläserart mit den beiden Geigen konkurrieren, um in den letzten Sonaten von 1779 und 1780, als Mozart das Amt des Hoforganisten innehatte und sich entsprechend zeigen wollte, regelrecht solistisch hervorzutreten.

Neben der Messe hat Mozart auch das Stundengebet mit Musik bereichert. Als wichtigste Hore wurde in Salzburg die Vesper an hohen Festen mehrstimmig gesungen. Dem Grad der Feierlichkeit nach betraf das alle Psalmen oder nur den Anfangspsalm und das abschließende Magnificat; die Mittelpsalmen mussten dann choraliter vorgetragen werden. Das mag für Mozart der Anlass gewesen sein, in seinen vollständigen Vertonungen KV 321 und 339 gelegentlich auf Psalmtöne anzuspielen: unüberhörbar zu Beginn des „Confitebor" von KV 339. Die in beiden Vespern von Mozart zugrunde gelegte Psalmreihe 109, 110, 111, 112 und 116 („Vesperae de Confessore") verweist auf einen besonderen Feiertag, wenn Psalm 116 statt 113 vorgeschrieben ist, daneben auf die Osterzeit. Für sie dürften 1779 und 1780 Mozarts Kompositionen bestimmt gewesen sein.

Aber auch private Andachtsformen verlangten in Salzburg nach Musik. Bei diesen Andachten standen marianische Antiphonen und Litaneien im Zentrum. Obwohl von den Litaneien nur die Lauretanische kirchlich anerkannt war, hatte es seit Anfang des 17. Jahrhunderts eine Reihe von Sondergenehmigungen für weitere Texte wie solche zu Ehren des Namens Jesu, der Dreifaltigkeit, des hl. Joseph oder der hl. Erentrudis gegeben. Diese Texte wurden in der Regel nicht gedruckt, waren aber handschriftlich verbreitet und wurden zum unverzichtbaren Bestandteil einer eucharistischen Frömmigkeit. In Salzburg war die so genannte Sakramentslitanei („Litania de Venerabili Sacramento") von besonderer Wichtigkeit. Sie fand vorzugsweise während des vierzigstündigen Gebets Verwendung. Für seine dreitägigen Andachten, die abwechselnd in beinahe allen Kirchen der Stadt Salzburg abgehalten wurden, war auf dem Hochaltar ein Thron errichtet, auf dem das Allerheiligste in der Monstranz ausgesetzt wurde (vgl. Kat.Nr. 83.). Zahllose Kerzen erhellten den abgedunkelten Kirchenraum. Die Aussetzung begann frühmorgens um 5 Uhr. Während des Tages hatten sich die verschiedenen Bruderschaften (vgl. Kat.Nr. 22.) und Zünfte einzufinden und eine Stunde mit einer Andacht zu gestalten. Der Tag wurde musikalisch mit der Litanei abgeschlossen. Am aufwändigsten war das vierzigstündige Gebet im Dom, in Mirabell und in St. Peter. Dasjenige im Dom wurde vom Palmsonntag bis zum Karmittwochvormittag abgehalten. Für jede Litanei war ein anderer Musiker zuständig. Die Zuhörer hatten so die Gelegenheit, an drei Tagen drei verschiedene Kompositionen über denselben Text zu vergleichen. Ein Ereignis für sich muss das Stundengebet von 1776 gewesen sein, als im Dom lauter neue Litaneien an den drei Tagen hintereinander zur Aufführung kamen. Beteiligt war unvermeidlich auch Wolfgang Amadeus Mozart – neben Hoforganist Anton Cajetan Adlgasser (* Inzell 1729, † Salzburg 1777) und Konzertmeister Michael Haydn.

So vielseitig und geradezu international Mozarts Erfahrungen in Sachen Kirchenmusik waren, Maßstab allen Urteils war immerdar, was er in Salzburg am Dom als einer der prominentesten Metropolitankirchen des deutschen Sprachraums hatte erleben können. Salzburg: Das war zu Mozarts Zeiten eine Residenzstadt, prächtig, reich, unbeschädigt vom 30-jährigen Krieg. Beherrscht wurden Stadt und Land von einem Fürsten, der als Erzbischof gleichzeitig oberster Hirte seiner Landesbewohner war. Unter den geistlichen Fürsten des Reiches hatte er eine Sonderstellung. Er war päpstlicher Legat und als solcher Primas Germaniae. Das bedeutete zwar keine Macht, aber Ansehen in einer Zeit, der Zeremoniell alles galt. Dass ein solcher Reichsfürst die Musik förderte, gehörte unabhängig von allen persönlichen Vorlieben zu seinem Selbstverständnis. Im 17. und 18. Jahrhundert erlebte Salzburg mit einer Hofkapelle, die für weltliche und geistliche Musik gleichermaßen zuständig war, eine geradezu phantastische Blüte. Eben die beiden Fürsterzbischöfe, die Mozart erleben sollte, erwiesen sich als ungewöhnlich kunstsinnig – selbst der geschmähte Colloredo, der ein gewandter Geiger gewesen sein muss (vgl. Kat.Nr. 2., 98.).

Alles Musikalische in Salzburg kulminierte letztlich im Dom, weil hier einerseits die beiden Funktionen des „Serenissimus" vereinigt waren, die bischöfliche und die fürstliche, und weil andererseits im Dienste der Liturgie sämtliche Teilensembles in Hofdiensten zusammenkamen: die Solosänger mit dem ersten Hoforganisten, die Dommusik mit den Choralisten und dem zweiten Organisten, Chorherrn und Kapellknaben, die Instrumentalisten der „Cammermusik", die Hoftrompetergarde und schließlich die Posaunisten (Abb. 15–17). Letztere waren die einzigen, die nicht vom Hof besoldet wurden. Vielmehr war die Stadt vertraglich verpflichtet, sie aus der Gruppe der „Stadtthurner" zu stellen, die ansonsten die Aufgabe hatten, zu bestimmten Zeiten auf dem Rathausturm zu blasen und bürgerliche Feierlichkeiten musikalisch zu gestalten. Diese achtzig bis hundert Musiker an den hohen Festen formten ein Ensemble, das für Mozart überragend wichtig wurde, weil er selbst Teil von ihm war. Seit ihn der Erzbischof am 14. November 1769 zum Konzertmeister gemacht hatte, durfte er sich der leistungsstarken Hofkapelle zugehörig fühlen. Und dass die Ernennung nicht nur ein Titel war, der die erste Italienreise erleichtern sollte, sondern einen regelmäßigen Dienst bedeutete, zeigt sich 1777 beim ersten Bruch mit Salzburg, als Colloredo immerhin bedauerte, einen tüchtigen Geiger verloren zu haben.

Die Musik am Salzburger Dom galt Mozart zeitlebens als vorbildlich. Vergleichbare Bedingungen hat er anderswo nicht wieder angetroffen. Im Musikerparadies Mannheim ist er von der schwachen Besetzung der Chöre enttäuscht, im viel gelobten Dresden mit einem Kapellmeister vom exzellenten Ruf Naumanns schien ihm die Musik in der Hofkirche gerade einmal „mittelmäßig". Selbst Orgeln fand er im Vergleich zu Salzburger Instrumenten andernorts

7. Josef Richard Estlinger, *Verzeichnis der Musikhandschriften des Domchores* („Catalogus Musicalis in Ecclesia Metropolitana"), Salzburg, Konsistorialarchiv (vgl. Kat.Nr. 39.)

8. *Kyrie der Messe in G-Dur* (KV 140, Abschrift), 1800/1850, Salzburg, Konsistorialarchiv

meistens ungenügend (vgl. S. 47–49). Mary und Vincent Novello, die ersten Mozart-Touristen, berichten von ihren Wiener Nachforschungen, dass er die Orgeln hier nicht mochte, hoch aber die in Salzburg schätzte, besonders jene der Vierungsemporen des Domes („He did not much like the organs at Vienna, but esteemed those at Salzburg, especially those round the central Columns at the Cathedral", vgl. Abb. 13, Kat.Nr. 69.).

Wer Mozarts Kirchenmusik verstehen will, muss sich also mit den spezifischen Bedingungen im Salzburger Dom vertraut machen. Diese Bedingungen wechselten in einem flexiblen System je nach Zelebrant und Rang der Feste (vgl. Kat.Nr. 65.). An Werktagen begnügte man sich mit dem einstimmigen gregorianischen Choral, der allein von der Gruppe der Domchoralisten gesungen wurde. Das waren acht fest besoldete Sänger der Stimmlagen Tenor und Bass. Sie versammelten sich unter Leitung eines der beiden Chorregenten im Chorraum um die „kleine Orgel unten", wie Leopold Mozart sie nennt, in der Fastenzeit um das Regal mit seinen schnarrenden Zungenpfeifen, und wurden vom dritten Hoforganisten begleitet, der aus dem Choralbuch eine akkordische Begleitung aus dem Stegreif spielte. Zeugnis dieser Praxis war ein Pergamentband, der beständig auf dem Orgelpult stand und von den Novellos noch 1829 beschrieben wurde: als „an old Vellum Book in the Gregorian Character". Noch mehr als im Falle Mozarts wirken bei Michael Haydn Choral und das Begleiten von Choral tief ins „komponierte" Werk hinein. Die *Missa pro Quadragesima secundum cantum choralem* von 1794 und die vier deutschen Choralvespern von 1795 sind schlicht gehaltene Choraladaptionen für die liturgische Praxis, die der Choralbegleitung noch sehr nahe stehen. In vielen liturgischen Werken finden sich Choralzitate, so im *Ave Maria* von 1765, bei dem das Choralzitat durch alle vier Singstimmen wandert, die sich zum Schluss zu einem vierstimmigen A-cappella-Satz vereinigen, oder am Beginn des Agnus Dei in der *Rupertusmesse* 1782, wo der Choral durch wenige rhythmische Eingriffe in den Satz integriert ist. Bei Michael Haydn handelt es sich immer um echten Choral, der überdies stets als Zitat deutlich gekennzeichnet ist.

Mehrstimmigkeit im Dom war den Sonn- und Feiertagen vorbehalten. Allerdings gab es nach dem Grad der Feierlichkeit unterschiedlichen Aufwand an Mitwirkenden. Zu normalen Sonntagen („in Festis Canonici") wurde die Musik von einer relativ kleinen Gruppe von Musikern bestritten, in der alle Gesangspartien solistisch besetzt waren: Sopran und Alt mit zwei Kapellknaben. Chorische Tuttiwirkungen wurden nur durch drei Posaunen hervorgerufen, die „colla parte" mit den tieferen drei Singstimmen gingen. Der Orgelbass war durch ein Fagott und einen Violone verstärkt. Hinzu kam ein kleines Instrumentalensemble von fünf Streichern. Alle Musiker mussten auf der Empore des südöstlichen Vierungspfeilers Platz finden, dem „Prinzipalchor" nahe „am Altar rechter Hand".

An den höheren Sonn- und Feiertagen, „in Festis Praepositi et Decani", also wenn der Dompropst oder Domdekan zelebrierte, wurde die Aufstellung zur Dreichörigkeit erweitert.

Die auf 12 Mitglieder vergrößerte Streichergruppe nahm auf der gegenüberliegenden Empore Platz, was auf dem Prinzipalchor eine Vermehrung der Generalbassgruppe auf 3 Fagottisten und zwei Streichbässe ermöglichte. Der Chor war wie bei Choralgottesdiensten unten bei der um einen Kontrabassisten verstärkten „kleinen Orgel" postiert, aber auf etwa 40 Personen angewachsen, neben den „Choralisten" bestehend aus den 20 „Chorherrn" und den „Capellknaben". Die Leitung lag bei einem der Kapellmeister oder Hofkomponisten, der aus luftiger Höhe mit einer Papierrolle neben den Solosängern auf dem Prinzipalchor den Takt gab: aus einer eigenen bezifferten Generalbass-Stimme lesend, die mit „Battuta" überschrieben war (Kat.Nr. 38., Abb. 12, 17).

Zelebrierte der Erzbischof selbst („in Festis Pallii"), wurde das Ensemble um die sichtbaren und hörbaren Zeichen seiner weltlichen Macht als Reichsfürst ergänzt. Auf den beiden westlichen Vierungsemporen nahmen „die 2 Chöre Trompeten und Paukken" Aufstellung. Sie trugen anders als alle übrigen Musiker, die zum Zeichen ihres liturgischen Dienstes in weiße Chorröcke gekleidet waren, weltliche Militäruniformen; ihre Instrumente waren mit Standarten geziert, auf denen das Wappen des amtierenden Fürsterzbischofs zu sehen war (Abb. 15). Im Augenblick größter Prachtentfaltung waren an der Musik im Dom also über 80 Musiker beteiligt und sämtliche Teilensembles vereinigt, die ansonsten auch allein bestehen konnten.

Während des Sommers kam für den Gottesdienst des engeren Hofzirkels zum Dom noch ein weiterer Kirchenraum hinzu, nämlich die Kapelle im Schloss Mirabell. Mitte Mai, meist zum Festtag des hl. Nepomuk, dem die Kapelle geweiht war, zog der Fürsterzbischof in seine Sommerresidenz (Kat.Nr. 73.). Der Kirchenraum war klein, mit einer Musikerempore an der Rückwand, aber vor der Barockisierung von St. Peter durch die Leuchtkraft seines Stuckmarmors der farbenprächtigste in ganz Salzburg. So beschreibt ihn 1748 ein Student namens Heinrich Pichler aus Kremsmünster: „zwar glein, doch die schenste allhier, dan es ist die ganze Kirchen inwendig so mit Gipps gemacht als wan es bur Marmor were und sehr reich vergoldet [...] Das Altarbild ist der hl. Joannes Nepomucenus, von welchem auch die Hirnschall allda zu sehen ist"[4]. Michael Haydns *Nepomukmesse* von 1772 ist für diesen Raum geschrieben, wohl zur Octav der Feiern für den Lieblingsheiligen der Habsburger, und schon das groß besetzte *Regina coeli* (MH 80, 1766) muss seinem Schlussdatum „15 Maggio 766" nach für Mirabell vorgesehen gewesen sein.

Die Besetzungsverhältnisse am Dom sind im gesamten 18. Jahrhundert ziemlich konstant geblieben. Minimale Änderungen gab es ab den 1770er Jahren bei den Bläsern. Zunehmend wurden auch Oboen und Hörner beteiligt; ihre Spieler dürften auf der Geigerempore Platz gefunden haben. In der gleichen Zeit verschwindet der große Trompetenchor mit vier Spielern[5], der zuletzt in Mozarts *Trinitatismesse*

9. Violinstimme der Messe in C-Dur (KV 257, Abschrift), 1776, Salzburg, Konsistorialarchiv

(KV 167, 1773) und Michael Haydns *Nepomukmesse* von 1772 wie seiner *Amandusmesse* (MH 229, 1776) gefordert ist. Danach genügen generell 2 Clarini und Timpani. Der alte chorische Effekt ist aber weiter möglich, wenn gleichzeitig Hörner besetzt sind, die ihre eigenen Möglichkeiten haben, aber partiell die Rolle einer Verstärkung des Trompetenensembles übernehmen können wie in Mozarts Messen KV 262 und 317 (Abb. 73–74) oder Michael Haydns *Rupertusmesse* aus dem Jubiläumsjahr 1782, aber auch schon vor 1764 in den großen C-Dur-Messen von Leopold Mozart.

Die Mozarts erfüllten im Laufe ihres Lebens verschiedene Funktionen und nahmen deshalb auch wechselnde Plätze in der Musik des Domes ein. Leopold Mozart hatte 1743 als zunächst unbesoldeter Geiger auf der nordöstlichen Empore begonnen und sich dort zum zweiten Violinisten emporgearbeitet. Die Geige war – im Konzertmeisteramt – auch das erste Dienstinstrument Michael Haydns bei seiner Anstellung 1763 gewesen. Selbst Wolfgang Amadeus Mozart hatte als Geiger begonnen und bis 1777 diesen allmählich ungeliebten Dienst versehen. Die Rückkehr in Salzburger Dienste wurde ihm 1779 durch Wechsel in das Amt des ersten Hoforganisten versüßt. Jetzt durfte er generell vom „vornehmeren" Prinzipalchor aus spielen. Einen Platz dort hatte sich Leo-

10. *Kyrie der Messe in C-Dur* (*Krönungsmesse*, KV 317, Erstdruck), 1779/1803, Salzburg, Konsistorialarchiv (vgl. Abb. 74)

pold Mozart durch den Titel des Hofkomponisten und definitiv ab 1763 durch den eines Vizekapellmeisters erobert. Michael Haydn wechselte erst in Nachfolge Wolfgang Amadeus Mozarts auf den Prinzipalchor. Allerdings dürfte er dort schon vorher seine größeren kirchenmusikalischen Werke dirigiert haben. Als Ausführende sind die Musiker bei aller individuellen Gegensätzlichkeit Teil einer Gemeinschaft, Teil einer „Salzburger Tradition", für die bezeichnend ist, dass sie Älteres weiter pflegt sowie Fremdem gegenüber abweisend bleibt, jeder Einzelne aber das Werk der Kollegen sehr genau wahrnimmt und eben auch realisieren hilft. In der Aufführungsgemeinschaft bilden sie eine Einheit, weniger in einer „Stilgemeinschaft", was das Komponieren anginge.

Die Direktion der Musik fiel, wie Leopold Mozart 1757 in einem großen Bericht für Friedrich Wilhelm Marpurgs *Historisch=Kritische Beyträge zur Aufnahme der Musik* ausdrücklich betont, wechselweise dem Kapellmeister, damals Johann Ernst Eberlin mit seinem Vize Giuseppe Lolli (* Bologna (?) 1701, † Salzburg 1778), und drei bevorzugten Instrumentalisten zu, die mit dem Titel eines Hofkomponisten ausgezeichnet waren, nämlich dem Violoncellisten Caspar Cristelli, dem Geiger Ferdinand Seidl und ihm selbst,

Leopold Mozart: „Die 3 Hrn. Hofcomponisten [...] haben, wechselweis mit dem Herrn Capellmeister, jeder eine Woche die Direction der Musik bey Hofe, wo denn auch von dem, der die Woche hat, lediglich die ganze Musik abhanget, da er, nach Belieben, seine eigene oder fremde Stücke aufführen kann."

Die alleinige Entscheidung darüber, was zur Aufführung kam, bestätigt Wolfgang Amadeus Mozart in einem aufschlussreichen Brief vom 4. September 1776 an den gelehrten Padre Martini in Bologna: „Mein Vater ist Kapellmeister am Dom, was mir Gelegenheit gibt, für die Kirche zu schreiben, so viel ich davon will" („Il mio Padre è Maestro della chiesa Metropolitana, che mi da l'occasione di scrivere per la chiesa, quanto che ne voglio"). Der Brief enthält aber noch weitere wichtige Angaben, denn Mozart bringt die Dauer einer Komposition in Zusammenhang mit ihrer Technik und ihren Anforderungen: „Unsere Musik für die Kirche ist sehr verschieden von jener in Italien, und immer mehr, weil eine Messe mit allem, d. h. mit Kyrie, Gloria, Credo, der Epistelsonate, dem Offertorium bzw. der Motette, Sanctus und Agnus, und auch die feierlichste, wenn der Fürst selbst die Messe liest, nicht länger dauern darf als höchstens drei

Viertelstunden. Das verlangt ein besonderes Studium für diese Art der Komposition. Und dennoch soll es eine Messe sein mit allen Instrumenten, Trompeten, Pauken etc."[6]

Der Brief verweist darauf, dass anders als in Italien die beiden traditionell zusammen gehörenden Grundkategorien „lang" und „feierlich" voneinander gelöst waren. Zwar bedeutete das Erste immer das Zweite, aber nicht mehr umgekehrt. Eine „solenne" Messe konnte auch „brevis" sein. Das galt nicht erst seit Colloredo, sondern schon zu Zeiten Matthias Siegmund Biechtelers (* Leibnitz/Steiermark 1668 [?], † Salzburg 1743) und Karl Heinrich Bibers (* Salzburg 1681, † ebd. 1749). Entscheidend für den Grad der Feierlichkeit wird die Besetzung. Sind Trompeten vorgesehen, handelt es sich immer um eine „Missa solemnis". Das heißt, dass ein kleines Werk durch die bloße Hinzufügung von Repräsentations-Trompeten im Rang bis ganz oben aufsteigen konnte. Mozart hat eine solche Umwidmung bei KV 192 vorgenommen. Ganz problemlos war sie aber doch nicht gewesen, weil er bei den einfachen Messen von der durch die Trompeten diktierten Standardtonart C-Dur abzuweichen pflegte. Im Fall von KV 192 musste er deshalb ungewöhnlicherweise C-Dur-Trompeten in einen F-Dur-Kontext integrieren.

Leopold Mozarts zwei groß besetzte C-Dur-Messen neigen dem Kantatentypus zu und haben im Frühwerk seines Sohnes, in KV 139 und 66 (Kat.Nr. 41.), deutliche Spuren hinterlassen, sowohl in der Disponierung des Textes wie in Instrumental-Effekten. Bei Chören verwendet Leopold Mozart ausgiebig und in Berufung auf Eberlin die „gebundene Schreibweise", die ihren Namen von den Vorhaltsketten und ihren Überbindungen bekommen hat. Für einen Chor schreiben, hieß für Leopold Mozart noch über das Jahr 1760 hinaus, Vorhaltsketten zu schreiben. Das Kyrie seiner *Missa brevis in A-Dur* darf als Beweis dafür gelten, dass mit dieser „altväterischen" Methode überzeugende Ergebnisse zu erzielen waren. Leopold Mozarts Kirchenmusik fand deshalb lange Anerkennung, wie Schubart nach seinem Salzburg-Besuch zu berichten wusste: „Der dasige Capellmeister Mozart, (der Vater) hat die Musik auf einen trefflichen Fuß gestellt. Er selbst ist als Componist und als Schriftsteller ehrenvoll bekannt. Sein Styl ist etwas altväterisch, aber gründlich und voll contrapunctischer Einsicht. Seine Kirchenstücke sind von größerm Werthe als seine Kammerstücke."

Von W. A. Mozarts Messen zwischen 1769 und 1780 gehören immerhin noch drei dem „longa"-Typus an, von denen KV 139 für die Wiener Waisenhauskirche und KV 66 (Kat. Nr. 41.) für St. Peter in Salzburg bestimmt waren. Allein KV 262 (Abb. 73) könnte dem Dom für einen besonders hohen Anlass, möglicherweise Ostern, zugedacht gewesen sein. Die übrigen Messen folgen alle dem „brevis"- oder „halb-brevis"-Typus, unterscheiden sich aber wesentlich in der Besetzung und so der Funktion. Die Mehrzahl ist für Anlässe entstanden, an denen der Fürsterzbischof selbst die Messe zelebrierte: KV 167, 220 (Kat.Nr. 39.), 257–259, 317 (Abb. 74) und 337 (Kat.Nr. 40.). Nur vier Messvertonungen Mozarts rechnen nicht mit dem Erzbischof: KV 65 (Kat.Nr. 47.), 140, 194 (Kat.Nr. 38.) und 275. Vielleicht gehörten sie, jedenfalls ursprünglich, gar nicht in den Dom. KV 194 ist mit guten Argumenten für die Wallfahrtskirche im nahen Maria Plain in Anspruch genommen worden.

Michael Haydn unterschied für sich selbst innerhalb des solennen Typus „lange", „mittelmäßige" oder „kurze" Messen und nennt in einem Brief an seinen Freund Werigand Rettensteiner vom 9. 2. 1805 als Beispiele die *Missa hispanica* (MH 422), die *Rupertusmesse* (MH 322) und die *Dominicusmesse* (MH 419). Wirklich lang ist allein diejenige der drei Messen, die gerade nicht für Salzburg gedacht war, die spanische. Die feierliche *Rupertusmesse*, am 2. September 1782 zur 1200-Jahr-Feier des Erzbistums von der ganzen Hofmusik in der Stiftskirche St. Peter während eines vom Erzbischof zelebrierten und von den Äbten von St. Peter,

11. *Te Deum in C-Dur* (KV 141, Abschrift), 1769, Salzburg, Konsistorialarchiv

12. *Schlagstimme des Dixit et Magnificat in C-Dur* (KV 193, authentisches Stimmenmaterial mit Eintragungen Leopold Mozarts), Salzburg, Konsistorialarchiv

Michaelbeuern und Ettal assistierten Hochamts aufgeführt, erreichte hingegen nur „mittelmäßige" Länge.

Die andere Auskunft aus Mozarts Brief an Padre Martini betrifft die Kompositionsart: Der Kürze wegen sei ein „studio particolare" nötig, so etwas wie besondere Übung oder Überlegung. Mozart erklärt sich nicht näher. Aber es ist zu ahnen, was er meint. Bei der italienischen „Missa longa" durften die vieltextigen Sätze Gloria und Credo in einzelne Nummern untergliedert werden. So konnte die Musik auf jeden Textabschnitt eigens eingehen und in Besetzungswechsel bei den Solonummern bewährte Techniken der Arie aus der Oper adaptieren. Für eine durchgehende Textkomposition war es dagegen nötig, sehr unterschiedliche Textaussagen unter einem „musikalischen Dach" zu vereinigen. Dabei konnten, wenn man nicht mit Bedacht arbeitete, leicht zwei Anliegen miteinander in Konflikt geraten: einerseits auf den Text einzugehen und andererseits eine übergeordnete, in sich logische Form zu finden.

Im Gloria der Messe KV 167 von 1773, einer Messe ganz ohne Soli und mit kompakter Deklamation des Chores, steht ein Fanfarensatz am Anfang, dem eine auftaktige Geigenfigur von drei Achteln eingeschrieben ist, die große Strecken des Satzes bestimmt und so für ein einheitliches Grundmuster sorgt. Bei der Wiederholung des instrumentalen Anfangsblocks wird Text einmontiert, und zwar jener des Engelshymnus („Et in terra pax"), ohne dass man sagen könnte, er sei bloße Zutat, denn die wichtigen Deklamationsviertel sind schon in einem Vorspiel mitbedacht, das keineswegs nur instrumentalem Duktus folgt. Der nächste Textabschnitt bewahrt die Satzfaktur, ändert aber die Tonart, so dass die Trompeten dispensierbar werden und der Anrufungsteil des Gloria („Laudamus te") klanglich separiert werden kann, ohne neue Motivik auslösen zu müssen. Nach einem Halbschluss gilt das G-Dur der V. Stufe als neue Tonart. Damit wird der Wechsel auf den Text der großen Danksagung vollzogen („Gratias agimus"), der beim „longa"-Typus verlässlich einen eigenen Abschnitt bilden würde, jetzt aber Teil des Ganzen bleibt, wenn auch mit einer selbständigen Zone, vergleichbar dem Seitenthema im Sonatensatz. Entsprechend ändert Mozart geringfügig die Figuration der Geigen, deren kurze Noten auf ein kontinuierliches Sechzehntelmuster übergehen. Mit dem Textschluss kadenziert der Satz T. 29, als hätte er den Doppelstrich eines Sinfonie-Allegro erreicht. Jetzt ändert erstmals der Bass seine Bewegungsfigur und kündigt eine drastische harmonische Veränderung an, wie sie für die „Mitte" einer Form kennzeichnend ist. Dieser Mitte werden die Anrufungen unter Rückkehr zur Satzfaktur des „Gratias" anvertraut, dessen „tibi" so unmittelbar den Vokativen entsprechen kann; zwischendurch kehrt sogar der Satz-Anfang wieder, um mit seinem Trompetengestus, auch wenn die Instrumente selbst der VI. Stufe wegen schweigen müssen, das „omnipotens" zu unterstreichen, das in musikalisch demonstrativer Doppelung auf den entscheidenden Namen bezogen wird: „Jesu Christe", traditionell zudem durch große Notenwerte hervorgehoben. Mit der e-Moll-Kadenz am Fernpunkt der III. Stufe, gebunden an den Namen Christi, könnte der Satz den Rückweg zur Tonika suchen und mit ihrem Erreichen den Schlussabschnitt eröffnen. Mozart erweitert aber die Satzmitte, um auch den anschließenden Litaneiteil des Gloria („Domine Deus [...] miserere nobis") im tonartfernen Bereich anzusiedeln. Ziel ist es, das „peccata mundi", den Hinweis auf die Sünde der Welt, mit fremdartigen Klängen und Intervallen (c^2-dis^2 im Sopran) zu versehen. Die Stelle bleibt zudem „senza organo": ohne Unterstützung durch den Orgelklang. Am überraschendsten aber ist, dass die kompletten acht „peccata"-Takte transponiert zum „miserere nobis" wiederholt werden. Die Fürbitte wird so erst „verständlich", weil unüberhörbar an ihren Grund erinnert ist. Musikalisch produziert das T. 87 einen Moll-Halbschluss. Von ihm kann sich um so strahlender, vorbereitet von Oboenterzen mit den gewandelten „peccata"-Vierteln, die Dur-Reprise abheben. Der Chor bricht zum C-Dur so plötzlich herein wie ganz zu Beginn in T. 6. Der strahlende Klang von den Trompeterempören, erstmals wieder und mit gleicher Musik hörbar seit dem Engelshymnus, gilt nun den großen drei Worten der Schlusspreisung: „sanctus [...] dominus [...] altissimus", bis sich eine große Coda für den

13. Erasmus Hämmerle, *Innenansicht des Salzburger Domes (Primiz des hl. Philipp Benitius)*, vor 1647, Maria Luggau, Servitenkloster

trinitarischen Höhepunkt des „Cum Sancto Spiritu" anschließt, mit dem Mozart auf die anspruchsvolle Technik der Fuge wechselt, die wesentlichen Instrumentalmotive des bisherigen Satzes aber weiterlaufen lässt.

Mozart hat hier – und nicht nur hier – demonstriert, was ein „studio particolare" Besonderes bewirken konnte. Er hat einen Satz geschaffen, der von einer autonom musikalischen Überzeugungskraft ist, den Text aber dadurch nur umso intensiver zum Sprechen bringt. Das Ausgleichen unterschiedlicher Anliegen hat zwei Elemente in einem Konzept vokal/instrumentaler Durchdringung zusammen gezwungen und zu einer Synthese gebracht, die dem Gloria der Messe, so ist man versucht zu sagen, nachgerade erhöhende Züge verleiht.

Was schon dem 17-Jährigen möglich war, ist dem 24-Jährigen geradezu beunruhigend selbstverständlich. Die Technik wendet er nun nicht nur auf die Messe, sondern auch auf die Vesperpsalmen an. Die Vesper als eine der wichtigsten Horen des Stundengebets wurde im Dom schon am frühen Nachmittag, um 15 Uhr, gefeiert. Wie bei den vormittäglichen Messen gab es unterschiedlich festliche Grade, nach denen alle Psalmen (KV 321 und 339) oder nur der Anfangspsalm und das abschließende „Magnificat" vom KV 193 mehrstimmig musiziert wurden.

Bei den Texten der Vesper stellt sich die gleiche Grundschwierigkeit wie bei Gloria und Credo der Messe. Wenn die Unterabschnitte nicht verweise in separaten Nummern vertont werden, was zu riesiger Ausdehnung wie bei Händels monumentalem *Dixit Dominus* führen müsste, bedarf es des nämlichen Ausgleichs zwischen musikalischer Form und Realisierung des Textes. Mozart handhabt die Abstimmung jetzt derart gezielt, dass die musikalischen Rückgriffe zur Formstabilisierung so gut wie immer spezifischer Textaussage dienen. Auseinander liegende Textstellen werden so in Beziehung gebracht und interpretieren sich gegenseitig.

So bringt im Eingangspsalm der Vesper KV 339 von 1780 (Abb. 72) das „Wie es war am Anfang" der kleinen Doxologie („Sicut erat in principio") die Musik eben des Anfangs zurück, und zwar den Beginn der wörtlichen Rede T. 11 nach der Einleitung, die einem anderen Sprecher gehört und deshalb von der eigentlichen Botschaft strikt getrennt bleibt. Wenn das mächtige Unisono des „Juravit Dominus", hervorgerufen vom Bild des Richters, ein zweites Mal erscheint, dann unvermeidlich an jener Textstelle, die mit dem Wort des Richtens beginnt: „Judicabit". Das Geigenmotiv dieser Stelle meldet sich dann zurück, wenn von den richtenden Personen die Rede ist: Vater und Sohn („Patri et Filio" T. 121–124). In vergleichbaren Entsprechungen sind auch die Handlungsbotschaften „confregit [...] reges" und „conquassabit capita" musikalisch aufeinander bezogen. Für Mozarts Virtuosität spricht nebenbei, wie er bei fast identischer Musik den unterschiedlichen Silbenzahlen und wechselnden Akzentmustern der verschiedenen Texte in einem Nuancenreichtum an Deklamationsrhythmen gerecht zu werden weiß: Das ist die Grundvoraussetzung für seine vokal/instrumentale Doppelkonzeption. In ihr bewirkt einen entscheidenden Wendepunkt das „Gloria Patri". Denn erst nach den eigentlichen Psalmversen findet der Satz definitiv zur Grundtonart zurück. Wider alles Erwarten schweigt aber der Chor und wird bei völlig neuem piano-Motiv der Geigen durch das Solistenquartett ersetzt. Das realisiert nicht nur die Zäsur in der Textgattung, sondern ermöglicht erst jene schon erwähnte „zweite Reprise" zum „Sicut erat in principio" mit ihren markanten Trompetenstößen. Einen zusammenfassenden Gestus für die Coda erreicht Mozart durch den Rückgriff auf Sequenzmuster

14. *Orgelstimme zum Misericordias Domini* (KV 222, authentisches Stimmenmaterial mit Eintragungen Leopold und W. A. Mozarts), Mai 1775, Augsburg, Staats- und Stadtbibliothek (Kat.Nr. 52.)

des Mittelteils. Die ausgreifende Quintschrittfolge hat nun die besondere Aufgabe, auf die Weite der Ewigkeit („saecula saeculorum") zu verweisen. Deutende Momente in der Musik hatte es schon vorher zahlreich gegeben: sei es im schmerzhaft verminderten Septakkord bei „torrente" oder der Kombination von Auferstehung und Leid im Auseinanderstreben von diatonisch steigendem Diskant und chromatisch fallendem Tenor bei „exaltabit caput". Mozart geht es dabei aber nicht um eine „erzählerische" Darstellung. Er will seine Zuhörer weniger belehren als emotional beteiligen. Deshalb stellt er immer wieder den Augenblick dar und mit ihm das Ereignishafte, sich gerade jetzt Vollziehende. Deutlich wird das bereits mit den Anfangsworten, die nicht neutral deklamiert, sondern im „Dixit – Dominus – Domino meo" einzeln artikuliert und wie unter Anspannung herausgestoßen sind. Bei aller geradezu dramatischen Vielfalt an Einzelzügen, die seine Kirchenmusik generell auszeichnet und von der seiner Kollegen in der Hofkapelle unterscheidet, vergisst Mozart aber nie den Zusammenhang. Die vielen musikalischen Motive des Satzes sind immer wieder von der allerersten Grundformel abgeleitet: dem Halbton, der schon gleich zu Beginn versetzt und sequenziert wurde: c^2–h^1 [...] f^2–e^2, eine Formel, in der man eine Variante jener „Devise" c–d–f–e sehen darf, die Mozart von seiner ersten bis zu seiner letzten Sinfonie verfolgt hat.

Mozarts Kompositionen für die Kirche setzen eine gründliche Auseinandersetzung mit dem Text voraus. Hier wirkt sich eine Art „Literarisierung" des Denkens durch das Vorbild des Vaters aus. Texte sind nicht nur zum bloßen Vollzug da, sondern müssen studiert und befragt werden. Es ist anzunehmen, dass die Mozarts dafür auch Kommentare benutzten, wie sie gedruckt zugänglich waren. Im Brief Leopolds vom 15. Oktober 1777 an seinen Sohn ist davon die Rede, dass ihm „das grosse Lateinische Gebettbuch" auf die Reise mitgegeben sei, in dem „alle Psalmen und andere Kirchentext" stünden. Es mag eines gewesen sein, das Texte auch erklärte. Im Fall der Vesperpsalmen gab es eine paraphrasierende Ausgabe durch Renier Snoy, die schon 1694 in Salzburg gedruckt worden war, ferner die in Augsburg 1778 erschienene deutsche Übersetzung von Ignaz Weitenauer, die einzelne Stellen in Fußnoten kommentiert. Das Heranziehen deutscher Fassungen schien Leopold Mozart jedenfalls ratsam; denn die „lateinischen Psalmen sind hart zu verstehen". Bei Mozarts subtilen Ausdeutungen des Bibelworts möchte man annehmen, dass er solche Textausgaben in der Tat benutzt hat. Das Lesen der liturgischen Texte mit „literarischen" Absichten färbte nicht zuletzt auch auf Michael Haydn ab. Es ist kaum ein Zufall, dass er sich vor der Vertonung aller Gradualien für den 1783 begonnenen Zyklus Rat zu den Texten einholte, die ihm nach dem Zeugnis seiner Freunde und Schüler von dem Augustinereremiten P. Aloys Sandbichler in Mülln verdeutscht und erklärt wurden.

Alfred Einstein hat es in seinem unverändert lesenswerten Mozartbuch von 1945 so schön und prägnant gesagt, dass ich es gerne wiederhole: „Wem Mozarts Kirchenmusik fremd ist, der kennt Mozart überhaupt nicht." Sein Komponieren in einem simultanen Verfahren, das vokale und instrumentale Elemente gleichzeitig bedenkt, kommt hier zu voller Entfaltung. Nur so ist verständlich, dass die immer gleichen Texte des Ordinariums – erst Michael Haydn wird sich auf das variablere Proprium konzentrieren – zu einer gleich bleibend fordernden Aufgabe werden konnten. Mozart gewinnt aus den Worten, deren Sinn er immer neu nachlauscht, ständig sich verändernde musikalische Strukturen und entwickelt einen Formenreichtum, der aus so gut wie allen, auch weltlichen Gattungen gespeist wird. Tradierte Ritornellverfahren wandelt Mozart erstaunlich produktiv um, weil er sich früh daran gewöhnt hat, mit dem Tutti die Vorstellung von Chor zu verbinden. Die Frage, wer einen Text ausspricht, wird so zum Thema musikalischer Form, deren Positionen eine Aussage von theologischer Bedeutung erhöhen und im Augenblick des Erklingens präsentisch aufleuchten lassen kann.

Mozarts früher Tod gibt seinem Werk ein Moment des Fragmentarischen. Nirgendwo sonst wird das so deutlich wie in der Kirchenmusik. Gerade bei ihr, die ihn in seinen

15. *Hoftrompeter*, 1782/1790, Salzburg, Privatbesitz   16. *Chorsänger*, 1782/1790, Salzburg, Privatbesitz   17. *Domkapellmeister*, 1782/1790, Salzburg, Privatbesitz

letzten Jahren wieder verstärkt beschäftigen sollte, ist ihm die Vollendung eines Meisterwerks vergleichbar seinen Opern oder Konzerten verwehrt geblieben. Außer dem wie enthobenen *Ave verum* (Kat.Nr. 44.) gibt es aus der Wiener Zeit nichts als Bruchstücke: den Riesentorso der *c-Moll-Messe* (Kat.Nr. 42.–43.), das *Requiem* (Kat.Nr. 45.–46.), von dem wir nicht einmal in Umrissen wissen, wie Sanctus, Agnus und Communio hätten aussehen sollten. Die Annahme, Süßmayer habe das Werk im Sinne Mozarts vollendet, ist nicht mehr als ein frommer Wunsch. Aber selbst als Fragmente, ja vielleicht gerade als Fragmente, üben Mozarts letzte große geistliche Kompositionen eine eigene Faszination aus (s. S. 50–55). Der Zwang zum Weiterdenken fordert die Gegenwart zwingender als das Abgeschlossene. Kann man von einer Kunst, die dem Gottesdienst dienen will, mehr verlangen?

---

1 Vgl. weitere Werke des Verfassers zum Thema: *Musikaliensammlung St. Peter* 1970; Manfred Hermann Schmid, *Mozart und die Salzburger Tradition*, Tutzing 1976, Bd. 1–2; ders., *Italienischer Vers und musikalische Syntax in Mozarts Opern*, Tutzing 1994; ders., *Orchester und Solist in den Konzerten von W. A. Mozart*, Tutzing 1999; ders. *Mozart in Salzburg. ein Ort für sein Talent*, Salzburg, 2006.
2 Nissen 1828, S. 690f.
3 Bd. 6, *Messen*, (Monika Holl, Bearb.), Kassel 1990.
4 Die Kapelle wurde durch Brand 1818 beschädigt und verändert wieder hergerichtet, das Altarbild erneuert. vgl. Kat.Nr. 73.
5 2 Clarini, 2 Trombe; die Tromba 2 geht dabei immer mit der Pauke.
6 „La nostra Musica di chiesa è aßai differente di quella d'Italia, e sempre piu, che una Meßa con tutto = Il Kyrie, Gloria, Credo, la Sonata all'Epistola, l'offertorio ò sia Mottetto, Sanctus ed Agnus Dei ed anche la piu Solenne, quando dice La Messa il Principe steßo non ha da durare che al piú longo 3 quarti d'ora. Ci vuole un studio particolare per questa Sorte di Compositione. e che deve però essere una Meßa con tutti Stromenti – Trombe di guerra, Tympani etc:"

Peter Paul Kaspar

Mozart und der liebe Gott
Theophilus – Amadeus – Gottlieb

Prolog: Theophilus

Schon bei der Namensnennung Mozarts kommt man an Gott nicht vorbei: Im Taufregister noch griechisch eingetragen (Kat.Nr. 13.)[1], später latinisiert und auch in der deutschen Version als „Gottlieb" bekannt – man kommt bei Amadeus oder Theophilus Mozart an Gott nicht vorbei. Spätere Generationen stilisierten den leichtlebigen Sohn eines strenggläubigen Vaters trotz aller widersprüchlichen Auskünfte über das spätere „Glaubensleben" des Sohnes zum „Liebling der Götter" hoch, in dessen Gesinnung und Werk sowohl des Musikers Liebe zu Gott als auch Gottes Liebe zu seinem begnadeten „Sohn" (hier ausnahmsweise nicht biblisch gemeint) beispielhaft vorgeführt werden konnte. Auf diese Weise wurde Mozart von der Namensgebung in der Taufe bis zum Nachruhm als katholisches Gegenstück zum ketzerischen Johann Sebastian Bach zur religiösen Musikikone des 19. Jahrhunderts. (Eine ähnliche posthume Theologisierung erfuhr später nur mehr Anton Bruckner als „Musikant Gottes" – bis hin zu den Versuchen, ihn selig zu sprechen.) Höhepunkt: Mozart als musikalischer „Gottesbeweis", weil ja Gott in seiner Musik zu uns spricht.[2]

Es ist natürlich nahe liegend, aus dem Werk eines Künstlers auf seine Gesinnung zu schließen. In fataler Weise widerfährt diese Einschätzung am häufigsten den Literaten, wenn eine Person eines Romans oder Theaterstücks als Beleg für die Ansichten des Autors herhalten muss. Doch ist nicht jeder Schriftsteller, der in seinem Werk einen König oder einen linken Arbeiterführer zu Wort kommen lässt, deshalb schon ein Monarchist oder ein Marxist. Und nicht jeder, der in der Zeit des Nationalsozialismus Gedichte oder Opern geschrieben hat, ist deshalb ein Nazi. Vielleicht war er nur ein kleiner Mitläufer oder ein angepasster Lohnschreiber. Und nicht jeder, der für Kirche und Gottesdienst geschrieben hat, war ein gläubiger Christ. Auch gültige Meisterwerke der religiösen Kunst – wie etwa Janaceks *Glagolitische Messe* – verdanken sich religionsfernen oder religionskritischen Menschen. Das kann vom glatten Atheisten über den Agnostiker bis zum Zweifler und zum kirchenkritischen Gläubigen reichen.

Auch die Auseinandersetzung mit Religion kann ein künstlerisch gültiger Beitrag zu dem sein, was wir aus guten Gründen schätzen und pflegen. Sogar die Bibel kennt neben dem Gotteslob und dem Reden von Gottes Wirken im Leben und der Geschichte auch die Anklage, die Auflehnung gegen Gott und sogar den Fluch. Das Buch Hiob, die Fluchpsalmen und das Buch Kohelet sind die bekanntesten Beispiele biblischer Texte, die abseits des schlichten Betens und Singens zur Ehre Gottes Widersprüchliches, Ketzerisches und sogar Lästerliches benennen. Es ist eine vereinfachende und naiv verfälschende Sicht der jüdisch-christlichen Gläubigkeit, nur die affirmative und unproblematische Seite des Glaubens gelten zu lassen. Vielleicht hat es erst der Katastrophe des 2. Weltkrieges, des Nationalsozialismus und der Shoa bedurft, um auch die Christen zu einer umfassenden Sicht des Glaubens – samt Zweifeln, Dissonanzen und Ratlosigkeit – zu führen.

Erst nach diesen Vorbemerkungen ist es möglich, über Mozart und seine Religion, aber auch über die Bedeutung seiner Musik für einen gläubigen Menschen nachzudenken, ohne die fatalen Klischees vom kindlich gläubigen Mozart[3] (vgl. Kat.Nr. 113.) oder vom „göttlichen Mozart"[4] ungeprüft zu tradieren.

Der Glaube Mozarts

Unbestritten ist die kindliche Gläubigkeit des jungen Mozart, der in einer – wie wir heute sagen würden – traditionell praktizierenden Familie mit einem etwas konservativ und

18. *Ansicht des Residenzplatzes* (Guckkastenbild), 1756/1770, Salzburg, Erzabtei St. Peter

bisweilen bigott katholischen Vater aufgewachsen ist. Die vielen Reisen des als Wunderkind in besten Kreisen vorgeführten Knaben, der höchste Anerkennung in fürstlichen, klerikalen und bürgerlichen Kreisen genießen konnte, ließen in ihm ein – durchaus berechtigtes – Selbstwertgefühl als hochbegabter und erfolgreicher Musiker entstehen. Demgegenüber wurde er als Angestellter des fürsterzbischöflichen Hofes in Salzburg als eine Mischung von musikalischem Handwerker und untergeordnetem Kammerdiener behandelt. Er hatte sich – was er lange Zeit ignorierte – regelmäßig mit den anderen Domestiken zum Dienst zu melden und konnte auch für nichtmusikalische Dienste in Anspruch genommen werden.[5] Sein erster erzbischöflicher Dienstherr, Siegmund Schrattenbach (Kat.Nr. 98.), war eher nachsichtig und gütig, der zweite, Hieronymus Colloredo (Kat.Nr. 99.), streng, autoritär, herablassend und grob.[6] Mozarts Animosität gegen den höfischen Adel liegt wohl hierin begründet.

Es gibt viele Anzeichen dafür, dass die Hochschätzung in der künstlerischen Welt außerhalb Salzburgs und die Geringschätzung durch den unsensiblen und hochfahrenden Erzbischof als Dienstherren den Hof- und Kirchenmusiker Mozart von der Welt des Glaubens zunehmend entfernte. Es ist vermutlich nicht so leicht, einem eitlen und launischen Kirchenfürsten auf die Dauer zu dienen, ohne dass der persönliche Glaube Schaden nimmt. Im Umkreis vieler Kirchenfürsten war in früheren Jahrhunderten aus den ge-

bildeten Baumeistern der Dombauhütten das kirchenkritische Freimaurertum entstanden. In ihrer österreichischen, liberalen und aufgeklärten Ausformung standen diese Gruppen auch kirchennahen Persönlichkeiten, ja sogar Klerikern offen. Es muss daher nicht verwundern, dass Mozart nach den schlechten Salzburger Erfahrungen den Ausbruch ins offenere Wiener Klima wagte und dort bei den Freimaurern als Logenbruder aufgenommen wurde (Kat.Nr. 120., S. 33–36).[7] So wurde aus dem Salzburger fürsterzbischöflichen Domestiken in Wien ein Freund freisinniger Aufgeklärter – aus dem geschassten Kirchendiener ein willkommener Logenbruder.

Das hatte nicht zwangsweise – wie oft fälschlich vermutet wird – eine areligiöse Einstellung zur Folge. Das neue Prinzip war die religiöse Toleranz. Wie es das einzelne Mitglied mit seiner Religion hielt, war nunmehr Privatsache. Es wird berichtet, dass Mozart in seiner Wiener Zeit Kirchen nur mehr aufsuchte, um Geld zu verdienen.[8] Die briefliche Versicherung, dass er an Sonn- und Feiertagen und oft sogar an Werktagen die Messe besuche, hatte offensichtlich die Absicht, wegen des Bruchs mit dem Erzbischof zu beruhigen und die Befürchtungen des frommen Vaters zu zerstreuen (Kat.Nr. 113.).[9] An vielen ähnlichen Stellen erkennen wir den Versuch des Sohnes, dem Vater nach dem Mund zu reden und ihn zu beschwichtigen. Die genannte Briefstelle findet sich nach einer langen Passage über den Erzbischof

19. *Ansicht der Stadt Salzburg*, um 1710 (Zeichnung)/um oder nach 1730 (Druck), Salzburg, Internationale Stiftung Mozarteum (vgl. Kat.Nr. 1)

und dessen feindselige Haltung gegenüber Mozart. „[...] übrigens seyn sie versichert daß ich gewis Religion habe [...]".[10]

Nach allem, was wir heute wissen, war Mozart ein unproblematisch gläubiger, seine Religion wenig praktizierender und der kirchlichen Institution und ihren Funktionären kritisch gegenüberstehender Katholik.[11] Solange er einen – wenig geliebten und zuletzt verhassten – kirchlichen Arbeitgeber hatte, schrieb er Kirchenmusik (Kat.Nr. 40.), später nur mehr für den anonymen Auftraggeber sein – unvollendetes – *Requiem* (Kat.Nr. 46.). Man könnte es für ein auffälliges Zusammentreffen halten, dass er die beiden mit persönlichem Engagement komponierten Messen – jene große in c-Moll (Kat.Nr. 42.) und das *Requiem* – unvollendet zurückgelassen hat, fragmentarisch wie sein Glaube und seine religiöse Praxis. Doch die Kunst sieht heute unvollendete Werke mit anderen Augen (vgl. a. Kat.Nr. 53., S. 50–55). In ihnen erblickt sie das Fragmentarische unserer Existenz, das sich einer voreiligen Harmonisierung und einer vordergründigen Vollendung verweigert. So gesehen wundert es nicht, dass uns noch heute jene beiden Werke gerade in ihrer religiösen Dimension besonders ansprechen. Was ihnen an Perfektion fehlt, besitzen sie an Authentizität.

Die göttliche Inspiration

Die Nachwelt hat sich viele Gedanken über die scheinbare Leichtigkeit gemacht, mit der Mozarts Musik häufig erklingt, mit der sie aber offensichtlich auch meist entstanden ist. Es gibt Erzählungen, Mozart habe manchmal nächtens, bei Punsch und lustiger Unterhaltung ein Werk – wie die Ouvertüre zu *Don Giovanni* in der Nacht vor der Uraufführung – in einem Zuge niedergeschrieben[12], und auf die Frage, wie er das bei all der Ablenkung könne, geantwortet, er habe die Musik schon und müsse sie nur noch abschreiben. Solche Anekdoten waren im 19. Jahrhundert der Anlass, eine irgendwie transzendente, göttliche Inspiration zu vermuten. Um es drastisch zu sagen: Nicht Mozart komponierte, sondern „es" komponierte in ihm – oder aus ihm heraus. Die Vorstellung, das Werk entstünde nicht kraft des schöpferischen Tuns des Künstlers, sondern durch ihn hindurch sei eine höhere Schöpferkraft am Werk[13] – diese Vorstellung ist für jene romantische Epoche typisch, die den heute noch grassierenden Geniekult erfand. Zuvor war der Komponist ein kundiger Verfertiger kunstvoller Klänge – ein „zusammenfügender" Sachverständiger „künstlicher" Gebilde, eines „compositums".

Die Idee vom genialen Menschen, empfänglich für Göttliches, das er den Menschen überbringt, machte den Künstler zum Hohepriester der Kunst. Und so entstanden in diesem 19. Jahrhundert die Kathedralen der Kunst – die Museen, Konzertsäle, Opernhäuser und Bibliotheken – die Tempel einer neuen bürgerlichen Kunstreligion.[14] Und ihr erst jüngst verstorbener Gott war Mozart – der Mann, der geniale Musik ausscheiden konnte (vgl. Kat.Nr. 126.).[15] Die nun erst aufkommenden, bürgerlichen Konzertvereine, Musikvereine, Singakademien und Konservatorien waren die Institutionen dieser neuen Kunstreligion, die Komponis-

ten, Solisten und Dirigenten, die ebenfalls erst jetzt ihre Bedeutung gewannen, waren der neue Klerus dieser Religionsgemeinschaft, in der Bildung, Ansehen und Vermögen den Eintritt ermöglichen und hinfort die Kunst erlösen sollte. (Es muss an dieser Stelle vermerkt werden, dass der Begriff des „Genies", wie er seither allgemein verwendet wird, einen reichlich nebulosen Inhalt hat, der sich kaum intellektuell brauchbar anwenden lässt.)

Dass man Mozart als göttliches Genie feiert, liegt auch daran, dass er der erste Komponist ist, dessen Werk kontinuierlich gepflegt wurde – ohne nach dem Tod zuerst einmal vergessen worden zu sein und später durch Wiederentdeckung profane Auferstehung zu feiern und (begrenzter) Unsterblichkeit entgegenzugehen. Während bis ins 19. Jahrhundert hinein (fast) nur aktuelle Musik aufgeführt wurde, begannen mit dieser bürgerlichen Musikkultur jene ursprünglich „historisch" genannten Konzerte, in denen man Vergessenes wieder entdeckte[16] – so die berühmte Wiederaufführung der *Matthäuspassion* Johann Sebastian Bachs unter Mendelssohn 1829, nach 100 Jahren des Vergessens. Was vormals „normal" war, nämlich die Aufführung zeitgenössischer Musik, ist heute die Ausnahme vor einem kleinen, fachkundigen Publikum. Das damals Neue, nämlich die Aufführung von Werken vergangener Epochen ist heute die Norm. Der Götterhimmel des heutigen Konzertbetriebs ist neben Bach und Mozart von den vielen mittleren und kleineren Gottheiten der Geschichte bevölkert. Die Gegenwart kommt nur am Rand – doch umso heftiger in den Interpreten – vor.

Für den heutigen Mozart-Gläubigen ist es nicht mehr notwendig, an Gott zu glauben, wie es noch Mozart selbstverständlich war. Nach der romantischen Emphase, in der man das Göttliche in den Klängen Mozarts zu vernehmen meinte, in der man das so genannte „Genie" als Zentrum einer neuen Religion erkannte, hat sich der Nebel gelichtet: Es geht nicht mehr um das Religiöse in der Musik, sondern nur mehr um die Musik. (Und – wenn es denn sein soll – um das Religiöse in der Religion.) Die Recherche in der persönlichen Religiosität Mozarts erweist sich als überflüssig, sie verspricht keinen zusätzlichen Erkenntnisgewinn, wenn es um Mozarts Musik geht. Mozarts Musik muss nicht theologisch gedeutet, theologisch aufgeladen, theologisch begründet werden.[17] Dieser Verzicht macht Mozart und seine Musik weder reicher noch ärmer, aber erhebt sie vom Objekt zum Subjekt. Und Mozart selbst darf wieder sein, was er war: ein hochbegabter und deshalb auch hochgefährdeter Mensch, mit all seinen Schwächen und Verletzlichkeiten, und vor allem: nicht vollendet. Denn Vollendetes gibt es – wenn überhaupt – erst in einer anderen Welt.

Musik für das kultische Theater

Nach der Entmythisierung der persönlichen Gläubigkeit Mozarts und des durch ihn waltenden schöpferischen Genies einer kulturellen Gottheit mag sich nun ein unvernebelter Blick öffnen für den Jahrhundertmusiker Mozart und das, was er im Dienst der Religion und für den kirchlichen Gebrauch geschaffen hat: Es ist ein großes Werk von etwa 80 Kompositionen – von den Messen, deren eine das *Requiem* ist (Kat.Nr. 45.–46.), über die Vespern, Litaneien, die zahlreichen vokalen Einzelwerke für die Liturgie (Kat.Nr. 44., 49.), die instrumentalen Kirchensonaten, bis zu den oratorischen Werken für den außerkirchlichen, aber dennoch religiösen Bereich. Sie alle haben mit Religion und Kirche zu tun,

20. Johann-Nepomuk-Statue bei der alten Stadtbrücke, 1736/vor 1860

21. Franz Anton Danreiter/Carl Rembshart, *Ansicht der Dreifaltigkeitskirche*, um 1730, Salzburg, Konsistorialarchiv

22. Franz Anton Danreiter/Carl Rembshart, *Ansicht der Ursulinenkirche* (mit Berglkirche und Klausentor), um 1730, Salzburg, Konsistorialarchiv

einem Bereich, in dem Mozart aufgewachsen ist und geradezu selbstverständlich lebte und arbeitete, gefördert und eingeschränkt wurde, ein Bereich, aus dem er sich in einem beinahe revolutionären Akt löste, um in einer freieren Welt – unter allerdings größerem Risiko – freischaffend zu wirken.

Um Mozarts Flucht aus der klerikalen Sklaverei besser verstehen zu können, mag man seinen Lebensweg mit dem seines älteren und hochgeschätzten Freundes Joseph Haydn (* Rohrau 1732, † Wien 1809) vergleichen.[18] Auch Haydn begann als höfischer Musiker unter den Musikdomestiken eines – allerdings weltlichen – Fürsten. Auch sein Lebensweg endete als einer der ersten freischaffenden Musiker in der eben erst beginnenden bürgerlichen Musikkultur. Doch dazwischen lag, abgesehen von der viel längeren Lebensspanne Haydns, eine völlig andere Art der Loslösung. Während Mozart geradezu zwingend in antiklerikale und antifeudale Affekte getrieben wurde, konnte Haydn in Freundschaft mit seiner ehemaligen Herrschaft ein hoch geachtetes Künstlerleben als angesehener und wohlhabender Bürger führen. Und das führt zu einem bemerkenswerten Unterschied. Während Mozart in seinen Wiener Jahren außer dem *Requiem* kein größeres kirchenmusikalisches Werk mehr schuf, gelang Haydn in seinen sechs späten Messen ein Höhepunkt in der Geschichte der Messkomposition.[19]

Diese symphonischen Kostbarkeiten ragen aus der großen Zahl der Klassikermessen – den eigenen und denen der Kollegen – deutlich heraus. Sie sind aber auch insofern einzig, als sie Zeugnis einer – man kann es ruhig so nennen – Künstlerfreundschaft zwischen Haydn und dem Fürsten Nikolaus II. Esterhazy (* Wien 1765, † Como 1833) sind: nicht mehr Dienstverrichtung eines Musikdomestiken, sondern Geschenk eines Musikers an seinen fürstlichen Freund. Aus dieser Möglichkeit einer Freundschaft haben sich der Salzburger Fürsterzbischof mit seiner Arroganz und sein gräflicher Kammerherr Arco mit dem berühmt gewordenen Fußtritt selbst befördert (Kat.Nr. 100., 103., 113.). Haydn dürfte seiner Herkunft nach ursprünglich eine ähnlich unbekümmerte und wenig problematische Gläubigkeit besessen haben, wie der junge Mozart. Sie ist auch aus seinen späten Messen in unverminderter Lebensfreude zu hören. Mozart hingegen hat sein wohl bedeutendstes Sakralwerk abseits des normalen Kirchenbetriebes für einen anonymen Dilettanten[20] – und zugleich für seinen eigenen Tod – geschrieben.

Die Einzigartigkeit des *Requiems* (Kat.Nr. 45.–46.) hängt wohl auch mit seinem damals schon sehr gebrochenen Gesundheitszustand zusammen. Es ist verbürgt, dass sich Mozarts Todesahnungen in die Komposition mischten, und dass er davon sprach, hier seine eigene Totenmesse zu schreiben.[21] An dieser Stelle geschieht etwas, das auch die

23. Martin Johann Schmidt, *Verleihung des Skapuliers an Simon Stock*, 1776, Erzabtei St. Peter, Stiftskirche

anderen Messkompositionen beleuchtet. Denn im letzten Lebensjahrzehnt war Mozart fast ausschließlich ein weltlicher, vor allem aber ein Opernkomponist. Das war wohl auch seine besondere Begabung: sich in eine Szene, in die Dramatik und in das Naturell der handelnden Personen derart versetzen zu können, dass all das zu musikalischem Ausdruck drängte. Wenn man aber die Kirchenmusik als die Musik zu einer theatralischen Szene versteht, dann erkennt man Mozarts Leistung: Er schrieb die Musik für – heutig ausgedrückt – kultisches Theater. Denn das ist die katholische Liturgie (im Unterschied zum evangelischen Gottesdienst). Alles was die Akteure – vom Zelebranten bis zum Ministranten – im Kirchenraum tun, ist kultisches Spiel. Und die überaus wirksame und intensive Bühnenmusik dazu ist in Mozarts Werk zu finden.[22] Wahrscheinlich mit wechselndem Engagement, sicher aber mit gutem Wissen um das, worum es geht. Manchmal vielleicht nur routiniert und gekonnt, manchmal auch authentisch und überzeugend. Und zuletzt mit der Wucht eines Schicksals, das er an sich selbst erlebt – beim Vertonen der Totenliturgie.

24. *Mitra*, Salzburg, um 1800, Salzburg, Erzabtei St. Peter

25. *Gestickte Kasel des Abtes Dominicus Hagenauer*, Wien, 1800, Salzburg, Erzabtei St. Peter

Begräbnis zu Lebzeiten

Bei aller Leichtlebigkeit und trotz seiner vermutlich eher oberflächlichen Religiosität war Mozart die kirchliche Inszenierung geläufig, die um den Tod eines Menschen üblich war: die Totenmesse in der Kirche, in der Regel vor dem Sarg gefeiert, der Zug auf den Friedhof und die Beisetzung mit den Gebeten des begleitenden Priesters.[23] Gerade bei feierlichen Bestattungen – und dafür war ein großes Requiem mit Soli, Chor und Orchester gedacht – wurde die Dramatik des liturgischen Geschehens durch den hohen Kirchenraum, den Klerus in aufwändigen Paramenten, die Zahl der Ministranten und Gläubigen, die eindringliche Musik und die Totenpredigt szenisch gesteigert. Man kann ein barockes Totenamt rund um den aufgestellten Sarg zweifellos als liturgische Inszenierung verstehen. Und dazu schrieb Mozart mit seinen zunehmend verfallenden Kräften die Bühnenmusik.

Nach damaligem Brauch hatte diese Totenliturgie zwei Botschaften zu vermitteln: die Angst vor dem Jüngsten Gericht angesichts der Sündhaftigkeit eines Menschenlebens und den Trost in der verzeihenden Güte Gottes. Beides findet in Mozarts Komposition auf eindringliche Weise statt: die Drohung und die Tröstung. Was die Drohung mit den Höllenstrafen betrifft, liefert die mittelalterliche Sequenz des „Dies irae" eine dramatische Vorlage, die von Mozart mit einer Intensität vertont wurde, dass man die Geschichte der Requiem-Vertonungen geradezu in eine Zeit vor und nach Mozart einteilen könnte. Hector Berlioz (* Côte-Saint-André 1803, † Paris 1869) und Giuseppe Verdi (* Le Roncole/Parma 1813, † Mailand 1901) sind die wohl bekanntesten Beispiele für die bedrohlichen Gerichts- und Höllenvisionen, die durch Mozart in die Musikgeschichte eingeführt wurden. Ein besonders berührendes Beispiel für tröstliche Musik bei gleichzeitiger Verweigerung der Gerichts- und Höllendramatik bietet Gabriel Fauré (* Pamiers/Ariège 1845, † Paris 1924). Mozarts „Dies irae" beginnt mit einem furiosen Tanz des Schreckens und des Zornes und endet im „Lacrimosa" mit einem der schönsten Beispiele tröstlicher Musik.

Die mittelalterliche Vorlage des „Dies irae" ist eine geradezu heidnische Drohbotschaft, eine einschüchternde Hymne auf den rächenden und strafenden Gott jener Zeit.[24] Aus guten Gründen wurde dieser „schwarze Psalm" im 20. Jahrhundert aus der Totenliturgie entfernt. Und aus ebenso guten Gründen wird sich heutzutage ein christlicher Prediger hüten, angesichts des Sarges und in der Trauer um einen Verstorbenen die Hinterbliebenen mit einer Straf- und Höllenpredigt zu moralisieren. Aus den bedrückenden und ängstigenden Totenmessen früherer Zeiten wurde inzwischen eine – hoffentlich – tröstliche Gedenkfeier für die Hinterbliebenen. Und deshalb ist es wohl auch gut, dass jene Requiemvertonungen, in denen das „Dies irae" zu einschüchternder Bühnenmusik gerät, auf Konzerte beschränkt werden. Doch was ironische Hörer schon von Verdi sagten, dass seine beste Oper das Requiem sei, kann auch von Mozart gesagt werden: Nur dass angesichts des damaligen Verständnisses der katholischen Totenliturgie das Bonmot seine Schärfe verliert. Die Verwandtschaft zum mit einer Höllenfahrt endenden *Don*

Giovanni wurde – nicht nur wegen der Tonart d-Moll – schon immer bemerkt und zu Recht gedeutet (vgl. Kat.Nr. 122.).

Man hat in der späteren Rezeption – angeregt durch die damals noch nicht aufgedeckte und daher besonders mysteriös scheinende Bestellung durch den Grafen Walsegg – Mozarts *Requiem* zu seiner eigenen Totenmusik hochstilisiert. Richtig ist daran wenigstens, dass Mozart angesichts seiner schwindenden Gesundheit von Todesahnungen erfasst wurde und dass gerade diese Komposition durch die äußeren Umstände mit einer zusätzlichen Botschaft aufgeladen ist: So wie jeder Todesfall einen nachdenklichen Menschen an seine eigene Sterblichkeit erinnern kann, so stellen sich dem aufmerksamen Hörer angesichts des sterbenden Mozart, der da sein eigenes Requiem zu komponieren meint, jene letzten Fragen nach dem woher und wohin, deren klügste Antworten nur Ahnungen und Hoffnungen enthalten – auch wenn die Befürchtungen nicht verstummen wollen. Mozart wusste letztlich nicht mehr, als wir alle auch wissen. Sein Glaube bleibt aus guten Gründen sein Geheimnis.

Eine Religion der aufgeklärten Humanität

Beim Nachdenken über die religiöse Einstellung eines Menschen, der sich über Religion öffentlich (in seinen musikalischen Werken) und privat (in seinen Briefen) geäußert hat, kommt man bei aller Diskretion nicht um den Versuch herum, wenigstens die schriftlichen und künstlerischen Äußerungen zu einem Resümee zu bündeln. Man wird wohl die Briefe an seinen streng katholischen Vater anders lesen müssen als andere private Texte. Man wird die kleinen, religiös geprägten Alltagsfloskeln minder bewerten als eindringliche Bekenntnisse. Man wird vor allem die ärgerlichen Tiraden aus der Zeit des Konflikts mit dem Erzbischof richtig einzuschätzen wissen. Der junge Mozart dachte anders als der selbstbewusste Künstler, der sich seinen Platz außerhalb des Salzburger Hofes suchte. Und der Komponist der letzten Tage mitsamt seinen Todesahnungen mag unserem vorläufigen Resümee am nächsten gekommen sein. Auf der Suche nach einem Ort, an dem sich der späte Mozart der Wiener Zeit in seiner Weltanschauung wohl verstanden und beheimatet fand, stoßen wir auf die Freimaurer (s. S. 33–36).[25]

Auf eben diese Freimaurer stoßen wir auch in einem seiner wichtigsten und populärsten Werke: *Die Zauberflöte* (Kat.Nr. 121.). Die Vorgeschichte ist bekannt: Sein Freund, Logenbruder und Theatermann Emanuel Schikaneder (* Straubing 1751, † Wien 1812) war Initiator, Darsteller und Textautor dieses heute gern zur Kinderoper verkleinerten Sing- und Ideenschauspiels. Die Ideen der Toleranz, Menschenfreundlichkeit und Hilfsbereitschaft in der Gemeinschaft der Freimaurer waren Mozart nach seinem rüden Abschied vom Salzburger Hof zu einer weltanschaulichen Heimat geworden. Die dort gewonnenen, vorwiegend bürgerlichen Freunde legten wenig Wert auf Standesunterschiede, waren meist aufgeklärte und selbstbewusste Männer in bewährten Positionen. Sie halfen einander – auch Mozart in manchen Geldnöten (Kat.Nr. 111.) – und liebten gepflegte Geselligkeit.

26. Franz Nagnzaun, *Gnadenaltar von Loreto*, um 1800, Salzburg, Privatbesitz

Natürlich waren sie nach damaliger Weltsicht ein Männerbund. *Die Zauberflöte* wird aus guten Gründen als metaphorische Darstellung ihrer Ideale gesehen.[26]

Außer dieser Oper hat Mozart auch diverse Kompositionen für festliche Anlässe des Freimaurerbundes geschrieben, darunter die *Maurerische Trauermusik* (vgl. Kat.Nr. 120., 125.). Man könnte sie sogar als die nunmehr säkularisierte Form seiner früheren Kirchenmusik betrachten. Diese Werke haben es nie zu größerer Popularität gebracht. Schließlich waren es nur wenige Gelegenheitswerke für einen kleinen Kreis, wohl auch ohne den Anspruch, als überzeitliche Kunst zu gelten, eher als Gebrauchsmusik. Aber das galt ja damals auch für viele der kleineren Kirchenmusikwerke. Der Musiker als „Handwerker", der mit seinen Fertigkeiten auf Bestellung gute Maßarbeit liefert, war damals ja noch nicht vom Prototyp des freischaffenden Genies verdrängt worden. Doch es ist nicht zu übersehen: Bei den Logenbrüdern fühlte sich Mozart in dieser letzten Lebensphase offensichtlich wesentlich wohler als bei den Kirchenmenschen; wohl auch, weil es eben Brüder und keine Fürsten waren.

Man kann heute natürlich sagen, dass in der Brüderlichkeit einer damaligen Loge vielleicht mehr an christlichem Geist zu spüren war, als am Hof des Fürsterzbischofs. Und

27. Franz Xaver König, *Hl. Wolfgang*, um 1775, Salzburg, Erzabtei St. Peter, Stiftskirche, Wolfgangkapelle

es könnte für Mozart sprechen, sich dort wohl gefühlt zu haben, wo man ihn achtete, schätzte, vielleicht sogar liebte. Wenn man unter Glauben das versteht, worin sich ein Mensch begründet, worin er seine Ideale und Ziele findet, wofür er sich einsetzt und sogar Opfer zu bringen bereit ist, dann hat Mozarts Glaube einen säkularen Ort gefunden. Nicht im damals allzu engen „Schoß der Kirche", aber doch im weiteren Raum einer toleranten, brüderlichen und hilfsbereiten Gemeinschaft. Dass er sich dabei nicht aus der offiziell verfassten Kirche verabschieden musste, spricht für die Offenheit der damaligen Wiener Logenbrüder.[27]

Um es knapp auf den Punkt zu bringen: Es steht dem später Lebenden nicht zu, die Gläubigkeit Mozarts zu beurteilen. Und schon gar nicht, sie zu bewerten. Sie wird wohl in verschiedenen Lebensphasen verschieden gewesen sein, fragmentarisch, fragend, zweifelnd, kritisch – wie bei den meisten von uns. Und sie wird völlig unbedeutend angesichts dessen, was seine Musik – wenn sie denn wirklich „Klangrede" sein kann – uns heute noch zu sagen hat. Viele Menschen haben guten Grund, Mozart dafür dankbar zu sein. (Dass sich gläubige Menschen darüber hinaus bei Gott bedanken wollen, wird auch Skeptiker und Ungläubige nicht stören.)

Epilog: Ein schlichter Gesang

Eines der kleinsten Werke ist auch sein vielleicht berühmtestes: Für einen Dorfschullehrer komponiert, der nach damaligem Brauch auch die Orgel und den Kirchenchor betreute, 46 Takte kurz, für vierstimmigen Chor und bloß mit Streichern und Orgel begleitet. Eine für Mozart ungewohnt karge Besetzung und eine Gelegenheitskomposition für einen befreundeten Verehrer und Amateurmusiker.[28] Sie ist abseits der höfischen Kirchenmusik entstanden, für ein Fronleichnamsfest in einer kleinen Dorfkirche südlich von Wien, für einfache Laiensängerinnen und -sänger geschrieben, simple Harmonik, eine einzige kräftigere Modulation für zwei Takte – so schlicht vielleicht, wie auch der Glaube des Komponisten: *Ave verum* (Kat.Nr. 44.).

Man muss nicht alles wissen müssen, um berührt zu sein. Manchmal kann es besser sein, anderes zu ahnen und mehr zu erhoffen, als man wissen kann. Der Dichter Rainer Kunze sagt es so: „Vom Glauben nicht ergriffen, bin ich, wissend, wovon gesungen wird, ergriffen von den Messen Mozarts."[29]

1 Taufnamen Johannes Chrysostomus Wolfgangus Theophilus; *MGG*, nach: Digitale Bibliothek Band 60, S. 1.
2 Dietrich von Hildebrand: „Alles ist durchzogen von einer englisch verklärten Note, alles ist erfüllt mit einer Botschaft des Himmels." zit. nach Holböck 1978, S. 11.
3 Brief vom 13. Juni 1781 an den Vater, *MBA* 1963, Bd. 3, S. 128–130 Nr. 605.
4 Häufige Redewendung bei Friedrich Gulda.
5 Brief vom 12. Mai 1781 an den Vater, *MBA* 1963, Bd. 3, S. 114–115 Nr. 594.
6 Elias 1993, S. 29ff.; *MGG*, nach: Digitale Bibliothek Band 60, S. 17: „In den Gestalten dieser beiden Kirchenfürsten traten für Salzburg alte und neue Zeit fühlbar auseinander. Erzbischof Sigismund war ein konservativ denkender, leutseliger und lässig-großzügiger Herr gewesen; Hieronymus war ein aufgeklärter Despot, reformfreudig, eigenwillig und rechthaberisch."
7 Vgl. H. Reinalter, S. 33–36.
8 Hildesheimer 1980, S. 374.
9 Brief vom 13. Juni 1781 an den Vater, *MBA* 1963, Bd. 3, S. 128–130 Nr. 605.
10 a.a.O.
11 Hildesheimer 1980, S. 374.
12 So der einzige Biograph, der Mozart noch kannte, Franz Xaver Niemetschek (* Sadska/Böhmen 1766, † Wien 1849), dessen Buch 1798 erschien. Niemetschek 2005, S. 70: „In seinem Kopfe lag das Werk immer schon vollendet, ehe er sich zum Schreibpulte setzte."; ähnlich der Theatermann J. N. Stiepanek und der Dichter E. T. A. Hoffmann, beide zitiert in: Pahlen 1991, S. 337ff.
13 T. de Wyzewa: „Mozart ist vielleicht das Wesen, in dem die Schöpferkraft am vollsten Mensch geworden ist." zit. nach Pahlen 1991, S. 424.
14 Kaspar 2002, S. 91–97.
15 Albrecht Goes im Vorwort zu der von ihm herausgegebenen Briefausgabe: A. Goes (Hrsg.), *Mozart Briefe*, Frankfurt am Main 1990, S. 17. „Er hatte ein – kaum der Reflexion fähiges, vor allem aber keiner Reflexion bedürfendes – Bewusstsein des homo Dei, der Gottebenbildlichkeit: Ich bin ein Mozart."
16 *MGG*, nach: Digitale Bibliothek Band 60, S. 192: „Mozarts Werk hat keiner Wiederentdeckung und Wiederbelebung bedurft. Die Pflege seiner Werke hat zeitweise geschwankt, die Kenntnis seiner Person und seines Schaffens nur langsam zugenommen. Aber der Strom ist zu keiner Zeit versiegt. Es läuft eine kontinuierliche Überlieferung von Mozarts Lebzeiten bis heute, und Mozart ist damit der erste Komponist der Geschichte, dessen Nachwirkung über fast zweihundert Jahre hin keinerlei Unterbrechung erlitten hat." Kaspar 2002, S. 95.
17 Holböck 1978, 2. Teil „Theologische Interpretation von Mozarts Kirchenmusik", S. 84–117.
18 Kaspar 2002; um einen Vergleich Haydn – Mozart habe ich mich in einem eigenen Kapitel bemüht: „Religionsfreund und Kirchendiener", S. 248–253.
19 *MGG*, nach: Digitale Bibliothek Band 60, S. 83: „[…] noch im Alter krönt Haydn seine Entwicklung mit den späten Messen und Oratorien, den vollendetsten Beispielen seines ganz originalen Gestaltens."
20 Die Geschichte um den Grafen Franz Georg von Walsegg-Stuppach, der anonym bei Mozart ein Requiem bestellte, um es später als eigenes Werk ausgeben und aufführen zu können, ist hinreichend bekannt und dokumentiert, z. B. in: Gruber 2005, S. 133ff.; s. Kat.Nr. 44–45.
21 *MGG*, nach: Digitale Bibliothek Band 60, S. 65: „Der Gedanke, im Requiem seine eigene Totenmesse zu schreiben, scheint Mozart seitdem nicht mehr losgelassen zu haben."
22 Hildesheimer 1980, S. 374: „Seine Messen mögen bei Gläubigen religiöse Inbrunst hervorrufen, sie waren bewusst darauf angelegt, doch nicht vom Glauben eingegeben, sondern vom Willen, ihn darzustellen. Meist klingt das Verlangen des Dramatikers mit, eine Oper zu komponieren."
23 Peter Paul Kaspar, *Musica Sacra*, Graz/Wien 1999, S. 121ff.
24 Kaspar 2002, S. 213–223.
25 Gärtner 1997, S. 169ff., s. a. H. Reinalter, S. 33–36.
26 Hildesheimer 1980, S. 323ff.
27 a.a.O. S. 375f.
28 Anton Stoll, Schullehrer und Regens Chori in Baden bei Wien; für die dortige Pfarrkirche schrieb Mozart sein *Ave verum*. Gärtner 1997, S. 227ff; Kaspar 2002, S. 210.
29 Rainer Kunze, *Ergriffen von den Messen Mozarts*, Hauzenberg 1983, Einleitungssatz des Essays (keine Paginierung).

Helmut Reinalter

Mozarts Religionsvorstellung
Das freimaurerische Symbol des „Großen Baumeisters aller Welten"[1]

Wolfgang Amadeus Mozart wurde am 14. Dezember 1784, während der josephinischen Reformen, in die Wiener Loge *Zur Wohltätigkeit* aufgenommen. Der Meister vom Stuhl war Otto Freiherr von Gemmingen-Hornberg, ein Förderer der Familie Mozart. Er dürfte Mozart nahe gelegt haben, Freimaurer zu werden. Darüber hinaus war dieser wohl auch durch seinen stark freimaurerisch durchsetzten Bekanntenkreis in Wien zum Logeneintritt motiviert worden. Die Loge *Zur Wohltätigkeit* wurde am 2. Februar 1782 gegründet und stellte eine Tochtergründung der Bauhütte *Zur gekrönten Hoffnung* dar. Am 7. Jänner 1785 wurde Mozart, der die rituellen Logenarbeiten häufig besuchte, zum Gesellen befördert. Über seine Meistererhebung sind leider keine Unterlagen überliefert, sie muss aber bald nach seiner Gesellenbeförderung erfolgt sein. Auch Vater Leopold Mozart wurde – sicher auf Veranlassung seines Sohnes – am 6. April 1785 Freimaurer, wobei wegen des kurzen Aufenthalts in Wien seine Beförderung zum Gesellen und seine Erhebung zum Meister sehr rasch vor sich gingen (vgl. Abb. 30).

Mozart war mit großer Begeisterung Freimaurer. Die Ziele des humanitären Bundes haben ihn besonders überzeugt: das Eintreten für Toleranz, freie Entwicklung der Persönlichkeit, für Brüderlichkeit und allgemeine Menschenliebe sowie die Auffassung, dass menschliche Konflikte ohne zerstörerische Folgen ausgetragen werden können, wenn ein entsprechendes Vertrauensverhältnis zwischen den Menschen unterschiedlicher Überzeugung hergestellt wird. Die Symbole als Bindemittel der Brüder untereinander, die die Kernaussagen der Maurerei in Bildern und sinnbildlichen Handlungen darstellten, dürften Mozart besonders angesprochen haben. In einem Brief an seinen Vater vom 4. April 1787 (der letzte erhaltene Brief an Leopold) hat er den Tod als Endzweck des Lebens bezeichnet.[2] Das in Klammern ergänzte „sie verstehen mich" ist eine Anspielung auf den Meistergrad der Freimaurerei mit seiner Todes- und Auferstehungssymbolik. Mozart hat sich sicher nicht aus gesellschaftlicher Opportunität der Loge angeschlossen, sondern glaubte fest daran, eine Verbesserung des Menschengeschlechts durch die „Arbeit am rauhen Stein" erreichen zu können. Mozarts Begeisterung für die Freimaurerei geht auch aus seinen Kompositionen für die masonischen Zeremonien hervor. Er hat musikalisch viel für den Bund geleistet und war zum Hauskomponisten seiner Loge geworden. Seine Oper *Die Zauberflöte* gilt als hervorragendes „freimaurerisches Werk", wobei Ignaz von Born, der Meister vom Stuhl der Wiener Eliteloge *Zur wahren Eintracht*, möglicherweise das Vorbild für die Person des „Sarastro" war (vgl. Kat.Nr. 121.1.). Für Mozarts religiöse Vorstellung war das freimaurerische Symbol des „Großen Baumeisters aller Welten" prägend.

Der „Große Baumeister" aller Welten bedeutet in der Freimaurerei eine Form der Bezeichnung des Schöpfers und Erhalters der Welt. James Anderson verwendet dafür den Ausdruck „great Architect of the Universe" gleich am Beginn seiner *Geschichte der Maurerei* (1723). Das Symbol des „Großen Baumeisters aller Welten" baut auf der Grundlage der ethischen Verantwortung des Freimaurers auf. Der Wert des Menschen wird in der Freimaurerei nicht nach seinem Bekenntnis zu einer Religionsgemeinschaft und zu einem Dogma beurteilt, sondern nach seiner intellektuellen Redlichkeit. Der „Große Baumeister" symbolisiert in seiner Wirksamkeit den ewigen Hintergrund und allumfassenden Rahmen, aus dem das Leben Sinn und menschliche Verantwortung erhält. Die Freimaurerei ist zwar keine Religion und will daher auch mit bestehenden Religionsgemeinschaften nicht konkurrieren, aber sie kommt ohne transzendenten Bezug nicht aus. Sie, die von ihren Mitgliedern ethisches

28. Ignaz Unterberger (?), *Innenansicht der Wiener Loge "Zur gekrönten Hoffnung"*, 1790, Wien, Wien Museum (ganz rechts sitzend vermutlich Mozart)

Handeln fordert, ist eine Gemeinschaft, die die Anbindung an ein Ideal benötigt, das über den Menschen und seine Existenz hinausweist.

In der freimaurerischen Tradition nimmt der „Große Baumeister aller Welten" eine Schlüsselstellung für diese Rückbindung an die Transzendenz ein. In der Verfassung der Großloge A.F. und A.M. von Deutschland heißt es daher: „Sie (die Freimaurer) sehen im Weltenbau, in allem Lebendigen und im sittlichen Bewusstsein des Menschen ein göttliches Wirken voll Weisheit, Stärke und Schönheit. Dieses alles verehren sie unter dem Sinnbild des Großen Baumeisters aller Welten." Im freimaurerischen Denken lebt der Mensch im Zustand der Unvollkommenheit. Er glaubt nicht an das Erfordernis der Endgültigkeit des Handelns. Für den Freimaurer ist der Zustand der Unvollkommenheit sehr eng verbunden mit dem Transzendenten, das eine regulative Funktion hat. Für ihn bedeutet das Transzendente keine Ontologie, denn das Endziel bleibt letztlich unerreichbar, wenngleich er diesem schrittweise näher zu kommen versucht, indem er an seiner eigenen Vervollkommnung arbeitet. Für den Freimaurer ist die Wahrheit demnach ein gedanklicher Richtpunkt, an dem er sich bei seiner initiatischen Selbstveredelung orientiert. Wenn der Freimaurer für sich in Anspruch nähme, in Besitz der Wahrheit zu sein, dann machte er diese zum Inhalt einer Offenbarung und gäbe damit der Freimaurerei die Bedeutung einer Religion. Die Interpretation des „Großen Baumeisters aller Welten" als regulatives Prinzip ist daher von essenzieller Bedeutung für das freimaurerische Transzendenz-Verständnis.

Einerseits bedeutet das Symbol des „Großen Baumeisters" als regulatives Prinzip nicht a priori, dass es nicht mit der Gottesidee eines religiösen Bekenntnisses gleichgesetzt werden könnte. In diesem Fall wird dann der „Große Baumeister aller Welten" zum Bildnis, das der Maurer sich vom Göttlichen macht und das in jeder Religion ein anderes Gesicht trägt. Den „Großen Baumeister" als regulatives Prinzip zu sehen, befriedigt andererseits das Verlangen nach dem Transzendenten und schützt vor Gefahr, das „Höchste Wesen" in Form des Naturalismus zu einem Teil der Immanenz, der Erfahrungswelt werden zu lassen. Die Transzendenz als regulatives Ideal und damit als Fiktion zu betrachten, heißt daher nicht, ihr eine reale Existenz zuzuerkennen, dennoch bedeutet dies, die Voraussetzung für ein ethisches Verhalten zu schaffen. Die dem Freimaurer vertrauten Begriffe wie das „göttliche Wirken im Weltenbau voll Weisheit, Schönheit und Stärke" gelten nicht als unbestreitbare Wahrheiten, sondern sind als reine Denkgebilde aufzufassen, die für das Handeln des Freimaurerbruders brauchbar und notwendig sind. Diese Denkgebilde haben ihren Zweck darin, eine systematische Einheit in der Welt herzustellen, indem alle erfahrbaren Wirklichkeiten in ihrer Anordnung so gesehen werden, als ob sie aus einem „Höchsten Wesen" als Ursache entsprungen wären. Nach Analogie der in der Welt der Erscheinung gedachten Kausalität wird hier ein Wesen angenommen, das der Urgrund aller weltlichen

Erscheinungsformen ist, die gleichsam Anordnungen eines vollkommenen Vernunftwesens bilden, das in weiser Absicht diese mit Kraft und in Schönheit hervorbringt. Dadurch schafft sich der Freimaurer eine gewisse Weltordnung, indem er die Mannigfaltigkeit der Vorgänge zu einem von Weisheit geleiteten System verbindet. Die Annahme eines göttlichen Wirkens bildet auch die Voraussetzung für ethisches Handeln, denn jede sittlich gute Tat ist erst dann möglich, wenn sie als solche auch gewertet werden kann. Dies bedeutet, dass der handelnde Mensch nur dann sittlich erscheint, wenn es für ihn ein vernünftiges Prinzip der Weltenordnung gibt.

Die Religionskritik der Aufklärung ist kaum zu überschätzen, weil sie das Christentum, die Kirche und Religion umfassend erreicht. Die Aufklärung brachte für den traditionellen Glauben die erste große und wirkungsvolle Herausforderung. Die neue Rationalität, die die wichtigsten Kriterien des Erkennens und moralischen Handelns in sich selbst entdeckte, wurde für die Religion zu einem Problem, zumal nun verschiedene Spielarten des Deismus entstanden sind. Ernst Troeltsch bezeichnete sogar den Deismus als die Religionsphilosophie der Aufklärung. Der Begriff beinhaltete keine einheitliche Lehre, sondern war Ausdruck des Konflikts zwischen übernatürlicher Offenbarung und „natürlicher" Religion, die auf der Annahme eines vernünftigen Welturhebers und moralischen Gesetzgebers aufbaut. Diese sich hier andeutende Verabschiedung vom kirchlichen Dogma war jedoch nicht gleichbedeutend mit einem Bruch mit der Religion. Die meisten Vertreter des Deismus waren bemüht, seine Inhalte zeit- und vernunftgemäß zu interpretieren. Einige von ihnen verstanden unter Christentum die Wiederherstellung jener Religion, die bis auf die Schöpfung zurückreicht. Die Deisten gingen von der Annahme aus, dass es die Aufgabe des Menschen sei, seine moralischen Pflichten als Gebote Gottes zu erkennen. Es steht heute weitgehend außer Zweifel, dass der Deismus eine wichtige Voraussetzung für die Interpretation des freimaurerischen Symbols des „Großen Baumeisters aller Welten" darstellt.

Die Freimaurerei hat eine ganz bestimmte (spezifische) Anthropologie, die die Grundwerte definiert, die den Bruder bei seiner Arbeit am „rauhen Stein" bestimmen und leiten. Diese Anthropologie ist eine partielle, keine vollständige, umfassende, weil sie jene Bereiche in den Vordergrund stellt,

29. Aufnahme eines Freimaurerlehrlings in eine Loge (aus: Allerneuste Geheimniße der Freymäurer, o. O. 1766, vgl. Kat.Nr. 116.), München, Bayerische Staatsbibliothek

30. Aufnahme eines Freimaurermeisters in eine Loge (aus: Allerneuste Geheimniße der Freymäurer, o. O. 1766, vgl. Kat.Nr. 116.), München, Bayerische Staatsbibliothek

die mit der ethischen Vervollkommnung zu tun haben. Zum masonischen Menschenverständnis gehören Freiheit, Toleranz (und darüber hinaus das Verstehen der Mitmenschen durch ihr Anderssein), Brüderlichkeit und auch Transzendenz (im Sinne des „Großen Baumeisters"). Die Transzendenz hat eine doppelte Funktion: Sie rechtfertigt moralische Wertmaßstäbe und verleiht dem menschlichen Dasein einen Sinn, und sie stellt das höchste Ziel dar, dem der Mensch bei der Verwirklichung seiner Ideale entgegengeht. Zur freimaurerischen Anthropologie gehört aber auch das „initiatische Geheimnis" bzw. das fundamentale initiatische Konzept. Dieses zeigt auf, wie der vollständige Gehalt der maurerischen Anthropologie durch Initiationsriten erworben werden kann (Abb. 29–30). Die Selbstverwirklichung eines Menschen als Freimaurer erfolgt in Form einer permanenten dialektischen

31. Johann Ernst Mansfeld (?), *Allegorie auf die Reformen Kaiser Josephs II.*, 1782 (vgl. Kat.Nr. 107.), Kremsmünster, Stift Kremsmünster

Auseinandersetzung zwischen den Prinzipien und dem Individuellen, gesteuert vom freimaurerischen Menschenbild und von der Verhaltensnorm des „Großen Baumeisters aller Welten". Die hier aufgezeigten Grundpfeiler der Freimaurerei sollen verdeutlichen, dass sie kein vollständiges philosophisches System darstellt, sondern eine genau umschriebene praktische Philosophie des Menschen umfasst, Verhaltensmuster, die der Natur des Menschen entsprechen.

Das masonische Denken weist neben dem Rituellen auch eine besonders stark ausgeprägte rationale Systematik auf. Den Sinn der Freimaurerei kann man aber nicht allein mit zweckrationalen Mitteln (Erklärungen) erfassen. Die Freimaurerei ist kein philosophisches System, sondern ein humanes Verhaltensmuster für eine menschliche Gesellschaft. Das masonische Menschenbild nimmt im europäischen Denken eine Sonderstellung ein, weil es verbindend, integrierend und ausgleichend angelegt ist und nicht ausgrenzt. Die Freimaurerei besitzt eine philosophische Anthropologie, die die Verfolgung einer ethischen Zielsetzung verlangt, die sich in initiatischer Weise am „Großen Baumeister" orientiert.

1   Gustav Mensching, Toleranz und Wahrheit in der Religion, Heidelberg 1955; M. C. Jacob, *The Radical Enlightenment: Pantheists, Freemasons and Republicans*, London 1981; A. Schmidt, Die Religionsphilosophie des Zeitalters der Aufklärung als Quelle freimaurerischer Religiosität, in: Alfred Schmidt/Heinz Thoma (Hrsg.), *Der unvollendete Bau*, Frankfurt am Main 1992, S. 53ff.; A. Schmidt, Das Erbe des englischen Deismus, in: (Matthias Lutz-Bachmann, Hrsg.), *Und dennoch ist von Gott zu reden. Festschrift für Herbert Vorgrimler*, Freiburg/Br. 1994; A. Schmidt, Religionsphilosophische Aspekte der Freimaurerei, in: *Zeitschrift für Internationale Freimaurerforschung* 4, 2000, S. 33ff.; Helmut Reinalter, *Die Freimaurer*, München 2000, S. 35ff.; A: Schmidt, Das Erbe des englischen Deismus, in: IF 4/8, 2002, S. 11ff.; Helmut Reinalter, Der „Große Baumeister" aller Welten, in: ders. (Hrsg.), *Handbuch der freimaurerischen Grundbegriffe*, Innsbruck 2002, Seite 72ff.
2   *MBA* 1962, Bd. 4, S. 41 Nr. 1044, Z. 33–34.

Patrick Bircher

Einblicke in die liturgische Praxis zur Zeit Wolfgang Amadeus Mozarts

Voraussetzungen

In der zweiten Hälfte des 18. Jahrhunderts zählten kirchliche Institutionen in allen Bereichen der Kunst zu den bedeutendsten Auftraggebern. Vor allem die Pflege der Musik blieb im Umfeld der Gottesdienste von tragender Bedeutung. Neben den Hof-, Dom- und Stiftskirchen bildeten Instrumental- und Vokalwerke mit größerer Besetzung auch in Klöstern und an Wallfahrtsorten einen unverzichtbaren Bestandteil der liturgischen Praxis. Die in Form und Inhalt breit gefächerten Gottesdienste und zeremoniellen Handlungen erreichten in der erzbischöflichen Haupt- und Residenzstadt Salzburg eine besonders hohe Dichte. Noch heute legt die dicht gewobene Sakraltopographie, die das Bild der Stadt bestimmt, Zeugnis für die zahlreichen Träger liturgischen Handelns ab. Neben dem Fürsterzbischof und dem Domkapitel waren es vor allem die Angehörigen der verschiedenen Konvente[1], aber auch die Studenten der Universität und die Mitglieder der Bruderschaften, die in unterschiedlicher Weise in das Geschehen des Kirchenjahres eingebunden waren.

Auch außerhalb der Fest-, Feier- und Gedenktage, die den Lebensrhythmus der Bevölkerung bestimmten, blieben Alltag und Gottesdienst untrennbar miteinander verflochten. Der regelmäßige Besuch der Messe und die Teilnahme an den verschiedenen Andachten, Prozessionen und Wallfahrten (vgl. Kat.Nr. 28.–29.) bildeten für die Mehrzahl der Menschen feste Bezugspunkte ihrer Glaubenspraxis.[2] Die zahlreichen Messen für Verstorbene, die täglich an den verschiedenen Altären gelesen wurden, die Predigttätigkeit eines zahlreichen Welt- und Ordensklerus und die sozial breit verankerten Bruderschaften, die zu einem wesentlichen Entfaltungsraum der Laienfrömmigkeit wurden (s. Kat.Nr. 22.–23., Abb. 41–42), bestimmten das Denken und Handeln des Einzelnen und der Gemeinschaft entscheidend mit.[3] Eine strikte Trennung in einen „profanen" und einen „sakralen" Bereich, wie sie aus heutiger Perspektive nahe liegen könnte, greift deshalb zu kurz. Liturgisches Geschehen zählte auch in der zweiten Hälfte des 18. Jahrhunderts zu den grundlegenden Lebenserfahrungen und fand inmitten und nicht am Rande der Alltagswirklichkeit statt. In einem geistlichen Fürstentum wie Salzburg war diese Einheit zwischen kirchlicher Jurisdiktionshoheit und weltlichem Einfluss zudem in der Spitze der hierarchisch strukturierten Gesellschaft repräsentiert. Diese Verbindung, die den Fürsterzbischöfen auch als Legitimation ihrer Position dienen konnte, fand in der unmittelbaren Nachbarschaft von Dom und Residenz einen sichtbaren Ausdruck (Kat.Nr. 21.2.). Liturgie und Herrschaftszeremoniell gingen oft nahtlos ineinander über und fanden insbesondere in der Musik ein beide Bereiche verbindendes Element. Neben der Spendung der Sakramente und Sakramentalien, die klaren Vorgaben folgten und dem Klerus vorbehalten blieben (s. Kat.Nr. 12.–18.), fand die Laienreligiosität unterschiedliche Ausdrucksformen. Die sinnenfällige Inszenierung der Liturgie entsprach nicht bloß den Interessen einer gesellschaftlich führenden Elite, sondern kam auch den Anliegen breiter Volksschichten nach einer Annäherung an das letztlich Unaussprechliche entgegen. So entsprachen Wallfahrten, Bittgänge und Andachten meist einem in der Bevölkerung verankerten Grundbedürfnis und wurden aus unterschiedlichen Motiven auch dann noch weiter gepflegt, als im Geist der Aufklärung wirkende Geistliche sich davon zu distanzieren begannen.

Stufen der kirchlichen und sozialen Integration
Taufe – Firmung – Erstkommunion

Am 27. Januar 1756 geboren, wurde das siebte und letzte Kind des Hofmusikers Leopold Mozart und seiner Ehefrau

32. Franz Anton Danreiter/Carl Rembshart, *Ansicht des Domes vom Kapitelplatz*, um 1730, Salzburg, Konsistorialarchiv

33. Franz Anton Danreiter/Carl Rembshart, *Ansicht der Abtei St. Peter*, um 1730, Salzburg, Konsistorialarchiv

Maria Anna Pertl am folgenden Tag um halb 11 Uhr mittags im Salzburger Dom auf die Namen Johannes Chrysostomus Wolfgangus Theophilus getauft (s. Kat.Nr. 13.). Während die vorangestellten Namen auf den Tagesheiligen Bezug nahmen, erinnerten die anderen beiden an den Großvater mütterlicherseits und an seinen Taufpaten (s. Kat.Nr. 19.). Aufgrund der hohen Kindersterblichkeit wurden die Taufen in der Regel möglichst bald nach der Geburt gespendet.[4] Die Feier fand in kleinem Personenkreis außerhalb des Gemeindegottesdienstes statt (s. Kat.Nr. 17.). Das Rituale Romanum von 1614 enthielt zwar für die Kindertaufe einen eigenen Ordo. Dabei handelte es sich aber lediglich um eine Kurzfassung des Formulars, das auch bei der Eingliederung Erwachsener in die Kirche Verwendung fand. Obschon diese Konstellation, die in der Urkirche den Regelfall darstellte, seit dem Frühmittelalter die Ausnahme bildete, bestimmte sie noch über Jahrhunderte die normativen Vorgaben. Die an die Täuflinge gerichteten Fragen wurden dementsprechend von den Paten in der Ich-Form beantwortet (vgl. Kat.Nr. 18.).[5]

Neben der Wassertaufe gehört auch die Handauflegung mit Gebet zur Initiationsliturgie. Beide Elemente bildeten ursprünglich eine Einheit und fanden ihren Ort in der Ostervigil. Im Gegensatz zur Ostkirche blieb die Spendung des Firmsakramentes in der römischen Tradition den Bischöfen vorbehalten. Damit löste sich dieser Teil notwendigerweise aus dem Gefüge der dreistufigen Eingliederungsfeier und verlor an Bedeutung. Firmtermine fanden nur noch in den Bischofsstädten statt und lagen oft Jahre auseinander. Neue Perspektiven eröffnete das Konzil von Trient, das die seelsorglichen Aufgaben der Bischöfe wieder in den Vordergrund hob. Diese pastorale Orientierung fand im Mailänder Erzbischof Carlo Borromeo (* Arona 1538, † Mailand 1584) einen herausragenden Vertreter. In Übereinstimmung mit dem *Catechismus Romanus* von 1566 war er in seiner Diözese bestrebt, die Firmung zwischen dem 7. und dem 12. Lebensjahr zu spenden.[6] Diese Altersspanne verlangte nach einem kontinuierlichen, auf fünf Jahre angelegten Visitationsturnus.

Die Verhältnisse in Mailand bildeten allerdings eine Ausnahme. In zahlreichen Bistümern nördlich der Alpen fand die vom Konzil von Trient etablierte Forderung nach regelmäßigen Visitations- und Firmreisen über Generationen kaum Beachtung.[7] Wenn sich die Bischöfe gelegentlich aus pastoralen Gründen in die Dekanate begaben, machten sie lediglich in den größeren Orten Station. Dorthin wurden dann die Kinder aus einem weiteren Umkreis zur Firmung gebracht. Das im *Catechismus Romanus* festgelegte Mindestalter von sieben Jahren, das auch verschiedene Diözesansynoden verbindlich festschrieben, blieb dabei oft unbeachtet. Nicht nur in ländlichen Gebieten, wo die Bischöfe während längerer Zeit nicht präsent waren, sondern auch in den Kathedralen wurden bis in die zweite Hälfte des 18. Jahrhunderts Säuglinge und Kleinkinder zwischen einem und drei Jahren gefirmt.[8] Nach dem Grundsatz, dass dieses

34. Johann Joseph Fackler/Franz Sebastian Schaur, *Kirchengebet* (aus: Stadler 1742, Kat.Nr. 25.), 1742

Sakrament in jedem Lebensalter gültig gespendet werden könne, blieb einzig der Empfang der Taufe eine unabdingbare Voraussetzung für den Empfang der Firmung.[9]

Im Gegensatz zu anderen Diözesen, in denen das Sakrament häufig den Weihbischöfen anvertraut war, trat in Salzburg während des 18. Jahrhunderts meist der Erzbischof als Firmspender auf. Im Geburtsjahr Wolfgang Amadeus Mozarts „confirmierte" Erzbischof Siegmund Schrattenbach insgesamt 4194 Personen.[10] Der Sakramentsspendung im Dom gingen oft die Weihen der Kleriker im Rupertusoratorium voran. Nach einer Messfeier folgte dann die Firmung, zu der Getaufte aus der ganzen Diözese in die Haupt- und Residenzstadt gebracht wurden. Der Kreis der anwesenden Gläubigen war je nach Jahreszeit unterschiedlich groß. Neben den üblichen Terminen in der Woche nach Pfingsten und im September firmte der Metropolit unter Assistenz von zwei Stiftsherren des Schneeherrenstiftes auch an weiteren über das Jahr verteilten Tagen.[11] Nur in wenigen Ausnahmefällen spendete er das Sakrament an einem anderen Ort.[12] Ebenso selten wurden Erwachsene wie Johann Gottlieb Franz zur Firmung geführt. Der aus Sachsen stammende Tuchmachergeselle war vom evangelischen zum katholischen Glauben übergetreten. Nach der Vorbereitung auf die Initiationssakramente durch den erzbischöflichen Hofkaplan erhielt er bei der Taufe den Vornamen des regierenden Erzbischofs Siegmund Schrattenbach, der ihm im Januar 1768 die Firmung spendete. Im Gegensatz zu solchen, im kleinsten Rahmen stattfindenden Einzelereignissen empfingen während der regulären Termine häufig bis zu 500 Kinder das dem Bischof vorbehaltene Sakrament.[13] Im Gegensatz zu den Taufen wurden die Namen der Gefirmten nicht in besonderen Registern erfasst. Die formelhaften Hinweise und statistischen Angaben, die summarisch unter den Amtshandlungen der Salzburger Metropoliten aufscheinen, lassen keine unmittelbaren Rückschlüsse auf das Alter der Gefirmten zu.[14] Die meisten unter ihnen dürften dieses Sakrament aber noch vor der Erstkommunion, die in der Regel zwi-

35. *Erzbischof in der Cappa Magna (Sommer)*, 1782/1790, Salzburg, Privatbesitz

36. *Domherr im Kirchengewand (Sommer)*, 1782/1790, Salzburg, Privatbesitz

37. *Chorherr*, 1782/1790, Salzburg, Privatbesitz

schen dem 10. und dem 14. Lebensjahr stattfand, aus der Hand des Erzbischofs empfangen haben.[15] Wie in anderen Bistümern des alten Reiches bestand während der Jugendzeit Wolfgang Amadeus Mozarts offenbar noch eine Firmpraxis, die frühmittelalterlichen und bis heute in der Ostkirche geübten Modellen nahe stand. Die ursprüngliche Abfolge von Taufe, Firmung und Erstkommunion blieb gewahrt, bis unter dem Einfluss der Aufklärung ein Aufschub des zweiten Initialsakramentes üblich wurde.[16]

Liturgie und Musik
Ämter – Vespern – Litaneien

Gottesdienstliche Feiern waren auch in der zweiten Hälfte des 18. Jahrhunderts gesellschaftliche Ereignisse, die führende Kräfte aus Architektur, Kunst und Musik zu neuen und innovativen Lösungen anregten. Neben dem Salzburger Dom bildeten vor allem die zahlreichen Konvente Brennpunkte liturgischen Handelns und anspruchsvoller Musikpflege. Im Jahre 1777 wurden beispielsweise im Benediktinerstift St. Peter (Abb. 33) 135 Konvent- und 72 Frühämter sowie 125 Vespern, 86 Litaneien, zahlreiche Totenämter und an 20 Tagen eine Pontifikal-Terz unter Beteiligung der Stiftsmusik gefeiert, bei der auch Vater und Sohn Mozart gelegentlich mitwirkten.[17] Im Vergleich zu den größeren Stiften Ober- und Niederösterreichs wie etwa Kremsmünster, St. Florian und Göttweig stellte diese hohe Frequenz keineswegs einen Ausnahmefall dar. Wie an den bedeutenden Wallfahrtsorten, zu denen auch das damals durch ddie Universität betreute Maria Plain (Kat.Nr. 30.1.) bei Salzburg zählte, bildeten musikalische Werke einen integrierenden Bestandteil der zahlreichen festlich gestalteten Gottesdienste.[18] Neben Klöstern sowie der geistlichen und weltlichen Obrigkeit trugen auch die verschiedenen Bruderschaften mit ihren Stiftungen zum Unterhalt der Musiker bei und erteilten Kompositionsaufträge für festliche Gottesdienste. Der Bedarf an Werken, die in diesem Rahmen in unterschiedlicher Besetzung zur Aufführung gelangen konnten, war entsprechend groß (Kat. Nr. 22., Abb. 41–42).

Zu den liturgischen Feiern, die am häufigsten musikalisch ausgestaltet wurden, zählten zunächst die Messen oder „Ämter". Die Abstufung als Früh-, Hoch- oder Pontifikalamt richtete sich nach der Tageszeit, der Bedeutung des Festtages und dem Rang des Zelebranten. Insbesondere an Sonn- und Feiertagen fanden daneben regelmäßig Vespern und Andachten mit Litaneien statt. Bei besonderen Anlässen oder Ereignissen wurden Dankgottesdienste mit abschließendem Te Deum und beim Tod bedeutender Persönlichkeiten feierliche Exequien gehalten. Für diese „extraordinären" Gelegenheiten mussten die Kirchenmusiker ebenfalls ein auf die Bedürfnisse ihres Wirkungsortes abgestimmtes Repertoire bereithalten.[19]

Von den liturgischen Gesängen der Messfeier wurden in erster Linie die gleich bleibenden Texte, das Ordinarium Missae mit den Teilen Kyrie, Gloria, Credo, Sanctus/Benedictus und Agnus Dei, vertont. Da in manchen Hof-, Stadt-, Kloster- und Wallfahrtskirchen häufig musikalische Ämter stattfanden, lagen daneben für die variierenden Abschnitte, das Proprium, nicht immer neue Vertonungen bereit. Oft wurde nur das Offertorium vokal und instrumental vertont.

In der Advents- und Fastenzeit orientierten sich die Komponisten in der Regel eng an den liturgisch vorgegebenen Formularen. Während der übrigen Zeit des Kirchenjahres gelangten Motetten und Arien über frei gestaltete Textvorlagen zur Aufführung.[20] An die Stelle der übrigen Propriums-

38. *Erzbischof in der Cappa Magna (Winter)*, 1782/1790, Salzburg, Privatbesitz (vgl. Kat.Nr. 2)

39. *Domherr im Kirchengewand (Winter)*, 1782/1790, Salzburg, Privatbesitz

40. *Stiftsherr des Schneeherrenstiftes*, 1782/1790, Salzburg, Privatbesitz

gesänge, insbesondere Introitus, Graduale, Alleluja und Communio, trat häufig Instrumentalmusik. Nach der von den Jesuiten entwickelten Affektenlehre sollten die Bläserintraden, Orgelstücke und Sonaten- oder Sinfoniesätze den inneren Ausdruck des Wortes wiedergeben und den Inhalt des Textes gleichsam überhöhen.

Musikalischer Stil, Besetzung und Länge der Vorträge richteten sich nach dem liturgischen Rang des Tages. Der Choralgesang wurde in den Gottesdiensten der Ferialtage weiterhin gepflegt, mit Ausnahme der Karwoche und des Totenoffiziums jedoch meist von einer Orgelbegleitung unterstützt. Der A-capella-Stil der Renaissance blieb vor allem der Advents- und Fastenzeit vorbehalten. Die Kirchenmusiker griffen dabei weitgehend auf tradierte Kompositionen zurück, schufen in Anlehnung an ältere Muster aber auch neue Werke. Den gewöhnlichen Sonntagen und den Festen tieferen Ranges eignete der zeitgenössische „stilus mediocris", der auch als „stilus ordinarius" oder „stilus dominicalis" bezeichnet wurde. Dabei handelte es sich um konzertierende Aufführungen, in denen die Vokalstimmen zwischen Soli und Tutti wechselten und mit selbstständig geführten Instrumentalpartien in Dialog traten. Neben den Streich- kamen allenfalls wenige Blasinstrumente, aber keine Trompeten und Pauken zum Einsatz. Sie trugen zum besonderen Charakter des „stilus solemnis" bei, der nur an hohen und höchsten Festen, wenn der Erzbischof oder ein hochrangiger Kleriker mit großer Assistenz die Liturgie feierte, Verwendung fand. Die Werke, die bei diesen Gelegenheiten zur Aufführung gelangten, zeichnen sich nicht nur durch eine entsprechende Besetzung, sondern oft auch durch eine kunstvollere und längere Satzgestaltung aus. Unabhängig von der Größe des Ensembles und der liturgischen Bedeutung des Festtages wurde bei den im „stilus solemnis" geschriebenen Messen zwischen „brevis" und „longa" unterschieden. Mit Rücksicht auf die vorgeschriebene Zeitdauer einer Messfeier konnten jedoch auch bei den breiter angelegten Werken einzelne Teile wie das mit dem Sanctus verbundene Benedictus entfallen. In Bayern, aber auch im Gebiet des Erzbistums Salzburg war es gar üblich, das Credo nach dem Abschnitt „Et incarnatus est" abzubrechen. Dieser regionale Brauch könnte eine Ursache dafür sein, dass Mozart diesen Teil des Glaubensbekenntnisses bei der Komposition der *Messe in c-Moll* (KV 427, Kat.Nr. 42.–43.) weggelassen hat.[21]

Neben den nach ihrer Feierlichkeit abgestuften Ämtern wurden auch die Vespern an Sonn- und Festtagen figural musiziert. Sie gelten bis heute als „Angelpunkte" des täglichen Stundengebetes und haben von allen Horen des Offiziums die reichste musikalische Ausgestaltung erfahren. Wie die Messe setzt sich die Vesper aus gleich bleibenden und wechselnden Texten zusammen. Im 18. Jahrhundert zählten fünf Psalmen, das Magnificat und meist ein homophon deklamierter Eingangsversikel zum Grundbestand.[22] Mehrstimmige Vertonungen gelangten in der Regel nur an Sonn- und Feiertagen zur Aufführung. So blieb auch die Zahl der verwendeten Psalmen begrenzt. In deren Abfolge bildeten sich zwei Grundmuster, die Bekenner- und die Marienvesper, heraus, wobei das Breviarium Romanum fünf, das Breviarium Monasticum des Benediktiner- und Zisterzienserordens nur vier Psalmen vorsah.[23]

Der Textgrundlage entsprechend wurde die Vesper häufig aus Werken unterschiedlicher Meister und Epochen zusammengestellt. Auch in der Blütezeit der mehrstimmigen Vertonungen zwischen dem 16. und 18. Jahrhundert blieb der Wechsel von einstimmigem Choralgesang, Falsibordonisätzen, polyphonen Kompositionen und alternierendem Orgelspiel charakteristisch.²⁴ Nach Besetzung der Werke und Dauer der Feier wurde zwischen „vesperae solemnes", „solemniores", „breviores" und „brevissimae" unterschieden. Dieser Variationsreichtum und die zahlreichen Partituren, die auch im 18. Jahrhundert meist nur handschriftlich niedergelegt und nicht für einen überregionalen Rahmen bestimmt waren, belegen die Verbreitung und hohe Beliebtheit der Vespern. Sie boten der musikalischen Gestaltung in der Regel einen breiteren Entfaltungsspielraum als die Messe und wurden an den Brennpunkten geistlich-religiösen Lebens wie den Dom-, Stifts-, Kloster- und Wallfahrtskirchen an Festtagen mit großem Aufwand gefeiert.

Für die Vesperae solemnes des 17. und 18. Jahrhunderts entstanden Psalm- und Magnificatvertonungen in der Form mehrsätziger Concerti (vgl. Abb. 72). Die in lebendiger, bilderreicher Sprache gehaltenen Textgrundlagen eröffneten den Komponisten eine breitere Palette unterschiedlicher Ausdrucksmöglichkeiten als die Aussagen des Mess-Ordinariums. Neben den Psalmen bot sich vor allem auch das Magnificat, der Lobgesang Mariens, in den die Feier ausmündete, für eine lautmalerische Ausgestaltung an. Da der Zelebrant während dieses Teiles den Hochaltar, die Nebenaltäre, Bilder, Kruzifixe und die anwesenden Personen mit Weihrauch inzensierte, musste der Komponist bei diesem Element in besonderer Weise den liturgischen Rahmen berücksichtigen und eine entsprechende Länge der Vertonung vorsehen. Auch in der festlichen Figural-Vesper wurden nicht alle Teile als mehrstimmige Vokalsätze gestaltet. Seit dem 17. Jahrhundert traten an die Stelle der Antiphonen und oft auch der Hymnen Orgelversetten.

Die Litanei bezeichnet eine Reihe von Anliegen oder Anrufungen, auf die alternierend eine gleich bleibende, formelhafte Bitte oder Antwort folgt. Besondere Bedeutung erlangte die im 7. Jahrhundert entstandene Allerheiligenlitanei, die ihre liturgische Vorrangstellung bis heute behalten hat. Sie fand ihren Ort in der Osternacht, am Vorabend des Pfingsttages, am Kirchweihfest, als Vorbereitung für Weihehandlungen und bei der Begleitung Sterbender.²⁵ Nach diesem Grundtypus entstand eine Reihe weiterer Formulare. Vor allem im 16. Jahrhundert setzte eine Blüte selbstständiger Anrufungslitaneien ein, deren Bestand Papst Clemens VIII (* Fano 1536, Papst 1592, † Rom 1605). 1601 einschränkte. Von den zahlreichen Christus- und Marienlitaneien blieb auf Dauer vor allem die nach dem italienischen Wallfahrtsort Loreto benannte Lauretanische Litanei in Gebrauch. Diese marianische Prädikationenreihe beginnt wie die Allerheiligenlitanei mit dem Kyrie-Ruf. Die Invokationen gliedern sich in drei Gruppen und verweisen unter anderem auf Schriftstellen aus dem Hohen Lied oder der Johannes-Offenbarung.²⁶

Die breite Verankerung der Lauretanischen Litanei in der liturgischen Praxis der frühen Neuzeit ist in den zahlreichen Vertonungen fassbar, die seit der zweiten Hälfte des 16. Jahrhunderts zumindest teilweise mehrstimmig angelegt wurden. Bei der einfachsten Form, der „Alternatim-Litanei", sind nur die Bitten polyphon gesetzt. Auf dieser Grundlage entstanden durchgehend mehrstimmige Kompositionen, in die oft mehrere Satzmodelle einflossen. In Rom erfreute sich die doppelchörige Besetzung zu acht Stimmen großer Beliebtheit. Dabei konnten Anrufung und Bitte zwischen den Sängergruppen verteilt und einzelne Textpassagen durch ein Ripieno des gesamten Ensembles hervorgehoben werden.

Während des 18. Jahrhunderts entstanden zahlreiche Litaneivertonungen, die mit instrumentalen Begleitsätzen versehen und meist für den gottesdienstlichen Rahmen bestimmt waren. So schloss etwa die Lauretanische Litanei in Verbindung mit einer Komposition über das Gebet *Sub tuum praesidium* die Marienandachten ab, oder erklang, gefolgt von der jahreszeitlichen, marianischen Antiphon, am Ende der Komplet. Aufgrund der regelmäßigen Verwendung

41. *Mitglied der Corpus-Christi-Bruderschaft*, 1782/1790, Salzburg, Privatbesitz

wurde neben der Lauretanischen vor allem die *Litania de venerabili altaris sacramento* häufig musikalisch umgesetzt. Im Gegensatz zur Allerheiligen- oder zur Lauretanischen Litanei war ihr Text nicht durch kirchliche Approbation festgelegt und spiegelte deshalb stärker den lokalen Gebrauch und die zeitbedingten Veränderungen. Der Aufbau entspricht dem der Allerheiligenlitanei. Von einem einleitenden Kyrie-Ruf und einem abschließenden Agnus Dei eingefasst, enthält der Mittelteil neben einem Lobpreis vor allem Aussagen zur Verehrung und Heilswirkung der Eucharistie. In eine kontrastreiche Sprache gekleidet, luden sie in besonderer Weise zu einer tonmalerischen Gestaltung ein.

Während seiner Salzburger Zeit schuf Wolfgang Amadeus Mozart zwischen 1771 und 1776 zwei Lauretanische Litaneien (KV 109, 195) und zwei Sakramentslitaneien (KV 125, 243). Die vier Werke fügen sich in eine Salzburger Lokaltradition ein, die von Heinrich Ignaz Franz Biber (* Wartenberg/ Böhmen 1644, † Salzburg 1704), Johann Ernst Eberlin (* Jettingen 1702, † Salzburg 1762), Leopold Mozart und Michael Haydn (* Rohrau/Niederösterreich 1737, † Salzburg 1806) wesentlich geprägt wurde.[27] Die Kompositionen lassen sich wie die Messen in die Kategorie „brevis" und „solemnis" unterteilen und waren für liturgische Feiern in unterschiedlichem Kontext bestimmt. Die *Litaniae Lauretanae Beatae Mariae Virginis in B-Dur* (KV 109) dürfte ursprünglich für eine Maiandacht in der Hofkapelle des Schlosses Mirabell geschrieben worden sein (vgl. Kat.Nr. 49., 73.). Die Sakramentslitanei in B-Dur (KV 125) erklang das erste Mal im Rahmen einer Andacht mit Predigt am Palmsonntag 1776 im Salzburger Dom.[28] Es war üblich, dass in der Kathedrale während des 40-stündigen Gebetes, das jedes Jahr in der ersten Hälfte der Karwoche gehalten wurde, jeden Abend gegen 7 Uhr eine mehrstimmige Sakramentslitanei mit großer Instrumentalbesetzung zur Aufführung gelangte. Diese musikalisch aufwändig gestalteten Feiern ragten aus dem Ablauf der Tage vor dem österlichen Triduum heraus, die sonst in liturgischer Hinsicht betont schlicht begangen wurden.[29]

Fester Bestandteil der Karwochenliturgie bildete das Heilige Grab, ein kulissenartiger Aufbau, der sich im Dom entweder am Hochaltar oder am Maria-Schnee-Altar befand. Hier wurde vom Hohen Donnerstag bis zum Karsamstag das Allerheiligste aufbewahrt und von den Gläubigen in persönlichem Gebet oder im Rahmen von Andachten verehrt. Die Heiligen Gräber der Barockzeit fanden ihre Grundlage unter anderem in der Bestimmung des Missale Romanum, dass nach der Messfeier am Hohen Donnerstag das Ziborium mit den konsekrierten Hostien in einer eigens hergerichteten Nebenkapelle oder an einem Seitenaltar zu verwahren sei. Dieser Bereich wurde dann mit farbigen Lampen, Kerzen, Tüchern und Aufbauten besonders ausgezeichnet.[30]

Der Besuch der Heiligen Gräber in den Salzburger Stadtkirchen bildete sowohl für die Mitglieder des erzbischöflichen Hofstaates und des Domkapitels als auch für die übrige Bevölkerung einen festen Bestandteil des religiösen Lebens.[31] In Süddeutschland und Österreich war es bis ins 20. Jahrhundert auch üblich, am Karfreitag vor dem Heiligen Grab zu musizieren.

Liturgie und Laienfrömmigkeit im Zeichen der Aufklärung
Ein Hirtenbrief und seine Folgen

Die Tagebuchaufzeichnungen von Maria Anna (Nannerl) Mozart werfen ein Licht auf die dichte Folge von Gottesdiensten und persönlichem Gebet, die den Jahresablauf und insbesondere die Woche vor Ostern prägten. Den Anfang April 1779 niedergelegten Notizen lässt sich entnehmen, dass die Schwester Wolfgang Amadeus Mozarts von Palmsonntag bis zum Dienstag der Karwoche alle Sakraments-

42. *Mitglied der Kreuzbruderschaft*, 1782/1790, Salzburg, Privatbesitz

litaneien besuchte, die im Dom gehalten wurden. Am Karfreitag nahm sie zunächst an der Liturgie in der Kathedrale teil, besuchte alle Heiligen Gräber in den Stadtkirchen und verfolgte dann bei ihrer Freundin Maria Anna Katharina Gilowsky (* Salzburg 1750, † ebd. 1802) die Karfreitagsprozession, an der häufig auch der Erzbischof teilnahm. Um 6 Uhr abends begaben sich die beiden Frauen dann in die Dreifaltigkeitskirche, um dort der „grab musik" zu lauschen.[32]

Das Konzil von Trient legte fest, dass die Gläubigen zumindest einmal im Jahr im Umfeld des Osterfestes die Beichte ablegen und danach die hl. Kommunion empfangen sollten. Den Empfang dieses Sakramentes bestätigten Bußzettel, die dann vom Haus- oder Stockwerkbesitzer eingezogen und der bischöflichen Verwaltung abgegeben werden mussten (Kat.Nr. 26.). Hofbeamte wie Leopold Mozart hatten die Zettel ihrer Familien direkt beim Oberstofmeisteramt einzureichen. Die „Beichtzeit" endete am dritten Sonntag nach Ostern, die Frist für die Abgabe erlosch drei Wochen danach.[33]

Unter dem Einfluss der Reformen Kaiser Josephs II. (Kat.Nr. 107.) schränkte Erzbischof Hieronymus Colloredo die Ausdrucksformen barocker Liturgie und Laienfrömmigkeit entschieden ein. Im Hirtenbrief, der im Zusammenhang mit den aus Anlass des 1200-jährigen Bestehens der Salzburger Kirche geplanten Feierlichkeiten erging, fanden diese Maßnahmen einen schriftlichen Niederschlag (Kat.Nr. 37., Abb. 43). Die Weisungen zielten darauf ab, Kirchenausstattungen, Gottesdienste und persönliche Andachtsübungen von kostspieligem Aufwand und Veräußerlichung zu befreien und einer „geläuterten Herzensreligion" Raum zu schaffen. Die Glaubenspraxis sollte künftig an den Kriterien der Vernunft und am Beispiel einer als ideal gedachten Urkirche gemessen werden. Das Schreiben war offenbar unter maßgeblicher Beteiligung Johann Michael Bönikes (* Würzburg 1734, † Salzburg 1811) entstanden. Aus Würzburg nach Salzburg berufen, wirkte er als Konsistorialrat und geheimer Sekretär am erzbischöflichen Hof im Sinne der Aufklärung und verlieh dabei wohl auch Erzbischof Colloredo wesentliche gedankliche Impulse.

Inhaltlich verband das Hirtenschreiben Anliegen des Reformkatholizismus mit Elementen eines Staatskirchentums josephinischer Prägung. Die Absicht eines am Gemeinwohl orientierten, absolutistischen Fürsten, auf die Lebensverhältnisse seiner Untertanen einen weit reichenden Einfluss zu gewinnen, kam in diesem Schlüsseltext ebenso zum Ausdruck wie das Bemühen um eine zeitgemäße Glaubens- und Feierpraxis. In mehreren Kapiteln des Hirtenbriefes befasste sich der Erzbischof mit der Einführung des deutschen Kirchengesanges. Eine konsequente Umsetzung dieser Überlegungen hätte die Instrumentalmusik weitgehend aus der Liturgie verdrängt. Auch in zahlreichen Landpfarren wäre der Bruch mit einer über Generationen gefestigten Praxis unvermeidbar gewesen. Das Beharrungsvermögen und die konsequente Verweigerung der Gläubigen und des niederen Klerus, die ihren Unmut und ihr Unverständnis in zahlreichen Eingaben zum Ausdruck brachten, führten dazu, dass der Erzbischof auch in diesem Bereich Konzessionen eingehen musste. So blieb die ortsübliche musikalische Gestaltung der Gottesdienste an hohen Festtagen unter der Bedingung geduldet, dass der deutsche Kirchengesang während der übrigen Zeit umso mehr gepflegt würde.[34]

Der Hirtenbrief erregte weit über die Grenzen des Erzstiftes hinaus Aufsehen. Mehrfach neu aufgelegt, erschien das Schreiben in der Folge auch in italienischer und französischer Übersetzung. Die Botschaft löste eine breite Flut von Traktaten aus, die für oder gegen deren Inhalt Stellung bezogen.[35]

Dennoch setzte der Erzbischof in nachfolgenden Erlassen seine Reformbestrebungen fort. Er pochte auf seine Autorität als geistlicher Oberhirte und wertete die Missachtung seiner Anordnungen als „höchst strafbaren, verwerflichen und entehrenden Ungehorsam". Aber weder theologisch und kirchenrechtlich abgestützte Begründungen noch den „Principien der Vernunft" verpflichtete, kasuistisch formulierte Weisungen waren geeignet, den Anliegen des Salzburger Metropoliten unter der Bevölkerung Beachtung zu verschaffen. Trotz wiederholter Ermahnungen und Befehle hielten die Gläubigen insbesondere in den ländlichen Gebieten an den überlieferten Formen fest.

Neben Bittgängen, Wallfahrten und Prozessionen sah Hieronymus Colloredo vor allem in den Passionsspielen einen „vor andern auffallenden und für das Christenthum entehrenden Missbrauch". Aus der religiösen Praxis, aber auch aus den Kirchenräumen sollten die „unnöthigen Zierrathen" verschwinden. So verbot der Erzbischof unter anderem das Aufstellen von Krippen in Kirchen, da es sich dabei um „theils lächerlich, theils ungereimt und ärgerliche, oder wenigstens unnöthige Dinge" handle. Ebenso sollten in - Prozessionen, in denen das Allerheiligste mitgetragen wurde, keine Figuren und Heiligenbilder mehr erscheinen.[36]

Nicht an der glanzvollen Ausstattung der Sakralbauten und in der aufwändigen Gestaltung der Liturgie, sondern an der tätigen Nächstenliebe, am Dienst an den Armen und Kranken hatte christliches Handeln Maß zu nehmen. Diese vom Gedankengut der Aufklärung beeinflussten Weisungen richteten sich jedoch in erster Linie an die Pfarr- und Wallfahrtskirchen. Wie die Hofgottesdienste in Wien wurden auch die Pontifikalämter in Salzburg weiterhin „solenne" gefeiert.[37]

Aufgrund der einschränkenden Maßnahmen im öffentlichen Bereich verlagerte sich die auf Visualisierung und unmittelbares Erleben ausgerichtete Frömmigkeitspraxis verstärkt in den privaten Raum. Hauskrippen, Figurengruppen zur Passion Christi, Andachtsbilder (Kat.Nr. 30., 36.) und kleine, kunstvoll gefasste Reliquien (Kat.Nr. 32.), blieben Elemente eines unmittelbaren Glaubenserlebens. Sie dienten als „Schutzmittel verschiedenster Art" und entzogen sich einer auf rationalen Kriterien beruhenden Werteskala.

43. Zusammenfassung des vierten Hirtenbriefs Erzbischof Colloredos, 1782 (Kat.Nr. 37.)

Ausblick

In der zweiten Hälfte des 18. Jahrhunderts begannen sich tief greifende politische und soziale Umbrüche zunehmend deutlicher abzuzeichnen. Durch die Reformtätigkeit Hieronymus Colloredos angestoßen, öffnete sich in der letzten Phase des Erzstiftes im Bereich von Liturgie und Laienfrömmigkeit ein wachsendes Spannungsverhältnis zwischen Tradition und Fortschritt. Gewohntes und Vertrautes wurden in Frage gestellt und an veränderten Maßstäben gemessen. Damit verlor auch eine über Generationen gewachsene, hierarchische Gesellschaftsstruktur ihre innere Kohärenz. Diese Phase einer Neuorientierung, die am erzbischöflichen Hof durch ein Oszillieren zwischen Kontinuität und Wandel geprägt war, wirkte notwendigerweise auf die Ausdrucksformen der bildenden Kunst und der Musik zurück. Die Entfaltungsmöglichkeiten, die sich in der Haupt- und Residenzstadt an der Salzach boten, blieben jedoch weiterhin begrenzt und waren an klare Vorgaben gebunden. Wolfgang Amadeus Mozarts Tätigkeit endete dort noch vor den Maßnahmen, die der Erzbischof mit seinem letzten Hirtenschreiben einleitete. Die Werke, die der Komponist und Musiker in Salzburg für den liturgischen Rahmen schrieb, haben diesen Kontext längst verlassen. Ein vertieftes Verständnis dieser Kompositionen weist jedoch zurück zu jenen zeitbedingten Grundlagen, an denen sie – unabhängig von einem persönlichen Motivhintergrund – Anteil haben. Der Blick in die Vergangenheit bleibt notwendigerweise fragmentarisch. Vielleicht zeigen aber die teilweise verwischten Spuren den Weg zu einem Bereich, der, obschon Teil der Erde, eine Ahnung dessen vermittelt, was Himmel bedeuten könnte.

1 Erste verlässliche Angaben zur Zahl der Ordensangehörigen in Salzburg liegen für das Jahr 1771 vor. Von den 288 in der Residenzstadt nachgewiesenen Religiosen gehörten 115 den verschiedenen Frauenkonventen an. Dieser im Todesjahr Erzbischof Schrattenbachs erhobene Personalstand sank jedoch innerhalb der folgenden zwei Jahrzehnte um fast ein Drittel auf 197 Ordensleute, von denen 98 den weiblichen Konventen angehörten. Vgl. dazu Rupert Klieber, Wallfahrt, Orden, Bruderschaften, in: *Salzburg zur Zeit der Mozart* 1991, S. 356.

2 Einen Überblick über die breit verankerte Wallfahrtstradition der frühen Neuzeit im Raume des Erzstiftes Salzburg vermittelt der Katalog *Salzburgs Wallfahrten* 1986. Vgl. dort insbes. die Beiträge von Dietmar Assmann, Wallfahrten in der Erzdiözese Salzburg – ein volkskundlicher Überblick, S. 21–27, sowie von Georg Stadler, Kreuzvölker und Wallfahrten im Laufe der Jahrhunderte, S. 28–48.

3 Dazu grundlegend: Klieber 1999.

4 Diese Bestimmung erscheint bereits 1442 in den Akten des Konzils von Florenz. Sie fand in den 1566 erstmals publizierten römischen Katechismus Eingang und wurde von verschiedenen Diözesansynoden aufgegriffen. Zahlreiche Quellenbelege zeigen für den Zeitraum zwischen dem 17. und 19. Jahrhundert, dass die Norm auch in der Lebenswirklichkeit der Gläubigen verankert war. Vgl. dazu beispielsweise Dannecker 2005, S. 98–100.

5 Hermann Josef Spital, *Der Taufritus in den Deutschen Ritualien von den ersten Drucken bis zur Einführung des Rituale Romanum* (Liturgiewissenschaftliche Quellen und Forschungen, Heft 47), Münster 1968, S. 35–171; Zusammenfassend für die Verhältnisse in der frühen Neuzeit: Bruno Kleinheyer, in: *Sakramentliche Feiern* 1989, Bd. 1,1, S. 149–167.

6 Unter dem Einfluss der scholastischen Theologie setzte sich in der lateinischen Kirche seit dem 13. Jahrhundert die Überzeugung durch, dass die Firmung an „den Gebrauch der Vernunft" gebunden sein müsse und Kinder das Sakrament deshalb erst nach Vollendung des 7. Lebensjahres empfangen könnten. Diese Auffassung gewann durch die entsprechende Bestimmung des Catechismus Romanus allgemeine Verbindlichkeit. Zu dieser Entwicklungslinie vgl. Adolf Adam, *Firmung und Seelsorge*, Düsseldorf 1959, S. 87–106; Emil Joseph Lengeling, Firmalter und Firmspender, in: *Gottesdienst* 5, 1971, S. 108f. sowie Bruno Kleinheyer, in: *Sakramentliche Feiern* 1989, Bd. 1,1, S. 218.

7 Andreas Heinz, Die Feier der Firmung nach römischer Tradition. Etappen in der Geschichte eines abendländischen Sonderwegs, in: *Liturgisches Jahrbuch* 39, 1989, S. 67–88, hier: S. 84.

8 Vgl. dazu beispielsweise Andreas Heinz, Die Firmung von unmündigen Kindern im alten Erzbistum Trier nach dem Tridentinum, in: *Trierer Theologische Zeitschrift* 85, 1976, H. 2, S. 40–48.

9 Als Erzbischof von Bologna hielt der spätere Papst Benedikt XIV. 1732 zwar am Mindestalter von 7 Jahren fest, erklärte aber gleichzeitig, dass die Spendung des Firmsakramentes nicht an einen bestimmten Lebensabschnitt gebunden sei. Vgl. dazu Bruno Kleinheyer, in: *Sakramentliche Feiern* 1989, Bd. 1,1, S. 218.

10 KAS, Diarium pro anno 1756.
11 Nach den Empfehlungen des Catechismus Romanus sollte das Sakrament der Firmung vor allem während der regelmäßigen Visitationsreisen und am Pfingstfest gespendet werden. Daneben konnten die Bischöfe weitere, den örtlichen Bedürfnissen entsprechende Termine ansetzen. Nach dem Diarium für das Jahr 1756 fanden im Salzburger Dom 20 auf die Monate Februar, März, Juni, August, September und Dezember verteilte Firmungen statt. Zu dem von Fürsterzbischof Paris Lodron Anfang August 1622 errichteten Schneeherrenstift, dessen Mitglieder neben Verpflichtungen in der Diözesanadministration auch liturgische Aufgaben am Dom wahrnahmen, vgl. Manfred Thaler, Das Schneeherrenstift und andere Stiftungen, in: Peter Keller/Johannes Neuhardt (Hrsg.), *Erzbischof Paris Lodron (1619–1653). Staatsmann zwischen Krieg und Frieden*, Ausst.Kat. Salzburg, Dommuseum zu Salzburg, 16. Mai–26. Oktober 2003, Salzburg 2003, S. 53-55.
12 Am 4. September 1768 erteilte der Erzbischof in Hallein nach dem Hochamt „außer der Kirchen 455 Persohnen das Sacrament der Firmung." Der Aufenthalt diente in erster Linie der Erholung des Fürsten und hatte keinen pastoralen Hintergrund. Vgl. dazu KAS, Diarium pro anno 1768, p. 79.
13 In Ausnahmefällen, etwa in der Pfingstwoche, konnte die Zahl der in einer Feier Gefirmten auf über 1000 ansteigen. Die für Salzburg fassbaren Angaben wurden in einer weitläufigen Diözese wie Konstanz gelegentlich noch weit überschritten. Vgl. dazu Dannecker 2005, S. 327–334.
14 Die Diarien, die im KAS für die Jahre zwischen 1716 und 1769 mit einigen Lücken erhalten sind, erwähnen neben den Terminen nur die Zahl der „Persohnen", die das Sakrament empfingen.
15 Überlegungen und Erlasse zum Erstkommunionalter waren seit dem Mittelalter mit der Frage verknüpft, ab welchem Lebensalter die österliche Kommunion verpflichtend sei. Im Anschluss an das Laterankonzil von 1215 wurde Kindern in der Regel im Alter zwischen 10 und 14 Jahren zum ersten Mal die Kommunion gereicht. Nähere Angaben bei Johann Baumgärtler, *Die Erstkommunion der Kinder. Ein Ausschnitt aus der Kommunionspraxis von der urkirchlichen Zeit bis zum Ausgang des Mittelalters*, München 1929, S. 172–173.
16 Die aus pastoraltheologischer Sicht erhobene Forderung, das Firmalter anzuheben, gewann während der ersten Hälfte des 19. Jahrhunderts eine zunehmend breitere Resonanz. Da nun der Vernunftgebrauch und die persönliche Entscheidung als maßgebende Kriterien in den Vordergrund traten, lag auch die Altersgrenze deutlich über dem Ansatz, den das Konzil von Trient statuiert hatte. Johann Baptist Hirscher (* Alt-Ehrgarten/Ravensburg 1788, † Freiburg/Breisgau 1865) sprach sich dafür aus, dass die Firmung mit „ungefähr 14 Jahren" gespendet werden sollte. Neben diesen Erwägungen legten Geistliche, dem Gedankengut der Aufklärung verpflichtet waren, überarbeitete Formulare zur Feier des Firmsakramentes vor. Vgl. dazu Hans-Joachim Ignatzi, Die Liturgie der Firmung im Rituale Ignaz Heinrich von Wessenbergs (1831). Ein Beitrag zur Reform der „Firmspendung" in der Spätaufklärung, in: Franz Kohlschein (Hrsg.), *Aufklärungskatholizismus und Liturgie. Reformentwürfe für die Feier von Taufe, Firmung, Buße, Trauung und Krankensalbung* (Pietas Liturgica. Studia 6), St. Ottilien 1989, S. 93–152.
17 Vgl. dazu die Aufzeichnungen des Chorregenten von St. Peter, P. Marianus Kaserer OSB, bei Ernst Hintermaier, Musiker und Musikpflege im 18. und 19. Jahrhundert, in: *St. Peter 1982*, S. 138–141.
18 Friedrich W. Riedel, Die Bedeutung der Musikpflege in den österreichischen Stiften zur Zeit von Joseph und Michael Haydn, in: *Kirchenmusikalisches Jahrbuch 71*, 1987, S. 55–63.
19 Friedrich W. Riedel, Gattungen, Stilarten und liturgische Funktion der Kirchenmusik im 18. Jahrhundert, in: *Geistliches Leben und geistliche Musik im fränkischen Raum am Ende des alten Reiches* (Studien zur Landes- und Sozialgeschichte der Musik 9), München/Salzburg 1990, S. 31–40.
20 Gabriela Krombach, *Die Vertonungen liturgischer Sonntagsoffertorien am Wiener Hof. Ein Beitrag zur Geschichte der katholischen Kirchenmusik im 18. und 19. Jahrhundert* (Studien zur Sozial- und Landesgeschichte der Musik 7), München/Salzburg 1986.
21 Friedrich W. Riedel, Mozarts Kirchenmusik. Musikalische Tradition – liturgische Funktion – religiöse Aussage, in: *Mozarts Kirchenmusik 1992*, S. 11–36, hier: S. 24.
22 Magda Marx-Weber, Vesper, in: *MGG 1998, Sachteil*, Bd. 9, Sp. 1464–1472, hier: Sp. 1467. Im Ritus der lateinischen Kirche zählen zur Vesper heute ein Eröffnungsteil, ein Hymnus, die Psalmodie mit zwei Psalmen aus dem Alten und dem Canticum aus dem Neuen Testament, eine Schriftlesung, das Responsorium, eine Homilie (fakultativ), das Magnificat (bei festlichen Gottesdiensten mit Inzens), die Fürbitten, das Vaterunser mit Tagesgebet und Schlusssegen (vgl. dazu Allgemeine Einführung in das Stundenbuch, 37–54).
23 Bei der Bekennervesper folgten auf den Psalm „Dixit Dominus" (109), die Psalmen „Confitebor" (110), „Beatus vir" (111) und „Laudate pueri" (112) sowie in der römischen Vesper „Laudate Dominum" (116) oder „In exitu Israel" (113). Demgegenüber umfasste die Marienvesper neben dem Eingangspsalm „Dixit Dominus" (109), „Laudate pueri" (112), „Laetatus sum" (121), „Nisi Dominus" (125) sowie im römischen gegenüber dem monastischen Brevier zusätzlich „Lauda Jerusalem" (147).
24 Friedrich W. Riedel, *Kirchenmusik am Hofe Karls VI. (1711-1740). Untersuchungen zum Verhältnis von Zeremoniell und musikalischem Stil im Barockzeitalter* (Studien zur Sozial- und Landesgeschichte der Musik 1), München/Salzburg 1977, S. 222ff.
25 In der seit dem Zweiten Vatikanischen Konzil erneuerten römischen Liturgie findet sich die Allerheiligenlitanei in der Tauffeier der Ostervigil, bei der Initiation der Erwachsenen, den Ordinationen, der Abts-, Äbtissinnen- und Jungfrauenweihe, bei der ewigen Profess und bei der Begleitung Sterbender, aber auch im Rahmen von Kirchweihen und – fakultativ – bei Bittprozessionen.
26 Die Lauretanische Litanei umfasste in ihrer am weitesten verbreiteten Fassung die fünf Teile Kyrie, Sancta Maria, Salus infirmorum, Regina angelorum und Agnus Dei, wurde aber gelegentlich durch weitere Abschnitte, etwa Virgo prudentissima erweitert. Vgl. dazu Magda Marx-Weber, Litanei, T. III., Die mehrstimmige Litanei, in: *MGG 1996, Sachteil*, Bd. 5, Sp. 1368–1372, hier: Sp. 1370.
27 Schmid 1976, sowie *Salzburger Musikgeschichte 2005*, S. 255–331.
28 Vgl. dazu Johannes Krutmann, Wolfgang Amadeus Mozarts Litaneien, in: *Mozarts Kirchenmusik 1992*, S. 52–72 ([1]in: *Musica Sacra 111*, 1991, S. 280–290).
29 Das vierzigstündige Gebet führte Erzbischof Wolf Dietrich von Raitenau 1612 ein. Zunächst Teil der Liturgie im Salzburger Dom, wurde es um die Mitte des 18. Jahrhunderts für die Pfarrkirchen des Hochstiftes vorgeschrieben. Nach einem Plan, der jedes Jahr neu ausgegeben wurde, folgten sich stündlich Anbetungsgruppen, die sich aus Mitgliedern der Bruderschaften, Angehörigen geistlicher Institutionen und den nach Wohnvierteln eingeteilten Einwohnern der Stadt zusammensetzten. Im Dom war jeder Gruppe ein Kleriker zugeordnet, der die Predigt hielt. Die Geistlichen gehörten meist den Konventen der Franziskaner, Kapuziner oder der Augustiner-Eremiten in Mülln an. Die tabellarisch aufgeführten Einsatzpläne wurden im 18. Jahrhundert als großformatige Drucke publiziert und finden sich unter anderem in den im KAS verwahrten Diarien.
30 Vgl. die an die Postcommunio des Hohen Donnerstags (Coena Domini) anschließende Rubrik im Missale Romanum.
31 Am Hohen Donnerstag pflegte der Erzbischof mit seinem Hofstaat und dem Domkapitel nacheinander die sieben in verschiedenen Kirchen der Stadt aufgestellten Heiligen Gräber zu besuchen. Vgl. dazu beispielsweise KAS, Diarium pro anno 1768, p. 33.
32 Geneviève Geffray (Hrsg.), *Marie Anne Mozart. „meine tag ordnungen". Nannerl Mozarts Tagebuchblätter 1775–1783 mit Eintragungen ihres Bruders Wolfgang und ihres Vaters Leopold [...]*, Bad Honnef 1998, S. 33f.
33 In den Tagebuchnotizen des Jahres 1779 vermerkt Nannerl Mozart unter dem 15. April, dass sie sich mit ihrem Bruder nach Maria Plain begeben habe, um zu beichten (vgl. Kat.Nr. 29.). Dieses Datum lag in der zweiten Woche nach dem Osterfest, das am 4. April gefeiert worden war.
34 Als Grundlage des deutschen Volksgesangs sollte die von Franz Seraph Kohlbrenner zusammengestellte Sammlung dienen, die das Salzburger Konsistorium bereits im August 1776 approbiert hatte. Das Werk erschien im folgenden Jahr im Auftrag des bayerischen Kurfürsten Max III. Joseph in Landshut unter dem Titel *Der heilige Gesang zum Gottesdienste in der römisch-katholischen Kirche*. Diese Ausgabe bildete die Grundlage für eine geringfügig modifizierte Neuauflage, die 1781 in Salzburg veröffentlicht und in der Stadt probeweise eingeführt wurde. 1790 legte Michael Haydn eine überarbeitete Fassung vor. Obschon er versuchte, die gegenüber den ersten beiden Auflagen erhobenen Einwände zu berücksichtigen und die Melodieführung den Bedürfnissen der Landbevölkerung anzupassen, blieb auch dieser Ausgabe ein breiterer Durchbruch versagt.
35 Einige dieser teilweise anonymen Traktate finden sich beispielsweise im Archiv St. Peter, Akt 495. Eine Schrift mit dem Titel *Gruendliche/Anmerkungen/in/bedenklichen Fragen/ueber den erzbischoeflichen/Salzburgischen Hirtenbrief/vom/29ten Brachmonats 1782 [...]* hielt unter anderem fest, dass „gottesdienstliche Verschwendung" nicht möglich sei. Das „rechtgläubige Volk" lege wie schon seine „frommen Vorfahren" großen Wert auf kunstvolle Kirchenausstattungen. Zudem hätten es sich „viele gottselige Kaiser, Koenige, Fuersten und heilige Bischoeffe" nach dem „Beyspiel eines Koenigs David" angelegen sein lassen, aus ihrem Vermögen zur Zierde der Gotteshäuser beizutragen, um damit „Gott in den Augen der Menschen zu verherrlichen".
36 KAS 22/78. Eine entsprechende Anordnung erging bereits im November 1783 und wurde aufgrund mangelnder Beachtung im Juli 1796 wiederholt. Um diesem „übertriebenen Andachtseifer" Einhalt zu gebieten, berief sich der Erzbischof auf die Weisungen des Konzils von Trient über die Verehrung der hl. Eucharistie und den „uralten Gebrauch der römischen Kirche", nach dem „nebst dem Hochwürdigsten niemal eine, was immer für eine Figur oder Bildniß, ja nicht einmal eine heilige Reliquie mitgetragen werden" dürfe.

Gerhard Walterskirchen

Mozart und die Orgel
„der könig aller instrumenten"

Wolfgang Amadeus Mozart spielte von früher Jugend an mehrere Streich- und Tasteninstrumente: Violine, Viola, Clavichord, Cembalo, Orgel und seit den 70er Jahren des 18. Jahrhunderts auch Hammerklavier. War für Mozart in der Funktion des Konzertmeisters (ab 1769) zunächst die Violine das Hauptinstrument, so war es daneben und danach vor allem das Klavier. Doch zeitlebens war Mozart von der Orgel fasziniert, regelmäßig besuchte er auf seinen Reisen die Kirchen und spielte deren Orgeln. Der englische Komponist und Verleger Vincent Novello (* London 1781, † Nizza 1861), der mit seiner Frau 1829 eine Reise „auf Mozarts Spuren" nach Wien und Salzburg unternahm, behauptet sogar, die Orgel wäre Mozarts Lieblingsinstrument gewesen. Jedenfalls war die Orgel – nach Mozarts eigenen Worten – „der könig aller instrumenten". Der Augsburger Klavierbauer Johann Andreas Stein (* Heidelsheim 1728, † Augsburg 1792) zeigte sich überrascht über diese Äußerung Mozarts, war doch die Orgel in der zweiten Hälfte des 18. Jahrhunderts längst keine „regierende" Königin mehr wie zur Zeit des Barocks, sondern hatte seither an musikgeschichtlicher und qualitativer Bedeutung verloren. In der Liturgie erschöpfte sich die Aufgabe der Orgel in der Begleitung der instrumentalen Kirchenmusik, in Intonationen, Vor-, Zwischen- und Nachspielen. Solistische Partien finden sich nur gelegentlich in Orgelsolo-Messen und Kirchensonaten. Weit größere Bedeutung kam der freien Improvisation außerhalb der Liturgie zu, an die Mozart von Kindheit an gewöhnt war. „Ich habe ihn gesehen", berichtet Friedrich Melchior Grimm (* Regensburg 1723, † Gotha 1807), Sekretär des Herzogs von Orléans, in seiner *Correspondance littéraire* 1766, „wie er [Mozart] auf der Orgel Organisten, die sich für sehr geschickt hielten, besiegte und zum Schweigen brachte". P. Beda Hübner (* Temesvar 1740, † Salzburg 1811), Bibliothekar des Stiftes St. Peter in Salzburg, notierte unter dem 8. Dezember 1766 in sein „Diarium": „Alle Organisten alhier, deren gewislich große Künstler bey unserer Hofmusique seynd, als in specie der Herr Adlgasser [Hoforganist Anton Cajetan A.], und Herr Haydn [Hofkonzertmeister Michael H.] bekennen frey, und gestehen, das sie sich nicht getrauten mit diesem Knaben auf dem Klavier in die Wette zu streiten, welche doch gewislich auch Organisten därfen genannt werden, und ihres gleichen wenig gezählet werden."

Wenn man zeitgenössischen Berichten glauben darf, war Mozart bereits als Knabe auch mit der unterschiedlichen Spielweise der Tasteninstrumente vertraut. Im August 1763 wurde in der Frankfurter Presse zum Abschluss eines Konzertes angekündigt, dass der siebenjährige Mozart „nicht nur auf dem Flügel [Cembalo], sondern auch auf einer Orgel (so lange man zuhören will, und aus allen auch den schwersten Tönen, die man ihm benennen kann) vom Kopfe phantasiren, um zu zeigen, daß er auch die Art, die Orgel zu spielen verstehet, die von der Art, den Flügel zu spielen ganz unterschieden ist […]". Später hat Mozart diesen Unterschied näher ausgeführt, als er dem Vater aus Augsburg, wo er die Instrumente von Johann Andreas Stein probemäßig spielte, berichtete: „ich fieng zu Praeludieren an […], dann eine fuge" (1777). Nun war auch Stein überzeugt: „das glaube ich", sagte er, „daß sie gerne orgl spiellen; wenn man so spiellt". Auch Ludwig Zöschinger (* Burtenbach 1731, † Augsburg 1806), Prälat und Organist der Augustinerchorherrn von Heilig Kreuz in Augsburg war „ganz ausser sich" und meinte, „daß er sein lebetag niemand so bündig [im gebundenen = kontrapunktischen Stil] und ernsthaft die orgl habe spiellen hören".

Vor allem auf seinen Reisen lernte Mozart bedeutende Orgeln kennen. Er war kaum sechs Jahre alt, als er mit seiner Familie erstmals nach München und Wien kam, siebenjährig war er bereits in Paris, mit acht Jahren in London, mit neun in den Niederlanden, mit zehn in Frankreich und der

Schweiz, im Alter von dreizehn Jahren in Italien. Leider gibt es, wie die folgende Übersicht zeigt, nur wenige Äußerungen Mozarts über die stilistisch höchst unterschiedlichen Orgeln, die er im Laufe seines Lebens spielte.

1762, 5. Oktober
Ybbs/Donau, Franziskanerkloster

1763, 11. Juni
Wasserburg/Inn, Stadtkirche St. Jakob: Der Vater erklärt Wolfgang das Pedal, dieser „praeambuliert" stehend und tritt dazu das Pedal zum Erstaunen des Vaters und der Anwesenden.

1763, 25. Juli
Heidelberg, Heilig-Geist-Kirche

1763, 30. August
Frankfurt, Liebfrauenberg: Improvisation „in dem Scharfischen Saale"

1764, Anfang März
Versailles, Hofkapelle, Orgel von Robert Clicquot, 1710

1764, 5. Juni
London, Spring Garden: „auf des Königs Orgel", St. James's Palace: Das Orgelspiel des Achtjährigen wird mehr bewundert als sein Klavierspiel.

1764, 29. Juni
Chelsea, Rotunda der Ranelagh Gardens

1764, 5. September
Gent: „auf der großen neuen Orgel bey den P:P: Bernardinern"

1765, 7. September
Antwerpen, Kathedrale Onze Lieve Vrouwe

1766, Anfang April
Haarlem: „auf der so berühmten grossen Orgel", erbaut von Christian Müller, 1738

1766, November
Markt Biberbach, Wallfahrtskirche: Wettspiel Mozarts mit dem 12-jährigen Joseph Sigmund Eugen Bachmann.

1767, 14. September
Melk, Stiftskirche: Orgel von Gottfried Sonnholz, 1732

1768, 28. Dezember
Melk, Stiftskirche

1769, 15. Oktober
Salzburg, Stiftskirche St. Peter: Mozart spielt nach der Tafel und der Aufführung der *Dominicusmesse* (KV 66) die Orgel, erbaut von Johann Rochus Egedacher, 1763.

1769, 26. Dezember
Rovereto, San Marco

1770, 7. Jänner
Verona, San Tommaso: Mozart spielt auf beiden Orgeln.

1770, 11. Juli
Cività Castellana, Dom

1770, 6. Oktober
Bologna, Basilica di San Domenico

1771, 13. März
Padua, Santa Giustina: Orgel von Eugenio Casparini, 1679

1772, 26. Oktober
Hall/Tirol, Damenstift: Orgel von Andreas Mitterreiter, 1748

1777, 13. Oktober
Augsburg, Chorherrenstift Heilig Kreuz: Orgel von Joh. Andreas Stein, 1766

1777, 18. Oktober
Augsburg, St. Ulrich

1777, 9. November
Mannheim, Hofkapelle: Mozart spielt die Orgel beim Gottesdienst.

1777, 18. Dezember
Mannheim, lutherische Kirche: Orgelprobe mit Abbé Georg Joseph Vogler.

1778, Jänner
Kirchheimbolanden, Hof- und Stadtkirche St. Paul: Orgel von Michael Stumm, 1745

1778, Oktober
Straßburg: Mozart besucht den berühmten Orgelbauer Johann Andreas Silbermann und spielt an den Silbermann-Orgeln der Thomas-Kirche (erbaut 1740) und der Kirche St-Pierre-le-Jeune (erbaut 1749).

1779, 17. Januar
Mozart erhält das Dekret als Salzburger Hoforganist mit einem jährlichen Gehalt von 450 Gulden, er bleibt dies bis 9. Mai 1781 (vgl. Kat.Nr. 105.) große Orgel erbaut 1703, erweitert 1705 und 1718, Hoforgel 1745, beide Werke von den Salzburger Hoforgelmachern Christoph, Johann Christoph bzw. Johann Rochus Egedacher.

1783, 28. Oktober
Lambach, Stiftskirche: Mozart kam „eben recht um bey dem Amt das Agnus Dei mit der Orgel zu begleiten"; Orgel von Christoph Egedacher, 1657.

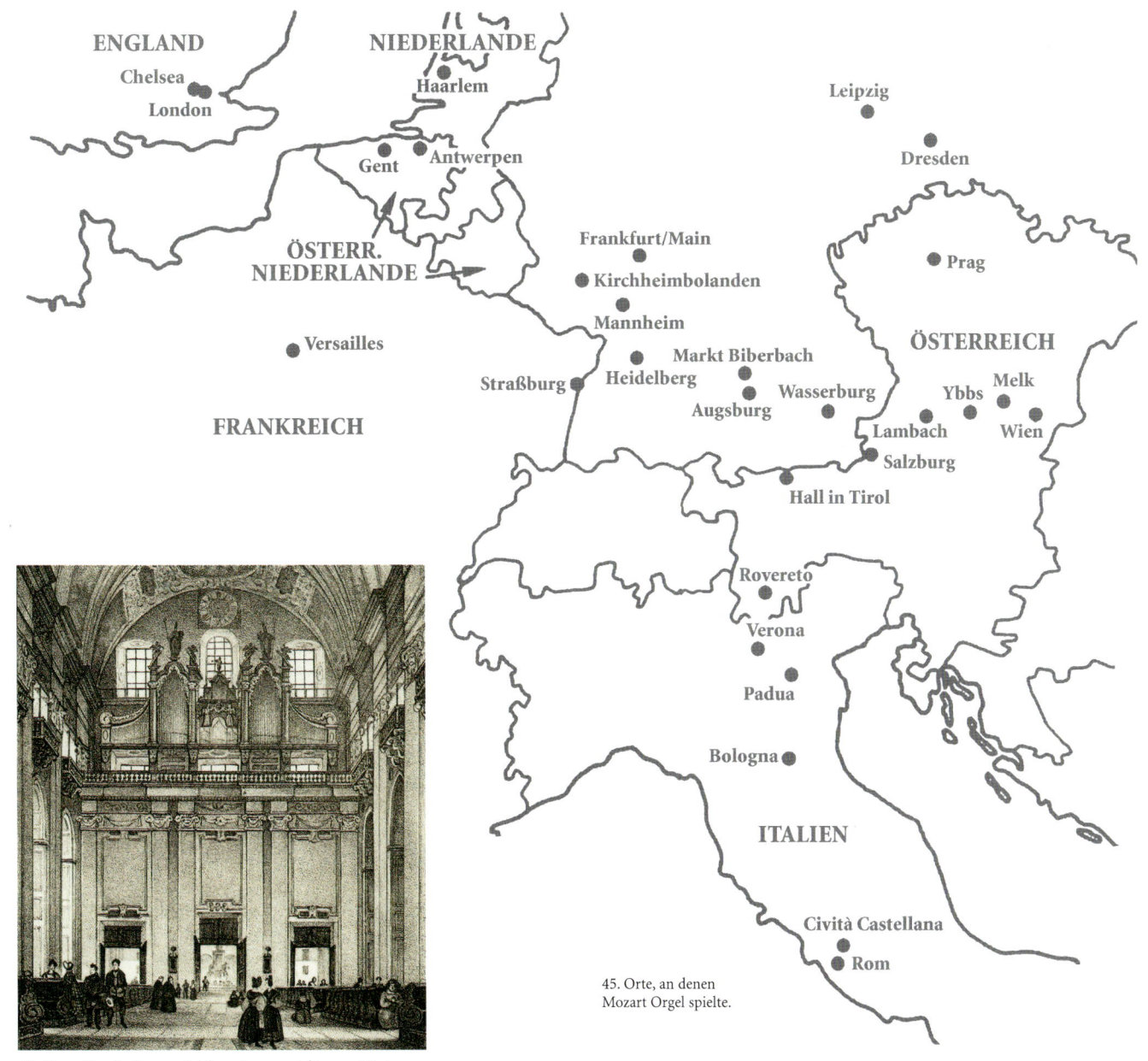

44. Georg Pezolt, *Dom zu Salzburg, Innenansicht gegen Westen*, 1837, Salzburg, Dommuseum zu Salzburg

45. Orte, an denen Mozart Orgel spielte.

1787, Herbst
Prag, Prämonstratenserabtei Strahov: Mozart improvisiert an der 1774 von Jan Lohel Oehlschlägel restaurierten Orgel.

1789, 15. April
Dresden, Hofkirche: Wettspiel mit dem Erfurter Organisten Johann Wilhelm Häßler auf der Gottfried-Silbermann-Orgel (erbaut 1775), „über die Maßen herrliche Instrumente".

1789, 22. April
Leipzig, Thomaskirche: Orgelimprovisation unter Anwesenheit von Thomaskantor Johann Friedrich Doles und Organist Karl Friedrich Görner.

1790, Sommer
Wien, Schottenfeldkirche: Mozart beim Probespiel des Wiener Hoforganisten Johann Georg Albrechtsberger an der neuen, „besten Orgel Wiens", erbaut von Franz Xaver Chrismann.

1790, Herbst
Frankfurt am Main, Katharinenkirche

Mozart und die Orgel | MOZARTS GEISTLICHE MUSIK

Ulrich Leisinger

Fragmente im Werk Mozarts

„**Fragmente von classischen Autoren,** sie mögen von was immer für einer Gattung seyn, sind schätzbar. Unter den musicalischen verdienen gewiß die des Mozarts alle Achtung und Bewunderung, hätte dieser Meister auch nicht so viel vollendeten werke in jedem ihrer Fächer […] geliefert, so würden diese herlichen Ueberbleibsel allein ein hinlängliches Monument seines unerschöpflichen Geists seyn." Mit diesen Worten beginnt die *Nachricht von Mozarts hinterlassenen Fragmenten, mitgetheilt von seiner Witwe,* die Constanze Mozart am 1. März 1800 an Breitkopf & Härtel zur Veröffentlichung in der *Allgemeinen musikalischen Zeitung* sandte. Die Idee, die unvollendeten Kompositionen ihres Mannes in geeigneter Weise nutzbar oder wenigstens zu Geld zu machen, kam schon bald nach 1795 auf. Immerhin fanden sich im Nachlass mehr als 150 unvollständige Werke, von kurzen thematischen Einfällen bis hin zu ausgewachsenen Opernbruchstücken wie *Zaide* (KV 344), aber auch große Kirchenstücke wie die *c-Moll-Messe* (KV 427) und das *Requiem* (KV 626). Doch sind nur das *Bandel-Terzett* (KV 441), das *Klaviertrio d-Moll* (KV 442), das aus drei ursprünglich nicht zusammengehörigen Einzelsätzen zusammengesetzt wurde, und offenbar auch die *Sonate B-Dur* (KV 498a) mit Ergänzungen von fremder Hand zum Nutzen Constanzes noch vor 1800 im Druck erschienen. Freilich musste die Witwe schon bald erkennen, dass sich Verleger und Publikum eigentlich nur für noch unbekannte, vollendete Kompositionen interessierten. Als Johann André (* Offenbach 1775, † ebd. 1842) den Mozart'schen Nachlass Anfang 1800 ankaufte, blieben die Fragmente unbesehen zurück. André hatte nur einige wenige Werke, wie die beiden *Klavierstücke in G-Dur* (KV 357) oder das *Oboenkonzert in F-Dur* (KV 293) ausgewählt, freilich ohne davon überhaupt auf absehbare Zeit Gebrauch zu machen. Breitkopf & Härtel lehnten das Angebot, die Fragmente zu erwerben, gleichfalls ab. Für die ersten Hefte der *Oeuvres complettes* hatten sie immerhin noch einige unvollständige Manuskripte bei der Witwe entliehen und sie durch ihren Redaktor August Eberhard Müller (* Northeim 1767, † Weimar 1817) vervollständigen lassen. Hierzu gehörten offenbar Lieder wie *Die Alte* (KV 517) und *Die Verschweigung* (KV 518) im fünften Heft, die *Sonate F-Dur* (KV 547a) und die *Fantasie d'introduction d-Moll* (KV 397), wie sie im postumen Erstdruck bezeichnet ist, die die Herausgeber wegen des Halbschlusses für ein Fragment hielten, im sechsten Heft.

Wir wissen nicht, wer Constanze bei der Formulierung ihrer Ankündigung die Feder geführt hat, zu geschliffen klingt die Rede von den „schätzbaren Fragmenten classischer Autoren". Doch trug sie die Frage schon länger in ihrer Brust, denn in ihren Schreiben aus den Jahren 1799 und 1800 war sie immer wieder auf die Fragmente zurückgekommen. So hatte sie am 15. Juni 1799 Breitkopf & Härtel dazu zu bewegen versucht, am Ende jeder Werkgruppe der geplanten Gesamtausgabe auch die unvollendeten Kompositionen abzudrucken:

„Gibt man denn nicht Fragmente, auch noch so klein, wie z. b. von Lessing, von berühmten Schriftstellern heraus? Ich würde an Ihrer Stelle bey dem Schlusse eines jeden Fachs solche bruchstüke einrükken. Sie müssen immer lehrreich seyn, und können ja von andern ihre Gedanken benuzt und ausgeführt werden."

Bemerkenswert ist Constanzes Versuch, musikalische und literarische Fragmente zu parallelisieren. Gemeint ist freilich nicht, wie oft geglaubt wurde, Lessings berühmte dreiteilige Publikation *Fragmente eines Ungenannten* (1778), die den jahrelangen theologischen Fragmentenstreit auslöste, sondern das in Lessings gesammelten Werken geübte Verfahren, wo seit 1770 – das heißt, noch zu Lebzeiten des Autors – auch Unvollendetes und Aphoristisches seinen

46. *Titelbild des Erstdrucks des Requiems* (KV 626), 1800, Salzburg, Internationale Stiftung Mozarteum (Kat.Nr. 46.)

Platz fand. In der beginnenden Romantik bildete sich allmählich auch eine Theorie des Fragments heraus, doch mit Bezug auf die Musik kann hiervon um 1800 noch nicht die Rede sein. In Immanuel Kants *Kritik der Urteilskraft*, deren dritte und maßgebliche Auflage 1799 erschienen ist, spielt das Fragment als ästhetische Kategorie jedenfalls keine Rolle. Am ehesten wären ihm noch einige von Kants Gedanken über die ästhetische Idee zuzuordnen:

„Mit einem Worte, die ästhetische Idee ist eine, einem gegebenen Begriffe beigesellte Vorstellung der Einbildungskraft, welche mit einer solchen Mannigfaltigkeit von Teilvorstellungen in dem freien Gebrauche derselben verbunden ist, […] die also zu einem Begriffe viel Unnennbares hinzudenken lässt, dessen Gefühl die Erkenntnisvermögen belebt."[1]

Aus heutiger Sicht ließe sich hieraus ohne weiteres eine Theorie des musikalischen Fragments ableiten; Ansätze hierzu finden sich gewiss schon bei Constanze, wenn sie von der Lehrhaftigkeit der Fragmente schreibt, doch gibt der bei ihr unmittelbar anschließende Halbsatz die für die Zeit um 1800 maßgebliche praktische Wendung: Die Fragmente sollen eben nicht als abstrakte Gebilde betrachtet werden, sondern sind nur insoweit von Interesse, als sie von andern „benutzt und ausgeführt werden können". Voraussetzung hierfür ist die immanente Gültigkeit einer in musikalisch-rhetorischen Kategorien gedachten Kompositionslehre, wie sie sich in der ersten Hälfte des 18. Jahrhunderts etwa in Heinichens *Generalbaßlehre* (1728), in Matthesons *Vollkommenem Kapellmeister* (1739) oder praktisch in Johann Sebastian Bachs *Inventionen und Sinfonien* (um 1720) zeigt. Die Theorie der musikalischen Komposition verlangt demnach einen Dreischritt aus *inventio*, *dispositio* und *elaboratio*. Während die Anlage und die Ausarbeitung eines musikalischen Satzes handwerklich erlernt werden konnte, richtete sich das Hauptaugenmerk im Barockzeitalter darauf, der *inventio* aufzuhelfen, wenn es dem Autor einmal an Inspiration und Begeisterung mangelte.

In der Mozart-Zeit hat bekanntlich der Rudolstädter Musiktheoretiker Heinrich Christoph Koch diesen Ansatz deutlich modifiziert. Im zweiten Band seines *Versuchs einer Anleitung zur Composition* (1787) trennte er die „Anlage" einer Komposition von ihrer „Ausführung". Ausgangspunkt ist auch hier die Begeisterung, wobei der Begriff nicht im modernen, verflachten Sinne, sondern im Sinne des Esprit, des „Belebenden im Gemüte" wie Kant dies nennt, gemeint ist. Im Gemüte des Komponisten werden die Hauptgedanken oder – wie wir heute sagen würden – die Themen des Stücks erfunden und zueinander in Beziehung gesetzt.

„Hat der Tonsetzer nun in diesem Seelenzustande die Hauptheile seines Stücks erfunden, und erscheinen ihm nun die Theile in ihrer Verbindung und zugleich mit ihren harmonischen Hauptzügen begleitet, als ein vollkommenes Ganzes, welches sowohl in Rücksicht seiner Theile, als auch in Ansehung ihrer Folge und Verbindung ihn vollkommen befriediget, ihn ganz an sich zieht und seine Begeisterung erhöht; dann versäume er keinen Augenblick dieses schöne Ganze, welches in seiner Vorstellung vorhanden ist, auf das geschwindeste zu Papier zu bringen, damit kein Gedanke, ja kein Zug desselben durch die vielleicht noch zuströmenden Gedanken in der Fantasie verwischt oder gar ausgelöscht werden."[2]

Die Anlage des Tonstücks, die sich zunächst im Geiste des Komponisten formte, muss dann in einem Entwurf festgehalten werden.

„Nach Vollendung der Anlage und des Entwurfs derselben folgt bey der Bearbeitung der Tonstücke die Ausführung. In der Anlage wurden wesentliche Teile des Ganzen festgesetzt, und das Geschäfte der Ausführung ist, diese

Theile in verschiedenen Wendungen und Zergliederungen durch verschiedene Hauptperioden durchzuführen; und dieses Verfahren giebt dem Tonstück seinen Umfang."

Bei Koch wird nicht deutlich ausgesprochen, welche Teile des Ganzen ausgearbeitet sein müssen, um von einem Entwurf zu sprechen. Grundvoraussetzung ist aber, dass alle wesentlichen Momente, die das „schöne Ganze" ausmachen sollen, hierin bereits angelegt sind. Die daran anschließende Ausführung eines Stückes hat einerseits eine ästhetische, andererseits eine praktische Ausrichtung:

„Wir haben bey der Ausführung auf zwey Stücke zu sehen, auf dasjenige, was den Geist oder den inneren Character des Tonstücks dabey betrifft, und auf das Mechanische derselben."

Nur das Letztere ist erlernbar. Wichtigstes Hilfsmittel hierfür ist die thematische Arbeit, bei der die thematischen Einfälle wiederholt, modifiziert und zueinander in immer neue Verbindung gebracht werden. Koch empfiehlt auch, sich diejenigen Gedanken zu merken, „die bey der Erfindung der Haupttheile herbey flossen, ohne dass er […] davon Gebrauch machen konnte". Denn sie seien im gleichen Geiste wie jene entstanden und könnten daher bei der Ausführung gute Dienste leisten.

Wir haben Kochs Theorie der Komposition deswegen so ausführlich herangezogen, weil sich an ihr der deutliche Wechsel in der ästhetischen Bewertung des Komponierens zwischen Barock und Klassik abzeichnet. Erfindung und Anordnung sind im Zeitalter der Klassik Leistung des Genies, also per se weder lehr- noch lernbar; die Ausführung erfordert in erster Linie Geschmack und – wie man hinzufügen möchte – ästhetische Bildung.

In einer Zeit, in der das musikalische Kunstwerk noch immer handwerklich-praktisch, nach seiner Brauchbarkeit, und keineswegs ausschließlich ästhetisch gemäß seiner Schönheit beurteilt wurde, war ein Fragment – überspitzt gesprochen – nur dann von Nutzen, wenn es mit vertretbarem Aufwand von jedermann hinlänglich Ausgebildetem vollendet werden konnte. Aus diesem Grund blieben die kurzen thematischen Einfälle Mozarts von vornherein ungedruckt. Aber auch die größeren Bruchstücke erschienen nur dann brauchbar, wenn wenigstens die Anlage bereits erfolgt war, und „nur noch" deren Ausführung erfolgen musste. Diese Aufgabe war schwierig genug, erforderte sie doch nicht nur Vertrautheit mit Mozarts Tonsprache im Allgemeinen, sondern die Gabe, die Empfindungen, die Mozart bei der Komposition beflügelt hatten, aufzuspüren und zur Fertigstellung wieder nutzbar zu machen. In weiser Bescheidenheit haben sich die meisten Ergänzer deswegen damit begnügt, die Bruchstücke handwerklich zuverlässig zu Ende zu führen, wohl wissend, dass Mozart in einer inspirierten Stunde nicht nur anders, sondern wahrscheinlich auch besser komponiert hätte. Selbstverwirklichung des Ergänzers war nicht angesagt; er war damit zufrieden, wenn „Kenner noch hin und wieder einige Spuren seiner unvergeßlichen Lehren darin finden können", wie Franz Xaver Süßmayr (* Schwanenstadt/Oberösterreich 1766, † Wien 1803) dies in dem Schreiben vom 8. Februar 1800 an Breitkopf & Härtel über seinen Anteil am *Requiem* formulierte.

Die Sichtung des Nachlasses, die Constanze durch Kenner, in erster Linie den musikbegeisterten Abbé Maximilian Stadler (* Melk 1748, † Wien 1833) und den dänischen Legationsrat Georg Nikolaus von Nissen (* Haderslev/Dänemark 1761, † Salzburg 1826), der später ihr zweiter Gemahl werden sollte, vornehmen ließ, zeigte deutlich, dass es höchst unterschiedliche Arten von Bruchstücken gab. Neben den bereits angesprochenen kurzen thematischen Einfällen gab es eine Reihe weit ausgeführter Stücke; vor allem in der Klaviermusik, aber auch in anderen Gattungen hatte Mozart Kompositionen des Öfteren genau so weit entworfen, dass sie bei späterer Gelegenheit nahezu mechanisch ausgeführt werden konnten. Hierzu zählen beispielsweise die beiden *Allegro-Sätze für Klavier in g-Moll* (KV 312) und *B-Dur* (KV 400), die beide bis gegen Ende der Reprise durchgeführt worden waren. Aus der Untersuchung der Originalhandschriften wissen wir, dass auch manche der vollendeten Kompositionen – wie die Eingangssätze der *Klavierkonzerte in A-Dur* (KV 488) und *C-Dur* (KV 503) oder das *Klarinettenkonzert in A-Dur* (KV 622) – über geraume Zeit unvollendet liegen geblieben waren. Nur ein gütiges Schicksal, meist ein äußerer Anlass zur Aufführung hat sie davor bewahrt, als Fragmente dauerhaft aus dem Kanon von Mozarts Werken ausgeschlossen zu bleiben.

Für Mozart war die Komposition mit der Niederschrift des Entwurfs weitgehend abgeschlossen. Nur so erklärt sich, dass er in sein *Verzeichnis aller meiner Werke* auch mehrere Fragmente eingetragen hat: Die bereits genannten Lieder *Die Alte* (KV 517) und *Die Verschweigung* (KV 518) sind dort unter dem 20. Mai 1787 vermerkt, die Arie *Schon lacht der holde Frühling* (KV 580) ist unter dem 17. September 1789 eingetragen, obgleich zu diesem Zeitpunkt nur ein Partiturentwurf, der nie ausgearbeitet wurde, vorlag. Einer der an der Sichtung von Mozarts Nachlass Beteiligten vermerkte dazu auf dem autographen Entwurf, der sich heute in der Musiksammlung der Österreichischen Nationalbibliothek befindet: „Diese Arie ist für die Singstimme ganz vollendet, wie jeder Kenner leicht einsieht, zum Schluss kann das ganze erste Ritornell, oder die Täckte vom Zeichen wiederhollt werden."

Die große Zahl an Fragmenten auf dem Gebiet der Instrumentalmusik kann kaum überraschen, wenn man in Betracht zieht, dass Mozart beständig neue Klavierwerke für Schüler sowie Konzerte für seine musikalischen Akademien brauchte; auch die Kammermusik, die Mozart als Experimentierfeld und nicht zur Erfüllung äußerlicher Anlässe diente, sondern offenbar häufiger als andere Gattungen aus innerem Antrieb entstand, ist naturgemäß reich an viel versprechenden Ansätzen, die unvollendet in einer Schublade verschwanden, wenn es an einem konkreten Anlass zur Fertigstellung mangelte.

Wesentlich schwerer zu begreifen ist zunächst die Vielzahl an kirchenmusikalischen Werken, die fragmentarisch geblieben sind. Jüngere Forschungen haben deutlich gemacht, dass sie sich fast über Mozarts gesamtes Schaffen ziehen und nicht, wie man lange meinte, auf jene Phasen der Salzburger Zeit beschränkt blieben, in denen Mozart ohnehin fleißig Kirchenmusik schrieb. Zu dieser Annahme

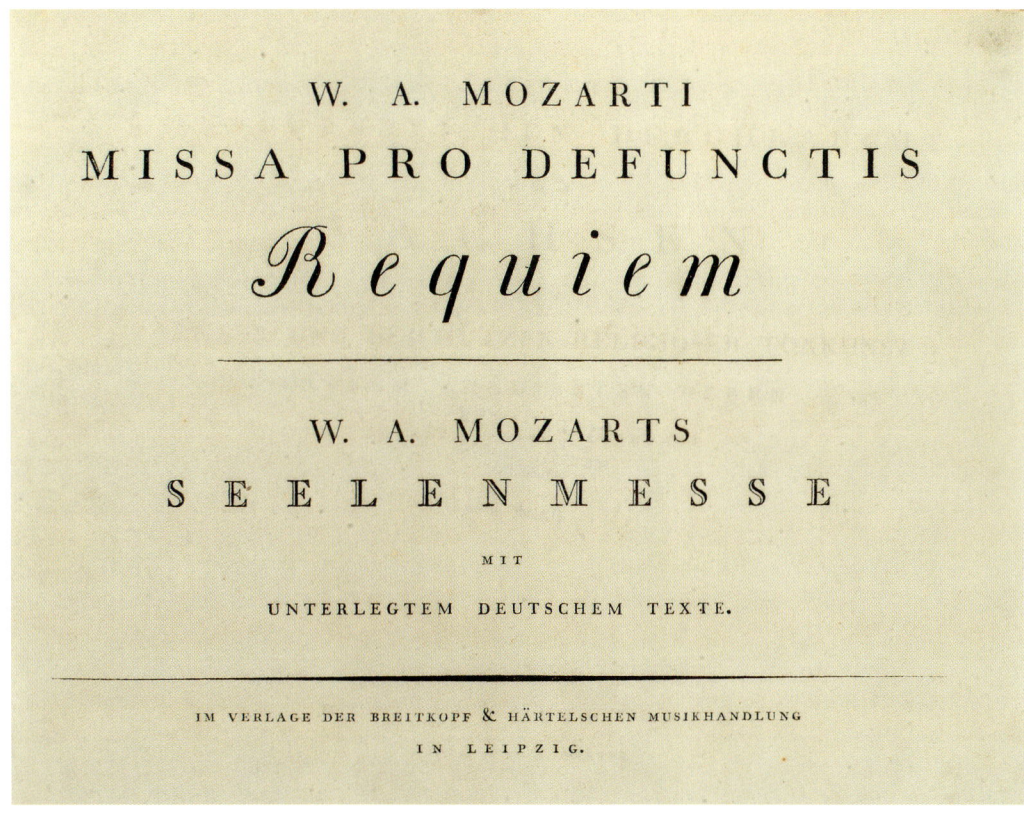

47. Titelseite des Erstdrucks des Requiems (KV 626), 1800, Salzburg, Internationale Stiftung Mozarteum (Kat.Nr. 46.)

hatte vielleicht die Beobachtung verleitet, dass die autographen Partituren vieler früher Messen getilgte Teilsätze enthalten, die Mozart durch neue Fassungen ersetzt hat. Bemerkenswert ist beispielsweise das Benedictus der frühen *Missa in d-Moll* (KV 65, Kat.Nr. 47.) aus dem Jahre 1769, da es erst im vierten Anlauf seine endgültige Gestalt erhielt, obwohl schwer auszumachen ist, in welcher Hinsicht die ersten drei Fassungen fehlerhaft oder auch nur wesentlich schlechter sein sollten. Entsprechend weist auch die *Orgelsolomesse in C-Dur* (KV 259) ein Sanctus auf, das weit mehr als zur Hälfte fertig gestellt war, ehe es durch die endgültige Fassung ersetzt wurde. Die *Missa solemnis in C-Dur* (KV 337, Kat.Nr. 40.) enthält ein unvollständiges Credo, das ohne erkennbare Not nach zwei Dritteln der Wegstrecke vor dem Vers „Et in Spiritum Sanctum" abbricht und durch ein ganz neues ersetzt wurde.

Die Mehrzahl der kirchenmusikalischen Fragmente – von zwei großen unvollendeten Werken, der *c-Moll-Messe* und dem *Requiem* ist gesondert zu sprechen – sind Kyriesätze, was die Theorie, es handle sich um erste Entwürfe, die dann zu Gunsten anderer, vollendeter Werke beiseite gelegt wurden, zu bestätigen scheint. Doch nur drei von ihnen, das gerade einmal zehn Takte umfassende *D-Dur-Bruchstück* (KV 166g), das weit ausgeführte, großartige *C-Dur-Fragment* (KV 166f) sowie das *Kyrie in Es-Dur* (KV 322), fallen in die Salzburger Jahre. Während das Fragment in Es aus der letzten Salzburger Zeit stammt – gleiches gilt für das Bruchstück eines *Magnificat in C-Dur* (KV 321a), das in den Kontext der Vesperkompositionen von 1779 zu gehören scheint –, fallen die beiden anderen genannten Kyrie-Fragmente und ein fugiertes *Hosanna* (KV 223) bereits in die Zeit um 1772. Die These, die *Trinitatismesse* (KV 167), deren Autograph mit Juni 1773 überschrieben ist, habe zumindest das *C-Dur-Fragment* (KV 166f) ersetzt, ist damit durchaus plausibel.

Außerhalb von Wissenschaftlerkreisen ist aber weitgehend unbekannt geblieben, dass mit den *Fragmenten* KV 196a, KV 258a, KV 323 (irrig auch als KV Anh. 15 geführt) und KV 417d nicht weniger als vier Kyrie-Fragmente aus Mozarts letzten Lebensjahren ab 1787 stammen; möglicherweise blieb auch das *d-Moll-Kyrie* (KV 341), das einzig aus einem postumen Druck bekannt ist, Fragment, das dann erst nach seinem Tode für die Druckveröffentlichung vervollständigt wurde. Die Komposition dieser Werke belegt eindrucksvoll, dass Mozart sich in seiner Wiener Zeit keineswegs gänzlich vom katholischen Ritus abgekehrt hatte und dem Freimaurertum verfallen war (vgl. S. 33–36), so dass die Bewerbung im Frühjahr 1791 um die Position eines Adjunkten am Stephansdom, mit der Aussicht den schwerkranken Domkapellmeister Leopold Hofmann einmal ablösen zu können, keineswegs nur taktisches Kalkül war. Vielmehr ging dieser Bewerbung – vielleicht veranlasst durch die besondere Gemütslage nach dem Tode des Vaters – eine mehrjährige ernsthafte Auseinandersetzung mit der Kirchenmusik voraus. Dies ist umso bemerkenswerter, als durch die josephinischen Reformen die Aussichten auf Aufführungen groß besetzter Kirchenwerke stark eingeschränkt waren – was etwa Joseph Haydn (* Rohrau 1732, † Wien 1809), der wie Mozart kein kirchliches Amt bekleidete, veranlasste, zwischen 1781 und 1796 keine einzige Messkomposition zu schreiben.

Von den Kyrie-Fragmenten wurden im Übrigen zwei, KV 322 und 323 (Kat.Nr. 53.), nach Mozarts Tod von

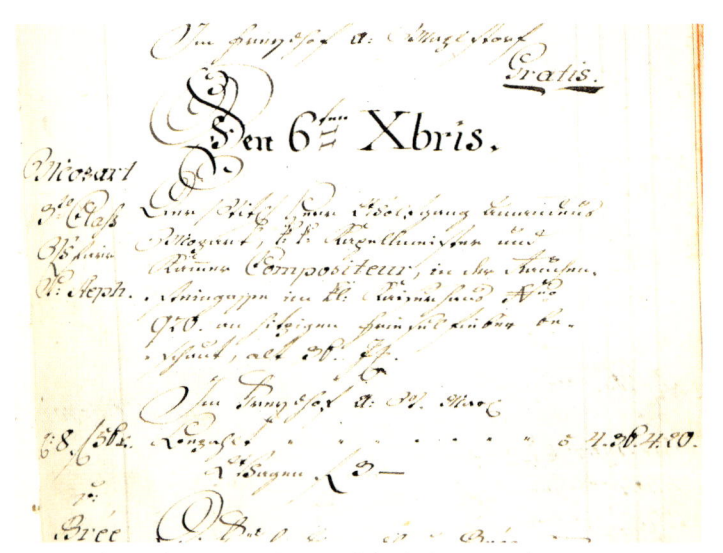

48. Eintrag des Begräbnisses Mozarts im Totengebührenbuch von St. Stephan, 1791, Archiv der Domkirche St. Stephan zu Wien (vgl. Kat.Nr. 127.)

Maximilian Stadler fertig gestellt; Mozarts Kompositionen waren so weit fortgeschritten, dass es zur Ausführung der Anlage im Wesentlichen nur des Rückgriffs auf bereits Vorhandenes bedurfte. Bei einem dritten, KV 196a, brach Stadler allerdings nach wenigen Takten wieder ab. Im Eifer, Fragmente für den Gebrauch zu retten, schoss Maximilian Stadler gelegentlich auch über das Ziel hinaus. So vollendete er etwa das fragmentarische *Kyrie* (KV 91). Wegen seiner altertümlichen Faktur hat es eine niedrige Nummer im Köchelverzeichnis erhalten; der Handschriftenbefund weist aber deutlich in Mozarts Wiener Zeit. Des Rätsels Lösung wurde erst 1983 gefunden: Mozart hatte begonnen, für sich ein Kyrie des 1772 verstorbenen Georg Reutter d. J. abzuschreiben.[3] Ob er das Interesse daran noch vor Abschluss der Arbeit verlor oder ob ihm der Werkausschnitt für seinen Studienzweck bereits genügte, wird nicht mehr zu ermitteln sein.

Es bleiben zwei Werke, die unser Bild von Mozart als Kirchenkomponist maßgeblich prägen, obgleich sie Fragment geblieben sind. Das eine ist die *c-Moll-Messe* (KV 427, Kat.Nr. 42.–43.), die Mozart in Erfüllung eines im Zusammenhang mit seiner Eheschließung mit Constanze gegebenen Gelübdes schreiben wollte. Die Hintergründe bleiben – trotz mannigfaltiger Spekulationen, die hier nicht aufgearbeitet werden sollen – unklar. Gewiss hat das Werk einen starken persönlichen Bezug. Immerhin wollte Mozart den Salzburgern und vor allem dem unversöhnlichen Vater darin seine Ehefrau Constanze Weber als Sopransolistin präsentieren. Die unvollständigen oder fehlenden Werkteile – von „Cum Sancto Spiritu" an – müssen die erste Aufführung nicht ernsthaft behindert haben, da man sich mit Teilen aus anderen Kompositionen, seien es eigene oder fremde, behelfen oder auf eine musikalische Ausgestaltung gegebenenfalls ganz verzichten konnte, zumal die Messe in ihrem zeitlichen Umfang weit über das Übliche hinausging. Dies ändert nichts daran, dass Mozart selbst die *c-Moll-Messe* als unvollendet ansah; seine Mitteilung an den Vater vom 4. Januar 1783 über „die spart [= Partitur] von der Hälfte einer Messe [...], welche noch in der besten Hoffnung daliegt", belegt deutlich, dass ein Abschluss von Mozart zwar vielleicht noch beabsichtigt war, aber dass er seit geraumer Zeit an der Messe nicht mehr gearbeitet hatte. Es muss schon eigenartig erscheinen, dass Mozart sich auch in dem halben Jahr bis zur Abreise nach Salzburg, obgleich er mit anderen Arbeiten nach heutigem Kenntnisstand nicht überhäuft war, die Messe nicht wieder vorgenommen hat. Aus Sicht seines Vaters war der Verzicht auf die Fertigstellung weniger ein ästhetisches als ein moralisches Problem, hatte er doch immer versucht, seinem Sohn zu vermitteln, dass Versprechen und ganz besonders Gelübde zu halten waren.

War die *c-Moll-Messe* aus einer freiwilligen, aber nicht aus einer künstlerischen Entscheidung hervorgegangen, so verdankt das *Requiem* (KV 626, Kat.Nr. 45.–46.) seine Entstehung einem äußeren Auftrag. Wie allgemein bekannt ist, hatte Franz de Paula Josef Anton Graf Walsegg-Stuppach (* Schloss Stuppach bei Gloggnitz/Niederösterreich 1763, † ebd. 1827) die Komposition zur Erinnerung an seine am 14. Februar 1791 verstorbene Ehefrau Maria Anna, die gerade einmal 21 Jahre alt geworden war, bei Mozart unter Bedingung der Anonymität im Sommer 1791 in Auftrag gegeben. Doch erst nach der Rückkehr von den Krönungsfeierlichkeiten in Prag und nach der Premiere der *Zauberflöte* am 30. September 1791 konnte sich Mozart auf das *Requiem* einlassen. Die Komposition schritt in den nächsten sechs Wochen rasch voran, ehe Mozart Mitte November bettlägerig wurde und in der Nacht vom 4. auf den 5. Dezember 1791 verstarb.

Da Mozart offenbar große Teile des Honorars bereits im Voraus erhalten hatte, sah sich Constanze in einer besonderen Notsituation. Nur Introitus und Kyrie waren ausgearbeitet, die Sequenz und das Offertorium lagen in einer Entwurfspartitur vor, zu den übrigen Teilsätzen – Sanctus, Benedictus, Agnus Dei – gab es allenfalls einzelne „Zettelchen" mit Skizzen, wie sich Constanze später zu erinnern glaubte.

In unserer Zeit ist mehrfach der Versuch gemacht worden, das *Requiem* als Fragment aufzuführen und nur die von Mozart geschriebenen Teile zu spielen. Als Experiment mag dies reizvoll sein, doch auch hier vor allem aus der Hörerfahrung des vollständigen Werkes heraus. Viele werden das *Requiem* als Fragment wohl nur deswegen anhören, um sich bewusst zu werden, was dabei nach lieb gewonnener Gewohnheit fehlt – und es mit dem einmaligen Experiment belassen.

Für Mozarts Zeit kam dieser Ansatz schwerlich in Frage: Das Fragment war – wirtschaftlich gesehen – wertlos und selbst zu Studienzwecken kaum zu gebrauchen. Constanze hatte keine andere Wahl, als Schüler und Freunde ihres Mannes um die Fertigstellung des Werkes zu bitten. Die verwickelte Geschichte von der Fertigstellung des Werkes mit dem zeitlichen Verlauf und der Frage nach den Anteilen Joseph Eyblers (* Schwechat 1764, † Wien 1841), Franz Xaver Süßmayrs und möglicherweise auch Maximilian Stadlers ist hier nicht von Belang (vgl. S. 57–59). Vielmehr soll es nur um das Verfahren der Vervollständigung im Lichte der bereits vorgestellten, kompositionsgeschichtlichen Überlegungen gehen. Zunächst übernahm der Mozart-Schüler

Joseph Eybler die Aufgabe und vervollständigte die Sequenz, soweit sie in Mozarts Entwurf vorlag. Mozart hatte nämlich den Singstimmensatz, den Instrumentalbass und die wichtigsten Stimmen der instrumentalen Zwischenspiele in seiner Entwurfspartitur bereits fixiert. Eybler musste nur die Begleitstimmen ausarbeiten. Eybler scheiterte aber im Lacrimosa, als es darum ging, auch den Singstimmensatz zu formulieren und die thematische Erfindung fortzuführen, und brach die Arbeit bereits nach zwei Takten wieder ab. Offenbar verstand er sich nur auf das „Mechanische" der Ausführung, versagte aber dort, wo es „um den Geist oder den inneren Character des Tonstücks ging". An dieser Stelle sprang Franz Xaver Süßmayr ein, der, wie Constanze und er selbst später immer wieder betonten, in die Entstehungsgeschichte des *Requiems* fast von Anfang an einbezogen war und mit Mozart sowohl die vollendeten Teile des Werkes als auch die Planungen für seine Fortführung genau besprochen habe. Manches an dieser Darstellung erscheint heute unschlüssig. Vielleicht war es in erster Linie eine Schutzbehauptung, um den Anteil Mozarts am Werkganzen möglichst groß erscheinen zu lassen. Dennoch sind die Hinweise deswegen von Bedeutung, weil sie belegen, wie wichtig es für die Beurteilung des fertigen Werkes war, dass sich der Ergänzer in die Gedankenwelt des Komponisten, der an der Vollendung seines Werkes gehindert wurde, eingefühlt hatte. Constanze übergab Süßmayr angeblich auch „einige wenige Zettelchen mit Musik", die sie auf dem Schreibtisch gefunden hatte. „Was dieselben enthielten, und welchen Gebrauch Süßmayr davon gemacht habe, wußte sie nicht."[4] Es ist müßig, über den genauen Inhalt der heute verschollenen Zettelchen zu spekulieren, doch belegt die Existenz eines Skizzenblattes zum *Requiem* (Kat.Nr. 45.), das seinerzeit nicht als solches erkannt und deshalb von Süßmayr auch nicht ausgewertet wurde, wie wichtig es war, wenn man jene Gedanken, „die bey der Erfindung der Haupttheile herbey flossen", ohne dass man von ihnen unmittelbar Gebrauch machen konnte, aufschrieb, um sich ihrer bei Bedarf zu bedienen.

Bis heute ist nicht geklärt, warum Süßmayr bei seiner Arbeit alles, was Eybler geleistet hatte, wieder verwarf. Für die Sequenz bis zum Lacrimosa gibt es somit zwei konkurrierende zeitgenössische Fassungen, zu denen sich im Laufe der Zeit noch viele weitere hinzugesellt haben. Sie belegen eindrucksvoll, dass die Ausführung einer Komposition durchaus von ihrer konzeptionellen Anlage getrennt werden und dass es mehr als eine gültige Ausführung für einen Entwurf geben kann. Dennoch hat man bereits im 19. Jahrhundert den Aufwand nicht gescheut, den durch Eintragungen von verschiedenen Händen in der Entwurfspartitur verschleierten originalen Notentext wieder freizulegen. So ließ Johann André 1829 eine Ausgabe erscheinen, die nach dem damaligen Stand des Wissens nur Mozarts Anteil wiedergab.[5] Eine konsequente Fortsetzung dieses wissenschaftlichen Interesses, das im Vorwort der Ausgabe ausführlich erörtert wird, sind die bereits erwähnten Aufführungen des

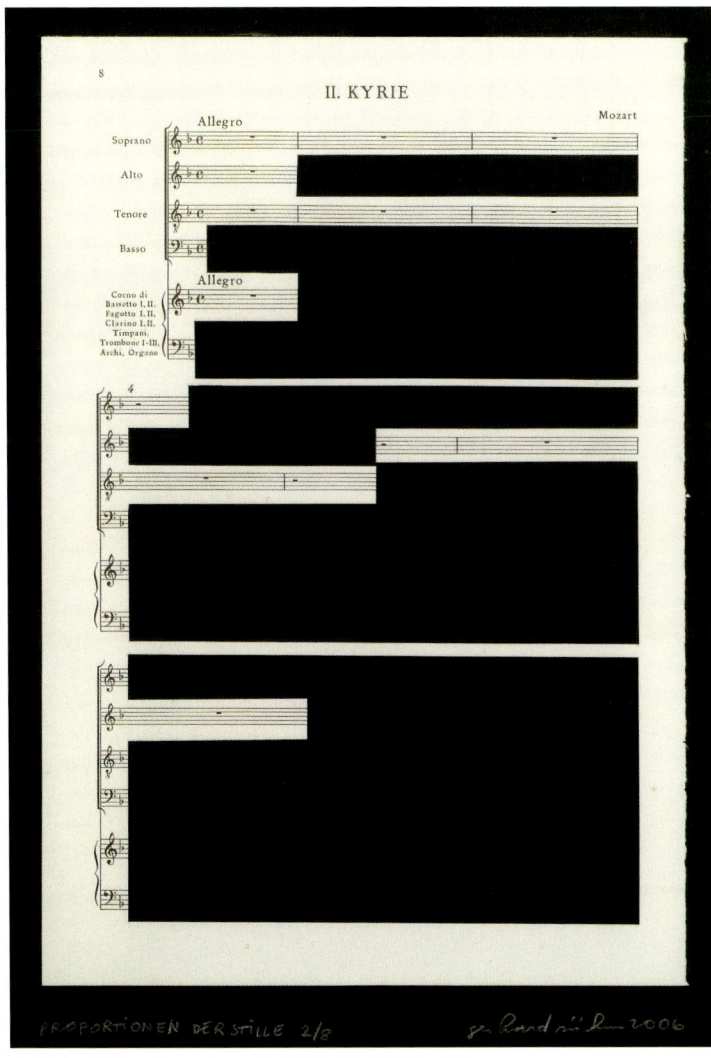

49. Gerhard Rühm, *Proportionen der Stille* 2, 2006 (Kat.Nr. 133.)

Fragments. Noch einen Schritt weiter geht beispielsweise der 1953 geborene Komponist Georg Friedrich Haas, der im Jahre 2005 für die Internationale Stiftung Mozarteum *Sieben Klangräume* geschrieben hat, die er in Beziehung zu den „Leerräumen" des Mozart'schen Fragments stellt. Im 18. Jahrhundert hätte er dafür weniger Verständnis als in unserer Zeit gefunden; damals hätte man ihm wohl eher empfohlen, das Fragment, das Mozart doch bereits so weit entworfen hatte, dass der Rest einem „Notisten" überlassen werden konnte, mit eigenen Mitteln auszuführen und als ein abgeschlossenes Kunstwerk aufführbar zu machen.

---

1   Immanuel Kant, *Kritik der Urteilskraft*, ³1799, § 49 („Von den Vermögen, des Gemüts, welche das Genie ausmachen"), S. 197.
2   Heinrich Christoph Koch, *Versuch einer Anleitung zur Composition*, Rudolstadt 1787, Theil 2, S. 93ff.
3   Monika Holl, Nochmals: „Mozart hat kopiert!" Das ‚Kyrie'-Fragment KV 186i/91 – Teil einer Messe von Georg Reutter d. J., in: *Acta Mozartiana* 30, 1983, Heft 2, Seite 33–36.
4   Stadler 1826, S. 16.
5   *Partitur des Dies irae … von Mozart's Requiem, so wie solche Mozart eigenhändig geschrieben … hat. Nebst Vorbericht und Anhang herausgegeben von A[nton] André*, Offenbach 1829.

Thomas Hochradner

> „Eine Erscheinung wie Mozart bleibt immer ein Wunder, das nicht weiter zu erklären ist."
>
> Johann Wolfgang von Goethe, 14. Februar 1831

Der lange Schatten des Mythos
Über Anekdotisches rund um Mozarts Kirchenmusik

„‚**Während er mir vorspielte**', erzählt der Jurist Daines Barrington (* 1727, † 1800, vgl. Kat.Nr. 106.), kam seine Lieblingskatze herein, worauf er sofort sein Klavier verließ, und wir konnten ihn für längere Zeit nicht zurückbringen. Er pflegte auch einige Male im Zimmer herumzulaufen, mit einem Stock zwischen den Beinen wie auf einem Pferd'. Barrington hatte Mozarts Genialität mit einem Experiment getestet, ihm eine fünfstimmige Partitur vorgelegt, die das Kind bravourös bewältigte. Er gesteht in seinem Bericht, dass er den Verdacht hatte, dass Vater Leopold das wahre Alter seines Kindes verheimlichen würde, doch das kindliche Aussehen und das Spielen mit Katze und Steckenpferd überzeugten ihn. Der ‚maestrino' ist zu dem Zeitpunkt acht Jahre alt. Ist das Reiten auf einem Stock nicht eher die Beschäftigung eines Fünfjährigen? Hat Mozart seine frühe Kindheit nicht gebührend ausgelebt?"[1]

Das Wunderkind, vielfach thematisiert, liefert eines der Erklärungsmuster für die umfassende musikalische Begabung Wolfgang Amadeus Mozarts, die frühe Schulung durch Vater Leopold ein zweites. Gemeinsam indes zeugen beide vom nimmermüden Bestreben, Mozarts Talent oder Genie – wie immer man es nennen will – aus betrachtender Perspektive fassbar zu machen. Mozarts Zeitgenossen staunten nicht anders als heute die Nachwelt, und doch nur, solange Wolfgang ein Kind war. Mit der Adoleszenz ging für sie das Wunderbare verloren. Die Tiefgründigkeit der musikalischen Werke des erwachsen Gewordenen erschloss sich ihnen nicht in vergleichbarer Weise – es bedurfte keiner prüfenden Verfahren mehr, um Mozarts interpretatorischen oder kompositorischen Fähigkeiten nachzugehen.

Dass sich spätere Generationen diese Aufgabe wiederum stellten, bewirkt einesteils der Mythos, der sich um Mozarts allzu frühen Tod und das *Requiem* als seinem letzten Werk bald schon aufgestaut hatte, andernteils der romantische Geniebegriff, der das Unerklärliche einschloss. Anekdoten helfen, solch Unerklärliches leichter zu erreichen, es trotz des verborgen bleibenden Genialen zu begreifen. Und in der Tat: Selbst Kenner, Künstler und Musikwissenschafter, in ihrer Einsicht durch solide Kenntnis von Mozarts Biographie, durch analytischen Zugang zu seinem musikalischen Schaffen in einem wenn nicht tieferen, so doch abgesicherten Verständnis seiner Werke anderen voraus, erfassen zwar Merkmale dieser singulären Musikalität, kommen aber dem sprühenden Geist, den Mozart auslebte, allenfalls nahe. Ebenso sind die folgenden Zeilen, auch wenn sie manches lieb gewordene Bild zurechtrücken, nicht als „Entzauberung" von Mozarts Musik zu lesen.

Pferde begleiteten Mozart durchs Leben. Sie zogen die Kutschen auf seinen Reisen kreuz und quer durch Europa. In seiner Wiener Zeit besaß Mozart ein Reitpferd und unternahm Ausritte in den Prater. Mozart als Reiter – eine heute seltsam ungewohnte Vorstellung. Früheren Zeiten erschien daran nichts Außergewöhnliches. Exemplarisch zeigt sich hier, dass sich – anders als zur Begabung – Fragen zu Mozarts Leben und Schaffen erst im Laufe der Zeit, im Rückblick der Nachwelt ergeben.[2] Die reichhaltige Familienkorrespondenz bietet dazu viele Aufschlüsse. Demgegenüber mengen Erinnerungen von Zeitgenossen, wie sie etwa der erste Redakteur der *Allgemeinen musikalischen Zeitung*, Friedrich Rochlitz, über Mozarts Aufenthalt in Leipzig wiedergab, bereits häufig Anekdotisches ein.

„Auf Veranstaltung des damaligen Kantors an der Thomasschule in Leipzig, des verstorbenen [Johann Friedrich] Doles, überraschte Mozarten das Chor mit der Aufführung der zweychörigen Motette: Singet dem Herrn ein neues Lied – von dem Altvater deutscher Musik, von Sebastian Bach. Mozart kannte diesen Albrecht Dürer der deutschen Musik mehr vom Hörensagen, als aus seinen selten gewordnen

50. Leo Reiffenstein, *Klein Mozart spielt im Mirabellgarten* (Postkarte), um 1918

51. M. v. Blittersdorf, *Mozart verlässt den Salzburger Dom* (Postkarte), um 1915

Werken. Kaum hatte das Chor einige Takte gesungen, so stutze Mozart – noch einige Takte, da rief er: Was ist das? – und nun schien seine ganze Seele in seinen Ohren zu seyn. Als der Gesang geendigt war, rief er voll Freude: Das ist doch einmal etwas, woraus sich was lernen lässt! – Man erzählte ihm, dass diese Schule, an der Sebastian Bach Kantor gewesen war, die vollständige Sammlung seiner Motetten besitze und als eine Art Reliquien aufbewahre. Das ist recht, das ist brav – rief er: zeigen Sie her! – Man hatte aber keine Partitur dieser Gesänge; er liess sich also die ausgeschriebenen Stimmen geben – und nun war es für den stillen Beobachter eine Freude zu sehen, wie eifrig sich Mozart setzte, die Stimmen um sich herum, in beide Hände, auf die Kniee, auf die nächsten Stühle vertheilte, und, alles andere vergessend, nicht eher aufstand, bis er alles, was von Sebastian Bach da war, durchgesehen hatte. Er erbat sich eine Kopie, hielt diese sehr hoch, und – wenn ich nicht sehr irre, kann dem Kenner der Bachschen Kompositionen und des Mozartschen Requiem […] besonders etwa der grossen Fuge Christe eleison – das Studium, die Werthschätzung, und die volle Auffassung des Geistes jenes alten Kontrapunktisten bey Mozarts zu allem fähigen Geiste, nicht entgehen."[3]

Was entspricht hier der Wahrheit, wo setzt die Fantasie des Autors ein? Im Laufe der Rezeptionsgeschichte verfestigten sich derlei Nachrichten zu allgemeinem Wissen, nicht selten, indem anfängliche Mutmaßungen über ihre oftmalige Wiederholung zu festen Vorstellungen gerannen. Entdeckungen vermochten sodann Irritationen auszulösen, wie z. B. die Entlarvung des „Kontrapunktisten" Mozart als eines „Zweitverwerters", der im Introitus und Kyrie des *Requiems* Anleihen bei Georg Friedrich Händel genommen hat. Abgesehen davon, dass Mozart die Vorlagen, die Chöre „The people will tell" aus Händels *Funeral Anthem for Queen Caroline* bzw. „We will rejoice" aus dem Oratorium *Joseph and his brethren* nicht einfach übernahm, sondern seinem Personalstil anverwandelte: Solche Bezüge galten mitnichten als Plagiat, sondern als Ausweis der weit reichenden Werkkenntnis eines Komponisten, die Einbindung fremder Einfälle in die eigene Stilwelt als Zeugnis besonderer kompositorischer Befähigung.

Was aber verursachte dann die Irritation? Grund gab, dass das *Requiem* (Kat.Nr. 45.–46.) von Constanze, verwitwete Mozart (Abb. 53), und ihrem Umkreis wieder und wieder als von Mozart selbst vollendetes Werk ausgegeben wurde[4]:

„Nach Mozart's Zurückkunft von Prag nach Wien nahm er sogleich seine Seelenmesse vor, und arbeitete mit ausserordentlicher Anstrengung und einem lebhaften Interesse daran; aber seine Unpässlichkeit nahm in demselben Verhältnisse zu und stimmte ihn zur Schwermuth. Mit inniger Betrübnis sah seine Gattin seine Gesundheit immer mehr hinschwinden. Als sie eines Tages an einem schönen Herbsttage mit ihm in den Prater fuhr, um ihm Zerstreuung zu verschaffen, und sie Beyde einsam saassen, fing Mozart an vom Tode zu sprechen, und behauptete, dass er das Requiem für sich setze. Dabey standen ihm Thränen in den Augen, und als sie [Constanze] ihm den schwarzen Gedanken auszureden suchte, sagte er: ‚Nein, nein, ich fühle mich zu sehr, mit mir dauert es nicht mehr lange: gewiss, man hat mir Gift gegeben! Ich kann mich von diesem Gedanken nicht loswinden.'"[5]

Nachzulesen ist diese Passage in Georg Nikolaus Nissens Mozartbiographie (1828, Abb. 2), und sie war glaubhaft, denn der dänische Legationsrat, zweiter Gatte Constanzes, hatte es doch wissen müssen! Sogar einen Täter gab es: Der verwirrte Greis Antonio Salieri, lange Zeit schon Hofkapellmeister in Wien, hatte 1825 auf dem Totenbett ein Geständnis abgelegt, er habe Mozart vergiftet – was freilich nicht ernst genommen werden konnte. Dennoch hat die Nachwelt die

52. *W. A. Mozart* (aus: Nissen 1828), gegen 1828

53. *Constanze Mozart* (aus: Nissen 1828), gegen 1828

Fieberphantasie des sterbenden Hofkapellmeisters oft genug für bare Münze gehalten.[6]

Zwar hatten Friedrich von Schlichtegroll(* Walterhausen/Gotha 1765, † 1822) in seinem Nekrolog auf Mozart (1793) und Franz Xaver Niemetschek (* Sadska/Böhmen 1766, † Wien 1849) in der frühesten Mozart-Biographie 1798 jeweils ausgeführt, dass das *Requiem* unvollendet ist – doch die Druckorte dieser Publikationen waren Gotha bzw. Prag – was wog dies schon gegen die in Leipzig erscheinende, weit verbreitete *Allgemeine musikalische Zeitung*, worin Friedrich Rochlitz ebenfalls 1798 schrieb, dass Mozart das *Requiem* „stets im Gefühl des nahen Todes" vollendet habe, und sich dabei auf eine Korrespondenz mit Constanze berufen konnte.

Noch in Nissens Mozart-Biographie findet sich kein Hinweis auf Ergänzungen. War es anfänglich wohl die Aussicht auf Geschäfte, welche die Wahrheit verheimlichen ließ, so späterhin vielleicht die Angst vor dem Gesichtsverlust. Hinzu kam das Werkverständnis in Mozarts Umfeld: Hier galt das *Requiem* als ganz seine Komposition. Johann Jakob Freystädtler, Joseph Eybler, Abbé Maximilian Stadler, Franz Xaver Süßmayr: Kein Einziger der von Constanze mit Ergänzungen zum *Requiem* Befassten hat später für seine Leistungen am Werk Autorschaft beansprucht. Doch welche Rolle spielten dann die „Zettelchen", die Süßmayr angeblich in die Hände bekam? Was hat es auf sich mit den Anweisungen, die Süßmayr von Mozart an dessen Totenbett erhalten haben soll? Und wenn dem so war: Weshalb wurden dann zunächst Freystädtler und Eybler angesprochen und warum hat Constanze nicht gleich Süßmayr mit der Fertigstellung des *Requiems* beauftragt? Nicht alle Rätsel um das *Requiem* sind gelöst.

Mit ausschlaggebend für die eigentümliche Einstellung zur Autorschaft in Mozarts Umkreis könnte der Umstand sein, dass alle für das *Requiem* spezifischen Sätze zur Gänze oder im Entwurf von Mozarts Hand vorlagen, nämlich der Introitus, die Sequenz, das Offertorium und auch die Communio, sofern man Constanze vertraut, die angibt, dass das Aufgreifen von Introitus und Kyrie für die Communio bereits der Plan ihres Gatten gewesen sei. Lange Zeit blieb einzig und allein maßgeblich, was Constanze der Nachwelt mitzuteilen bereit war. Daneben – und vielleicht sogar von Mozarts Witwe unterstützt – verbreitete sich eine legendenhafte Kenntnis der Entstehungsgeschichte über Anekdoten, wobei sich der früheste solche Beleg im *Salzburger Intelligenzblatt* vom 7. Januar 1792 findet (Kat.Nr. 129.). Die Frage nach Mozarts tatsächlicher Autorschaft stellte erst 1825 der Darmstädter Hofgerichtsrat und nebenbei Musikschriftsteller Gottfried Weber (* Freinsheim bei Mannheim 1775, † Kreuznach 1839), als er einen Brief Süßmayrs an den Leipziger Musikverlag Breitkopf & Härtel in der *Allgemeinen musikalischen Zeitung* 1801 ausgemacht hatte. In diesem Schreiben[7], das im Umfeld der Erstausgabe des *Requiems* entstand, schildert Süßmayr seinen Anteil am *Requiem*. In Webers Artikel *Über die Echtheit des Mozart'schen Requiem* heißt es:

„Von allen Werken unseres herrlichen Mozart, genies[s]et kaum irgend Eines so allgemeine, so vergötternde Anbetung, als sein Requiem. Dies ist aber eigentlich sehr auffallend, und beinahe verwunderlich zu nennen, indem gerade dieses Werk ohne Anstand sein unvollkommenstes, sein wenigst vollendetes, – ja kaum wirklich ein Werk von Mozart zu nennen ist."[8]

Dem trat Abbé Maximilian Stadler entgegen, als Freund der Familie Mozart seit den achtziger Jahren mit dem Sachverhalt bestens vertraut. Stadler verfasste 1826 bzw. 1827 zwei Schriften zur Entkräftung der Vorwürfe Webers und lieferte darin einen Quellenbericht über den Anteil von Mozarts eigenhändiger Schrift an der Originalpartitur. Dies kommentiert er 1827 mit den Worten:

„Ein jeder nicht ganz unwissende Notist hätte eben dasselbe leisten können, was Süßmayr, der überdies Mozart's schriftliche und mündliche Anleitung genoß, geleistet hat […]."

Doch nährte Stadler zugleich den von Weber geäußerten Verdacht, indem er im Jahr zuvor erstmals auf Vorlagen für das *Requiem* verwiesen hatte, die von Händel stammen.

Damit waren die Anteile Süßmayrs ins Bewusstsein gerufen und die Verbindungen zu Händel offenkundig geworden. Doch weiterhin gelang es Constanze, das Bild der „vollendeten" Komposition aufrecht zu halten und gerade damit zu bewirken, dass das *Requiem* im Repertoire Bestand hatte. Sowohl im liturgischen Rahmen der Missa pro defunctis als auch im Konzertsaal wurde es vielfach aufgeführt und bereits 1819 war die Aufführungswelle bis Rio de Janeiro geschwappt.[9] Wäre das *Requiem* früh schon als Fragment erkannt worden, hätte es diese Wirkmächtigkeit kaum entfaltet. Noch 1839 vermeldete Robert Schumann in der *Neuen Zeitschrift für Musik*:

„Die wichtige Mittheilung […] beschränkt sich auf die Thatsache, daß Mozarts's eigenhändig geschriebene Partitur des Requiem vor Kurzem aufgefunden worden und in den Besitz der hiesigen kaiserl. Bibliothek [in Wien] gekommen ist. Ich habe mir noch keine Einsicht von der Partitur verschaffen können, von Mozart's eigenem Sohn aber erfahren, daß sie unbestritten von Mozart's Hand, durchaus vollständig, und, bis auf die unbedeutende Abweichung eines Tactes, Note nach Note mit der vorhandenen übereinstimmt. Der Gottfr. [Gottfried] Webersche Streit zerfällt somit. […]"[10]

Lebte die Rezeption des *Requiems* anfangs von der Überzeugung, das Werk sei vollständig von Mozart komponiert, zog die Enthüllung des Gegenteils dennoch keinen Einbruch seiner Popularität nach sich. Der lange Schatten, den die Ungewissheit von Mozarts tatsächlichem Anteil zuweilen warf, fiel um die Mitte des 19. Jahrhunderts nicht mehr entscheidend ins Gewicht, sondern beflügelte als Mythos die Dauerhaftigkeit des *Requiems* im Repertoire. Zudem gesellten sich der Mär über den mysteriösen Auftrag des „unbekannten Boten" weitere mehr oder weniger aus Fakten belegbare legendenhafte Erzählungen zu Mozarts Kirchenmusik hinzu. Einige davon seien im Folgenden angesprochen.

Das Offertorium *Scande coeli limina* soll Mozart während eines Aufenthaltes im Benediktinerkloster Seeon/Oberbayern komponiert haben. Zwei im 19. Jahrhundert angefertigte Abschriften enthalten die Notiz: „Componirt 1766 zu Seeon auf der Fensterbrüstung des Fensters zur rechten Hand, wenn man aus dem Refectorium tritt. Copie nach dem Manuscript des Herrn Kapellorganisten Keller [Max Keller, * 1770, † 1855] zu Altötting, der seine Copie von dem Bleistiftoriginal Mozarts zu Seeon nahm."[11] Weder das genannte „Bleistiftoriginal" noch Kellers Abschrift sind erhalten, doch sprechen die Kontakte der Mozarts nach Seeon letztlich für die Glaubwürdigkeit der anekdotischen Überlieferung.[12] In Pater Johannes von Haasi wird der Übermittler an Keller vermutet, der selbst erst in den siebziger Jahren des 18. Jahrhunderts als Sängerknabe im Kloster Seeon Aufnahme fand.[13] Zu Haasis Namenstag (24. Juni) soll übrigens 1771 Mozarts Offertorium *Inter natos mulierum* entstanden sein.[14] Die darin mehrmals interpolierten Zitate des Volksliedes „Mein Hanserl, liebs Hanserl", jeweils über den Worten „Joanne, Joanne Baptista", gehen angeblich auf eine Begegnung der Mozarts mit Haasi in Seeon zurück, als Wolfgang dem Pater dieses Lied öfters vorgesungen habe.[15]

Inwiefern Anekdoten einesteils auf Ausschnitten dokumentierter Begebenheiten beruhen, andernteils zu Fehlschlüssen verleiten, möge das folgende Beispiel verdeutlichen:

„1766[,] das Wolfgangerl ist 11 Jahre alt und kommt im November nach dreieinhalb Jahren von einer Reise zurück, die ihn mehrfach nach England, Holland, Frankreich, Schweiz und Deutschland geführt hatte. Der Fürsterzbischof Graf von Schrattenbach ist der Familie Mozart wohl gesonnen, aber er hat den Vater des Knaben als Komponisten der Musikstücke des Buben in Verdacht, sodass er deshalb zur Probe den klein Mozartl zum Komponieren in eine Kammer schließen lässt und so den Beweis seiner Selbständigkeit

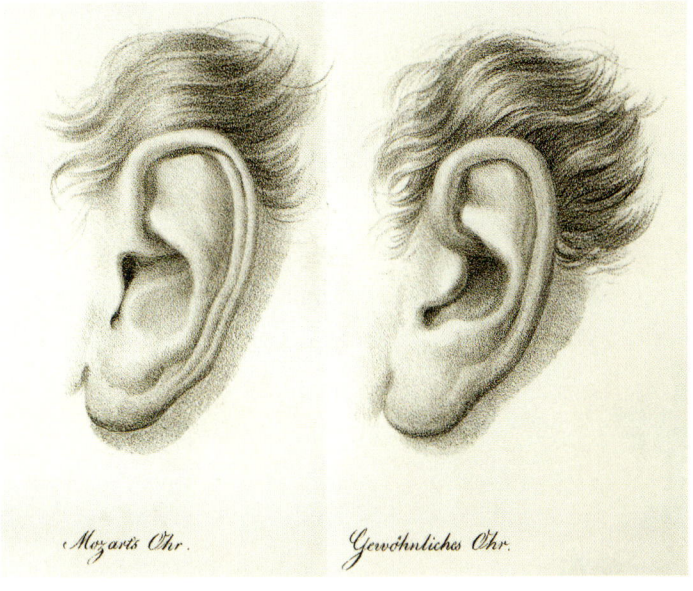

Mozarts Ohr.   *Gewöhnliches Ohr.*

54. *Mozarts Ohr* (aus: Nissen 1828), gegen 1828 (vgl. Kat.Nr. 94.)

55. Brief über die Salzburger Dommusik, 9. Juli 1778, Salzburg, Internationale Stiftung Mozarteum („dies ist auch eins von den haupt=sachen was mir Salzburg verhast macht – die grobe, lumpenhafte und liederliche Hofmusique […]")

erbringen kann. Damit gibt der Erzbischof Schrattenbach dem Elfjährigen den ersten bezahlten Kompositionsauftrag. Eingeschlossen schreibt Wolfgang das Oratorium ‚Die Schuldigkeit des ersten Gebots', damit man sehen kann, dass ihm niemand hilft. Der ‚kleine Mozartl' fühlt sich ganz als großer Komponist und muss immer wieder mit Mühe dazu gebracht werden, auch etwas anderes zu lernen."[16]

Erst eine nähere Kenntnis der Umstände erlaubt es, diese Darstellung in ihrem Wahrheits- und Informationsgehalt einzuschätzen. (1.) Erzbischof Siegmund Schrattenbach (* Graz (?) 1698, Erzbischof Salzburg 1753, † ebd. 1771) hatte die weiten Reisen der Mozarts ermöglicht, indem er Leopold, seinen Hofkomponisten und seit 1763 Vizekapellmeister, großzügig beurlaubte.[17] Dass Schrattenbach solche Reisen gestattete, die ja mit einer längeren Absenz des Vizekapellmeisters von seinen Diensten verbunden waren, wurde in der Mozart-Biographik meist als eine Form des Mäzenatentums gesehen. Doch dürfte Schrattenbach auch erwogen haben, dass sich auf diese Weise der Ruf des Erzstifts Salzburgs verbreiten werde, was wiederum indirekt eine Stärkung seines Souveräns bewirkte und sich in Zeiten, als mehrfach laut über die Säkularisation geistlicher Territorien nachgedacht wurde, keineswegs nachteilig auswirken konnte. (2.) Dass Leopold Mozart die musikalischen Leistungen seines Sohnes überwachte und gegebenenfalls korrigierte, geht aus überlieferten Skizzenbüchern hervor. (3.) *Die Schuldigkeit des ersten Gebots* entstand 1766/1767 in Salzburg auf einen Text Ignaz Anton Weiser (* Salzburg 1701, † ebd. 1785) als erster von drei Teilen eines Oratoriums. Die beiden übrigen – verschollenen – Teile stammten von Johann Michael Haydn (* Rohrau 1737, † Salzburg 1806) und Anton Cajetan Adlgasser (* Inzell 1729, † Salzburg 1777). Demnach musste sich Wolfgang Amadeus Mozart mit den beiden seinerzeit angesehensten Komponisten in Salzburg messen lassen. (4.) Alles Abweichende bzw. Hinzugefügte ist Ausschmückung. Dass Schrattenbach Mozart einschließen ließ, geht aus keiner Quelle hervor. Verniedlichungen wie „Wolfgangerl" und „klein Mozartl" rufen bewusst Assoziationen von Kindlichkeit wach, um sie sodann gegen die frühzeitige kompositorische Reife abzuheben. Aus alledem erwächst schließlich die Unterstellung einer dünkelhaften Selbsteinschätzung, der sogar Verständnis entgegengebracht wird: Denn unbestritten scheinen andere Zeichen von Mozarts außergewöhnlichster musikalischer Begabung.

Zu allererst denkt man in diesem Zusammenhang an die Nachschrift des *Miserere* von Gregorio Allegri (* Rom 1582, † ebd. 1652) nach dem Gehör.[18] Leopold Mozart berichtet seiner Frau Anna Maria darüber am 14. April 1770 aus Rom nach Salzburg:

„Du wirst vielleicht oft von dem berühmten *Miserere* in Rom gehört haben, welches so hoch geachtet ist, daß den Musicis der Capellen unter der excommunication verbotten ist eine stimme davon. aus der Capelle weg zu tragen, zu Copieren, oder iemanden zu geben. Allein, *wir haben es schon.* der Wolfg: hat es schon aufgeschrieben, und wir würden es in diesen Briefe nach Salzb: geschickt haben, wenn unsere Gegenwarth, es zu machen, nicht nothwendig wäre; allein die Art der production muß mehr dabey thun, als die Composition selbst, folglich werden wir es mit uns nach hause bringen, und weil es eine der Geheimnisse von Rom ist, so wollen wir es nicht in andere Hände lassen, ut non incurremus mediate vel immediate in Censuram Ecclesiae."[19]

Leopold dürfte kalkuliert haben, dass dieser Brief nicht nur an Frau und Tochter gelangen, sondern auch im Freundeskreis der Mozarts gelesen und sein Inhalt weiter kolportiert werden würde. Über das Medium Brief ließ sich also die lokale Öffentlichkeit erreichen und staunen machen. Diesmal war das Aufsehen groß. Ein Zeitungsartikel, der nicht erhalten ist, schilderte die Mozarts in Gefahr, die Ungnade des Papstes heraufzubeschwören. Nun beeilte sich Leopold, den ehrsamen Ruf in Salzburg zu behaupten:

„Da wir den Articul wegen dem *Miserere* gelesen, haben wir alle beyde hell lachen müssen. Es ist desswegen gar nicht die mündeste sorge. Man macht ander Orts mehr daraus. ganz Rom weis es; und selbst der Pabst [Clemens XIV. (* Sant'Arcangelo/Rimini 1705, Papst 1769, † Rom 1774)]

56. Erzbischof Hieronymus Colloredo im Rock, um 1782/1790, Salzburg, Privatbesitz

57. *Bettelbrief an Michael Puchberg*, 27. Juni 1788, Salzburg, Internationale Stiftung Mozarteum (vgl. Kat.Nr. 111.)

weis es, daß der Wolfg: das Miserere geschrieben. Es ist gar nichts zu beförchten: es hat ihm vielmehr grosse Ehre gemacht, wie du in kurzem hören wirst.[20] du sollst absolute den Brief aller ort lesen lassen, und solches S^r: Hf. Gden [Seiner Hochfürstlichen Gnaden, also Erzbischof Schrattenbach] zu wissen machen."[21]

Schlichtegroll, der sich für seinen Nekrolog ausführlich bei Mozarts Schwester Nannerl erkundigt und dadurch die spätere familiäre Lesart erfahren hatte, stellt das Geschehnis wie folgt dar:

„Mozart Vater und Sohn kamen in Rom in der Karwoche [1770] an. Mittwoch Nachmittag gingen sie sogleich in die Sixtinische Kapelle, um das berühmte Miserere zu hören. Da es, der allgemeinen Sage nach, den päpstlichen Musikern unter Strafe der Exkommunikation verboten ist, diese Musik kopieren zu lassen, so nahm sich Wolfgang Mozart vor, recht genau darauf zu hören und sie zu Hause auszuschreiben. Er tat es und hielt darauf hin sein Manuskript im Hut, als dieses Miserere am Karfreitag wieder gegeben wurde, wodurch er noch einige Verbesserungen in seinem Aufsatz machen konnte. Dies wurde bald in Rom bekannt und erregte allgemeines Aufsehen. Er mußte es in einer Akademie beim Klavier singen, wobei der Kastrat Christofori zugegen war, der es in der Kapelle gesungen hatte und durch sein Erstaunen Mozarts Triumph vollkommen machte."[22]

Mozarts Autograph des allegrischen *Miserere* ist verloren gegangen, was seine Hörleistung in Verbindung mit der familiengeschichtlichen Brisanz für die Nachwelt wohl noch aufwertete. Näher besehen ist die Nachschrift aber so phänomenal nicht, und so sah es auch Vater Leopold, der wie selbstverständlich notiert „der Wolfg: hat es schon aufgeschrieben" und im Weiteren darauf verweist, dass weniger die Komposition selbst als ihre Aufführung durch die Cappella Sistina Beachtung verdiene. Tatsächlich handelt es sich bei Allegris doppelchörigem *Miserere*, einer von vielen Vertonungen des 50. Psalms, um einen zwar simplen, doch wirkungsvoll schlichten Satz, den ein musikalisch geschultes Gehör durchaus behalten kann. Eine von rezitierenden Abschnitten durchsetzte, akkordisch dominierte mehrstimmige Passage (ein so genannter „Falsobordone"-Satz) wird im Wechsel der Chöre (Chorus I, fünfstimmig, für die ungeraden Verse, bzw. Chorus II, vierstimmig, für die geraden Verse) wiederholt vorgetragen, ehe sich beide Chöre in einem kurzen Schlussabschnitt vereinigen. Bedenkt man dazu, dass Mozart zwei Tage nach dem ersten Hören noch Korrekturen anbrachte, verblasst die Aura des Unbegreiflichen.

Besonderes Interesse beansprucht seit längerem jenes Stück, das Mozart am 9. Oktober 1770 in Bologna zur Aufnahme in die Bologneser Accademia filarmonica in Klausur verfertigte (vgl. Abb. 64, Kat.Nr. 90.).[23] Für die Antiphon *Quaerite primum regnum Dei* (KV 86) sind von seiner Hand die Autographen zweier verschiedener Versionen erhalten. Nur eine, die eigentliche „Prüfungsarbeit", in der die Kriterien des strengen Satzes nicht konsequent befolgt sind, stammt gewiss von Wolfgang Amadeus Mozart. Die andere, den-

noch mit „Amadeo Wolfgango Mozart mp" gezeichnet, liegt zudem auch in eigenhändigen Niederschriften von Leopold Mozart (mit der Angabe „Dal Sigr. Cavaliere Wolfgango Amadeo Mozart di Salisburgo. Scritto nella Sala dell'accademia filarmonica in Bologna le 10. d'Ottobre 1770") und Padre Giovanni Battista Martini (mit der Angabe „Del Sig. Cav. Gio. Amadeo Wolfgango Mozart fatta per l'ingresso nella Accademia de Filarmonici") vor.[24] Dass das Autograph von Padre Martini (*Bologna 1706, † ebd. 1784, Abb. 6) zahlreiche Rasuren aufweist und somit sicher eine Erstschrift darstellt, hat zu der Annahme geführt, dass dieser seinen Schützling vor dem Versagen habe bewahren wollen und ihm deshalb unter der Prüfung einen anderen Weg aufzeigte.[25] Dagegen wurde argumentiert, dass Martini dem Kandidaten nachträglich eine „richtigere" Variante habe zeigen wollen,[26] was eine Nachstellung der Prüfungssituation bewahrheitet:

„Als Mozart die Aufgabe gestellt bekam, wurde der gewählte Choral aus dem Antiphonale von einem der Zensoren auf ein Blatt herausgeschrieben, und zwar nicht als Einzelstimme, sondern als Baß in einer vom gleichen Zensor mit Akkoladenklammer und Schlüsselvorzeichnung markierten Partitur, die Mozart auszufüllen hatte. Mozart konnte nur dieses Blatt wiederbringen. Den Zensoren lag Mozarts Arbeit vor."[27]

Mit dem Urteil „für die Umstände hinreichend" wurde Mozart schließlich in die „Accademia filarmonica" aufgenommen.[28]

Ab 1772, unter Erzbischof Hieronymus Colloredo (Kat. Nr. 2.), brachen für die Mozarts schwierigere Zeiten an. Colloredo setzte sich als Dienstgeber ins Licht, zeigte sich manchen Anliegen gegenüber verschlossen, so auch dem 1777 gestellten Gesuch Leopold Mozarts, zusammen mit seinem Sohn eine Reise nach Mitteldeutschland und Paris anzutreten. Schließlich reiste Wolfgang Amadeus mit seiner Mutter im September des Jahres in eine desaströse Zukunft. Anna Maria Mozart starb in Paris, Wolfgang Amadeus fand weder davor noch danach eine Stelle in fürstlichen Diensten und musste froh sein, im Jänner 1779 über Vermittlung des Vaters als Konzertmeister und Hoforganist wieder in die Salzburger Hofmusikkapelle aufgenommen zu werden. Doch auch dann stimmte die „Chemie" zwischen dem Erzbischof und den Mozarts nicht; was der Vater noch besänftigte, wollte der Sohn im Konflikt austragen. Dieses Duell musste verloren gehen. In Wien kam es 1781 zum endgültigen Bruch.

Bevor Mozart am 9. Mai das Entlassungsgesuch einreichte und in der Folge Oberstküchenmeister Graf Arco (Kat.Nr. 101.), der Mozarts Schreiben *nicht* angenommen und weitergeleitet hatte,[29] den aufsässigen Wolfgang Amadeus am 8. Juni „zur thüre hinaus schmeist, und einen tritt im Hintern gibt" (Kat. Nr. 113.)[30], hatte sich Mozarts Frust über Wochen hinweg aufgestaut. Da wir aber über die damaligen Ereignisse nur aus Wolfgangs Briefen Bescheid wissen, die wiederum an den Vater gerichtet sind und mithin auf den Adressaten zugeschnitten sein müssen, fehlt jeder neutrale Zugang zum Geschehen. Jedenfalls hat die Mozart-Biographik Colloredo die Annahme des Entlassungsgesuches durchwegs übel ge-

58. Peter Johann Nepomuk Geiger/Leopold Schmidt, *Zur Säkularfeier der Geburt Mozart's*, 1856, Salzburg, Konsistorialarchiv

nommen, die Ereignisse manchmal zur willkürlichen Entlassung verdreht und aus der Kulmination des Zwistes schließlich auf die Drangsal der vorangegangenen Jahre geschlossen. Colloredo wäre Hemmschuh Mozarts auch und vor allem in der kirchenmusikalischen Entfaltung gewesen, seine an der kirchlichen Aufklärung orientierten Vorstellungen hätten zu kurzer Messdauer und zu einem Verbot von Fugen geführt, sodass Mozart seine Musikalität nicht habe ausleben können.[31] Tatsächlich hat Colloredo als reformorientierter Kirchenfürst Maßnahmen zur „Hebung" der Kirchenmusik auf dem Land gesetzt, nicht also im Dom, und außerdem erst ab 1782,[32] als Mozart sich aus Salzburger Diensten bereits verabschiedet hatte. Jedoch wurde für den Salzburger Dom nie ein „Fugenverbot" ausgesprochen,[33] während es gang und gäbe war, nach fugierten Initialtakten rasch zur Homophonie zurückzukehren. Messvertonungen des Typus Missa brevis et solemnis, der eine ursprünglich der ausgedehnteren Missa solemnis eigene Besetzung mit Trompeten und Pauken in der reduzierten Dauer der Missa brevis vorsieht, waren in Salzburg seit den dreißiger Jahren des 18. Jahrhunderts komponiert worden, als die damaligen Kapellmeister Matthias Siegmund Biechteler (* Leibnitz/ Steiermark 1668, † Salzburg 1743) und Carl Heinrich Biber (* Salzburg 1681, † ebd. 1749) einen Fundus kirchenmusikalischer Werke für den Dom schufen. Mozart wählte also Verfahren, die in Salzburg bereits eine über Jahrzehnte währende Kontinuität besaßen und konzedierte damit der Traditionsverhaftetheit der Kirchenmusik.

Johann Michael Haydn war es, der neben einer Vielzahl anspruchsvoller geistlicher Werke für den Dom auch jene Kompositionen lieferte, die Erzbischof Colloredo zur Durchsetzung seines Ideals einer religiös-erbaulichen Kirchenmusik halfen, die durch deutsche Texte die allgemeine Verständlichkeit sicherte. Während Haydn, lokaler Konkurrent der Mozarts besonders in der Kirchenmusik, stets eine große Schar von Freunden und Schülern um sich versammelt hatte, blieb der Zirkel um die Mozarts vergleichsweise klein – nicht zuletzt durch ihre häufige Abwesenheit, vielleicht auch infolge des intellektuell-verschlossenen Charakters Leopolds. Obwohl Haydn so manch privaten Seitenhieb im Mozart'schen Briefwechsel erhält, wechseln Vater und Sohn sogleich zur Wertschätzung, sobald seine Kompositionen diskutiert werden. Die zahlreichen Bezugnahmen auf Werke Haydns, die sich in Mozarts Kompositionen nachweisen

59. Valentin Janschek, *Mozart und Haydn im Stieglgarten* (Postkarte), um 1919

lassen, erklären sich daher wie von selbst.[34] Andere Vorbilder, die namhaft gemacht wurden, sind dagegen kaum nachvollziehbar. Beispielsweise soll Mozart im Credo der *B-Dur-Messe* (KV 272b bzw. 275), komponiert 1777, das alpenländische Weihnachtslied „Bauer häng dein Bummerl än" als Modell der Violinbegleitung verwendet haben.[35] Das Lied unterscheidet sich aber durchaus von der Violinführung bei Mozart, und vor allem: Es ist in Salzburg bis ins 20. Jahrhundert nicht nachzuweisen.

Falsch ist die verbreitete Annahme, Mozart habe die *Krönungsmesse* (KV 317, Abb. 10, 74) für die Wallfahrtskirche Maria Plain geschrieben. Der Irrtum, der noch in die letzte Auflage des Köchelverzeichnisses Eingang gefunden hat, unterlief 1907 dem langjährigen Sekretär des Mozarteums und lokalen Musikschriftsteller Johann Evangelist Engl auf der Suche nach einer Erklärung für diesen Namen.[36] Engl (* Salzburg 1835, † ebd. 1921) entsann sich, dass Erzbischof Andreas Jakob Dietrichstein – ein Gelübde einlösend – das Gnadenbild der 1674 geweihten Wallfahrtskirche Maria Plain im Jahr 1751 hatte krönen lassen (s. Kat.Nr. 31.2.). Im Anschluss daran wurde der Jahrestag dieser Krönung jeden 4. Juli mit festlichem Aufwand begangen, so dass Engls Gedankengang zunächst zu überzeugen vermochte. Die Datierung der autographen Partitur mit „li 23 di marzo 1779" sowie die Anlage des Werkes in der für die Aufführungspraxis am Salzburger Dom typischen Stimmenverteilung indizieren jedoch, dass die *Krönungsmesse* für den Ostersonntag 1779 entstand, der in diesem Jahr auf den 4. April fiel. Den Namen „Krönungsmesse" erhielt das Werk erst später, als es von der Wiener Hofmusikkapelle zur Krönung Leopolds II. oder aber Franz' II. zum König von Böhmen 1792 in Prag aufgeführt worden war.[37]

So wie die Messe KV 317 erst nach Mozarts Tod zur „Krönungsmesse" mutierte, sind auch die meisten übrigen zu Mozarts Messen geläufigen Beinamen nicht zu seinen Lebzeiten entstanden. Damals blieb es im Großen und Ganzen bei der funktional bestimmten Unterscheidung in Missae breves, solemnes bzw. breves et solemnes. Doch dass die solemne *Messe in c-Moll* (KV 139) zur Weihe der Kirche des Waisenhauses am Rennweg in Wien komponiert wurde, trug ihr schließlich die Bezeichnung „Waisenhausmesse" ein. Die ebenfalls solemne *Messe in C-Dur* (KV 66), aufgeführt am 15. Oktober 1769 zur Primiz von P. Dominicus Hagenauer in der Stiftskirche St. Peter, ist als „Dominicusmesse" bekannt (Kat.Nr. 41.). Ihre Beschreibung wird für gewöhnlich verbunden mit der Bemerkung, dass Dominicus – mit bürgerlichem Vornamen Kajetan Rupert, Sohn des Hausherrn der Mozarts in der Getreidegasse, Lorenz Hagenauer, – Wolfgang Amadeus' Spielkamerad gewesen sei. Zwischen Kajetan Rupert und Wolfgang Amadeus bestand allerdings ein Altersunterschied von immerhin sieben Jahren.

Keine schlüssige Erklärung ließ sich bis dato zur Herkunft des Namens „Piccolominimesse" für die *Messe in C-Dur* (KV 258) finden. Dieselbe Messe ist auch als „Spaurmesse" geläufig, weil Leopold Mozart Frau und Sohn am 28. Mai 1778 nach Paris berichtet: „ich machte des Wolfg: Messe mit dem Orgl Solo [KV 259]: das Kyrie aber aus der Spaur Messe".[38] Doch die Identifizierung der *Spaurmesse* mit KV 258 ist zweifelhaft. Zwei verschiedene spaursche Festanlässe gerieten ins Blickfeld: die Priesterweihe von Friedrich Franz Joseph Graf Spaur[39] und die Konsekration von Ignaz Joseph Franz Stanislaus Graf Spaur (* Innsbruck 1729, † Brixen 1779) zum Weihbischof-Koadjutor des Bistums Brixen. Da die Partitur der Messe KV 258 mit Dezember 1776 datiert ist, die Konsekration aber bereits am 16. November dieses Jahres stattgefunden hatte, wird von manchen Mozart-Forschern in der *Missa longa in C-Dur* (KV 262) die *Spaurmesse* vermutet[40] – bei „longa" wiederum handelt es sich um einen eigenwilligen Titelzusatz, den Leopold Mozart auf dem Autograph dieser Messe angebracht hat.

Weitere Beinamen ergaben sich nach musikalischen Kriterien. Die *Messe in C-Dur* (KV 220, Kat.Nr. 39., CD Nr.

60. *Mozart lässt Euch grüssen!* (Postkarte), um 1915

15) erhielt ihren seltsamen Zusatz „Spatzenmesse" aufgrund der gehäuften Verwendung einer Violinfigur im Sanctus, wobei durch Tonwiederholungen mit kurzem Halbton-Vorschlag von unten ein Vogelzwitschern nachgeahmt wird. Vielleicht verdankt sich die Namensgebung dem Umstand, dass Vögel als Mittler zwischen Himmel und Erde stehen: „Pleni sunt coeli et terra gloria tua." Offenkundig ist dagegen, warum es bei den Messen F-Dur (KV 192) und C-Dur (KV 257) zur Bezeichnung „Credomesse kam". Beide Mal wird das Textinitium „Credo" im gleichnamigen Satz mehrmals affirmativ zwischen die einzelnen Glaubensartikel geschoben. Solche „Credomessen" waren ebenso wie „Orgelsolomessen", worin konzertante Zwischenspiele der Orgel vorgesehen sind, in der zweiten Hälfte des 18. Jahrhunderts als Alternative zur herkömmlichen Messvertonung durchaus verbreitet. Die *Messe in C-Dur* (KV 259) mit ihrem Orgelsolo im Benedictus stellt also zwar bei Mozart, aber nicht generell eine Besonderheit dar.

Im Gegensatz zur *Krönungsmesse* war ein anderes prominentes Werk tatsächlich als Votivgabe gedacht: Die *c-Moll-Messe* (KV 427, Kat.Nr. 42.-43., CD Nr. 25) erfüllte ein Gelübde, das Mozart im Zusammenhang mit seiner Heirat abgelegt hatte, jedoch so kryptisch mitteilt, dass es sich nicht mehr endgültig entschlüsseln lassen wird. Nachdem Wolfgang Amadeus 1782 in Wien Constanze Weber (Abb. 52) geehelicht hatte, ohne das Einverständnis des dieser Verbindung skeptisch gegenüberstehenden Vaters erhalten zu haben, war jedenfalls eine Reise nach Salzburg als Wiedergutmachung geplant. Wolfgang Amadeus versichert zu Beginn des Jahres 1782:

„es ist mir nicht ohne vorsatz aus meiner feder geflossen – ich habe es in meinem herzen wirklich versprochen, und hoffe es auch wirklich zu halten. – meine frau war als ich es versprach, noch ledig – da ich aber fest entschlossen war sie bald nach ihrer genesung zu heyrathen, so konnte ich es leicht versprechen – zeit und umstände aber vereitelten unsere Reise, wie sie selbst wissen; – zum beweis aber der wirklichkeit meines versprechens kann die spart [Partitur] von der hälfte einer Messe dienen, welche noch in der besten hoffnung da liegt."[41]

Die „beste Hoffnung" trog, das Werk wurde nicht rechtzeitig abgeschlossen. Im Credo bricht es ab, das Agnus Dei fehlt. Bei der ersten Aufführung der Messe – mit der Constanze als Sopranistin dem Vater auch musikalisch vorgestellt wurde – in der Stiftskirche von St. Peter am 26. Oktober 1783 erklangen vermutlich nur die vollständigen Sätze, wogegen man für Credo und Agnus auf vorhandene Messsätze aus früheren Werken zurückgegriffen haben könnte.

Bis 1791, als die Motette *Ave verum* (Kat.Nr. 44., CD Nr. 27) und das *Requiem* (Kat.Nr. 45.-46., CD Nr. 29–30) entstanden, begann Mozart zwar etliche Messvertonungen, führte aber keine davon zu Ende. Daraus zu folgern, er habe das Interesse an Kirchenmusik verloren, ist voreilig; damals ergaben sich im josephinischen Österreich kaum Chancen, mit Kirchenmusik zu reüssieren, da die wenigen verbliebenen Kapellmeisterposten besetzt waren und die Inhaber selbst für den Musikbedarf ihrer Kirche sorgten. Dagegen erschienen 1788 in Prag in einem Gesangsbuch die beiden deutschen Kirchenlieder *O Gottes Lamm, dein Leben* und *Als aus Ägypten Israel* (KV 343), komponiert vermutlich während Mozarts Prager Aufenthalt 1787. So gering an Umfang, geben doch gerade diese beiden Lieder kund, dass sich die Nachwelt ein defizitäres Bild von Mozarts Einstellung zur Kirchenmusik aufgebaut hat:

„Die ganze Misere um das bisherige Bild der Mozartforschung von Mozarts kirchenmusikalischem Schaffen in seinen Wiener Jahren dokumentiert sich darin, daß diese beiden Kirchenlieder zuvor mit 1779 (KV, sechste Auflage) oder 1780 (KV, erste Auflage) datiert wurden: Für die Kirche bestimmte Werke, deren Entstehungszeit unbekannt war, konnten einfach nicht mit den Wiener Jahren in Zusammenhang gebracht werden."[42]

Diese Wiener Jahre galt es dem *Ave verum* und dem *Requiem* zu reservieren, Kompositionen, die, jede auf ihre Weise, einen neuen stilistischen Weg für die Kirchenmusik einschlagen.[43] Es blieb Mozart versagt, diesen Weg länger zu beschreiten. Er starb über seinem *Requiem*, einen Mythos freisetzend, dem wie selbstverständlich Anekdotisches nachlief. Ob Mozarts letzte notierte Takte tatsächlich den Beginn des Lacrimosa in der Sequenz betrafen? Vorweg: Es lässt sich nicht mit Sicherheit ausschließen. Doch einige Umstände sprechen dagegen. Joseph Eybler beschriftete die in seinem Besitz befindliche Partitur auf dem ersten Blatt rechts oben mit „letztes Mozart Manuscript". Diese Notiz wurde auf das Lacrimosa bezogen, weil das Notat an dieser Stelle abbricht. Die folgenden Blätter enthalten aber dann das Offertorium Domine Deus, das im Requiem-Text dem Lacrimosa folgt, und darin sind – gleich der Sequenz bis zum Lacrimosa – Vokalsatz, Basslinie und Motivandeutungen von Mozarts Hand geschrieben. Als der Mozart-Forscher Wolfgang Plath in der Staatsbibliothek zu Berlin die Skizze zu einer „Amen"-Fuge entdeckte, die zeitlich dem Umfeld des *Requiems* zuzuordnen ist (Kat.Nr. 45.), tat sich eine Lösung auf: Im gesamten Requiemtext kommt „Amen" nur ein einziges Mal vor, am Schluss des Lacrimosa, des beschließenden Satzes der Sequenz. Dort hätte also nach Mozarts Konzeption zu Ende eine Fuge stehen sollen, mehr noch: Vermutlich wollte Mozart, um einen geschlossenen Eindruck zu vermitteln, alle Teile des *Requiems* mit Fugen beschließen: Introitus und Kyrie (die als ein Satz zu lesen sind), Sequenz, Offertorium, Sanctus und Benedictus (ebenfalls als ein Satz zu lesen) sowie Agnus Dei und Communio (wiederum als ein Satz zu lesen). Überdies strebte er offenbar danach, eine thematische Konstante durch das *Requiem* zu legen. Denn das Hauptthema der „Amen"-Fuge bildet die Umkehrung des Themas im Introitus über „Requiem aeternam". Eben diese Umkehrung erscheint ausgeschmückt überdies bei „dona eis requiem" im Kyrie. Demzufolge könnte Mozart mit der Ausarbeitung einer Sequenz-Fuge bis zum Ende des Kompositionsprozesses haben zuwarten wollen, um das Werk entsprechend zu verdichten. Rätselhaft ist dann allerdings, warum sich Mozart für den Schluss der Sequenz nicht mehr als zwei Seiten Platz gelassen hat …

---

1 www.mozart2006.net/downloads_ptexte/oew/de/pt_mozart_kindheit.rtf, aufgerufen am 01. 01. 2006.
2 Vgl. dazu das lesenswerte Büchlein *Mensch Mozart* 2005.
3 Friedrich Rochlitz, Verbürgte Anekdoten über Wolfgang Gottlieb Mozarts Leben, ein Beytrag zur richtigern Kenntnis dieses Mannes, als Mensch und Künstler, in: *Allgemeine musikalische Zeitung* 1, 1798/99, Sp. 113–117, bes. S. 116–117.
4 Die nachstehenden Ausführungen über Mozarts *Requiem* folgen, soweit nicht anders angegeben, Christoph Wolff, *Mozarts Requiem. Geschichte – Musik – Dokumente – Partitur des Fragments*, München und Kassel u. a. 1991.
5 Nissen 1828, S. 563.
6 Tradiert auch von Peter Shaffer in seinem Theaterstück *Amadeus* (1979), übernommen in die gleichnamige Verfilmung von Milos Forman (1984).
7 Franz Xaver Süßmayr aus Wien an Breitkopf & Härtel nach Leipzig, 8. Februar 1800; *Mozart. Dokumente* 1971, S. 89.
8 Gottfried Weber, Über die Echtheit des Mozartschen Requiems, in: *Caecilia. Eine Zeitschrift für die musikalische Welt* 3, 1825, S. 205–229: 205.
9 *Allgemeine musikalische Zeitung* 22, 1820, Sp. 501–502.
10 Robert Schumann, Mozart's Originalpartitur des Requiem, in: *Neue Zeitschrift für Musik* 10, 1839, Heft 3, S. 10.
11 Federhofer 1958, S. 102–103.
12 Vgl. *MBA* 1962, Bd. 2, Nr. 506, Z. 35. Allerdings scheidet eine Entstehung im November 1766, die wiederholt angenommen wurde, aus; vgl. ebd. 1971, Bd. 5, S. 169–170 Nr. 114.
13 Federhofer 1958, S. 102.
14 *MBA* 1971, Bd. 5, S. 571 Nr. 506.
15 Dies ist lediglich durch den Münchener Naturwissenschafter und nebenbei Musikforscher Karl Franz Emil von Schafhäutl (* 1803, † 1890) überliefert. Siehe KV[6], S. 126.
16 members.kabsi.at/Seeau/Encyclopaedia/LinienVaeter/Seeau-AnekdotenMozart.htm, aufgerufen am 01. 01. 2006.
17 Von 1762 bis 1773 war Leopold Mozart 2692 Tage, das sind 7 Jahre, 4 Monate und 17 Tage, beurlaubt. Siehe Joseph Heinz Eibl, Die Mozarts und der Erzbischof, in: *Österreichische Musikzeitschrift* 30, 1975, S. 329–341, bes. S. 336.
18 Darstellung im Folgenden nach Wolfgang Plath, Kleine Mozartiana, in: Ernst Herttrich/Hans Schneider (Hrsg.), *Festschrift Rudolf Elvers zum 60. Geburtstag*, Tutzing 1985, S. 397–406, bes. S. 402–405.
19 *MBA* 1962, Bd. 1 Nr. 176, Z. 46–55 (Hervorhebung im Original).
20 Leopold Mozart spielt hier auf die Verleihung des Ordens vom Goldenen Sporn (Kat.Nr. 95.) durch den Papst an.
21 Brief vom 19. Mai 1770 aus Neapel nach Salzburg; *MBA* 1962, Bd. 1 Nr. 184, Z. 73–79 (Hervorhebung im Original).
22 Friedrich von Schlichtegroll, *Musiker-Nekrologe* (Richard Schaal, Hrsg.), Kassel u. a. o. J., S. 77–95, bes. S. 89–90.
23 Laut Protokoll der Prüfung wurde der Kandidat eingeschlossen und hatte etwa eine Dreiviertelstunde Zeit, die ihm gestellte Aufgabe zu erledigen. Siehe *Mozart Dokumente* 1961, S. 114.
24 Siehe dazu Federhofer 1958, S. 98–99.
25 Gaetano Gaspari, Schizzo di storia musicale Bolognese, in: *Gazzetta musicale di Milano* 16, 1858, Nr. 19 (9. Mai 1858), S. 145–147, bes. S. 147; Alfred Einstein in KV[3].
26 Hermann Abert, *W. A. Mozart*, Leipzig [8]1973, Bd. 1, S. 161, Anm. 1; Federhofer 1958, S. 99.
27 Schmid 1976, S. 181.
28 Im Protokoll der Prüfung: »Il suo esperimento, il quale riguardo alle circostanze di esso lui e stato giudicato sufficiente«. S. *Mozart Dokumente* 1961, S. 114.
29 Vielleicht hat Graf Arco sogar versucht, Mozarts Treiben Einhalt zu gebieten und ihn zum Rückzug zu bewegen – sodann würde ihm in der Mozart-Biographik bitter Unrecht getan.
30 *MBA* 1963, Bd. 3, S. 125–126 Nr. 604.
31 In diesem Sinne bei Jahn 1856, Bd. 1, S. 478–479, vielfach wiederholt und schattiert von diversen Mozart-Biographen.
32 Beginnend mit dem Hirtenbrief 1782 (Kat.Nr. 37.).
33 Walter Senn, Beiträge zur Mozartforschung. Das angebliche Fugenverbot des Fürsterzbischofs von Salzburg Hieronimus Graf Col[l]oredo. Chorordnung für den Dom zu Salzburg im 18. Jahrhundert. Zur Missa longa KV 262 (246a) von W. A. Mozart, in: *Acta Musicologica* 48, 1976, S. 205–227, bes. S. 205–210.
34 Grundlegend dazu Schmid 1976.
35 Ernst Fritz Schmid, Mozart als Meister volkstümlicher Musik, in: *Schwabenland* 8, 1941/1942, S. 100–120, bes. S. 109; Fritz Fahrenschon, Mozart und die Volksmusik. Betrachtungen über Einflüsse der Volksmusik auf Werke des Salzburger Meisters, in: *Sänger- und Musikantenzeitung* 29, 1986, S. 339–347, bes. S. 342.
36 *Salzburger Volksblatt* 37, 1907, Nr. 73 (30. März), S. 8.
37 Ernst Hintermaier (Bearb.), *Wolfgang Amadeus Mozart: Missa in C KV 317. Krönungsmesse. Faksimile der autographen Partitur*, Salzburg 1998, Anhang: Einführung, S. 5–11.
38 *MBA*, 1962, Bd. 2, S. 362 Nr. 450, Z. 147–148.
39 Lt. Werkverzeichnis bei Konrad 2004, Sp. 650: "ungewiß, ob zur Priesterweihe von Friedrich Franz Joseph Graf Spaur geschrieben".
40 So z. B. Walter Senn im Vorwort zu *NMA*, Bd. 1/1/1/2, S. XVI. Die Länge der Messe KV 246a (262), die das Werk einem festlichen Anlass gemäß erscheinen lässt, gab den Ausschlag für die Zuordnung.
41 Brief, Wien, 4. Jänner 1783; *MBA* 1963, Bd. 3, Nr. 719, Z. 10–17.
42 Otto Biba, Mozarts Wiener Kirchenkompositionen, in: Ingrid Fuchs (Hrsg.), *Internationaler Musikwissenschaftlicher Kongreß zum Mozartjahr 1991 Baden – Wien. Bericht*, Tutzing 1993, Bd. 1: "Hauptsektionen", S. 43–55, bes. S. 48.
43 Siehe dazu Wolff 1991, S. 38–42, sowie ders., Mozart's Requiem: The Composer's Departure for a New Style of Church Music, in: Paul Brainard (Hrsg.), *Reflections on the Sacred. A musicological Perspective*, New Haven 1994, S. 40–45.

Carena Sangl

Die Rezeption der geistlichen Musik Mozarts in Salzburg bis um 1900

Die über 80 Kompositionen Mozarts für den kirchlichen Gebrauch[1] sind zum größten Teil in Salzburg und für die Liturgie am Dom entstanden. Der junge Mozart erlebte noch die letzte Glanzzeit des Barock, als in der Kirche eine öffentliche Musikpflege in einer für uns kaum vorstellbaren Breite vorherrschte. Sie erforderte ein großes Repertoire an älteren und zeitgenössischen Kompositionen.[2] Nimmt man das Repertoire der Kloster-Komponisten, die in jener Zeit die meisten Kirchenmusikwerke schufen, außerdem das der Hof-Komponisten und komponierenden Kirchen-Kapellmeister im süddeutsch-österreichischen Raum zusammen, so ist die Stellung Mozarts quantitativ eine nur sehr bescheidene; zudem beschränkte sich die Aufführung seiner Kirchenmusik zu Lebzeiten fast ausschließlich auf Salzburg.[3]

Außerhalb Salzburgs war das geistlich-liturgische Werk Mozarts in den Jahren nach dessen Tod nur in geringem Umfang zugänglich. In einem von dem Wiener Musikalienhändler Johann Traeg zusammengestellten, allgemeinen Verzeichnis geschriebener und gestochener Musikalien von 1799 scheinen nur wenige geistliche Kompositionen Mozarts auf.[4] Besonders in der Geburtsstadt Mozarts, wo man an den Quellen saß, war in der Öffentlichkeit von Name und Werk kaum etwas zu hören.[5] Das war größtenteils bedingt durch die allgemeine Misere, in der sich die Stadt befand. Durch die Auflösung des fürsterzbischöflichen Hofstaates infolge der Säkularisation und die damit einhergehende Verarmung waren im 19. Jahrhundert in Salzburg über drei Jahrzehnte die Möglichkeiten einer aufwändigen Kirchenmusik sehr eingeschränkt. Bei der „Mozart-Wallfahrt" des englischen Ehepaars Novello 1829 nach Salzburg beklagte dieses die allgemeine Mozart-Vergessenheit. Nur aus St. Peter und Nonnberg war ihm die Aufführung kirchenmusikalischer Werke Mozarts bekannt.[6]

Diese Situation änderte sich 1841 durch die Gründung des „Dommusikvereins und Mozarteums", bei der das Bürgertum und die Salzburger Kirche miteinander kooperierten. In Erzbischof Friedrich Fürst Schwarzenberg (* Wien 1809, Erzbischof Salzburgs 1836–1850, † Prag 1885, Abb. 61) hatte der Verein einen an einem kulturellen Aufschwung interessierten Protektor und in Franz von Hilleprandt (* Wien 1796, † Salzburg 1871) einen ebenso engagierten Organisator. Die Pflege des Mozart'schen Werkes wurde zum Programm. Durch die eingegangene Verpflichtung des Vereins, für die Kirchenmusik fast ganz Salzburgs zu sorgen, waren nun wieder die äußeren Bedingungen für die Aufführung der geistlichen Musik Mozarts geschaffen.[7] In der *Salzburger Zeitung* hieß es im Februar 1843 begeistert, dass endlich wieder die großartigsten und erhebendsten klassischen Musikwerke in einer der Würde des Gottesdienstes vollkommen entsprechenden Weise vorgetragen würden.[8] Allerdings ist in der Mitte des 19. Jahrhunderts die Vorliebe für die Kirchenmusik Mozarts und allgemein der Wiener Klassiker eher eine Besonderheit des als konservativ beschriebenen Musikgeschmacks im süddeutsch-österreichischen Raum.[9] Besonders in Salzburg machte der für das 19. Jahrhundert typische Heroenkult bzw. die Idealisierung Mozarts auch gegenüber dessen geistlicher Musik nicht Halt. Demgegenüber hatten z. B. Mendelssohn und Wagner die kirchliche Musik Mozarts verächtlich als „Bedientenmusik" abgetan.[10] Sigismund Ritter von Neukomm (* Salzburg 1778, † Paris 1858), der 1842 bei den Enthüllungsfeierlichkeiten des Mozart-Denkmals die *Krönungsmesse* und das *Requiem* im Salzburger Dom dirigierte, äußerte sich ähnlich. Die im Druck befindlichen Messen Mozarts seien größtenteils „Gelegenheits-Arbeiten".[11]

Handelt es sich hier um künstlerische Begründungen tonangebender Musiker, wurden so im letzten Drittel des

61. *Erzbischof Kardinal Friedrich Fürst zu Schwarzenberg*, Salzburg, Erzbischöfliche Mensa

19. Jahrhunderts der überwiegende Teil der kirchlichen Musik Mozarts sowie allgemein die sogenannten Klassiker durch den aufkommenden Cäcilianismus aus liturgischer Sicht abgelehnt. Franz Xaver Witt (* Waltersbach 1834, † Landshut 1888), der Gründer des *Allgemeinen Cäcilienvereins*, kritisierte ab Mitte der 1860er Jahre in zahlreichen Schriften die gebräuchliche klassische Kirchenmusik. Mozarts Litaneien, Messen und Vespern verurteilte er im Großen und Ganzen als unliturgisch und somit unkirchlich. Nur die Messen KV 192 in F-Dur und KV 194 in D-Dur (Kat. Nr. 38.) ließ er bedingt gelten.[12]

Diese Ansichten gewannen ab ungefähr 1868 auch in Salzburg an Einfluss. In der *Salzburger Chronik* war z. B. der Vorwurf zu lesen, der Dommusikverein würde entgegen dem weihevollen Ernst des katholischen Gottesdienstes bisher nur einem rücksichtslosen, kunstliebenden Publikum huldigen, anstatt sich entsprechend den „erfolgreichen Bemühungen vieler deutscher Kirchenchöre aus der Gefangenschaft der klassischen Sirene, der Modekirchenmusik, zu emancipieren"[13]. 1872 kam es zur Gründung des *Salzburger Cäcilienvereins*, der aber erst nach 1881, nach der Trennung von Dommusikverein und Mozarteum, zunehmenden Einfluss auf die Salzburger Kirchenmusik gewann. 1884 wurde der spätere Kardinal Johann Baptist Katschthaler (* Hippach 1832, Erzbischof 1900, † Salzburg 1914) zum Vereinspräses des Cäcilienvereins gewählt. Mit Rückendeckung des Erzbischofs Franz de Paula Albert Eder (* Hallein 1818, Erzbischof 1876, † Salzburg 1890) konnte er einen Großteil des Salzburger Klerus motivieren und die cäcilianischen Ideen in Salzburg durch eine eigene kirchenmusikalische Zeitung verbreiten. Für Katschthaler war Mozart zwar das unerreichte Genie mit unsterblichen Schöpfungen, seine Kirchenmusik wollte er aber außer dem *Ave verum* (Kat.Nr. 44.) nicht gelten lassen, weil sie sich mit der Stimmung des Gregorianischen Chorals nicht in Einklang bringen lasse.[14] Domkapellmeister Johannes Hupfauf (* Schwaz 1856, † Salzburg 1889) konnte sich zwar der ganz strengen cäcilianischen Linie bis zu seinem Tod widersetzen, ab diesem Zeitpunkt aber vermisste man im Salzburger Dom über zwei Jahrzehnte lang Mozart, diesen „Liebling der Muse" und dessen Werk.[15] Im Jubiläumsjahr 1906 musste vom Kardinal für die Aufführung der *Krönungsmesse* im Dom eine Sondererlaubnis eingeholt werden.[16]

Nach dem Ersten Weltkrieg war der bestimmende Einfluss des Cäcilianismus gebrochen und die Aufführung Mozart'scher Kirchenmusik einem ideologisierten Kontext enthoben. Den Wiener Klassikern wurde wieder Geltung in der Kirchenmusik verschafft, Mozart hier ein vorrangiger Platz eingeräumt.[17]

62. Samuel Amsler, *Mozartdenkmal und Sockelreliefs*, 1842, Privatbesitz (vgl. Kat.Nr. 132.)

1 Vgl. Schick 2005.
2 Vgl. Riedel 1992, S. 34.
3 Vgl. Riedel 1992, S. 36f.
4 Vgl. Gernot Gruber, *Mozart und die Nachwelt*, Salzburg 1985, S. 37ff.
5 Vgl. ebd., S. 84.
6 Vgl. *Wallfahrt zu Mozart* 1959, S. 176f.; S. 96.
7 Vgl. Carena Sangl, Bürgerliche Musikkultur, „Dommusikverein" und Mozartkult, in: *Salzburger Musikgeschichte* 2005, S. 424–435.
8 Vgl. *Salzburger Zeitung*, 8. Februar 1843.
9 Vgl. Matthias Schmidt, *Schönberg und Mozart. Aspekte einer Rezeptionsgeschichte.* Wien 2003, S. 82f.
10 Vgl. Karl Gustav Fellerer, *Wolfgang Amadeus Mozart* (Kölner Universitätsreden 16), Krefeld 1956, S. 21.
11 Vgl. Rudolph Angermüller, Sigismund Ritter von Neukomm zu den Enthüllungsfeierlichkeiten des Mozart-Denkmals, in: *Mitteilungen der Internationalen Stiftung Mozarteum*, 1996, H. 3–4, S. 66–68, bes. S. 67.
12 Vgl. Christoph Lickleder, *Choral und figurierte Kirchenmusik in der Sicht Franz Xaver Witts anhand der Fliegenden Blätter und der Musica Sacra*, Regensburg 1988, S. 213ff.
13 *Salzburger Chronik für Stadt und Land*, 14. Oktober 1868.
14 Vgl. Sangl 2005, S. 108.
15 Vgl. Sangl 2005, S. 249 (vgl. *Katholische Kirchenzeitung*, 7. Dezember 1889).
16 Vgl. Sangl 2005, S. 250.
17 Vgl. Joseph Messner, Die Musik im Salzburger Dom, in: *Dom zu Salzburg* 1959, S. 56–61, bes. S. 60.

Rainer Michaelis

Das Mozartporträt Johann Georg Edlingers in der Berliner Gemäldegalerie

In den 1990er Jahren gelang es, das traditionell als das „Bildnis eines Unbekannten"[1] bezeichnete Gemälde der Berliner Gemäldegalerie als ein Porträt Mozarts zu identifizieren (Kat.Nr. 92., Abb. 63).[2] Dafür konnte mit Erfolg eine in Bologna aufbewahrte Darstellung des Tonkünstlers herangezogen werden (Abb. 64).[3]

Das von einem Anonymus im Auftrag der Familie Mozart im Oktober/November 1777 – kurz vor deren großer Reise nach Mannheim und Paris – in Salzburg geschaffene Bildnis ist an seinem oberen Rand gut lesbar bezeichnet: „AV. AMADEO WOLFGANGO MOZART ACCAD. FILARMON:DI BOLOG./ E DI VERONA." Es zeigt den mit einem dunkelroten Rock bekleideten, einundzwanzigjährigen Salzburger als erzbischöflichen Konzertmeister, ein Amt, das er seit 1769 innehatte. Seine Rockbrust ist mit dem Ritterkreuz des päpstlichen „Ordens vom Goldenen Sporn" geschmückt. Diese Auszeichnung wurde Mozart am 6. Juli 1770 im Palazzo Quirinale zu Rom von Papst Clemens XIV. verliehen (Kat.Nr. 95.).

Das Bildnis entstand für den bedeutenden Bologneser Musikpädagogen, Forscher und Komponisten, Padre Giovanni Battista Martini (* Bologna 1706, † ebd. 1784).[4] Ihm sollte Leopold Mozart am 22. Dezember 1777 sogar mitteilen, dass diese Schilderung seines Sohnes zwar trefflich, aber vom künstlerischen Standpunkt her gesehen eher als wertlos zu beurteilen sei.[5] Tatsächlich wird das Gemälde in Bologna von einer erheblichen stilistischen Schwäche bestimmt, die durch auffällige physiognomische Daten überlagert wird.

Dieser Umstand sowie die sich gleichenden Formate und Kompositionen der Mozartporträts in Berlin und Bologna erleichterten jedoch die bildkundlichen Untersuchungen. Zu diesem Zweck erwies sich die Konvertierung der relevanten Gesichtspartien der beiden Porträts in Graustufenbilder durch Wolfgang Seiller[6] als nützlich (Abb. 65, 66). Auffällig treten dabei die großen Ähnlichkeiten von Mund und Nase, vor allem aber die Anomalie des linken Auges hervor. Dieses charakteristische Merkmal von Mozarts Physiognomie ist besonders auf dem Gemälde in Bologna überzeichnet hervorgehoben! Von hier erschließt sich gut der ikonographische Zusammenhang mit dem Berliner Gemälde, der seit April 2005 auch durch eine biometrische Studie von Martin Braun[7] überzeugend gestützt wird (s. S. 75–76).

Das Berliner Mozartporträt verdanken wir dem kurbayerischen Hofmaler Johann Georg Edlinger, der am 1. März 1741 in der Pfarrkirche Heilig Blut im steiermärkischen Graz getauft wurde.[8] Seit seinem 17. Lebensjahr schuf Edlinger eigenständig Bildnisse. Studienreisen führten ihn nach Ungarn, in die Schweiz, nach Franken, nach Schwaben und in die Rheinpfalz. Ab 1761 hielt sich der Maler für bald zwei Jahre in Salzburg auf, wo er sich scheinbar glücklos als Freskant verdingte. Unter dem 2. Oktober des Jahres 1763 steht Edlinger in der Matrikel der Wiener Kunstakademie. 1770 kam er nach München, wo er vermutlich an der gerade gegründeten Zeichenschule lehrte. Im Jahre 1781 erfolgte seine Bestallung als Hofmaler des Kurfürsten Carl Theodor von der Pfalz und von Bayern (* Drogenbosch bei Brüssel 1724, † Nymphenburg bei München 1799). Edlingers Kunden stammten aus dem Adel, aus dem gehobenen Bürgertum Münchens, aus der Mittelschicht, aber auch aus der einfacheren Bevölkerung. Seit 1787 trat der Maler mit dem Münchener Verlagsbuchhändler Johann Baptist Strobel (* 1748, † 1805) in geschäftlichen Kontakt. Strobel besaß eine mehr als 200 Porträts umfassende „Galerie denkwürdiger Baiern"[9], für die Edlinger die weitaus meisten Gemälde schuf. Der routinierte Hofmaler mit Atelier an der Herzogspitalgasse Nr. 10 in München wird vermutlich nicht erst aus dem *Kurfürstlich gnädigst priviligierte(n) Münchner Anzeigs- und Wochenblatt* vom 3. November 1790 erfahren haben, dass „Den 29. (…) Hr. Mozart, kaiserl. königl. Hof-

63. Johann Georg Edlinger, *Wolfgang Amadeus Mozart (?)*, um 1790, Berlin, Staatliche Museen zu Berlin, Gemäldegalerie (Kat.Nr. 92.)

musikus von Wien"¹⁰ an der Isar eintraf. Es sollte zugleich sein letzter Aufenthalt in München werden, der am 6. November 1790 endete.

Der k. k. Kammerkompositeur war auf der Rückreise von der Kaiserkrönung in Frankfurt am Main über Mainz, Mannheim und Augsburg kommend, am 29. Oktober 1790 in der kurbayerischen Residenzstadt eingetroffen. Carl Theodor kannte Mozart seit Ende der 1770er Jahre persönlich. Er war ein großer Bewunderer von dessen Musik, was nicht zuletzt auch darin seinen Ausdruck fand, dass am 29. Januar 1781 die Uraufführung von *Idomeneo. Ré di Creta* im Münchener Residenztheater erfolgte.

Wieder nutzte der Kurfürst die sich bietende Gelegenheit, Mozart dazu zu bewegen, für ihn zu musizieren. In Anwesenheit des Königs von Neapel, Ferdinand IV. (* Neapel 1751, † ebd. 1825) sowie seiner Gemahlin, Maria Karolina (* Wien 1752, † Hetzendorf bei Wien 1814), wurde eine glänzende Hofakademie im Kaisersaal der Münchener Residenz gegeben.

Mozart nahm, wie mehrfach geschehen, auch diesmal im renommierten Gasthof „Zum Schwarzen Adler" an der Kaufingerstraße Quartier. Der Musik liebende Wirt gehörte nach einer Aussage Mozarts zu seinem Freundeskreis.¹¹

Den Sohn des Wirts, Karl Franz Xaver Albert (* München 1746, † ebd. 1806)¹², sowie weitere Persönlichkeiten, die mit Mozart bereits während seiner früheren Münchener Aufenthalte in Verbindung standen, wurden von Johann Georg Edlinger in seinem unweit vom Gasthof liegenden Atelier porträtiert.¹³ Der Maler, der erst wieder 1791 reiste, konnte also Mozart 1790 im gemeinsamen Freundes- bzw. Bekanntenkreis durchaus begegnet sein. Es spricht also prinzipiell nichts gegen ein stattgehabtes Münchener Treffen von Maler und Modell.

Die Komposition des Halbfigurbildes öffnet sich dem Betrachter. Der Dargestellte scheint entspannt zu sitzen. Die Lehne des Sitzmöbels zeigt eine rotbraune Polsterung. Bereits 1983, das heißt, lange bevor das Gemälde als Porträt Mozarts identifiziert werden konnte, beschrieb es Rolf Schenk in einer Weise, welche die spätere Entdeckung quasi unterschwellig vorwegnimmt: „[...] das weiße, kunstvoll gebundene Jabot fällt kaskadenartig über den Ausschnitt. Das volle, leicht gepuderte Haar, frisiert ‚en dos de l' âne', umgibt mähnenartig das füllige Gesicht. Große runde, helle Augen, freundlich auf den Betrachter gerichtet, und der volle lächelnde Mund vermitteln einen liebenswürdigen Ausdruck, der durch die lockere, ungezwungene Darstellung noch unterstrichen wird [...]. Die hell beleuchtete, hohe Stirn und das einen Nimbus symbolisierende, volle Haar kann man als Zeichen für eine intellektuelle Tätigkeit werten, während der Vertrauen erweckende Blick und das gewinnende Lächeln den Dargestellten als einen Menschen charakterisieren, der anderen Verständnis entgegenbringt."¹⁴

Die Gesichtszüge sind aufwändig mit pastosem und differenziertem Farbauftrag ausgeführt. Der Fond des Bildes besteht aus braunen, grauen und grünen Farbtönen. Durch vorsichtige Weißhöhungen im rechten Bereich wird eine angemessene Räumlichkeit suggeriert. Zu den Binnenfarben der Garderobe hin lässt die Intensität des Hintergrundes nach. So war es Edlinger möglich, im Malprozess ständig Korrekturen anzubringen, ohne zu starken Farbüberlagerungen zu kommen. Die Malerei besitzt einen lockeren und spontanen Charakter. Im Bereich der Halsbinde (Jabot) wird sogar der Eindruck von Pastellkreide erreicht. Allenthalben wurde die Komposition mit großzügigen Pinselstrichen angelegt und mit temperamentvollen Akzenten abgeschlossen. Die im Zusammenhang mit der gründlich dokumentierten Restaurierung des Gemäldes angefertigte Röntgenaufnahme zeigt nur wenige Pentimenti (Abb. 68).¹⁵

Im Jahre 1782 wurde in einem wichtigen Periodikum mitgeteilt: „Edlinger mahlt in einem warmen vortrefflichen Kolorit, und weiß dabey die Abweichung seiner linden Schatten, in ein so richtiges Verhältniß zu setzen, dass das Hauptlicht ungemein Würkung thut. Seine wohlgeworfene Gewänder in großen Parthien, gut gewählte Stellungen, und das Glück im richtig Treffen der Bildungen, tragen allgemein dazu bey, daß ihn wenig neuere Künstler in seinem Fach übertreffen werden."¹⁶ Das Berliner Mozartporträt weist Edlinger als versierten Spezialisten aus, der sich dem

64. *Wolfgang Amadeus Mozart*, 1777, Bologna, Civico Museo Bibliografico Musicale (vgl. Kat.Nr. 90.)

65. *Wolfgang Amadeus Mozart* (Detail, Graustufenbild), 1777, Bologna, Civico Museo Bibliografico Musicale

66. Johann Georg Edlinger *Wolfgang Amadeus Mozart (?)* (Detail, Graustufenbild), um 1790, Berlin, Staatliche Museen zu Berlin, Gemäldegalerie (Kat.Nr. 92.)

modischen klassizistischen Stil nicht unterwarf, denn er „ist durchaus Süddeutscher, und seine Technik weist über Wien nach Italien. Täuschen wir uns nicht, so ist seine dünnflüssige, flüchtige und breite Malerei, die viel weniger auf Form und Zeichnung als auf eine allerdings sehr ruhige Dekorationswirkung ausgeht, ein letzter Nachklang des italienischen fa presto."[17] Auf den im „portrait d'apparat" des Barocks üblichen Gebrauch von Attributen und Draperien (vgl. Kat.Nr. 2., 96., 97.) ist wie bei vielen anderen Arbeiten Edlingers so auch im Berliner Mozartbildnis zugunsten der Konzentration auf Haltung und Mienenspiel des Dargestellten verzichtet worden.

Im Winter von 1782 auf 1783 fertigte der Schauspieler, Musiker und Kunstdilettant Joseph Lange (* Würzburg 1751, † Wien 1831) in Wien ein Porträt seines Schwagers Wolfgang Amadeus Mozart (vgl. Kat.Nr. 91.). Das sehr schöne, zu etwa einem Drittel unvollendete Gemälde, zeigt Mozart nach links gewendet im Quasi-Profil.[18] Der Nasenrücken des Geschilderten ist hier nicht so eindeutig ausgeführt wie auf dem Berliner Bild. Joseph Lange beließ es an dieser Stelle nur bei einer transparenten Linie in weißer Farbe. Die Anlage des für Mozarts Physiognomie so charakteristischen, kleinen Nasenhöckers bleibt aber durchaus erkennbar. Hingegen sind der Haaransatz, die Frisur, die Stirn und die Lippen ähnlich denen auf Edlingers Bild. Auch der teigige Gesichtsaufbau ist von dem Wiener Maler – vor allem im Bereich unterhalb des Kinns – gut erfasst worden.

In das hier behandelte ikonographische Umfeld gehört natürlich auch die feine Silberstiftzeichnung von der Hand der Pastellmalerin Dorothea Stock (* Nürnberg 1760, † Berlin 1832, Abb. 71, vgl. Kat.Nr. 93.).[19] Dieses schöne Miniaturbildnis entstand während Mozarts Aufenthalt im April 1789 in Dresden[20], wo er den Schwager der Künstlerin, den Oberkonsistorialrat Christian Gottfried Körner (* Leipzig 1756, † Berlin 1831) besuchte. Das nach links, streng ins Profil genommene Bildnis steht dem Berliner Mozartporträt chronologisch sehr nah. Aber auch die zur anderen Seite ausgerichtete Darstellung des Buchsbaumreliefs Leonhard Poschs (* Fügen/Zillertal 1750, † Berlin 1831) von 1789 verhält sich entschieden zum hier betrachteten Berliner Gemälde (Abb. 70).[21] Die beiden zuletzt angeführten Beispiele flankieren sozusagen fiktiv Edlingers Mozartporträt, ja man könnte sogar meinen, sie reproduzieren seine „gedachten Seiten".

Obgleich hier die Temperamente von fünf Künstlern mit ihren unterschiedlichen stilistischen Veranlagungen in einem Zirkel zusammengefasst wurden, sind gravierende ikonographische Dissonanzen nicht feststellbar. Zugleich beschreiben sie ein Milieu, in das sich Edlingers Mozartporträt gut integrieren lässt.

67. *Ritter des Ordens vom Goldenen Sporn* (aus: Filippo Bonanni, *Catalogo degli ordini equestri e militari*, Rom 1711), um 1711

68. Johann Georg Edlinger *Wolfgang Amadeus Mozart (?)* (Röntgenaufnahme), um 1790, Berlin, Staatliche Museen zu Berlin, Gemäldegalerie (Kat.Nr. 92.)

Unklar aber bleibt, warum seine Identifizierung[22] in Vergessenheit geriet. Es sind bisher auch keine Dokumente entdeckt worden, welche die ältere Provenienz des wohl Ende 1790 in München entstandenen Gemäldes schlüssig erhellen könnten.[23]

Es handelt sich hier nach Lage der vorgestellten Indizienkette um das letzte authentische Porträt Mozarts, das ihn bereits von Krankheit gezeichnet schildert. Dieses qualitätvolle Gemälde darf zu Recht als eine der schönsten Darstellungen Mozarts betrachtet werden.

1 Das Gemälde wurde 1934 aus dem Kunsthandel Fritz Ragaller, München, als das „Bildnis eines Herrn im grünen Rock" erworben und im Dezember 1934 inventarisiert (V/1120); Schenk 1983, S. 88–89 Nr. 53 (Porträt eines Unbekannten, vor 1790); Rainer Michaelis, in: *Deutsche Gemälde* 2002, S. 82–85 Kat. Nr. 2097 (Johann Georg Edlinger, Bildnis des Wolfgang Amadeus Mozart, um 1790).
2 Michaelis/Seiller 1999, S. 1–12.
3 *Mozart Briefe* 1914, Bd. 5, Nr. 19. Seit 1770 war Wolfgang Amadeus Mozart als Compositore Mitglied der Accademia filarmonica in Bologna. Vgl. *Mozart Bilder* 1962, S. 13 Abb.11, S. 298–299 Nr. 11. Das Gemälde ist rückseitig u. a. bezeichnet: „(…) Wolfgangus Amadeus Mozart (…) Aetatis suae 21".
4 Während seines Bologna-Aufenthaltes im Jahre 1770 studierte Wolfgang Amadeus Mozart bei dem Franziskanermönch Padre Martini, dem er sehr viel für seine künstlerische Entwicklung verdankte. Nach Schiedermair (*Mozart Briefe* 1914, Bd. 5, Nr. 19), soll das Bildnis gar eine Kopie von 1777 sein, das die Mozarts dem verehrten Padre Martini schenkten. Überzeugend bei Deutsch (*Mozart Bilder* 1962, S. XIX) handelt es sich dabei aber um das Original. Eine Kopie von 1926 [sic!] befindet sich im Mozarteum in Salzburg.
5 Der heute verschollene Brief wurde für [sic!] Leopold Mozart in italienischer Sprache verfasst. Die hier interessierende Passage lautet: „La Pittura non é di molto Valore ò sia Arte, ma per la rißomiglianza, gli protesto, che è rißomigliantißimo – l' è tal quale.", *Mozart Briefe* 1962, Bd. 2, S. 205 Nr. 396 Z. 38–40.
6 Vgl. Michaelis/Seiller 1999. Der Informatiker Wolfgang Seiller ist ein Nachfahre des Malers Johann Georg Edlinger.
7 Der Biologe Martin Braun ist in der neurobiologischen Grundlagenforschung (Neuroscience of Music) im schwedischen Klässbol tätig.
8 Die Biographie orientiert sich an Schenk 1983, S. 5–30.
9 Brigitte Huber, *Ein Pantheon der kleinen Leute. Die Bildergalerie des Münchner Buchhändlers J. B. Strobel*, München 1997.
10 Nach Robert Münster, Mozarts letzter Münchner Aufenthalt, in: *„Ich bin hier sehr beliebt". Mozart und das kurfürstliche Bayern* (Eine Auswahl von Aufsätzen, zum 65. Geburtstag des Autors herausgegeben von einem Kollegenkreis), Tutzingen 1993, S. 139–146, hier S. 141.
11 *Mozart Briefe* 1962, Bd. 2, S. 11 Nr. 333, Z. 8–9: „H: Albert (…) er ist in der that ein grund Ehrlicher Mann, und unser sehr guter freünd."(Brief an Leopold Mozart, 26. September 1777).
12 Vgl. Schenk 1983, S. 161–162 Nr. 123.
13 Vgl. Michaelis/Seiller 1999, S. 6.
14 Schenk 1983, S. 88–89 Nr. 53.
15 Michaelis/Stehr 2004, S. 32–33. Die umfangreiche Restaurierung des Mozartporträts danken wir der Dipl. Restauratorin Ute Stehr von der Berliner Gemäldegalerie.
16 Johann Georg Meusel, *Miszellaneen artistischen Inhalts*, Erfurt 1782, H. 13, S. 47.
17 August Goldschmidt, Johann Georg Edlinger, in: *Münchner Jahrbuch der bildenden Kunst* 1, 1906, S. 16–27, hier S. 27. Der Maler gehörte neben Johann Jakob Dorner (* Ehrenstetten/Breisgau 1741, † München 1813) und Georges Desmarées (* Österby/Schweden 1697, † München 1776) zu den führenden Münchner Porträtisten des ausgehenden 18. Jahrhunderts.
18 *Mozart Briefe* 1914, Bd. 5 Nr. 26. Vgl. a. *Mozart Bilder* 1961, S. 17 Abb. 13, S. 299 Nr. 13.
19 *Mozart Briefe* 1914, Bd. 5 Nr.31. Vgl. a. *Mozart Bilder* 1961, S. 21 Abb. 24, S. 301 Nr. 24.
20 Mozart befand sich auf der Durchreise nach Potsdam, wo er am 25. April 1789 eintraf.
21 Anne Forschler-Tarrasch, *Leonhard Posch. Porträtmodelleur und Bildhauer 1750–1831*, Berlin 2002, S. 125 Nr. 335–336. Vgl. a *Mozart Bilder* 1961, S. 20 Abb. 21, S. 300 Nr. 21.
22 In der umfassenden Korrespondenz Mozarts gibt es keinen Hinweis auf Johann Georg Edlinger. Es existieren Briefe Mozarts vom 23. Oktober 1790 (*Mozart Briefe* 1962, Bd. 4, S. 119 Nr. 1142) und vom 4. November 1790 (ebd., S. 121 Nr. 1144). Der nächste Brief stammt vom April 1791 (ebd., S. 130 Nr. 1149). Dazwischen gibt es nur Notenaufzeichnungen (ebd., S. 122–129 Nr. 1145–1148).
23 Ob sich das Berliner Gemälde tatsächlich 1906 in einer Sonderausstellung im Münchner Glaspalast befand, ist unsicher. Einzig sein Format konnte als Indiz dafür bemüht werden (vgl. Rainer Michaelis, in: *Deutsche Gemälde* 2002, S. 82). Inzwischen aber sind einige Ungenauigkeiten bei den 1906 im Ausstellungskatalog fixierten Maßen des Gemäldes ermittelt worden. Vgl. dagegen Bauer [1]2005, [2]2005 bzw. S. 77–79. Die dort u. a. vertretene Ansicht, die übrigens vehement auch die dokumentierte Problematik um das Gemäldeformat ignoriert (vgl. hierzu *Deutsche Gemälde* 2002, S. 82), es handle sich bei dem Berliner Gemälde um eine Darstellung des Münchner Kaufmanns und Stadtrats Joseph Anton Steiner, blieb unbewiesen. Nicht einmal ein gesichertes Steinerbildnis konnte vergleichsweise zitiert werden. Auch eine Schlüsselfrage ist nie beantwortet worden: Wie ist zu erklären, dass es 1906 den Veranstaltern der Münchener Jahresausstellung „Bayerische Kunst 1800[sic!] – 1850" entging, dass ein seit Jahrzehnten in derselben Münchner Familie aufbewahrtes Bildnis die berühmte Persönlichkeit der Stadtgeschichte darstellt. Diese Identifizierung soll übrigens den Eigentümern seit alters bekannt gewesen sein! Das von Richard Bauer referierte Archivmaterial kann nicht mit dem Berliner Mozartporträt in Verbindung gebracht werden!

Martin Braun

Das letzte Porträt Wolfgang Amadeus Mozarts
Ein biometrisch-statistischer Vergleich[1]

Im Mozart-Jahrbuch 1999 veröffentlichten Michaelis und Seiller einen Bericht über ein vernachlässigtes Gemälde von Johann Georg Edlinger (* Graz 1741, † München 1819), das seit 70 Jahren in den Magazinen der Berliner Gemäldegalerie versteckt war (Kat.Nr. 92.).[2] Sie waren zu dem Schluss gelangt, dass es sich bei dem Bild höchstwahrscheinlich um das letzte und auch das beste Porträt von Mozart handelt, entstanden ein Jahr vor seinem Tod.

Nach der notwendigen Restaurierung des Gemäldes veröffentlichten Michaelis und Stehr 2004 einen Restaurierungsbericht[3], und noch im selben Jahr wurde das Bild in einem der öffentlichen Ausstellungsräume der Berliner Gemäldegalerie der Allgemeinheit zugänglich gemacht. Im Januar 2005 schließlich, ein Jahr vor Mozarts 250. Geburtstag, wurde es auch den Massenmedien präsentiert, die es unmittelbar zu einer weltweiten Sensation machten.

Unter Mozart-Anhängern und Mozart-Experten rief das Bild sowohl Begeisterung als auch entschiedene Ablehnung hervor. Letztere äußerte sich sofort durch ein Anzweifeln der Authentizität des Porträts. Michaelis und Seiller hatten jedoch 1999 plausible Gründe für ihre Schlussfolgerung vorgelegt. Sie beriefen sich auf genaue biographische Daten von Mozart und Edlinger sowie auf einen ausführlichen Bildvergleich mit einem früheren Mozart-Porträt in Bologna (Abb. 64). Letzteres war vom Vater des Komponisten, Leopold Mozart, ausdrücklich wegen der exakten Abbildung seines Sohnes hervorgehoben worden.

Im Folgenden wird ein biometrisch-statistischer Vergleich der beiden Gemälde vorgelegt. Das Ergebnis ist, dass man mit einer Irrtumswahrscheinlichkeit von weit unter eins zu 10.000.000 davon ausgehen muss, dass beide Bilder dieselbe Person zeigen.

Drei biometrische Tests

A. Geometrischer Test auf Nicht-Identität

Die Identifikation von Gesichtern während ihrer Wahrnehmung geschieht in der Hauptsache durch automatischen Gedächtnisabgleich der Proportionen und Winkel von geometrischen Strecken, die durch markante Punkte eines Gesichts gebildet werden. Der Vergleich dieser Größen ergibt im vorliegenden Fall keine signifikanten Differenzen. Das heißt, der geometrische Test auf Nicht-Identität ist negativ, und eine Personen-Identität bleibt möglich.

B. Merkmals-Test auf Nicht-Identität

Die meisten Gesichter haben einige nicht-allgemeine Merkmale, wie z. B. eine Furche zwischen den beiden Augenbrauen. Der Vergleich dieser Merkmale der beiden Gesichter ergibt eine einzige Differenz. Die Augenbrauen auf dem Edlinger-Bild (Kat.Nr. 92.) sind stärker gekrümmt. In vielen Gesichtern jedoch nimmt die Krümmung der Augenbrauen zu, wenn diese nach oben gezogen werden. Genau dies trifft für das Edlinger-Bild zu. Das heißt, auch der Merkmals-Test auf Nicht-Identität ist negativ, und eine Personen-Identität bleibt weiterhin möglich.

C. Digitaler Merkmals-Test auf Identität

Viele Gesichter haben eine Anzahl digitaler Merkmale. Dies sind Merkmale, deren Vorkommen in einem Gesicht mit einem klaren „ja" oder „nein" festgelegt ist. Wenn zwei Porträts, bei denen alle Tests auf Nicht-Identität negativ sind, eine ausreichende Anzahl digitaler Merkmale gemeinsam haben, kann die Wahrscheinlichkeit der Personen-Identität statistisch ermittelt werden. Folgende digitale Merkmale sind in jedem der beiden Gesichter vorhanden:

1) Doppelte Nasenspitze
2) Erhebung auf dem Nasenrücken
3) Horizontale Vertiefung an der Nasenwurzel
4) Tiefe Falte zwischen Nase und oberer Hälfte des rechten Auges
5) Vertikale Furche zwischen den Augenbrauen, asymmetrisch (!) rechts der Mitte
6) Ausdünnung des äußeren Drittels der rechten Augenbraue
7) Erhebung auf der linken Seite der Stirn an identischer Stelle

Da die drei Merkmale der Nase und die beiden Merkmale im Bereich der Augenbrauen in allen Gesichtern und unter nahezu allen Lichtverhältnissen eindeutig als an- oder abwesend zu erkennen sind, konnte ihre Verteilungshäufigkeit in der allgemeinen Bevölkerung durch Auszählung in öffentlichen Porträtgalerien ermittelt werden.

Eine Datenbasis von 103 gemalten Porträts (männlich, kaukasisch, erwachsen) wurde erstellt durch Heranziehung aller naturalistischen Abbildungen mit ausreichender Auflösung aus den Internet-Archiven der Gemäldegalerie in Berlin (Ergebnis: 47 Stück, begrenzt auf 1700–1850) und der National Gallery of Arts in Washington D.C./USA (Ergebnis: 56 Stück).

Eine zusätzliche Datenbasis von 103 entsprechenden Porträt-Fotografien wurde erstellt durch Heranziehung der Suchergebnisse im Bildkatalog der Internet-Suchmaschine Google unter dem Suchbegriff „Portrait", und zwar nach der Reihenfolge der präsentierten Auflistung. Die Auszählung der Merkmale, getrennt nach Datenbasis, ergab folgende Häufigkeiten:

1) Doppelte Nasenspitze: 7 % der gemalten, 7 % der fotografierten Porträts
2) Erhebung auf dem Nasenrücken: 5 % Gemälde, 1 % Fotos
3) Horizontale Vertiefung an der Nasenwurzel: 7 % Gemälde, 2 % Fotos
4) Vertikale Furche zwischen den Augenbrauen, asymmetrisch rechts der Mitte: 2 % Gemälde, 5 % Fotos
5) Ausdünnung des äußeren Drittels der rechten Augenbraue: 2 % Gemälde, 2 % Fotos

Als nächstes wurden diese fünf Merkmale auf Korrelation getestet. Da alle Tests negativ verliefen und es auch keinen bekannten biologischen Grund für eine mögliche Korrelation gibt, müssen die fünf Merkmale als stochastisch unabhängig angesehen werden. Somit wird die Verteilungshäufigkeit von Gesichtern, die alle fünf Merkmale gemeinsam haben, durch Multiplikation der Einzelhäufigkeiten berechnet. Die Ergebnisse sind eins zu 11.800.000 bezüglich der Gemäldedaten und eins zu 69.000.000 bezüglich der Fotodaten. Daher liegt die Wahrscheinlichkeit, dass zwei nicht verwandte Personen diese fünf Merkmale gemeinsam haben, bei unter eins zu 10.000.000.

Zu beachten ist ferner, dass der tatsächliche Wahrscheinlichkeitswert noch weit geringer ist, da die beiden übrigen digitalen und die vielen nicht-digitalen Merkmale in der Berechnung nicht berücksichtigt wurden.

Schlussfolgerungen

1) Es besteht keine Notwendigkeit mehr, zur Beantwortung der Frage der Authentizität des Edlinger-Mozarts (Kat.Nr. 92.) nach indirekten historischen Quellen zu suchen. Sowohl vor Gericht als auch in der Wissenschaft hat der Beweis durch „Augenschein" einen höheren Rang als alle übrigen Beweisarten.
2) Mögliche Hinweise in historischen Quellen, auf dem Edlinger-Porträt könnte eine andere Person als Mozart abgebildet sein, befänden sich im klaren Widerspruch zu der sichtbaren Beweislage und wären deshalb als Irrtum oder Missverständnis zu werten.
3) Die Möglichkeit, dass ein Unbekannter Edlingers Malstil aus der Zeit von 1790 imitiert hat und nach der Vorlage des Mozart-Porträts in Bologna (Abb. 64) aus der Phantasie einen um 13 Jahre gealterten, gefälschten Edlinger-Mozart gemalt hat, erscheint höchst unrealistisch. Edlinger war ein herausragender und sehr individueller Maler, der schwer nachzuahmen war. Ein falscher Edlinger-Mozart ohne Namensangabe der porträtierten Person und ohne eine gefälschte Signatur Edlingers hätte auch nicht viel Sinn gemacht, weder für den Fälscher noch für einen Käufer. Solange es keinen Beweis für diese äußerst unwahrscheinliche Möglichkeit gibt, muss die Authentizität des Edlinger-Mozarts als bewiesen gelten.

---

1 Original: The last portrait of W.A. Mozart. A biometrical statistical comparison, erschienen im April 2005 unter http://web.telia.com/~u57013916/Edlinger%20Mozart.htm, übersetzt durch den Autor.
2 Michaelis/Seiller 1999, S. 1–12.
3 Michaelis/Stehr 2004, S. 32–33.

Richard Bauer

In München Stadtrat, in Berlin Mozart?
Notwendiger Widerspruch gegen eine Weltsensation

Das von der Berliner Gemäldegalerie am 249. Geburtstag des Komponisten am 27. Januar 2005 präsentierte angebliche Bildnis Mozarts[1] von der Hand des Münchner Hofmalers Johann Georg Edlinger (* Graz 1741, † München 1819) ist kein „letztes" Porträt des Komponisten.

Die von dem Informatiker Wolfgang Seiller, einem Edlinger-Nachfahren, und dem Galerieoberkustos Rainer Michaelis bereits 1999 im *Mozart-Jahrbuch* veröffentlichte These, Wolfgang Amadeus Mozart habe sich während seines Kurzaufenthaltes Ende Oktober 1790 in München malen lassen[2], basiert ausschließlich auf einem Vergleich zweier Bilder und kennt keine Absicherung durch eine bekannte oder bislang unbekannte zeitgenössische Quelle. Die durchgeführte Bildanalyse berücksichtigt nicht die Gesamtheit der authentischen Mozart-Porträts, sondern stützt sich allein auf oberflächliche physiognomische Ähnlichkeiten der von Edlinger dargestellten Person mit dem Mozart-Porträt von 1777 (Abb. 64, vgl. Kat.Nr. 90.). Ein Zusammentreffen Mozarts mit Edlinger in München ist für die Autoren „vorstellbar", konkrete Anhaltspunkte dafür können sie aber nicht vorweisen. Die von den Autoren Seiller und Michaelis vertretene Identifikation als „Mozart" will nicht wahrhaben, dass das fragliche Porträt einen in den Gesichtszügen etwas aufgeschwemmten Herrn wiedergibt, der weder altersmäßig noch physiognomisch mit annähernd gleichzeitigen, authentischen Darstellungen Mozarts aus dem Jahr 1789 harmoniert. Auch trägt der Dargestellte künstlich eingedrehte Seitenlocken, was in Widerspruch zu der in den letzten Lebensjahren ganz natürlich über die Ohren fallenden Frisur Mozarts steht. Diese Frisur ist in den Mozart-Porträts von Joseph Lange (Kat.Nr. 91.), Leonhard Posch (Abb. 70) und Dorothea Stock (Abb. 71, vgl. Kat.Nr. 93.) belegt.[3] Unberücksichtigt blieb auch der in der zeitgenössischen Literatur mehrfach belegte Arbeitsstil Edlingers, der für Porträts von Persönlichkeiten unüblich viele Sitzungen benötigte, in der Regel mehr als 30, oft 60 bis 70.[4] Mozart hingegen weilte Ende Oktober 1790 nur ganze neun Tage in München und war in dieser Zeit mit der Vorbereitung eines Konzertes vor dem König von Neapel beschäftigt. Abwegig ist überdies die Vorstellung der Autoren, dass ein von Mozarts Münchner Gönnern 1790 in Auftrag gegebenes Porträt nach dessen plötzlichem Tod im Dezember 1791 umgehend der völligen, über zwei Jahrhunderte dauernden Vergessenheit anheim gefallen wäre.[5]

Die 1999 als bloße „Mutmaßung" in die Diskussion eingeführte Identifikation des Berliner „Mozart"-Porträts wurde bei der Präsentation des Bildes im Januar 2005 ohne neue Sachargumente der Weltöffentlichkeit gegenüber als unbezweifelbare und wissenschaftlich bereits erhärtete Faktizität angepriesen. Dieses Vorgehen der Berliner Gemäldegalerie spekulierte auf das Mozart-Jahr 2006 und wollte in diesem Zusammenhang einen sensationellen Treffer landen.

Das 1934 von der Berliner Gemäldegalerie aus dem Münchner Kunsthandel erworbene Edlinger-Bild, welches vor seiner Mutation zu „Mozart" als ein unbekannter „Herr im grünen Rock" firmierte, wurde 1906 in einer Münchner Glaspalast-Ausstellung gezeigt, die sich die Veröffentlichung bislang unbekannter Werke aus Münchner Familienbesitz zur Aufgabe gemacht hatte.[6] Das Bild gehörte damals dem Architekten Franz Lindauer, der aus einer angesehenen und bis Ende des 18. Jahrhunderts zurückzuverfolgenden Münchner Händlerfamilie stammte. Alle Angaben über die Münchner Herkunftsgeschichte des Bildes waren und sind die selbst zusammengetragene Basisinformation der Berliner Gemäldegalerie und haben auch Eingang in deren 2002 neu erstellten *Kritischen Bestandskatalog* gefunden.[7]

Die seit Januar 2005 vom Stadtarchiv München ermittelte „wahre Geschichte" des Bildes führt jedoch zu einem Ergebnis,

69. Johann Georg Edlinger, *Herr im grünen Rock (?)* (Zustand vor der Restaurierung), um 1790, Berlin, Staatliche Museen zu Berlin, Gemäldegalerie (Kat.Nr. 92.)

Das Gemälde wird seit 2002 von der Berliner Gemäldegalerie unter dem Titel „Wolfgang Amadeus Mozart" geführt. Der *Kritische Bestandskatalog* der Gemäldegalerie (2002) verweist auf S. 82 auf folgende Herkunft: „Im Saal Nr. 41 als Eigentum des Franz Lindauer, München, in der Münchner Jahres-Ausstellung von 1906: Bayerische Kunst 1800–1850 im Kgl. Glaspalast. Vgl. Katalog München (zweite Ausgabe) vom 9. Juli 1906, S. 17, Nr. 152 […]. Danach Kunsthandlung Fritz Ragaller, München, Arcostraße 12. Erworben 1934."

das für die am bloßen Augenschein orientierten und ausschließlich mit Hypothesen arbeitenden beiden Propagandisten der „Mozart"-Theorie nicht vorherzusehen war. Den Münchner Recherchen zufolge wurde das fragliche Bild in der Ausstellung von 1906 in unmittelbarem Zusammenhang mit einem ebenfalls von Franz Lindauer eingelieferten und von Edlinger gemalten, maßidentischen weiblichen Pendant gezeigt (Nr. 152 und 153), was dem Team Seiller/Michaelis völlig entgangen war. Pendants zeigen üblicherweise Ehepaare. Schon dieser Zusammenhang spricht gegen „Mozart", da Mozarts Gattin Constanze 1790 in Wien geblieben war. Überdies konnte festgestellt werden, dass sich die beiden 1906 in die Glaspalast-Ausstellung eingelieferten Edlinger-Porträts noch 1929 im Besitz der Witwe von Franz Lindauer befanden. Die damalige Eigentümerin wies laut einer im Stadtarchiv erhaltenen Notiz diese beiden Edlinger-Gemälde gegenüber dem Kunsthistoriker Karl Trautmann als das Altmünchner Kramer-Ehepaar Joseph Anton (*1753, † München 1813) und Klara Steiner (* München 1753, † ebd. 1825) aus.

Die Familie Lindauer war mit der Familie Steiner verwandt, und der Vater von Franz Lindauer hatte als Steiner'scher Universalerbe die beiden Bilder entsprechend den erhaltenen Nachlassunterlagen im Staatsarchiv München 1825 direkt aus dem Nachlass der Familie Steiner übernommen. 1933 zog die Witwe Lindauer in ein Altersheim, weshalb sie ihren Bilderfundus verkleinern musste. Mit anderen Bildern gelangten auch die von Edlinger gemalten Porträts des Ehepaars Steiner in den Münchner Kunsthandel. Dabei wurden die Pendants getrennt; während das weibliche Bildnis heute verschollen ist, gelangte das männliche Porträt an die Berliner Gemäldegalerie.

Das 1934 von der Berliner Gemäldegalerie aus dem Münchner Kunsthandel erworbene Porträt des „Herrn im grünen Rock" ist absolut maßgleich mit dem 1906 für die Ausstellung vermessenen und noch 1929 bei der Witwe Lindauer vorhandenen männlichen Porträt, so dass die Identität zwischen dem in München verkauften und dem von Berlin angekauften Bild außer Zweifel steht. Alle hier angedeuteten Besitz- und Übergangsverhältnisse sind im Münchner Stadtarchiv sowie im Staatsarchiv München bis zurück ins Jahr 1825 lückenlos belegt und wurden inzwischen in einer eigenen Dokumentation vorgestellt (vgl. Bauer, 2005). Die vom Berliner Katalogeintrag gelegte Spur führt demnach mit hundertprozentiger Sicherheit nicht zu Mozart, sondern zu dessen Münchner Zeitgenossen, dem Galanteriewarenhändler Joseph Anton Steiner. Dieser war sehr vermögend und zählte als Mitglied des Münchner Stadtrats auch zur lokalen Prominenz.

Die Berliner Gemäldegalerie will die Münchner Ergebnisse nicht wahrhaben, zugleich möchte sie sich aber anscheinend stillschweigend von den plötzlich unbequemen Festlegungen in ihrem eigenen *Kritischen Bestandskatalog* verabschieden: Der Zufall sei ja nicht auszuschließen, dass ein formatgleicher „Mozart" anno 1934 von ganz woanders her auf den Kunstmarkt geriet.[8] Doch auch durch diese argumentative Kehrtwendung, welche die bislang selbst

70. Leonhard Posch, *Wolfgang Amadeus Mozart*, 1789, Salzburg, Internationale Stiftung Mozarteum

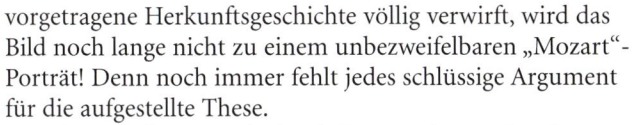

71. Dorothea Stock, *Wolfgang Amadeus Mozart*, 1789, Salzburg, Internationale Stiftung Mozarteum

Authentische Mozart-Porträts von Leonhard Posch (1789) und Dorothea Stock (1789). Die für die letzten Lebensjahre belegte zurückgekämmte Frisur Mozarts steht im Widerspruch zur Haartracht des „Herrn im grünen Rock".

vorgetragene Herkunftsgeschichte völlig verwirft, wird das Bild noch lange nicht zu einem unbezweifelbaren „Mozart"-Porträt! Denn noch immer fehlt jedes schlüssige Argument für die aufgestellte These.

Die Münchner Ergebnisse haben zu einer weltweiten Diskussion angeregt, bei der sich Berufene und Unberufene zu Wort meldeten. Als Kuriosum sei der Internet-Beitrag eines „Biohistorikers" aus Schweden erwähnt, der über eine in den Details nicht nachprüfbare „biometrische" Datenbank ermittelt haben will, dass es sich bei der dargestellten Person mit einer Wahrscheinlichkeit von 1 zu 11,8 Millionen (!) um Mozart handelt (s. S. 75–76). Dieses vom Autoritätsanspruch her schlicht größenwahnsinnige „Forschungsergebnis" erklärt die Münchner Archivrecherchen für völlig überflüssig: „There is no longer need for an archival confirmation of the ‚Edlinger Mozart' […] Possible archival indications, that the Edlinger painting might have shown another person than Mozart would not be compatible with the visual evidence and could therefore only be based on errors or misunderstandings." Mit diesem Elaborat ist eine neue Dimension der Auseinandersetzung erreicht. Allem Anschein nach sind quellenorientierte (kunst-)historische Forschungen grundsätzlich vernachlässigbar, ab sofort genügen Mutmaßungen, Meinungsumfragen und Wahrscheinlichkeitsrechnungen!

1 Staatliche Museen zu Berlin, Presseeinladung zum Donnerstag, 27. Januar 2005 […] anlässlich der Entdeckung eines bisher unbekannten Mozart-Porträts von Johann Georg Edlinger (1741–1819).
2 Michaelis/Seiller 1999, S. 1–12.
3 Mozart wird zwar auf allen älteren Darstellungen bis 1781 mit Seitenlocken dargestellt, nicht jedoch bei den letzten 1789 entstandenen Abbildungen von Joseph Lange, Leonhard Posch und Dorothea Stock (s. Abb. 70–71, Kat.Nr. 91.). Auf diesen authentischen Porträts trägt Mozart eine auch seitlich über den Ohren locker zurückgekämmte Frisur. Nachdem Carl Mozart (* Wien 1784, † Mailand 1858), der ältere Sohn des Komponisten, 1857 auf Anfrage bestätigte, dass unter allen zeitgleichen oder späteren Abbildungen des Komponisten das Posch-Relief das „vollkommen ähnlichste Porträt" sei, sollte die Frage von Mozarts Frisur in den letzten Lebensjahren durchaus in die Überlegungen zum Berliner Gemälde einbezogen werden.
4 Vgl. Ludwig Ernst Grimm, *Erinnerungen aus meinem Leben*, [2]Kassel 1950, S. 125–128; Johann Georg Meusel (Hrsg.), *Museum für Künstler und Kunstliebhaber* [Mannheim], 18, 1792, S. 468.
5 Die seit den neunziger Jahren des 18. Jahrhunderts von Münchner Adelskreisen veranstalteten Liebhaberkonzerte und Gedächtnisfeiern beweisen, dass es auch in dieser Stadt eine lebhafte Anteilnahme am Schicksal des viel zu früh verstorbenen musikalischen Genies gegeben hat. Ein „letztes" Porträt wäre hier mit Sicherheit zur Ikone geworden.
6 *Offizieller Katalog der Münchener Jahres-Ausstellung 1906 im Kgl. Glaspalast. Bayerische Kunst 1800–1850*, [3][15. September] 1906, S. 17.
7 *Deutsche Gemälde* 2002, S. 82–85, Nr. 2097.
8 Vgl. Volker Hagedorn, Ist es Mozart oder nicht?, in: *Die Zeit*, 9.6.2005.

72. Zitat aus *Vesperae solennes de Confessore* (KV 339, eigenhändige Partitur), 1780, Krakau, Biblioteka Jagiellońska

73. *Kyrie* der *Missa longa* in C-Dur (KV 262, eigenhändige Partitur), 1776, Krakau, Biblioteka Jagiellońska

74. *Agnus Dei der Messe in C-Dur*
(Krönungsmesse, KV 317, eigenhändige
Partitur), 1779, Krakau, Biblioteka
Jagiellońska (vgl. Abb. 10)

75. Michael Haydn, *Offertorium de
Sanctissima Trinitate* (MH 183,
eigenhändige Partitur), 1772, Krakau,
Biblioteka Jagiellońska (vgl. Kat.Nr. 52.)

ESSAYS

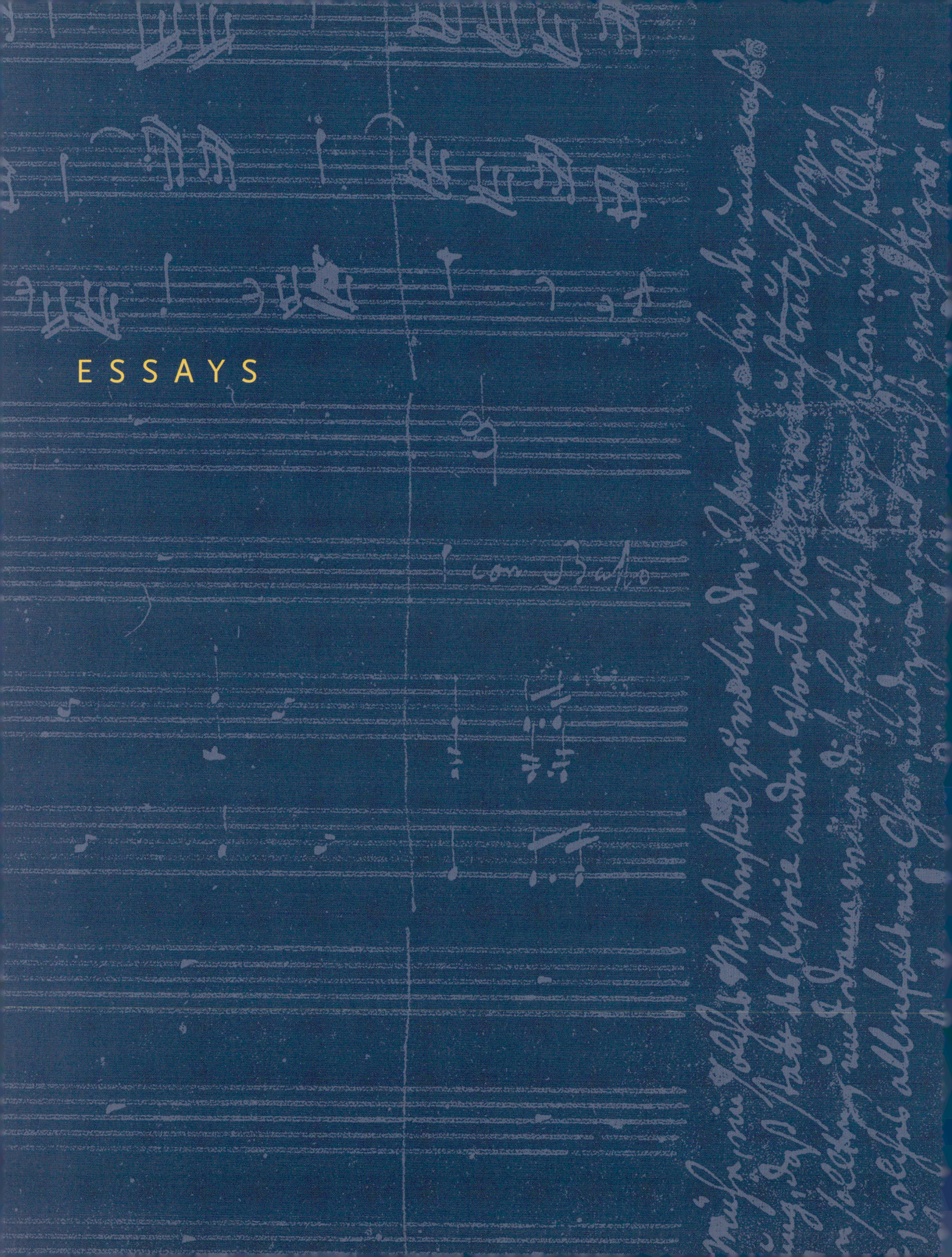

Papst Benedikt XVI.

Liturgie und Kirchenmusik. Mein Mozart

Liturgie und Musik sind von Anfang an verschwistert gewesen. Wo der Mensch Gott lobt, reicht das bloße Wort nicht aus. Rede mit Gott überschreitet die Grenzen menschlichen Sprechens. Sie hat darum von ihrem Wesen her allerorten die Musik zu Hilfe gerufen, das Singen und die Stimmen der Schöpfung im Klang der Instrumente. Denn zum Gotteslob gehört der Mensch nicht allein. Gottesdienst ist einstimmen in das, wovon alle Dinge reden.

Es gibt Agitationsmusik, die den Menschen für verschiedene kollektive Zwecksetzungen animiert. Es gibt sinnliche Musik, die den Menschen ins Erotische einführt oder auf andere Weise wesentlich auf sinnliche Lustgefühle ausgeht. Es gibt bloße Unterhaltungsmusik, die nichts aussagen, sondern eigentlich nur die Last der Stille aufbrechen will. Es gibt rationalistische Musik, in der die Töne nur rationalen Konstruktionen dienen, aber keine wirkliche Durchdringung von Geist und Sinnen erfolgt. Manche dürren Katechismuslieder, manche in Kommissionen konstruierten, modernen Gesänge müsste man hier wohl einreihen. Die Musik, die dem Gottesdienst des Menschgewordenen und am Kreuz Erhöhten entspricht, lebt aus einer anderen, größeren und weiter gespannten Synthese von Geist, Intuition und sinnenhaftem Klang. Man kann sagen, dass die abendländische Musik vom Gregorianischen Choral über die Musik der Kathedralen und die große Polyphonie, über die Musik der Renaissance und des Barock bis hin zu Bruckner und darüber hinaus aus dem inneren Reichtum dieser Synthese kommt und sie in einer Fülle von Möglichkeiten entfaltet hat. Es gibt dieses Große nur hier, weil es allein aus dem anthropologischen Grund wachsen konnte, der Geistiges und Profanes in einer letzten menschlichen Einheit verband. Sie löst sich auf in dem Maß, in dem diese Anthropologie entschwindet. Die Größe dieser Musik ist für mich die unmittelbarste und evidenteste Verifikation des christlichen Menschenbildes und des christlichen Erlösungsglaubens, die uns die Geschichte anbietet. Wer wirklich von ihr getroffen wird, weiß irgendwie vom Innersten her, dass der Glaube wahr ist, auch wenn er noch so viele Schritte braucht, um diese Einsicht mit Verstand und Willen nachzuvollziehen.[1]

Mein Mozart – Wenn in unserer Traunsteiner Pfarrkirche an Festtagen eine Messe von Mozart erklang, dann war mir vom Land gekommenem, kleinem Buben, als stünde der Himmel offen. Vorne im Presbyterium hatten sich Weihrauchsäulen gebildet, in denen sich die Sonne brach. Am Altar vollzog sich die heilige Handlung, von der wir wussten, dass sie den Himmel über uns auftut. Und vom Chor erklang Musik, die nur aus dem Himmel stammen konnte. Musik, in der der Jubel der Engel über die Schönheit Gottes für uns offenbar wurde. Es war etwas von dieser Schönheit mitten unter uns da. Ich muss sagen, dass es mir beim Hören von Mozart irgendwie immer noch so geht. Bei Beethoven höre und empfinde ich das Ringen des Genies, das Größte zu geben, und in der Tat hat seine Musik eine Größe, die mich im Innersten trifft. Aber es ist doch das leidenschaftliche Ringen dieses Menschen spürbar, und manchmal erscheint in diesem oder jenem Passus seine Musik auch ein wenig überanstrengt. Mozart ist reine Inspiration – so berührt er mich jedenfalls. Jeder Ton ist richtig und könnte nicht anders sein. Die Botschaft ist einfach da. Und darin ist nichts Banales, nichts bloß Spielerisches.

Das Dasein ist nicht verkleinert, nicht falsch harmonisiert. Nichts von seiner Schwere und Größe ist ausgelassen, aber alles zu einer Ganzheit geworden, in der wir die Erlösung auch des Dunklen unseres Daseins spüren und das Schönsein der Wahrheit vernehmen, an dem wir so oft zweifeln möchten. Die Freude, die Mozart uns schenkt und die ich in der Begegnung mit ihm immer wieder spüre, beruht nicht auf dem Auslassen eines Teils der Wirklichkeit, sie ist Ausdruck einer höheren Wahrnehmung des Ganzen, die ich nur als Inspiration bezeichnen kann, aus der seine Kompositionen wie selbstverständlich herauszufließen scheinen. So bleibt beim Hören von Mozarts Musik in mir zuletzt Dankbarkeit zurück, dafür, dass er uns dies alles geschenkt hat, und Dankbarkeit dafür, dass es ihm geschenkt worden ist.[2]

---

1 Joseph Kardinal Ratzinger, *Liturgie und Kirchenmusik* (Vortrag zur Eröffnung des VIII. Internationalen Kongresses für Kirchenmusik in Rom im Europäischen Jahr der Musik am 17. November 1985), Hamburg 1987, S. 5, 17.
2 Abdruck mit Genehmigung des Päpstlichen Staatssekretariates. Der Beitrag von Papst Benedikt XVI. wurde verfasst für das Buch *Mein Mozart*, herausgegeben von den Salzburger Festspielen, Salzburg: Residenzverlag 2006.

Nikolaus Harnoncourt

Die Kirchenmusik der Mozartzeit als „Schule des Hörens"[1]

„**Die Kathedralen des Mittelalters** waren die Paläste der Armen", schrieb Frankreichs einstiger Kulturminister André Malraux über die kulturelle Bedeutung der großen kirchlichen Bauwerke. Tatsächlich boten die Kirchen – gotische Kathedralen wie barocke Dome und Basiliken, aber oft auch entlegene Wallfahrtskirchen, ja wie im österreichisch-bayerischen Kulturraum, sogar kleine Landkirchen – den Menschen aller sozialen Schichten eine einzigartige Möglichkeit zur Begegnung mit großer Kunst. Und was für die Architektur und bildende Kunst galt, lässt sich auch auf die Musik übertragen. So wurde der sonn- und feiertägliche Kirchenbesuch, der für die Allgemeinheit jahrhundertelang als unabdingbare Pflicht galt, gleichzeitig auch zu einer Unterrichtsstätte für die „schönen Künste"; in der Sakralmusik kamen die Menschen – oft sogar unbewusst – in Kontakt mit bedeutender zeitgenössischer Musik. Sie fanden unter den besonderen Bedingungen des Gottesdienstes die Möglichkeit, den gesamten Melodien- und Harmonienreichtum der Zeit in sich aufzunehmen, sich mehr oder weniger einzuhören in den kunstvollen Kosmos der Musik. Weil der heute so gravierende Unterschied zwischen so genannter E- und U-Musik damals noch nicht bestand, fanden sich in der Sakralmusik zahlreiche Motive weltlicher, ja opernhafter Musik, von reich instrumentierten Kirchensonaten bis zu kunstvollen Solomotetten, mit denen berühmte Kastraten ihre Fähigkeiten vor den Ohren frommer Kirchenbesucher entfalten konnten. Freilich gab es immer wieder Bestrebungen, allzu weltliche Elemente aus der Kirchenmusik zu eliminieren, doch weder päpstliche Edikte noch die pietistischen Strömungen des späten 18. und 19. Jahrhunderts waren imstande, die üppigen Formen zeitgenössischer Sakralmusik auf jene Schlichtheit zu reduzieren, die einzig der Förderung von Ehrfurcht und Frömmigkeit dienen sollte.

Im nördlich-protestantischen Bereich erreichte die Sakralmusik mit den Kantaten und Passionen von Johann Sebastian Bach ihre höchste Blüte, auch sie wurden wegen ihrer „Opernhaftigkeit" angegriffen. Im katholischen Süden waren es die Messen und Psalmvertonungen, aber auch die arienhaften Solomotetten und festlichen Einzugsmusiken, in denen Pauken und Trompeten eine Atmosphäre majestätischer Herrlichkeit schufen. Fast alle bedeutenden Komponisten des 17. und 18. Jahrhunderts hinterließen eine Vielzahl von geistlichen Werken für den unmittelbaren gottesdienstlichen Gebrauch. Es gab kaum einen festlichen Anlass, zu dem nicht eine neue Messe oder zumindest innerhalb einer schon bekannten Komposition eine neue Motette oder Sonate aufgeführt worden wäre.

Ähnlich wie für die zeitgenössische Oper gab es auch für die Vertonung des Messordinariums bestimmte Formen, an die sich die Komponisten zu halten hatten. Im Mittelpunkt des Interesses stand die ausladende Missa solemnis, die dazu bestimmt war, hohen kirchlichen Festen ihren besonderen Glanz zu verleihen. Vor allem an geistlichen Fürstenhöfen und in Klöstern, aber auch am Wiener Kaiserhof erfreute sich dieser Messtyp, bei dem die einzelnen Teile des Ordinariums reich instrumentiert und die oft in strengem Kontrapunkt gehaltenen Chorpassagen durch ausgedehnte, meist sehr kunstvoll gestaltete Soli aufgelockert wurden, großer Beliebtheit. Herausragende Beispiele sind neben den großen Messen Joseph Haydns die *Waisenhaus-* und die *Dominicusmesse* (Kat.Nr. 41.) des jungen Mozart.

Im barocken Salzburg wurde vor allem der bedeutende Violinvirtuose und Hofkomponist Heinrich Ignaz Franz Biber durch seine glanzvollen, groß angelegten Kirchenkompositionen berühmt. Diese Tradition großer Messen und Vespermusiken wurde bis in die zweite Hälfte des 18. Jahrhunderts fortgesetzt und fand in den geistlichen Werken von Johann Ernst Eberlin, Johann Michael Haydn und Vater und Sohn Mozart einen weiteren Höhepunkt. Mit den Reformbestrebungen Kaiser Josephs II., die auch vom Salzburger Erzbischof Hieronymus Colloredo geteilt wurden, rückte die schlichtere Form der Missa brevis in den Mittelpunkt der Sakralmusik. Dieser einfachere und kürzer gestaltete Messtypus war bisher dem kirchlichen Alltag vorbehalten gewesen und sollte nun die opulente Missa solemnis auch an den Festtagen ablösen. Mozart schrieb an den berühmten Padre Giovanni Battista Martini in Bologna, der neue Erzbischof fordere, dass eine voll instrumentierte Messe mit all ihren Teilen einschließlich einer Epistel- und Offertoriumsmotette nicht länger als drei viertel Stunden dauern dürfe. Ungeachtet solcher Einschränkungen gelangen Mozart auf diesem Gebiet doch solche Meisterwerke wie die so genannte *Krönungsmesse* (Abb. 10, 74, CD Nr. 19), die trotz der zeitlichen Grenzen sowohl in der Instrumentation als auch in den Chorpassagen majestätische Festlichkeit und dramatische Leidenschaft mit arienhaften Soli verbindet, die ihre Wirkung über die Jahrhunderte hinweg niemals verfehlt haben.

Die kurzen Salzburger Messen Mozarts wurden immer wieder kopiert und oft mit einer den örtlichen Gegebenheiten angepassten verkleinerten Besetzung – etwa dem so genannten Kirchenterzett, das aus zwei Geigen und Bass, ähnlich der üblichen Tanzmusik in den Wirtshäusern, bestand – im gesamten bayerisch-österreichischen Raum selbst in Dorfkirchen immer wieder aufgeführt. Dadurch bot sich auch den ländlichen Kirchenbesuchern eine – wenn auch von der Aufführung her oft unzulängliche – Möglichkeit, große Musik zu hören und sich mit ihr vertraut zu machen.

Heute wird Mozarts Kirchenmusik noch immer im Rahmen von Gottesdiensten aufgeführt, doch wurde sie im Lauf der Entwicklung auch in das säkulare Konzertleben integriert und zu einem wesentlichen Bestandteil von Chor-Orchesterkonzerten. Das bedeutet zwar einerseits einen oft höheren Standard der Aufführungsqualität, andererseits aber auch eine gravierende Einengung ihrer Wirkung, die sich nun mehr oder weniger auf das etablierte Konzertpublikum beschränkt und nicht, wie zu Mozarts Zeit, im Rahmen regelmäßiger Gottesdienstbesuche allen Bevölkerungsschichten zugute kommen kann.

---

1   Seminar über Mozarts Kirchenmusik, schriftliche Fassung Johanna Fürstauer.

Philipp Harnoncourt[1]

Vom Hören und Erfassen geistlicher Musik[1]

Geistliche Musik als Kommunikation des Glaubens

Geistliche Musik, besonders in der Form von Gesang, ist ein besonders komplexes Gesamtganzes mit unausschöpfbar vielen Botschaften. Die Texte von Gesängen lassen erfassen oder wenigstens erahnen, dass es mit Worten aussprechbare geistliche Erfahrungen gibt.

Für Juden, Christen und Muslime – allesamt Angehörige von Buchreligionen – die gemeinsam Abraham als den Vater des Glaubens bekennen, ist es offenkundig, dass ein guter Gott sich in erzählbaren und beschreibbaren Großtaten in der Geschichte geoffenbart hat. Die Huld und Treue Gottes, des Schöpfers, des Retters, des Vollenders, der sich seinen Geschöpfen liebevoll zuwendet, lässt sich erfahren, und diese Erfahrung macht tief betroffen. Diese göttliche Zuwendung ist der Grund allen Lebens und aller Hoffnung. Das muss kundgetan werden! Davon muss geredet und gesungen werden! – *Geredet*, weil es sich als Geschichte ereignet hat, und *gesungen*, weil es unsere Lebensmitte berührt hat. Diese beglückende Erfahrung ist und bleibt unaussprechlich.

Zentrale Aussage der christlichen Botschaft ist es, dass die liebende Zuwendung Gottes in Jesus von Nazareth – in seiner Menschwerdung, in seiner Botschaft und seinem Leben, in seinem Tod und seiner Auferstehung, in seiner Erhöhung zur Rechten des Vaters, in seinem Ausgießen des Geistes über alle, die an ihn glauben, und in seinem Gericht zur Vollendung – seine unüberbietbare Selbst-Mitteilung erreicht hat. Gott kommt als Mensch zum Menschen: *der Unendliche in einem zerbrechlichen Gefäß …*

Die Botschaft des Glaubens ist der Botschaft der Kunst verwandt

Angesichts dieser beglückenden Erfahrung braucht auch die bedrückende Erfahrung von Unheil – von Ungerechtigkeit, Zerstörung, Leid, Verzweiflung, Schuld und Tod – nicht verschwiegen zu werden. In den Psalmen der Bibel und in den Liedern der Kirche hat neben dem Lob- und Dankgesang auch das Klagelied seinen angestammten Platz.

Wo Christen singen und musizieren, bezeugen sie, dass sie glauben, wem sie glauben, was sie glauben und wie sie glauben … zumindest aber, dass sie nicht restlos verzweifeln. Glauben heißt hier nicht, *Sätze für wahr halten*, sondern *sich auf Gott verlassen*. Solches Singen ist „ansteckend": Es bekundet Glauben, es vermittelt Glauben, es stärkt Glauben, es ist Mit-Teilung des Glaubens, weil Glaubenserfahrung mit anderen geteilt wird wie das gebrochene eucharistische Brot. *Selig die Hungernden, sie werden gesättigt!*

Der eigentliche Ort solchen Bekenntnisses ist die Liturgie der Kirche, das Gedächtnis der Großtaten Gottes, das diese vergegenwärtigt und neu zur Erfahrung bringt. Geistliche Musik kann von allen gesungen werden, die glauben oder wenigstens glauben möchten, sie kann in höchster Kunst auch durch den Chor und die Musiker so realisiert werden, dass gerade das Über-Menschliche, das Unendliche und Geheimnishafte des Glaubens vermittelt wird. An solcher Musik können wir uns nicht satt hören! Und auch nicht satt musizieren!

Immer neue Dimensionen und Aspekte des Glaubens leuchten auf: einmal die Heiligkeit Gottes, sein Erbarmen mit uns, die Herrlichkeit des Himmels … dann wieder unsere Not, unsere Bitte, unsere Hoffnung … dann wieder unser Friede, unsere Versöhnung, unsere Freude, unser Dank …

Zur zwischenmenschlichen Kommunikation durch Sprache und Kunst tritt ganz neu die Kommunikation zwischen Gott und Mensch hinzu: seine Selbstmitteilung an uns und unsere Hingabe an ihn. Aus den Botschaften, die die Menschen einander mitteilen, werden auch die Botschaften erfahren, die Gott uns vermittelt und die wir ihm kundtun.

Eine wichtige Hilfe zum Erfassen der Botschaft von geistlicher Musik ist das Prinzip der Vergegenwärtigung von Heilsereignissen durch Identifizierung mit beteiligten Personen. Und dafür gibt es eine große Vielfalt von Möglichkeiten.

Im Kyrie-Ruf zum Beispiel identifiziert sich die Kirche mit den Aussätzigen oder mit den Blinden, denen Jesus als Heiland begegnet, sie greift auf, wie Römer und Griechen ihren Herrscher oder seinen Boten begrüßen oder wie die Verehrer des Sonnengottes Mithras die aufgehende Sonne anrufen: ihr Unheil beklagend, seine Huld bekennend und seine Heilkraft beschwörend. Jede in geistlichen Texten erwähnte Person bietet Möglichkeiten zur Identifizierung und damit zur unmittelbaren Teilnahme am beschriebenen oder besungenen Ereignis.

Im Gloria der Messe identifizieren wir uns mit den Engeln, die zur Geburt des Gottessohnes der Welt Frieden und Gottes Verherrlichung proklamieren, im Hosanna und Benedictus identifizieren wir uns mit den Kindern von Jerusalem, die dem auf einem Esel einherreitenden Jesus als König huldigen; im Magnificat identifizieren wir uns mit Maria, die ihren noch ungeborenen Sohn zu Elisabeth trägt und von ihr als „Mutter meines Herrn" gepriesen wird.

Die besungene und verkündete Heilsgeschichte zeigt sich als unsere, ja als meine persönliche Heilsgeschichte!

Was ich beim Hören geistlicher Musik von Mozart erfahren kann

Zunächst einmal ist es unüberhörbar, dass Wolfgang Amadeus Mozart schon in seinen frühesten Kindertagen in seiner Familie von Musik umgeben war und daran teilhaben konnte: Lust und Liebe, Freude und Unterhaltung, Traurigkeit und Klage, Glaube an das Geheimnis Gottes, Teilnahme am kirchlichen Leben mit seinen Festen und Feiern haben sich ihm in Musik erschlossen und wurden von ihm unübertrefflich in Musik ausgedrückt. Der kleine Knabe weiß oder ahnt schon, worum es geht.

Der unmittelbaren Erfahrung folgt dann die gedankliche Durchdringung und damit auch ein rationales Beherrschen von Regeln und von der Wirksamkeit der Musik. Mozart teilt immer sich selbst mit und dazu eine wahre Fülle von Botschaften, die ihm wichtig sind. Der Hörer kann sich einfach dem naiven Hören hingeben – und das sollte auch immer zuerst geschehen – danach kann seine Aufmerksamkeit von vielen Einzelheiten gefesselt werden, die sich nach und nach erschließen.

Mozart schreibt geistliche Musik, weil er selbst will, aber in seiner Salzburger Zeit vor allem auch, weil sein Herr, der Erzbischof, es will. Er weiß, was sein Herr von ihm erwartet, beherrscht traditionelle, repräsentative Satzweisen, er hat auf seinen vielen Reisen auch kennen und schätzen gelernt, wie anderswo, vor allem in Italien, musiziert wird, er kennt genau die jeweils gegebenen Möglichkeiten und Grenzen der Sänger und Instrumentalisten der Hofmusikkapelle, aber er lässt sich von Aufträgen, die ihm lästig sind, nicht tyrannisieren.

Zur vollständigen Feier der Sonntage und der großen Feste gehören am Dom zu Salzburg vormittags das Hochamt, nachmittags die Vesper, die Litanei und das Tantum ergo Sacramentum zum eucharistischen Segen sowie eine marianische Antiphon. Je nach dem Grad der Feierlichkeit treten zum Chor der Sänger die Orgel sowie weniger oder mehr Instrumentalisten hinzu. Das Te Deum zeichnet höchste Feste aus, kann aber auch selbst eine besondere Feier konstituieren; zu bestimmten Anlässen wird die Abhaltung eines Te Deum angeordnet. Zum Hochamt wird immer eine vollständige Messe gesungen, die aus Kyrie, Gloria (außer in Advent und Fastenzeit), Credo, Sanctus, Benedictus und Agnus Dei besteht. Dazu können Kirchensonaten, Psalmen, Motetten oder Offertorien musiziert werden. Fast alle geistlichen Werke Mozarts entsprechen diesen Gegebenheiten.

Sein unbändiger innerer Drang nach freiem Schaffen weckt in Mozart eine tiefe Abneigung gegenüber seinem Herrn und dessen Diktat. Vor allem Erzbischof Hieronymus Colloredo, ein typischer Vertreter des aufgeklärten Fürsten, wünscht kurze und Kosten sparende Kompositionen, ohne aber auf Repräsentation zu verzichten (Kat.Nr. 40., CD Nr. 21). Daraus zeigen sich Mozart zwei Auswege: das Komponieren nach eigenen Vorstellungen auch unter Einhaltung fürstlicher Anweisungen und schließlich seine Übersiedlung nach Wien, wo er nur noch wenig, aber ganz wichtige geistliche Musik schreibt (Kat.Nr. 42.–46., CD Nr. 25, 27, 29–30). In diesen späten Werken scheint es ihm in erster Linie darum zu gehen, seine persönliche Frömmigkeit und Gottesvorstellung auszudrücken, vielleicht sogar unabhängig davon, ob eine Aufführung in der Liturgie jemals erfolgen wird.

Es ist natürlich besonders interessant, wie Mozart mit den immer gleich bleibenden Texten der Messe verfährt. Hier zeigt sich einerseits seine ständige und tiefe Auseinandersetzung mit den Texten, die er vertont und auf seine sehr persönliche Weise immer wieder neu auslegt, und andererseits die Herausforderung durch andere und neue Kompositionsformen (Oper, Arie, Sonate, Symphonie), in die er liturgische Texte meisterlich zu integrieren versteht. Auf einige Beispiele möchte ich hinweisen.

Im Kyrie steht einmal der mächtige Herr, dem Huldigung gebührt, im Vordergrund, dann wieder der Bittruf um Erbarmen, entweder zuversichtlich oder flehentlich oder trotzig ausgerufen. In den formal ganz ähnlichen Agnus-Dei-Rufen sieht Mozart einmal Jesus als das im eucharistischen Brot gegenwärtige, geopferte Lamm vor sich, das unsere – auch seine und meine! – Schuld sühnt, dann steht wieder die Bitte um den Frieden Gottes für die Menschen und für die Welt im Vordergrund, entweder zuversichtlich oder flehentlich vorgebracht oder trotzig hinausgeschrien. Mozarts existenzielle, ja leidenschaftliche Erfahrungen mit dem ganz nahen und dem ganz verborgenen Gott kommt darin zum Ausdruck.

Manche Credo-Kompositionen bieten ein durchgehendes kirchliches Bekenntnis, andere malen einzelne Szenen (Geburt, Kreuzestod und Auferstehung Christi) oder das Ganze der Heilsgeschichte von der Schöpfung bis zu Gericht und Vollendung dramatisch aus, einmal steht die Drei-Personalität Gottes (Vater, Sohn und Heiliger Geist) im Vordergrund, dann wieder einzelne Worte und Zwillingsformeln (das Sichtbare und das Unsichtbare, Hinabsteigen und Hinaufsteigen, die Lebenden und die Toten usw.), deren Bedeutung Mozart hervorhebt und unterstreicht. Zum Heiligen Geist dürfte Mozart eine sehr persönliche Beziehung gehabt haben, denn hier sind oft Vogelstimmen zu hören.

Im Sanctus vernehmen wir einmal den ewigen Lobpreis des Dreieinen, „der auf dem Thron sitzt", durch die ihn umgebenden und ihn anbetenden Engel und Erzengel, dann wieder kommt unsere Anbetung zum Tragen, die dem entgegenschaut, „der da kommt im Namen des Herrn" im Geheimnis der anbetungswürdigen Eucharistie. Das Benedictus und Hosanna – vom Sanctus fast immer deutlich abgesetzt – gilt einmal dem in seine Stadt siegreich einziehenden König oder dem in der Endzeit zur Vollendung erscheinenden Herrn, dann wieder dem in die Armut von Bethlehem kommenden Kind oder dem im Geheimnis des eucharistischen Brotes in unsere Mitte gekommenen Sohn Gottes. Mozart war von diesem mehrfachen Kommen offenkundig überzeugt.

Die Litanei, formal eine Aneinanderreihung von ähnlich strukturierten kurzen Anrufungen der Gottesmutter Maria oder Jesu im Altarsakrament oder eine Aneinanderreihung von Bitt- und Fürbittrufen, denen immer gleich bleibende Antworten entsprechen, ist eine ruhig und meditativ in sich kreisende Frömmigkeitsform oder eine Äußerung innigster Liebe, die unaufhörlich nach neuen Namen für den Geliebten sucht. Mozart realisiert diese Form merkwürdig und auffallend kontrastierend, aber doch überzeugend dicht in Auslegungen, die der Bedeutung der einzelnen Anrufungen – Bezeichnungen und Bilder für Maria oder für Jesus im Sakrament des Altares – nachspüren. Sie bezeugen auf eine wunderbare Weise seine persönliche Andacht zu Jesus und zur Gottesmutter Maria.

Wie eng, ja unauflösbar für Mozart Glaube und alltägliches Leben, Kirche und Beruf, Ernst und Witz miteinander verbunden sind, zeigt sich in seinem musikalischen Idiom und in einzelnen, köstlichen Stücken. Er verschmäht es, sich in seinem geistlichen Werk mit traditionellem Kirchenstil zu begnügen, zeigt aber, dass er auch diesen souverän beherrscht und ganz eigenständig anwendet. Auch seine homophonen Chorsätze und Fugen sind mozartisch geprägt. Er bringt aber in die heiligsten Stücke auch seine Späße ein, Zitate aus bekannten Tanzweisen, Jodlern und Liedern. (Mir ist solches durchaus vertraut: Am Fest des hl. Martin [11. November] hat der Grazer Domorganist, mit dem ich befreundet bin, in einer von mir zelebrierten Messe zur Kommunion das Lied „Fuchs, du hast die Gans gestohlen" phrygisch verfremdet. Nichts ist aus dem Rahmen gefallen, ich war belustigt, wir haben einander verstanden. Nach der Messe habe ich ihn gefragt: „Warum phrygisch?" Er darauf: „Heute geht es doch um die Gans, nicht um den Fuchs.") Da und dort gibt es auch hörbare Stiche gegen seine ungeliebten Herren. So bleibt auch eine bis in den Himmel mitreißende Musik immer geerdet.

Einer ganz wichtigen Frage möchte ich nicht ausweichen: Welche „Rolle" nehmen die Interpreten – die Musiker und Sänger unter der Anleitung des Dirigenten – in der Realisierung von Mozarts geistlicher Musik wahr? Kann es darum gehen, Mozart authentisch zu Gehör zu bringen? Das ist wohl eine Utopie und bei den Werken der Musik – ganz anders als in der bildenden Kunst oder in der Architektur, deren Werke ihre Hervorbringung überdauern – gar nicht möglich. Musik wird von Musikern jetzt und heute zum Klingen gebracht und von Menschen, die hier und heute leben, wahrgenommen. Von Mozart kommt gewissermaßen die Spielanweisung, eine äußerst anspruchsvolle Spielanweisung, und diese gilt seinem Glaubenszeugnis. Mozarts geistliche Musik als authentisches und wahrhaftiges Glaubenszeugnis der Musizierenden zu realisieren müsste das Ideal sein, damit auch die Hörenden einstimmen können. Nimmt sich aber der Interpret selbst zurück, um nicht den Komponisten zurückzudrängen, so geht auch die Faszination durch sein Werk verloren.

Wie Mozart sich nicht zurückgenommen hat, um die ihm gewährte Offenbarung wirksam hörbar werden zu lassen, so wird auch dem Werk Mozarts am ehesten entsprochen, wenn die Musizierenden unter der Anleitung des Dirigenten und zusammen mit ihm ihre ganze Leidenschaft mobilisieren und sich von Mozarts Werk inspirieren lassen. Der hingerissene Hörer vernimmt im musikalischen Ereignis die Musiker und ihre durch den Dirigenten vermittelte Botschaft, Mozart und seine Botschaft, Jesus Christus und seine Botschaft und darin schließlich das Geheimnis Gottes und seine Selbstoffenbarung. Darum dürfte es gehen.

---

1 Der Beitrag wurde mit freundlicher Genehmigung des Autors in leicht gekürzter Form abgedruckt. Er ist der CD mit Mozarts sämtlichen geistlichen Werken entnommen, die Nikolaus Harnoncourt und der Concentus Musicus Wien eingespielt haben und die bei Warner Classics erschienen ist.

Peter Hofer

Wolfgang Amadeus Mozart – zum 250. Geburtstag

Vieles lässt sich sagen über die Gemeinsamkeit zwischen Bäumen und Menschen: Die Wurzeln, die beide brauchen, um zu leben. Den Raum und die Freiheit, ohne die sich nichts entfalten kann. Die Bewegung, die nach oben drängt und den Himmel zu berühren scheint. Gemeinsam ist ihnen Wachsen und Vergehen, das Zurücksinken zur Erde. Manchmal ist es ein Fallen, wenn die Kräfte verbraucht sind am Ende des Lebens und die Bewegung zurückgeht zur Erde, von wo sie ihren Ausgang genommen hat. Manchmal ist es ein Gefällt-Werden, wenn das Ende zur Unzeit kommt, bevor das Leben sich voll entfalten konnte.

Für mich sind Mozart und seine Musik, seit ich denken kann, so ein Baum: ein Baum zum Anlehnen und Anhalten, wenn ich müde und ausgelaugt bin, ein Baum zum Ausrasten und Innehalten, zum Schauen und Staunen, zum Erinnern und zum Träumen, ja, ein Reibebaum auch, denn ich müsste verzweifeln, wenn ich nur der wäre, der ich bin.

Auf den Tag genau weiß ich – nach nahezu 50 Jahren! – jenen Augenblick zu bestimmen, an dem mich Mozarts Musik zum ersten Mal angerührt und sogleich überwältigt hat: Es war in den ersten Jännertagen des Jahres 1961. Im Bayerischen Rundfunk, der in meinem Elternhaus wegen des besseren Empfangs und des präziseren Wetterberichts für den Oberpinzgau fast den ganzen Tagesablauf strukturierte, wurde das Mozart-Requiem aus Anlass des Begräbnisses des Münchener Kardinals Wendel übertragen und zog mich, den pubertierenden Jüngling, sofort und unentrinnbar in den Bann. Die Reaktionen der Hausgenossen meiner nicht ausgesprochen musikalischen Familie waren eher verhalten: „Das kann dir ja gar nicht gefallen; das hörst du nur, um uns zu ärgern!" Und auch die letzte Ohrfeige meines Lebens verdanke ich Mozart, und auch sie erscheint mir deshalb im verklärten Licht: Als Organist verpatzte ich beim *Ave verum* die Pause vor den Schlussakkorden und enthemmte solchermaßen den Dirigenten zur Handgreiflichkeit.

Wolfgang Amadeus Mozart war sicher nicht das, was heutige Religionssoziologen einen praktizierenden Bilderbuchchristen nennen würden, eher ein liberaler, institutionskritischer und ziemlich distanzierter Durchschnittschrist. Wenn man Religiosität nicht an einzementierten Positionen oder an der rigiden Befolgung von kirchlichen Vorschriften festmacht, sondern am unablässigen Fragen nach den Bedingungen unserer Existenz und an Suchbewegungen im Lichte der Praxis und der Worte Jesu von Nazareth, war Mozart ein unheilbar gottsüchtiger Mensch. Ein Konflikt mit dem Bodenpersonal des lieben Gottes war für ihn nicht per se schon ein Konflikt mit dem lieben Gott. Wenn man so will, ist er darin vielen Menschen unserer Zeit durchaus ähnlich. Es ist ja nicht so, dass die Zeitgenossen kein Verhältnis mehr zu letzten Bedeutungen hätten, zu Zielen, in denen sich ihnen ihre Lebenszwecke versammeln. Sie suchen, zumindest gelegentlich, nach einer Überhöhung der nüchternen Alltagsverhältnisse, nach einem Überstieg über diese Gegenwart, die für viele unerträglich ist. Sie hören und sehen auch gerne Geschichten, mit denen sie sich identifizieren können, welche die Arbeit an der eigenen Identität, am Lebenssinn erleichtern. Im Einfühlen in die Grundfragen menschlicher Existenz war Mozart höchst sensibel und in der musikalischen Auslegung menschlicher Befindlichkeiten und existentieller Unsäglichkeiten höchst genial.

Auch in der Vertonung sprachlich oft sehr spröder liturgischer Textvorlagen offenbart sich eine aufrührerische Vorstellung vom Leben. Der Meister offenbart ein geradezu kindliches Wissen um die eine Mitte, die alles trägt und hält und offen ist für die Transzendenzdimension der Wirklichkeit. Er deutet die immanenten Erfahrungen des Lebens, die alltäglichen ebenso wie die Höhepunkte des Glücks und die Tiefpunkte seiner Niederlagen von einem Ganzen des Sinns her, das alle menschliche Leistung, aber auch das Scheitern, auch Sterben und Tod heilvoll umschließt und übergreift. Und deshalb lässt auch das Hören seiner Musik alle komplizierte Theologie und alle Besserwisserei der Hofräte des lieben Gottes zusammenschmelzen wie den Schnee in der Frühlingssonne – und das Glauben wird ganz einfach: Gott ist ein Geheimnis. Er ist uns nahe gekommen in Jesus von Nazareth. Er lässt leben.

In der Salzburger Stiftskirche von St. Peter ist am 26. Oktober 1783 zum ersten Mal Mozarts unvollendete, große *Messe in c-Moll* (Kat.Nr. 42.–43.) zur Aufführung gekommen, wobei Mozarts Frau Constanze einer der beiden Sopranstimmen Klang verlieh. Eine ihrer eindrucksvollsten und berührendsten Stellen ist die Vertonung des zentralen christlichen Glaubenssatzes: „Er hat Fleisch angenommen für uns", „et incarnatus est pro nobis" (CD Nr. 25). Von diesem Ur-Datum christlichen Lebensverständnisses ausgehend, möchten drei Sätze nachbuchstabieren, was in der Musik Mozarts zu einem unsterblichen Gedicht geworden ist.

Wage das Leben!

Wenn uns die Botschaft von der Menschwerdung Gottes heute noch etwas zu sagen hat, so ist es dieses: dass wir wagen und riskieren sollten, die Wahrheit unseres Lebens zu leben. Die spontane Fröhlichkeit der Hirten auf dem Felde in der Weihnachtsnacht ist durchaus zu vergleichen mit der Unbeschwertheit, der Heiterkeit und der Sorglosigkeit eines Blondchens, eines Pedrillo und eines Papageno, einer Susanne und einer Dorabella, eines Figaro und eines Guglielmo. Diese unbefangen heiteren Kinder wissen um die unbändige Freude, die aus dem kindlichen Vertrauen zu einem gütigen Vater kommt, in der keinerlei ängstliche Verkrampfung, kein ernstliches Hindernis und kein Zwang sichtbar wird.

Und so könnten wir noch einmal das Leben beginnen, das wir als Wahrheit in uns tragen und das oft von so viel Not und Angst und Schmerz erfüllt ist. Einem jeden von uns wäre es möglich, den Gesang der Engel auf den Fluren von Bethlehem zu hören als die Stimme der Sehnsucht, des Gebets und des Vertrauens seines Herzens. Und wenn der Mehltau der Resignation uns befällt, dann sollten wir dieses „et incarnatus" anhören und uns nicht von den Weltmeistern der Verzweiflung das Glück des Menschseins vermiesen lassen, von denen, die dem Glück nicht trauen, weil sie in ihrem Zynismus recht behalten wollen, die nicht zu leben wagen aus lauter Angst vor dem Sterben und nicht zu lieben aus Angst vor Enttäuschung.

Glaube an die Liebe!

Wie das Hohelied des Alten Testaments, das 2000 Jahre im biblischen Gebetbuch von Juden und Christen schlummerte, bis kecke Literaten und neugierig Glaubende es als Repertoire von Liebesliedern entdeckten, weiß Mozart heiße und kalte Geschichten um die Liebe zu erzählen, um die Krankheit, die mitten im Leben gesund macht. Ein großer Mozart-Kenner und -Liebhaber formuliert es ganz lapidar: „Seine Musik ist lauter Liebe" (Edwin Fischer). Und wie die erste Bibel mit demselben Wort die irdisch-menschliche Liebe und die religiöse Gottesliebe bezeichnet, verwendet Mozart fast auswechselbar Melodien und Arien für Opern und Messen. Anstatt sich über die „Opernhaftigkeit" von Mozarts Kirchenmusik aufzuregen, ist zur Kenntnis zu nehmen: Mozart kennt keine prinzipielle Scheidung zwischen der Liebe, mit der seine Menschen einander in Höhen und Tiefen, in Freud und Leid, aber immer in Treue, und jener Liebe, mit der sie Gott als gläubige Menschen verbunden sind. Es ist der eine und selbe Gott, der gegenwärtig ist und regiert: Er gibt sich als liebevoller Gott. Er, der Gott der Liebe, ist es und deshalb auch nicht der Mensch, der die menschliche Liebe im Innersten trägt und erhält, wo sie echte Liebe ist. Da diese Liebe einfach ist, ohne sich erst lang skeptisch zu besinnen, sondern eben gerade von jener Mozart'schen Klarheit, Stärke und Ausdauer erfüllt ist in allen denkbaren Seelenstimmungen, Lagen und selbst Zeiten, darum ist sie keine egozentrische Liebe, die nur Ansprüche an andere zu machen hat, aber sofort schwach wird, wo sie selbst geben und sich hingeben soll. Deshalb ist sie nie allein und verlassen, sondern stets, „auch wenn der Tod dein Los wäre" (Tamino), auch in der Anfechtung und äußeren Pein, getrost und gelassen.

Zu dieser Selbstbesinnung der Liebe gehört ebenso der Dank für eine wonnevolle Vergangenheit, wenn die Gegenwart Not und Kummer bringt, wie der zuversichtliche Aufblick voll Zukunftshoffnung. Wo immer sie wahr ist, so selten und oft so schwach sie auch ist auf dieser Welt, einzig auf ihr ruhen alle Verheißungen, nur in ihr atmet die Allmacht Gottes, nur sie hat die Kraft, die Welt zu verändern.

Vergiss die Schönheit nicht!

Musik ist eine Himmelsgabe, weil sie etwas kann, was die Welt reich und die Seele weit macht: Musik kann berühren und aufrichten, klagen und lachen, weinen und loben, erleichtern und vertiefen. Für alle Höhen und Tiefen des Menschen gibt es einen Klang, einen Ton, eine Melodie aus dem universellen Reich der Musik.

In diesem Sinne erfüllt die Musik wie kaum ein anderes Tun der Kirche den tröstenden Ruf an alle Mühseligen und Beladenen, denn sie kann heilen, sie kann Wunden stillen und Narben weich machen, Stricke des Herzens und Fesseln des Geistes lösen. Und sie kann dies auch dort, wo die Sprache des Glaubens auf taube Ohren stößt und das Wort vom Kreuz ungehört verklingt. Wie oft kommen nach Hektik und Alltag, nach Anstrengung und Ärger, nach Spannung und Vergeblichkeit, nach Krise und Angst Menschen in Kirchen, hören Klänge und Konzerte und spüren plötzlich: Die Ohren zum Himmel sind offen und die religiöse Musikalität der Seele ist wieder befreit.

Die Kunst, die die Kirche hervorgebracht hat, ist neben den Heiligen, die in ihr gewachsen sind, die einzige wirkliche Verteidigung, die sie für ihre Geschichte vorzubringen hat. Die Herrlichkeit, die durch sie entstanden ist, verbürgt den Herrn, nicht all die gescheiten Ausflüchte, die die Theologie für das Schreckliche findet, an dem die Geschichte leider auch so reich ist. Wenn die Kirche die Welt verwandeln, verbessern, humanisieren soll, wie kann sie das tun und dabei zugleich auf die Schönheit verzichten, die mit der Liebe eng zusammengehört und mit ihr der wahre Trost, die größtmögliche Annäherung an die Auferstehungswelt ist? Die Kirche muss anspruchsvoll bleiben, sie muss eine Heimstatt des Schönen sein, sie muss den Streit um die Vergeistigung führen, ohne den die Welt zu einem „ersten Kreis der Hölle" wird.

Rainer Maria Rilke hat in einem Gedicht die Gemeinsamkeiten von Bäumen und Menschen behutsam bedacht. Die letzte Strophe lautet:

Ich kreise um Gott, um den uralten Turm,
und ich kreise jahrtausendelang;
und ich weiß noch nicht:
bin ich ein Falke, ein Sturm
oder ein großer Gesang.

Rilkes Gedicht endet mit einer Frage: Wer bin ich? Ein Falke, der sich vom Wind tragen lässt, der sein Nest irgendwo oben im Turm hat, von dem er zu immer neuen Streifzügen losfliegt? Oder ein Sturm, der rüttelt und schüttelt an den Fenstern des alten Turmes, damit er mir sein Geheimnis verrät? Oder ein Gesang, der aufsteigt, um das Wunder der Schöpfung, das in Worten nicht zu fassen ist, wenigstens in der Sprache der Musik zu besingen? Solange der letzte Ring noch nicht geschlossen ist, wird es so sein, dass die letzten Antworten offen bleiben. Das macht uns Menschen ja gerade menschlich, dass wir Fragen haben, auf die wir jetzt noch keine Antwort wissen, dass wir den letzten Ring offen halten, bis ein anderer – der wirkliche „Herr der Ringe" – ihn schließt. Aber etwas anderes haben wir, was viel wichtiger ist als endgültige Antworten: Wir haben eine Mitte. Ein Leben, das in Ringen wachsen darf, ist bewahrt vor Zerstreuung, vor den zentrifugalen Kräften, die es entwurzeln wollen. Von der Mitte aus ist Wachstum möglich, Jahr um Jahr. Alles, was sich zuträgt, wird Erfahrung, die sich um uns legt wie die Jahresringe eines Baumes. Nichts ist sinnlos, nichts umsonst. Alles ist aufgehoben bei dem, der den letzten Ring unseres Lebens „vollbringen" wird.

Egon Kapellari

„Aber die Engel singen nur im *Ave verum*"

Der 250. Geburtstag Wolfgang Amadeus Mozarts ist besonders auch für die katholische Kirche Anlass zu dankbarem und bewunderndem Gedenken an diesen Mann, dessen Leben und Schaffen auf vielfältige, oft beglückende, aber auch konfliktbeladene Weise mit der Kirche verbunden war, seit er im Salzburger Dom an dessen romanischem Taufbecken die Taufe empfangen hatte.

Wolfgang Hildesheimer sagt am Ende seines bekannten Buches über Mozart, dieser sei vielleicht das größte Genie der bekannten Menschheitsgeschichte gewesen, „ein unverdientes Geschenk an die Menschheit, in dem die Natur ein einmaliges [...] Kunstwerk hervorgebracht hat".

Wenn auch die großen Werke Mozarts nicht in Salzburg entstanden sind, so war diese Stadt für ihn doch unverwechselbar prägend. Hierher war sein Vater Leopold, der von schwäbischen Vorfahren stammte, übersiedelt, um als erzbischöflicher Hofmusiker tätig zu sein. Die Mutter kam aus St. Gilgen am Wolfgangsee. „Vom Vater hat Wolfgang Amadé die Helle und Wachheit seines überschnell reagierenden Verstandes, von der Mutter die Frohnatur, die sich [...] in Schabernack, Hanswurstelei und ausgelassenem Komödiantentum äußern, wenn nicht gar verlieren konnte", hat ein anderer Mozartbiograph, Aloys Greither, angemerkt und dabei auf eine Ähnlichkeit mit den Eltern Goethes verwiesen.

Viel Glanz gab es im Leben dieses Mannes, der schon als „Wunderkind" Konzertreisen durch Europa unternehmen konnte, und von Kaiserin und Papst beachtet und geehrt wurde. Von dem Schatten über der kurzen, ihm zugemessenen Zeit von 36 Jahren sagt Hildesheimer, Mozart habe verarmt und gebrochen seine Welt verlassen, „die letztlich nur noch aus seiner Stadt (Wien) bestand, dieser Stätte vergeblicher Bemühung", der er „auf unbegreifliche Weise treu geblieben" war, gebunden auch durch Schulden und von „minderrangigen Günstlingen überflügelt".

Von der streng katholischen Lebensgestaltung Leopold Mozarts hatte sich Wolfgang Amadeus allmählich entfernt. Als Mitglied des Freimaurerordens, dem auch der Vater seinerzeit beigetreten war, wurde er stark von dessen aufklärerischer Frömmigkeit bestimmt. Dies kommt auch in der großartigen *Maurerischen Trauermusik* aus dem Jahr 1785 zum Ausdruck, der – so Aloys Greither – alles Bekennerhafte fehlt, in der sich aber das dunkle c-Moll in das beglückteste und doch stillste C-Dur löst. „Auch der Tod, den der Freimaurer erwartete, verklärt die Bestimmung des Menschen, aber die Engel singen nur im *Ave verum*", sagt ebenfalls Aloys Greither.

1788 entstanden die drei letzten Symphonien, darunter die *Jupiter-Symphonie*, und im Todesjahr so unterschiedliche Opern wie *La clemenza di Tito* und *Die Zauberflöte*, aber auch zwei Juwelen katholisch-geistlicher Musik, nämlich die Motette *Ave verum corpus* (Kat.Nr. 44., CD Nr. 27) zum Fronleichnamsfest und das unvollendete *Requiem* (Kat.Nr. 45.–46., CD Nr. 29–30).

„Über dem Requiem ist er wahrscheinlich gestorben", schreibt Hildesheimer in seiner Mozart-Biographie. Mozart konnte den liturgischen Text der vielstrophigen Sequenz „Dies irae" nur bis zum „Lacrimosa dies illa" komponieren. Dies ist jene Textstelle, in der von den Tränen des sündigen Menschen angesichts des göttlichen Gerichtes die Rede ist. Vorher singt der Chor leise und inständig die an Christus gerichteten Worte „Salva me, fons pietatis". Hildesheimer nennt dies eine „atemberaubende Passage". Etwa zehn Stunden vor dem nach Mitternacht eintretenden Tod Mozarts gab es, wie seine Schwägerin in einem Brief berichtet hat, eine Art Probe des unvollendeten Requiems am Krankenbett des Komponisten (s. Kat.Nr. 126., 128.). Der Todkranke habe versucht, die Alt-Stimme mitzusummen, aber man kam beim Durchsingen der fertigen Teile nicht weit. Sophie Haibl schreibt: „Sein Letztes war noch, wie er mit dem Munde die Pauken in seinem Requiem ausdrücken wollte, das höre ich noch jetzt."

Das Mozart-Jahr 2006 ist für die Kirche auch Anlass zu einem Hinweis auf die besondere Liebe von Papst Benedikt XVI. zur Musik Mozarts, nicht nur als Hörer, sondern auch als Pianist (s. S. 83). Weiters ist in diesem Zusammenhang des vor 100 Jahren geborenen großen Theologen Kardinal Hans Urs von Balthasar zu gedenken. Als ihm ein Jahr vor seinem Tod in Innsbruck der Mozart-Preis der Goethe-Stiftung überreicht wurde, sagte er über seinen Weg zu Mozart und mit ihm Folgendes: „Meine Jugend war bestimmt durch Musik; ich hatte als Klavierlehrerin eine alte Dame, die Schülerin von Clara Schumann gewesen war, die mich in die Romantik einführte, deren letzte Ausläufer ich als Student in Wien auskostete: Wagner, Strauß und besonders Mahler. Das alles nahm ein Ende, als ich Mozart ins Ohr bekam, der dieses Ohr bis heute nicht mehr verließ; so teuer mir in den reifen Jahren Bach und Schubert blieben, Mozart war der unverrückte Polarstern, um den die zwei andern (der Große und der Kleine Bär) kreisten."

Urs von Balthasar, selbst ein meisterlicher Pianist, hat mit dem kongenialen protestantischen Theologen Karl Barth in Basel viele Male Mozarts Klavierwerke zu vier Händen gespielt und u. a. einen kostbaren Essay über das Abschiedsterzett in Mozarts *Zauberflöte* verfasst. Auch Karl Barth hat seine Zuneigung zu Mozart in bewegenden Texten zum Ausdruck gebracht. Und er hat die Hoffnung ausgesprochen, er werde im Himmel mit Mozart sprechen können.

Hans Maier

Ungeliebter Zwang zur Kürze
Der Kirchenmusiker Mozart und die Aufklärung

Im 17. Jahrhundert blühte die Kirchenmusik im evangelischen wie im katholischen Europa mächtig auf – geriet freilich auch, wie Kritiker anmerkten, in den Strudel des Höfischen und Weltlichen. Im Lauf des 18. Jahrhunderts rückte ihr die Aufklärung mit ihren Forderungen nach Knappheit, Kürze, Gemeinverständlichkeit zu Leibe – und beschnitt ihr, vor allem im josephinischen Österreich, kräftig die Flügel.

Auch die Familie Mozart war davon betroffen. In einem Brief Wolfgangs aus Salzburg vom 4. September 1776 an den Komponisten und Musiktheoretiker Padre Giovanni Battista Martini in Bologna, einen seiner Lehrmeister – das Autograph stammt von Leopold, die Unterschrift von Wolfgang – steht der Satz: „la nostra Musica di chiesa è aßai differente di quella d'Italia, e sempre piu, che un Meßa con tutto = Il Kyrie, Gloria, Credo, la Sonata all'Epistola, L'offertorio ò sia Mottetto, Sanctus ed agnus Dei ed anche la piu Solenne, quando dice il Principe steßo non ha da durare che al piú longo 3 quarti d'ora".[1] Es bedurfte jetzt, wie der junge Mozart schreibt, „eines besonderen Studiums" für diese Schreibart. Von der Musik wurde äußerste Konzentration verlangt, selbst dann, wenn es sich um eine Messe mit vollem Orchester, mit Trompeten und Pauken handelte.

Erzbischof Hieronymus Colloredo, der Dienstherr der Mozarts, war ein Anhänger der Reformen Josephs II.; er wollte Salzburg „zum aufgeklärten geistlichen Musterstaat umgestalten" (Erwin Gatz). Er reduzierte die Feiertage und schränkte die geistlichen Schauspiele, die Wallfahrten und Prozessionen ein (vgl. Kat.Nr. 37.). Auch die ausladenden, langen und festlichen Hochämter sollten der Vergangenheit angehören. „Das konnte den Mozarts allerdings nicht sehr gefallen, denn prunkhafte Kirchenmusik gehörte zum ‚unnötigen kirchlichen Aufwand', und zwischen den lateinischen Messen Mozarts nehmen sich die beiden einfachen deutschen Kirchenlieder KV 343, die Mozart vermutlich für das projektierte Gesangsbuch komponiert hat, mit ihrem protestantischen Gerüchlein sonderbargenug aus".[2]

Seltsam: Mit Colloredos Vorgänger, Siegmund Schrattenbach (vgl. Kat.Nr. 98.), einem von Aufklärungsideen gänzlich unberührten, frommen, zur Mystik neigenden Mann, hatte die Familie Mozart in Salzburg in Frieden gelebt. Der musikalisch interessierte Mann hatte den sechsjährigen Wolfgang zu seinem Geburtstag 1763 am Hof spielen lassen; 1766 hatte er den Zehnjährigen zum Konzertmeister ernannt und ihm für eine Italienreise 600 Gulden gegeben. Es ist festzuhalten: Vater und Sohn Mozart stießen mit der geistlichen Obrigkeit in Salzburg erst zu einer Zeit zusammen, als diese sich der Reform der Liturgie im Sinn aufgeklärter Schlichtheit und „Durchsichtigkeit" verschrieben hatte.

Gewiss war der Streit über die von Kirchenkomponisten neuerlich verlangte Kürze der Musik – der wir paradoxerweise einige kostbare „Kleine Messen" Mozarts verdanken! – nicht der einzige Grund für das spätere Zerwürfnis mit Colloredo, das 1781 dazu führte, dass Wolfgang Amadeus Mozart seinen Dienst als Salzburger Hoforganist beendete.

---

1 *MBA* 1962, Bd. 1, S. 532–533 Z. 29–33.
2 Alfred Einstein, *Mozart* 1968ᴺ, S. 44.

Luise Müller

Glauben, Leben, Musik

„**Weil ich Jesu Schäflein bin**/freu' ich mich nur immerhin/ über meinen guten Hirten,/der mich wohl weiß zu bewirten/ der mich lieb hat der mich kennt/und bei meinem Namen nennt." Ich weiß nicht mehr, wer mir dieses Lied vorsang, aber das war die erste Predigt, die ich hörte, verpackt in Melodie. Ich will nicht behaupten, dass dieses Lied aus der Herrnhuter Brüdergemeinde eine herausragende theologische Qualität hat. Aber mir wurde durch dieses Lied zum 23. Psalm als vielleicht dreijährigem Kind vermittelt, dass Gott es unbedingt gut mit mir meint. Eine Gottesqualität, die ich bis jetzt nie revidiert habe. Manchmal kommt mir die einfache Melodie in den Kopf, und ich erinnere mich dankbar an meine frühen Gotteserfahrungen, die auch sehr viel mit Musik, genauer mit Liedern wie: „Müde bin ich, geh zur Ruh" oder „Weißt du wie viel Sternlein stehen" zu tun hatten. Musik gehört zu meinem Glauben dazu, seit ich mich erinnern kann.

„Ich singe dir mit Herz und Mund …"

In der Volksschule hatte ich nicht nur zwei Stunden Religionsunterricht pro Woche, sondern zusätzlich noch zwei Stunden Choralsingen. Auch wenn ich mit der strengen Kantorin, die diese Stunden gestaltete, meine liebe Not hatte – das Singen an sich liebte ich, weil es mir ermöglichte, meinen Glauben in – fremde – Worte zu fassen, lange bevor ich selber in der Lage war, angemessene eigene Worte dafür zu finden. Früh eingebunden in die Kirchengemeinde lernte ich, dass es Lieder für jeden Anlass gab: Freude und Trauer, Fest und Alltag, Morgen und Abend. Ich habe die schöne Stimme meines Vaters im Ohr, der neben mir in der Kirchenbank sang. Ich höre die Orgel, den Posaunenchor. Wenn zum Wort der Ton kam, dann war dadurch die Verkündigung des Evangeliums um eine Dimension reicher. So sollte Dank, Bitte, Klage und Lob in Verbindung mit Gott klingen, da war ich mir schon als Kind ganz sicher. Auch heute genieße ich eine volle Kirche voller Lieder, einen Gottesdienst, in dem kräftig gesungen wird.

„Tobe Welt und springe, ich steh hier und singe in gar sicherer Ruh …"

Aus der Volksschulzeit habe ich auch noch Bachkantaten in Erinnerung, die wir am Sonntag während des Frühstücks im Radio hörten. Da bekam Musik im Zusammenhang mit Glauben eine neue Fülle: Anders als die oft eingängigen Melodien der Kirchenlieder war mir die Musik Bachs manchmal zu anstrengend, mehr, als ich gewohnt war und verstehen konnte. Doch sicher hat dies zur Entwicklung meines Glaubens geführt, hat mich darauf aufmerksam gemacht, dass das Aufregende, das Ungewohnte, das Schmerzhafte jenseits von betäubender Beruhigung und falschem Klischee Teil des Lebens und damit des Glaubens ist. Hat mich gelehrt, damit umzugehen.

„The times they are a-changin' …"

Als Teenager begegnete ich dem neuen deutschen religiösen Lied, oftmals bar jeder Theologie, nur auf Stimmung aufbauend. Ich sang es voller Inbrunst, am Lagerfeuer, zur Gitarre. Ich begegnete gleichzeitig den Songs von Joan Baez, Bob Dylan, Janis Joplin und vielen anderen, die, obwohl sie meist nicht vom Glauben sangen, doch in einer sehr geerdeten Weise meinen Glauben stärkten. Sie förderten das Weltbezogene, Kritische, und drängten die Stimmung immer wieder zugunsten der Inhalte zurück. Wenn das neue religiöse Lied immer wieder in Gefahr war, ins Triviale abzugleiten und eine egoistische Gottesbeziehung hervorbrachte, so entwickelten die Songs der 60er und 70er Jahre meine politische und diakonische Frömmigkeit.

Außerdem entdeckte ich im Alter von 16 Jahren Mozart. In meiner Welt des fränkischen Protestantismus und in meinem Elternhaus war er bis dahin nicht vorgekommen. Ich kann mich an meine erste Mozart-Sinfonie erinnern – die 40. –, die für mich fast einem Gottesbeweis nahe kam. Wer in der Lage war, so zu komponieren, der musste in einer außerordentlichen Verbindung zu Gott stehen. Musik als ein Gottesgeschenk, als ein Charisma – das entdeckte ich an Mozart. Gleichzeitig eröffnete er mir eine ökumenische Dimension. Bisher war ich ganz gut mit dem rein Evangelischen ausgekommen. Mozart führte mich in eine katholische Welt, die ich bisher noch nicht gekannt hatte. Jubilierender, vollmundiger, selbstverständlicher – so empfand ich die Botschaft von Mozarts geistlicher Musik. Ganz anders als die oft zweifelnden, ernsten, viel stärker am Wort des Evangeliums haftenden Bach'schen Kantaten. Heute stehe ich beiden großen Komponisten nüchterner gegenüber. Als junge Frau haben sie mich bis ins Innerste berührt und meinen Glauben auf einen ganz bestimmten Weg gebracht.

„Davon ich singen und sagen will ..."

In meinen letzten Schuljahren am Gymnasium begann ich mich mehr und mehr mit diesem Gott auseinander zu setzen, der mir in der Musik in so vielerlei Weise begegnete. Ich erlebte seinen Ruf nicht nur in der Predigt, im gesprochenen Wort des Evangeliums, sondern ebenso stark, ja vielleicht sogar intensiver im gesungenen, im auf Musikinstrumenten gespielten Wort. Er berührte mein Herz durch die Musik, verunsicherte mich, bestärkte mich. Machte mich fromm oder tatkräftig, forderte mich heraus. Ich entschloss mich zum Theologiestudium. Die Musik hat ganz wesentlich zu dieser Entscheidung beigetragen.

„... mehr als Worte sagt ein Lied"

Dreißig Jahre später war ich als Delegierte unserer evangelisch-lutherischen Kirche Österreichs in Winnipeg, Canada, bei der Vollversammlung des lutherischen Weltbundes. Eine der ersten Aktionen – neben allem Theologischen und Organisatorischen – war, einen Chor zusammenzustellen, der in den täglichen Gottesdiensten und Andachten sang. Ohne Probleme war es so möglich, über Sprachgrenzen hinweg sichtbare Gemeinschaft herzustellen. Vielleicht deshalb sind mir aus den Gottesdiensten auch am ehesten die gemeinsam gesungenen Lieder in Erinnerung – wir sangen zu einer Melodie unsere jeweiligen Übersetzungen der Texte. Ich erlebte: So unterschiedlich Kirchen in ihrer theologischen Entwicklung sind, am ehesten können sie Gott gemeinsam im Lied loben.

Diese ökumenisch verbindende Dimension liegt auch in den Gesängen von Taizé, in den ökumenischen Liedern in unseren Gesangbüchern. Sie relativieren die schmerzlichen Trennungen der christlichen Kirchen.

„Singet dem Herrn ein neues Lied ..."

Musik eröffnet eine geistliche Chance. Dafür ist mein Leben Zeuge. Dafür bin ich dankbar. Die Musik ist eine Möglichkeit, Gott zu antworten, das Gesagte durch den Ton zu verstärken, zu präzisieren. Davon wird uns auch in der Bibel an vielen Stellen des ersten und zweiten Testaments erzählt. Die Geschichte von der Geburt Jesu, so wie wir sie im Lukasevangelium hören, ist eines dieser Beispiele. Sie erzählt uns, dass sich der Himmel öffnet und die Engel singen. Sie führt uns damit an die Grenze einer neuen Welt, in der Gottes Ehre und seine Heiligkeit jetzt schon – aber dann auch für immer – ihren Platz haben.

Peter Planyavsky

Solemnis-Schiff in Breverl-Flasche
Die geniale Ökonomie in Mozarts Messen

Vor einigen Jahren wurde in New York City ein neues Gebäude für das Österreichische Kulturinstitut errichtet. Das zur Verfügung stehende Grundstück war äußerst schmal. Aus dieser Not machte der Architekt eine Tugend und entwarf ein gegen das Lot gekipptes Haus, das schräg aus der Fluchtlinie der Häuserfront herausragt. Mit dem sensationellen äußeren Eindruck korrespondiert zudem ein ausgeklügeltes Raumprogramm im Inneren, das die insgesamt geringe Kubatur erstaunlich großzügig wirken lässt. Ein amerikanischer Architekturkritiker hat das Gebäude unter die bemerkenswertesten Neubauten in New York im letzten Dezennium gereiht. Ganz ähnlich ist es mit Mozarts Messen.

Vor über zweihundert Jahren wurden in Salzburg und in Wien einige neue Messen komponiert. Es galt die Vorgabe, dass bei jedem Zyklus eine gewisse Gesamtdauer nicht überschritten werden sollte. Aus der Not machte der Komponist eine Tugend und entwarf Messen, die ein wenig gegen die gängigen Koordinaten der Gattung Messe gekippt waren. Mit der sensationellen Knappheit der Ausdehnung korrespondierte zudem eine ausgeklügelte Ökonomie in der Form und ein Reichtum an überraschenden strukturellen Details, was die insgesamt meist kurzen Sätze erstaunlich großzügig wirken lässt. Man hat manche dieser Messen unter die bemerkenswertesten Ordinariumsvertonungen des letzten Jahrtausends gereiht.

Als Mozart seine Messen schrieb, herrschte hierzulande die philosophische Grundströmung der Aufklärung, gemäß der auch Kultur und Kultus dem Diktat der Ratio zu unterwerfen waren. Rationell sollte alles sein; man kennt das unter anderem vom Klappsarg Josephs II., und sein Geistesbruder, der Erzbischof Colloredo (Kat.Nr. 99.) in Salzburg, fand nun eben – Mozart berichtet es[1] – „daß eine Messe, und sei es auch die feierlichste, wenn der Fürst zelebriert, nicht mehr als höchstens drei Viertelstunden dauern darf".[2] Da hat er nun sein schmales Grundstück! Das wird dann wohl eine Missa brevis? Aber der Bischof wünscht darauf ein solides und kunstvoll gestaltetes Haus – also doch eine Missa solemnis?

So entsteht der Typ der Missa brevis et solemnis. Nicht, dass es da keine Vorgänger gäbe; aber es bedarf doch eines Genies, damit nicht einfach eine kurze Messe mit ein wenig festlichem Lärm aufgeplustert wird oder dass, umgekehrt, bei einer langen, festlichen Messe so viel gestrichen oder zusammengequetscht wird, bis die Dimensionen fürsterzbischofstauglich sind. Mozart entwickelt etwas anderes: die Bonsai-Mutation einer Missa solemnis. Was so viel heißt wie: Alles ist da, manches nur im Ansatz, anderes nur angedeutet und angerissen; alle Proportionen stimmen, es hat Wurzeln, Blüten, Stamm und Krone; der Baum ist ein Baum, kein größenwahnsinniger Zweig.

Was macht eine Messvertonung eigentlich so lang, dass die Rationalisten einschreiten? Da ist zunächst einmal (paradoxerweise!) das eher rationale Element des Kontrapunkts – es sind die Fugen. Gewisse Textstellen sind nach alter Konvention von vielen Komponisten immer schon fugiert gestaltet worden: „Cum Sancto Spiritu" im Gloria, „Et vitam venturi" im Credo, oft auch das „Hosanna" im Sanctus und Benedictus. In einer Konvention kann man auch prächtig erstarren; und dieses akademische Kontrapunktgeschreibe, jedesmal an der erwarteten Stelle, immer mit dem allzu vertrauten Reigen von Einsätzen – just dies dürfte die Aufklärer enerviert haben, nicht die Fuge an sich. Also wandelt Mozart diese Konvention ab und lässt bei vielen Messen die Fugen weg oder schreibt allenfalls kurze Fugati. Manchmal werden sie nur angedeutet, wie zum Beispiel sehr elegant am Ende des Gloria in der *Missa Solemnis* (KV 337, Kat.Nr. 40, CD Nr. 21) nur mehr ein Hauch von Imitatorik, noch dazu ganz spät, wenn das Modulationsgeschehen schon abgeschlossen ist; schon die tonale Disposition ermöglicht hier gar nicht mehr als den Schatten einer Stretta. Mozart lässt uns nur halblaut wissen: Ich könnte sehr wohl, aber es ist schon spät. Ähnlich macht er es auch in der *D-Dur-Messe* (KV 194, Kat.Nr. 38., CD Nr. 13).

Länge entstünde auch, ganz im Gegenteil, durch ausgedehnte Soli. Sie können opernhaft dramatisch oder lyrisch sein. In der Missa solemnis bzw. in der Kantatenmesse hat das seinen Platz, nicht aber unter den beschriebenen Bedingungen. Mozart verzichtet nicht auf diese Elemente, weiß aber genug Tricks, um den Fürsterzbischof mit Kürze und Opulenz gleichzeitig zu überraschen.

Kostproben für solch verschmitzte Lösungen? *D-Dur-Messe*, Agnus Dei. Jeder Solist hat seinen kleinen Auftritt; soeben hat der Tenorsolist angehoben, aber der Kollege vom Bass fällt ein, unerhörter Weise mit denselben Noten – und dann singen sie friedlich gemeinsam weiter![3] In der *Missa solemnis in C-Dur* (KV 337, Kat.Nr. 40.) ist die Vertonung des „Et incarnatus est" in Relation zur sonstigen Feierlichkeit extrem kurz (nur ein Stollen); zum Ausgleich bekommt der Solo-Sopran zwei Auftritte an höchst ungewöhnlicher Stelle, nämlich beim „Hosanna".

Was ein richtiges Solo ist, hat ein Vorspiel – normalerweise; nicht immer bei Mozart. In der zuletzt genannten Messe geht es sofort los mit dem „Et incarnatus est", übrigens auch in der *Krönungsmesse* (Abb. 10, 74, CD Nr. 19).[4] Andere Beispiele: *D-Dur-Messe*, Beginn des Agnus Dei und – revolutionär – *B-Dur-Messe* (KV 275), Beginn des Kyrie (kein Vorspiel, nicht einmal irgendeine Tonangabe, sondern sofort das Sopran-Solo). Die Raffung am Anfang des „Et incarnatus est" wird zusätzlich noch harmonisch unterstützt: Mozart lässt sich in die neue Tonart hinübergleiten, während schon der Text läuft; für die an sich erforderliche Modulation wird nicht eigens Zeit verbraucht. Dieser eigentümliche Beginn auf der Dominante findet sich bei den „Et incarnatus" der *Krönungsmesse*, der *Missa solemnis* und der *Spatzenmesse* (KV 220, Kat.Nr. 39.).

Generell könnte man sagen: Mozart jongliert mit den Elementen Kontrapunkt und solistische Gestaltung und gewinnt einmal so und einmal so ein wenig Zeit. Die Konvention, das Benedictus in zurückgenommenem Tempo zu gestalten, wird durchbrochen – in der „großen" *Credo-Messe in C-Dur* (KV 257), in der *Missa longa* (KV 262, Abb. 73) und in der *Piccolomini-Messe* (KV 258), um nur einige zu nennen. In der *Missa solemnis* gestaltet er, wieder einmal völlig aus dem Rahmen fallend, das Benedictus als kurze Chorfuge; dagegen wirkt das folgende schon erwähnte Sopran-Solo „Hosanna" lieblich-lyrisch. Eine schemenhafte Vorahnung der erratischen Credo-Vertonung in Schuberts *G-Dur-Messe* begegnet uns in der „kleinen" *Credo-Messe in F-Dur* (KV 192): Auch hier gibt es keine Tempoänderung. Der geraffte Tonartenplan überlagert hier völlig die Stereotypen der Credo-Gliederung: Aus Gründen der Proportion bleibt auch das „Et resurrexit" in Moll (!); erst beim „Et in Spiritum Sanctum" wird wieder F-Dur erreicht. Hier ist übrigens von einem weiteren Gag zu berichten: Mozart setzt dem Hörer mit „Confiteor" etwas vor, was ein Fugenthema sein könnte. Weit gefehlt! Die Sache versandet nach diesem einzigen Einsatz;[5] erst bei „Et vitam" kommt es zu einem sehr knapp gehaltenen Fugato – vier Einsätze, avanti, avanti, dann noch ein strettissimo über dem Amen … aber dann ist doch noch Zeit für ein Augenzwinkern. Denn die Credo-Motivzelle taucht noch ein letztes Mal auf, nach der eigentlichen Kadenz, formal völlig überzählig – und sie kommt quasi a capella – ha, Leute, hier ist es noch einmal, das habt ihr nicht und vor allem nicht so erwartet!

So ähnlich, nur noch viel lausbübischer, ist wohl auch der erste „vergebliche" Hosanna-Ausbruch im Benedictus der *Krönungsmesse* zu verstehen (wir wollen uns nicht wiederholen, aber auch das ist eine singuläre, kein zweites Mal realisierte Königsidee!). Der Bischof war schon ein wenig kribbelig da unten, dauert das heute wieder lang, dieses Benedictus, ah! endlich, das Hosanna … ei potz, was ist ihm denn da wieder eingefallen, jetzt geht doch das süßliche Gesinge von Neuem los …

Schluss oder nicht Schluss, oder doch Schluss, aber nicht wie ein richtiger Schluss: Mozart bereitet auch mit den Enden von Sätzen und ganzen Messen einige sanfte Überraschungen. Da gibt es Codas, wo man noch nichts anderes mehr erwartet als eine zünftige Kadenz – aber nein, immer wieder diese nachdenklichen Abgesänge (B-Dur, große Credo-Messe, Piccolomini, Solemnis, G-Dur). Es gibt aber auch plötzliche Anfänge; im Agnus der *B-Dur-Messe* setzt der Chor mit einem Sextakkord ein, im Agnus der großen *Credo-Messe* nach nur 2 Takten mit dem Dominantseptakkord auf A. Der wohl verblüffendste Beginn eines Gloria, der je komponiert worden ist, dürfte jener ebendieser *B-Dur-Messe* sein. Meine Theorie ist, dass davor die gregorianische Intonation, womöglich mit Orgelbegleitung, gedacht werden muss (s. S. 99, Notenbeispiele).[6]

In der *B-Dur-Messe* überrascht auch, dass die Worte „dona nobis pacem" bereits vor dem üblichen Wechsel von langsamem auf schnelleres Tempo gesungen werden; sie begleiten die Modulation, die ebenfalls und folgerichtig noch im Andante stattfindet.

Nach alldem zurück zum Problem der Gesamtdauer. Nützt das alles etwas, wird es kurz und bleibt doch feierlich? Im Großen und Ganzen ja. Die Unterschiede in der Gesamtdauer sind allerdings überraschend groß; die Bandbreite umfasst die *Orgelsolomesse* (ca. 15') bis zur *Trinitatismesse*[7] mit über 30'. Der bischöfliche Wunsch nach Knappheit wird also nicht nur vermittels der bloßen physischen Kürze der Komposition befriedigt, sondern – wie schon beschrieben – auch durch formale Raffung und Pointierung der musikalischen Gedanken. Interessanterweise ist die *Missa longa* (KV 262, Abb. 73) ja keineswegs die längste Messe, sondern bloß jene, die als einzige mehrere umfangreiche Fugen enthält; dadurch wirkt sie so, als ob sie besonders lang sein müsste. Es dreht sich ja, wie gesagt, um den Umfang der Fugen und nicht um die Verwendung der kontrapunktischen Form an sich; denn in so mancher wirklich kurzen Messe gibt es proportional zur Gesamtlänge sehr viel Kontrapunkt (D-Dur, „kleine" Credo-Messe in F-Dur). Apropos *Missa longa*: Hier kann man den weißen Elefanten antreffen. Es gibt sie ja doch, die Mozart-Quinten, die es angeblich gerade bei Mozart nicht gibt – und zwar im Credo, vorletztes „sepultus est", zwischen der 2. Violine und den Bassstimmen, heureka!

Man könnte noch viele Beispiele für Mozarts Ökonomie und für einzelne Gags in seinen Messen anführen, aber ich möchte nur noch ein paar Gedanken über meine unangefochten liebste Messe mitteilen.

Wenn das Kyrie anhebt in der *Missa solemnis in C-Dur* (KV 337, Kat.Nr. 40.), wird dem Hörer suggeriert: Hier bahnt sich etwas Großes an. Ein so lange in einer Richtung strebendes Thema wird man nirgendwo sonst in einer „an sich" kurzen Messe finden. Genau besehen sind hier mehrere Tricks gleichzeitig angewendet: Das ganze Kyrie ist formal und harmonisch nur ein gewaltiges Vorspiel für das Gloria. Nirgends nämlich wird ernsthaft eine andere als die Grundtonart angesteuert; Mozart erzielt die nötige Spannung durch ausgiebigen Gebrauch von Sub- und Wechseldominanten, aber es gibt keinen Ansatz für echte Modulationen. Zudem iriiert der Satz eigenartig zwischen schnell und langsam; die vornehmlich ganztaktigen Harmoniewechsel fordern einerseits behutsamen Schwung, wirken aber auch tempodämpfend. Trompeten und Pauken sind stets präsent und kommen auch im Pianissimo zum Einsatz. Hier ist längst der Schritt auf Schubert hin getan; die früher fest umrissenen Einsatzgebiete für diese Instrumente sind global ausgeweitet worden. Die Solemnis-Instrumente kommen nicht mehr automatisch mit forte und fortissimo daher, für Feierlichkeit oder Brillanz, sondern sie sind zu Farben[8] befördert worden. Mozart blickt über die Mauer ins 19. Jahrhundert hinein und sieht in der Ferne draußen die unglaublichen Klangmischungen, die es da geben wird – alle Instrumente, alle Lautstärken, ständig.

Und dann das Spiel mit forte und piano in dieser Messe! Im Sanctus ist es ein Widerschein barocker Echos, aber im Gloria (CD Nr. 19) und im „Dona nobis" tritt die ungewöhnliche Dynamik in eine präzise Beziehung mit dem Dominantseptakkord – als ob man bei einem Witz ausgerechnet die Pointe viel leiser erzählen würde. Im „Dona nobis" werden solche Dominantseptakkorde auch noch plötzlich doppelt so lange gehalten, als es die Taktproportionen nahe legen – auch das eine Vorahnung von Schubert, der immer wieder Dominanten gedehnt hat.

Im „Et incarnatus est" gibt es einen Vorgeschmack auf das Agnus Dei, was die exponierte Verwendung von Oboe und Fagott betrifft. Auch hier gilt: Was man tun kann, um nicht durch Länge, sondern durch Intensität feierlich zu sein, ist getan worden.

Weder im Gloria noch im Credo gibt es nennenswerten Kontrapunkt – aber das Benedictus (wir sagten es schon) ist als Fuge angelegt. Die gewonnene Zeit kommt dem ätherischen Agnus Dei zugute. Unaufdringliche Imitatorik im lyrischen Gewand: So ähnlich hat es Bach gemacht, wenn er die ungeheuerlichsten Künste in berückend schönen Adagios verborgen hat. Mozart leistet sich hier ein komplettes, aber gedrängtes A-B-A-Gebilde. So können auf kleinstem Raum drei Instrumentalsolisten und ein Vokalsolist auftreten.

Ein sehr spritziges „Dona nobis" – aber immer dieses Innehalten, dieses Hineinhorchen ... wo ist er jetzt, der Lausbub? Und dann wieder so eine ganz kleine Coda; ein freundliches, entspanntes Lächeln, jaja, toll war das, dieses rasante Dona, aber jetzt beruhige dich, es ist zu Ende ...

Für mich ist in der *Missa solemnis in C-Dur* das Kunststück am besten gelungen: Auf einer kleinen Grundfläche steht ein opulentes und dabei ökonomisches Gebäude.

Danke, liebe Aufklärer! Kaum macht man einem Mozart beengende Vorschriften, produziert er auch schon einige der genialsten Messvertonungen, die es gibt ...

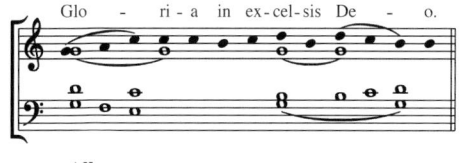

[1] Brief an Padre Martini vom 4. September 1776, *MBA* 1962, Bd. 1, S. 532–533 Nr. 323 Z. 31–33.
[2] Man muss allerdings berücksichtigen, dass die Predigt außerhalb der Messe gehalten wurde und es einen allgemeinen Kommunionempfang der Messteilnehmer in der heutigen Form damals nicht gegeben hat.
[3] Zugegeben: Es gibt in den meisten Messen ohnehin nur drei Anläufe für den Text „Agnus Dei". Mozart schafft es hier, eben alle vier Solisten zu beschäftigen, verbraucht aber nur die Zeit von drei „Auftritten".
[4] Bei liturgischen Aufführungen am Weihnachtstag knien Zelebrant und Assistenz zum „Et incarnatus est" nieder. Im Falle der beiden genannten Messen wird die Textstelle so ungestüm erreicht, dass es meistens bis zum Crucifixus dauert, bis alle niedergekniet sind. Ich hatte da immer einen notenkundigen Vertrauensmann mit einer Taschenpartitur im Presbyterium sitzen, der schon während der letzten Allegro-Takte das Zeichen zum Aufstehen gab.
[5] Noch größeren Ulk dieser Art hat nur noch Schubert in seiner B-Dur-Messe beim „Cum Sancto Spiritu" veranstaltet. Viermal foppt er den Zuhörer mit kanonischen Einsätzen in allen vier Stimmen mit dem Text, der „von alters her" zumindest als Fugato gestaltet wird; und dann kommt ein überraschender Temporuck – „ach was, lassen wirs lieber, machen wir ein Finale" – ein homophones nämlich! Kirchenmusikkundige Zeitgenossen müssen beim ersten Hören Schweißausbrüche vor Ungewissheit gehabt haben.
[6] Ich habe das mehrmals so realisiert (ohne Orgelbegleitung) und halte es jedenfalls für stimmiger, als wenn der Chor einen Quintsextakkord als Intonationshilfe bekommen muss. Eine genau passende Orgelbegleitung für die Intonation habe ich irgendwo in einem uralten Orgelbuch gesehen.
[7] Diese Messe gehört rechtens zum Typ der Missa solemnis. Allerdings hat Mozart auch hier auf verblüffende Weise Zeit gespart: Es gibt keine Soli.
[8] Eine der berührendsten Stellen dieser Art ist für mich T 36/37 im Agnus Dei der *Harmoniemesse* von Joseph Haydn. In diesem lyrischen Teil spielt die Pauke einmal im Piano die Töne F-B. Der Satz ist in G-Dur, moduliert schnell nach As-Dur und berührt einmal b-Moll. An dieser Stelle der größten Entfernung von der Grundtonart erzeugt der völlig überraschende Paukenwirbel einen leichten Schauer – „wie weit ist es doch von hier nach Hause ..."

Franz Karl Praßl

Mozart in der Liturgie heute
Gedankensplitter

Volksabstimmung mit Füßen: der Gottesdienstbesuch in jenen Kirchen, die in den Sommermonaten in Urlaubsorten eine Mozart- oder Haydnmesse als Musik im Gottesdienst anbieten; die vollen Kirchen in Salzburg, Wien und anderswo, in denen regelmäßig „Messen" gesungen und musiziert werden. Zeichen der Zeit, Stoff zum Nachdenken über unsere Liturgie und ihre Gottes- bzw. Menschennähe. „Ach, hätten wir das auch zu Hause", hört man Urlauber oft sagen, die am Sonntag früh aufstehen, um bei schönem Badewetter eine „Messe" in der Kathedralkirche zu hören.

Die Seele baumeln lassen, zu sich und zu Gott kommen – beim Gottesdienst mit schöner Musik. Was kann die Kirche den Erholung, Einkehr oder Lebenssinn suchenden Menschen Besseres bieten? Ist es denn verwerflich, wenn Christenmenschen (die Fernstehenden, Skeptiker, Auswahlchristen) wegen der schönen Musik einen Gottesdienst besuchen? Statt über die „Motive" zu jammern, nutzt doch diese große pastorale Chance!

„Konzert mit Liturgiebegleitung", hörte ich oft theologisch gebildete und liturgisch interessierte Leute sagen. Welch ein krasses Unverständnis bezüglich der Intentionen eines Mozart, Haydn oder Schubert! Welch eine Beleidigung ihres gläubigen Engagements! Welch eine Missachtung jener Menschen, die sich von dieser Musik in ihrem Glauben stärken lassen und in dieser Art von liturgischer Musik ihren Weg zu Gott suchen und finden!

Die Last der Tradition drückt auf die Kirchenmusik der Gegenwart. Mozart blamiert schonungslos die dürren Motetten heutiger Kleinmeister und die uninspirierten Kehrversschreiber der Siebzigerjahre. Erst in der direkten Konfrontation fällt die ästhetische Armut der jugendbewegten Greise so richtig auf, welche uns mit ihren gut gemeinten Miniaturen im Gemeindegesangsbuch beglückt haben.

Mozart und die Ars celebrandi: Wenn es hinten im Chor hoch hergeht und vorne am Altar öde Langeweile sich ausbreitet, soll man nicht der Musik die Schuld an einer Liturgie geben, die aus dem Gleichgewicht geraten ist. Mozart entlarvt ebenso schonungslos schlurfende Ministranten in Hochwasserkitteln wie leiernde Zelebranten, hudelnde Lektoren, geschwätzige Einleitungen, nichts sagende Fürbitten, ungepflegte Altarräume. Liturgie ist ein Gesamtkunstwerk. Die Größe der Musik lässt die Größe des Evangeliums ahnen, dem muss die Größe der Predigt, der rituellen Entfaltung und der kunstvollen Darbietung von Wortgestalten sowie das innere Engagement der Gemeinde entsprechen. Dann stimmen die Proportionen, dann fällt die Musik nicht aus dem Rahmen, sondern integriert sich ins Ganze.

Vater und Sohn Mozart haben es ernst gemeint mit der Liturgie. In den Briefen aus Italien ist immer wieder von Kritik am dortigen liturgischen Schlendrian zu lesen. Die oft als Last empfundene Salzburger Musikpraxis wurde wohl auch als Schule und Ausdruck des Glaubens gesehen und praktiziert. Das ist in der Musik heute noch erfahrbar und deshalb fruchtbar für den Gottesdienst.

Viele Fachleute haben ein Problem mit dem „Schatz der Kirchenmusik" in der heutigen Liturgie. Ein herkömmliches Messordinarium passt einfach nicht punktgenau in die Struktur heutiger Eucharistiefeiern, gleich, ob Mozart oder Palestrina. Die Reform des Gottesdienstes nach dem Konzil setzte andere inhaltliche und strukturelle Schwerpunkte. Soll deswegen die Kirchenmusik des späten 18. Jahrhunderts in den Konzertsaal verbannt werden? Papst Paul VI. wollte mit der Musik im Gottesdienst einen Kompromiss: das eine tun und das andere nicht lassen. Er wollte keinen ideologisch motivierten Kulturkampf, sondern die geistlichen und ästhetischen Reichtümer der Vergangenheit in einer neuen Epoche von Gottesdienstpraxis erhalten. Man muss ihm dankbar sein, dass er die Hitzköpfe auf beiden Seiten im Kampf um die Kirchenmusik zurückgepfiffen hat.

Man hat die Kirchenmusik „praeludium vitae aeternae" genannt, „Vorspiel des ewigen Lebens"; wie richtig. Wenn den Zuhörern bei einer Mozartmesse der Himmel für einen Augenblick aufgeht, ist dies Rechtfertigung genug, sie weiter in der Liturgie zu pflegen.

Der Glaube, den die Kirchenmusik Mozarts ausdrückt – der unreflektiert traditionelle des Heranwachsenden wie auch der gereifte, geläuterte und zu individuellem Ausdruck fähige des reifen Mannes –, ist auch Teil unseres Glaubens heute. Auch Mozart ist ein Stück Geschichte der Weitergabe der Botschaft Jesu. Mozart konfrontiert uns in Werk und Selbstzeugnis mit unserer Glaubensarmut, hilft uns aber auch mit seinen Tönen das zu artikulieren, was wir (fast) nicht mehr sagen können. In Mozarts Musik können wir unser heutiges Ringen um die Botschaft vom Reiche Gottes wieder finden.

Mozart hatte keine Probleme mit dem Latein. Seine Messen, die er als gereifter junger Mann geschrieben hatte, sind Meisterwerke der Deklamation, der rhetorisch richtigen Aussprache der Texte. In diesem Sinne ist es nicht abwegig, seinen Zugang zu liturgischen Texten mit dem der authentischen Gregorianik zu vergleichen: die Klangwerdung des Wortes im Dienste seines theologischen Inhalts. Nicht Texttransport, sondern Textausdruck. Das ist auch heute Maßstab aller Kirchenmusik.

Ein verinnerlichtes und existentiell fundiertes Verständnis dessen, was Liturgie ist, liegt in unterschiedlicher Weise den Werken der Haydns und Mozarts zugrunde. Das macht ihre Musik auch für die heutige Liturgie kompatibel: Die Intention stimmt, das innere Ohr kann dies hören, die Seele erahnen. (Mögen alle, denen dieser Zugang verschlossen ist, noch so laut von Einbildung reden.)

Mozarts *c-Moll-Messe* (vgl. Kat.Nr. 42.–43., CD Nr. 25): die Antwort des Nonkonformisten auf die jämmerlichen josephinischen Gottesdienstreformen. Das „Nutzlose" in seiner Ästhetik ist die stärkere Manifestation des Glaubens als kalte, moralinsaure aufgeklärte Zweckreligiosität.

Man tut dem Erzbischof Colloredo in der allgemeinen Meinung hinsichtlich seiner Gottesdienstreformen meist Unrecht. Er war kein dumpfer Verächter und Ignorant. Der aufgeklärte Bischof hat die Kirchenmusik wieder näher an die Liturgie heranführen und besser darin integrieren wollen. Michael Haydn musste als Ersatz für die Epistelsonaten, welche auch die Mozarts kritisch betrachteten, einen Zyklus von Gradualien komponieren. Das war ein bedeutender Reformschritt, der auch heute gültigen Anliegen des Gottesdienstes entspricht.

Mozart setzte sich in Salzburg sehr mit dem Zwang zu kurzen und kompakten Messkompositionen auseinander. Die Anordnungen des Erzbischofs, welch „glückliche Schuld" für uns Heutige. Eine Mozartmesse mit einer Spieldauer von ca. 20 Minuten mit einem kurzen Sanctus und Benedictus ist in ihren Proportionen weitaus besser in die heutige Liturgie integrierbar als viele andere Kompositionen dieser Zeit.

Mozart als Exeget: Wer hat vor ihm den Text der Totensequenz so „beim Wort genommen" und jede Strophe mit musikalischen Mitteln ausgedeutet, die Wörter in Tönen zum Sprechen gebracht? Nicht der schaurig schöne Showdown, sondern ernste Musik aus dem Innersten der Seele. Der arme, sündige Mensch zwischen Hoffnung und Verzweiflung angesichts des Jüngsten Gerichts. Wer hat sich je in diese beklemmende, spätmittelalterliche Franziskanerdichtung so einfühlen können? Komprimierter Glaube in dichtester Musik, auch heute noch unmittelbar spirituell aussagekräftig. Das ist der Unterschied zum Theaterdonner in den großen Requiems des 19. Jahrhunderts.

Was wäre das für eine Messe geworden, wenn Mozart sein *Kyrie in d-Moll* (KV 341) zu einem vollständigen Ordinarium ausgearbeitet hätte, wäre er Domkapellmeister in Wien geworden? Fast zu viel vom Himmel auf Erden? Man wird ja wohl noch phantasieren dürfen.

Die Vespermusiken sind ein echtes Problem für eine Integration in heutige Tagzeitenliturgie. Man wird sie nur mehr in Ausschnitten liturgisch verwenden können, so sehr hat sich die Struktur einer Vesper geändert. Es sei denn, man wagt es bewusst, eine Vesper nach der alten Ordnung zu feiern. Aber dann kommt sicher Beifall aus der falschen Ecke. Will man sich in diese rückwärts gewandte Gesellschaft begeben?

Mozart als „ökumenischer Komponist": Ob Christ Church in Oxford oder eine große evangelische Kirche in Hamburg, die Kirchenmusik des Salzburger Meisters überschreitet Konfessionsgrenzen im Gottesdienst und verbindet im gemeinsamen Bekenntnis. Der eine Glaube hat es in Tönen leichter als in gelehrten Traktaten. Mozart ist die Dankesgabe der Katholiken für Schütz und Bach.

Berufschor oder Landkirchenchor? Wer je in Sankt Hintertupfing die Begeisterung erlebt hat, mit der die *Spatzenmesse* (Kat.Nr. 39., CD Nr. 15) dort exekutiert wird, wird diese boshafte Frage nicht mehr so einfach stellen. Der Hofkomponist hat es geschafft, mit seiner Kirchenmusik auch zum Idol der kleinen Leute zu werden, die ihr Bestes geben, so gut sie eben können.

Mozarts Messen: „Verkündigung eines lebendigen Glaubens und seelisch erhebende Bereicherung einer festlichen Liturgie" (J. J. Koch).

„Entkleidet den Katholicismus nicht seiner Kunstgewänder" (Grillparzer). Diese Mahnung aus dem 19. ist im 21. Jahrhundert noch genau so aktuell, wie sie es immer schon im Verlauf der Kirchengeschichte gewesen ist. Benedikt von Nursia und Augustinus waren die Mahner der Spätantike, heute greift dieses Anliegen der Papst auf (s. S. 83).

Heinz-Walter Schmitz

Mozarts Kirchenmusik ist unzeitgemäß oder Mozart muss man stehend hören

Mozart – unzeitgemäß? Wo doch nie mehr Mozart in den Kirchen musiziert wurde als in unseren Zeiten? Und außerdem, noch nie hat man dabei besser gesessen als heutzutage – selbst da, wo sich noch ein barockes Gestühl erhalten hat, wird es im Winter von unten warm.

Kunsterhitzung am Ende des 18. Jahrhunderts

Unzeitgemäß war Mozarts Musik schon in seiner eigenen Zeit: „Können doch diese – in Gold und Seide stolzierenden – Seelen selbst in dem majestätischen Dom, am heiligsten Feiertag, indem alles Große und Schöne, was Kunst und Religion nur hat, mit Gewalt auf sie eindringt, können sie dann nicht einmal erhitzt werden, und sie sollten's im Konzertsaal?" So beklagt sich gegen Ende seines Lebens der süddeutsche Kirchenmusiker Joseph Berglinger, eine in den *Herzensergießungen eines kunstliebenden Klosterbruders* von Wilhelm Heinrich Wackenroder am Ausgang des 18. Jahrhunderts geschaffene literarische Figur, mit der er in der schal gewordenen Aufklärung Kunst und Religion neu versöhnen wollte. Berglinger, der sich noch als musikbegeisterter Jüngling, „wenn die Musik geendigt war und er aus der Kirche herausging, reiner und edler geworden vorkam", ist seit Jahren „in der bischöflichen Residenz Kapellmeister". Doch „sein ganzes Wesen glüht" nicht mehr so wie damals „von dem geistigen Weine, der ihn berauscht hatte".

Joseph Berglinger spürt, dass in seiner Zeit das Heilige und die Kunst ihre Einheit verloren haben. Er will am liebsten „diese Kultur im Stiche lassen" und – modern gesprochen – aussteigen, „zu dem simplen Schweizerhirten ins Gebirg hinflüchten". Mozart äußert sich zur Zwiespältigkeit zwischen dem eigenen Anspruch und vorherrschenden Moden am 28. Dezember 1782 gegenüber seinem Vater zu seiner unvollendet gebliebenen „Ode auf Calpe" nach einem Text von Michael Denis S. J.: „Die Ode ist erhaben, schön, alles, was Sie wollen – allein – zu übertrieben schwülstig für meine feinen Ohren." Mozart erkennt, dass man „das Mittelding, das Wahre in allen Sachen" nicht mehr schätzt. Nur das Extreme hätte noch Chancen. Entweder schreibe man so, „dass es ein Fiacre nachsingen könnte oder so unverständlich – dass es ihnen [den Intellektuellen] gerade eben deswegen gefällt". Modern gesprochen, schon für Mozart waren sowohl Pop wie die Eitelkeiten der Avantgarde Fehlentwicklungen, die weg vom „Wahren in allen Sachen" führten. Zur gleichen Zeit, ebenfalls im Dezember 1782, charakterisierte Mozart den Stil seines Klavierkonzertes Es-Dur (KV 365) so, dass er einerseits die Kenner damit anspruchsvoll bediene, anderseits „dass die nichtkenner damit zufrieden seyn müssen, ohne zu wissen warum".

Wackenroder lässt seinen Joseph Berglinger diesen Zwiespalt des Kunstanspruches als „das unbehagliche Bewußtsein", als jene „Mißmütigkeit" über die Nutzlosigkeit seiner Kunst, die in der an Nützlichkeit orientierten Gesellschaft „keine andere Rolle spielt als Kartenspiel oder jeder andere Zeitvertreib", körperlich schmerzhaft erfahren. Dass Joseph Berglinger nach seiner neuen „im Dom mit der heftigsten Anspannung und Erhitzung aufgeführten" Passionsmusik, „auf welche seine neidischen Nebenbuhler sehr begierig waren", „in der Blüte seiner Jahre" an Erschöpfung stirbt, gehört zu den Parallelen zwischen Mozarts und Berglingers Leben und Denken.

Kunst und Kulinarium

Der Joseph Berglinger unserer Tage heißt Nikolaus Harnoncourt. Auch Harnoncourt möchte Kunst und Religion zusammenbringen (vgl. S. 84–85). In einem Interview, das er anlässlich eines Konzertes mit Haydns *Mariazeller Messe* und Mozarts *Vesperae solemnes* (KV 399) Anfang 2005 in Linz gab, sprach Harnoncourt die offensichtliche Diskrepanz zwischen dem bloßen Hören geistlicher Musik und deren Verständnis an: Die vom Inhalt losgelöste Musik stünde im Vordergrund, „die kulinarische Einstellung der Hörer ist ein Hindernis" auf dem eigentlich notwendigen Weg einer tiefer gehenden Rezeption geistlicher Musik. Das Wissen um deren religiöse und spirituelle Bedeutung nehme ab: „Ich staune, dass weder Orchester noch Chor den Messtext kennen. Sie singen den lateinischen Text, wissen aber nicht, was er bedeutet." Das ist ja gerade das Schöne: Statt in der Oper lange auf die weihevolle Kirchenszene warten zu müssen, bietet Kirchenmusik im Konzertsaal die emotionale Verknüpfung mit dem geahnten Höheren in vorhersehbarem Umfang. Die in der Kirche geforderte Sozialisation mit den anderen, eine spirituelle Haltung von beispielsweise Dankbarkeit, von Reue, von Gedanken zur Umkehr, von Schuld – all das und die Anstößigkeit biblischer Aussagen bleibt einem im Konzertsaal erspart. Harnoncourt will aber das Unzeitgemäße an der Aufführung geistlicher Musik nicht wahrhaben: „Ich finde es besser, einen Konzertsaal zur Kirche zu machen als eine Kirche zum Konzertsaal." So wird die historische Kirchenmusikpflege zum unzeitgemäßen postreligiösen Arbeitsfeld, weil nicht jeder, der Mozart hört, ihn auch in den von Mozart mitkomponierten Bezügen verstehen will.

Mozart, Berglinger und Harnoncourt sind am gleichen Punkt angelangt: bei der Frage, welche Voraussetzungen die Kunst, ihre Kunst beim Rezipienten verlangt.

In diesen heil'gen Hallen

Harnoncourt ist dabei optimistischer als Joseph Berglinger, der, wie eingangs beschrieben, nicht mehr daran glaubte, dass sich das Bürgertum jemals noch an der Kirchenmusik, auch nicht im Konzertsaal, „erhitzen" würde.

Das Gegenteil ist der Fall: Ob das Bürgertum als Gesellschaftsschicht quasi funktional durch seine Repräsentanten zu Mozartmusik in der Kirche Platz nimmt oder ob der Einzelne als Gemeindeglied erscheint oder ob busweise Touristen kommen – sie alle lassen sich dort gerne mit Mozart sedativ behandeln. Wenn schon die positive, angsthemmende Wirkung von Mozarts Musik im Kreißsaal belegt ist, sie Kindern mit Aufmerksamkeitsstörungen (ADD) hilft, die Lernfähigkeit steigert und Frühgeborene besser gedeihen lässt – dann kann ja diese Musik weder in der Kirche noch im Konzertsaal falsch sein. Denn auch Nichtglaubende können die ästhetische Qualität Mozart'scher Musik fraglos anerkennen. Ist sie aber deshalb auch schon richtig in der Kirche, gar zeitgemäß in der Liturgie?

Nein. Seit 1903 begann man in der Kirche damit, die im bürgerlichen Leben durch den Sozialismus so stark unter Veränderungsdruck geratene alte ständische Ordnung auch in der Liturgie zu verändern. Was Papst Pius X. mit der „attuosa partecipazione", der „tätigen Teilnahme der Gläubigen an den heiligen Geheimnissen" 1903 auf den Weg gebracht hatte, bestätigte das Zweite Vatikanische Konzil (1962–1965) auf eindrucksvolle Weise: Der Gesang der Gläubigen wurde ein konstitutives Element der Liturgie, die Musik ein integraler Teil. Gerade Österreich war darauf sehr gut vorbereitet: a) musikalisch-mental seit dem „Normalmessgesang" Maria Theresias und b) liturgisch-funktional durch die volksliturgischen Arbeiten beispielsweise des Klosterneuburger Chorherrn Pius Parsch. Die mittelalterlich-ständische Gesellschaftsordnung, die sich in der Kirchenmusik im Vorne des Priesters, im Oben des Chores und im Hinten und Unten des Volkes und den daraus erwachsenen Rollen noch lange spiegelte, sollte sich zu einem dialogischen Gegenüber und Miteinander wandeln. Soweit die Idee.

Mozart hätte nachdenken sollen

Aber bereits in den siebziger Jahren des 18. Jahrhunderts, als in Salzburg der Protojosephinismus unter Erzbischof Hieronymus Colloredo auch für die Kirchenmusik spürbar wurde, reagierten die absolutistisch gnädigst untertänigen Musikdiener genauso wie die unkündbar angestellten Kirchenmusiker nach dem Zweiten Vaticanum: traditionell weitermachen, solange es geht. Das gilt auch für Mozart: kein Nachspüren zu den Grundideen und daher kein wachsendes Verständnis für die Ziele Colloredos, statt dessen der Hinweis, dass er sich des Dekretes des Erzbischofs auf dem Abort bediene. Das fehlende Einfühlungsvermögen Mozarts in die auf breiter Front anlaufenden, aufklärerischen Volksbildungsbemühungen unter starker Einbeziehung der Musik hat uns um eine „Deutsche Mozart-Messe" gebracht, die wir sonst neben der Haydn- oder Schubert-Messe sicherlich hätten haben können. Mozarts einseitiger Drang nach oben ließ ihn auch übersehen, dass für die musikalischen Strukturen, in denen und für die er komponierte, die Endzeit angebrochen war. Aus der Auflösung der Mannheimer Hofkapelle, die er selbst 1777/1778 schicksalhaft aus allernächster Nähe erfuhr, zog er keine Schlüsse, die zu kompositorischen Neuerungen im Hinblick auf künftige Rezeptionsträger geführt hätten, die nur aus der elementar gebildeten bürgerlichen Mitte erwachsen konnten. Welchen Weg die Klostermusik, die andere Säule breiter zeitgenössischer Kirchenmusikpflege, nehmen würde, war schon an den ersten Aufhebungen abzulesen. Auch aus dieser Sicht war Mozarts Kirchenmusik schon zu ihrer Entstehungszeit wegen ihrer Voraussetzungen unzeitgemäß: Ein wohlbestalltes, festes Orchester, ein fester Chor mit Solisten – wie lange gibt es das denn noch? Und wenn, dann wo? Nur in den Residenzstädten?

Wenn heute Mozarts Kirchenmusik im Rahmen der Liturgie aufgeführt wird, müssen zunächst diese ehemals fraglosen Voraussetzungen in weiten Teilen imitiert werden. Es gibt keine Kirche mehr, in der Instrumentalisten, Vokalsolisten und Chorsänger häufig und über lange Zeit hin ohne nennenswerte personelle Fluktuation miteinander musizieren. Der Regelfall zur Aufführung unzeitgemäßer Kirchenmusik ist ein ortsfester, relativ konstanter Laienchor, der für die jeweiligen Werke Solisten und Instrumentalisten herbeiholt – oft von weither.

Erkenntnisse der historischen Aufführungspraxis zu beachten macht man sich zur Aufgabe, aber die klassische Grundvoraussetzung fehlt: Stilsicherheit durch in hoher Professionalität miteinander verwobenes Musizieren, hörbar im kollektiven Atmen und Schwingen. Das kann auch in dem üblichen Gemisch von Laien- und Profimusikern aufgrund der unüberbrückbaren Fremdheit zueinander nicht erreicht werden.

Mit Mozart sicher zum Erfolg

Dass Mozart selbst lediglich Werke aktiv musiziert hat, deren Komponisten höchstens eine Generation vorher gelebt hatten – und dann auch daraus nur Ausschnitte –, ansonsten jedoch zeitgenössische Musik aufgeführt wurde, daran denkt heute kaum jemand. Aktive Pflege alter Musik von längst verstorbenen Komponisten? Unbekannt. Dieses Wissen gehört nicht zu den Teilen, die für die historische Aufführungspraxis relevant werden. Warum steht dann trotzdem so viel Mozart auf dem Programm der Gottesdienstmusik unserer Kirchen? Anscheinend sind doch alle Beteiligten, Priester, Gemeinde, Chor und Chorleiter damit sehr zufrieden. Man reagiert intelligent: Mozart ist ein Komponist, dessen Werke über jeden Zweifel erhaben sind, Kritik an Mozart fällt deshalb auf den zurück, der sich diesbezüglich äußert. Mit Mozart hat jeder Chorleiter bei jeder Gemeinde Erfolg, auch jeder Chor singt ihn gern, weil er damit bei der Gemeinde Erfolg hat usw. Dieser Mozart-Erfolgszirkel ist wirklich unendlich.

Der Erfolg bleibt auch dem verantwortlichen Priester nicht verborgen, der, sollte er andere Musik im Gottesdienst wollen, dem Erfolg des Chorleiters und des Chores mit Mozart nur Rubriken entgegenzusetzen hat, denn nichts macht unangreifbarer als der Erfolg, und mit Mozart haben alle Erfolg usw. Auch dieser Warum-Mozart-Sprachloszirkel ist unendlich. Trotzdem bleibt festzuhalten: Wir haben seit dem Zweiten Vaticanum eine neu strukturierte Liturgie, die nicht mehr ohne Verluste an der Grundidee dieser Liturgie mit alter Musik gefeiert werden kann. Kyrie, Gloria, Credo und Sanctus – das Benedictus als eigenständiger Gesang kommt nicht mehr vor – sind Gesänge, die an erster Stelle dem Volk zustehen. Nur beim Agnus Dei wird der Chor als Erster genannt, er soll während der Brechung des Brotes singen. Die Anlage eines Agnus Dei zur Mozartzeit sah aber vor, dass über die Kommunionausteilung hinweg bis zum so genannten alten Schlussgebet gesungen werden konnte. Der Senior der deutschen Kirchenmusikgeschichte, Günther Massenkeil, datiert mit dem Datum der Konzilskonstitution *Sacrosanctum Concilium* vom 4. Dezember 1963 das Ende der klassischen Form des sechsteiligen Ordinarium missae. Gleichwohl werden bis zum heutigen Tag, als sei nichts geschehen, fleißig weiter „Messen" komponiert. Die meisten klingen aber auch so, als seien sie vor 1963 geschrieben worden.

Platz für neue Musik

Dass der Erstgenannte, das Volk, an den höchsten Festtagen natürlich auch die erste Stelle einnehmen sollte, wäre eigentlich selbstverständlich, jedoch hat sich das Gegenteil als gängige Praxis eingebürgert: Das Volk ist dann dran, wenn sonst niemand da ist.

Es hat wenig Sinn, mit großem semantischen Aufwand die geforderte tätige Teilnahme der Gläubigen in eine hörende Teilnahme umzudeuten. Dass es weder für Chorleiter noch für Chöre leicht ist, sich mit dieser – vor 40 Jahren – neuen Lage auf eine zufrieden stellende Weise zu arrangieren, liegt auf der Hand und ist hier nicht weiter zu erörtern.

In der Regel entzieht man sich einem solchen Zwiespalt, indem man empfiehlt, das eine zu tun und das andere nicht zu lassen. Die speziell österreichische Lösung sieht jedoch so aus, dass man das eine mit großer Hingabe pflegt und das andere eher lässt. „Wir singen Mozart oder gar nicht". Aber: Die Sehnsucht nach dem Alten hat ihren Preis. Die Zahl der Aufführungsmöglichkeiten für Kirchenmusik, im Wesentlichen die Sonn- und Feiertage, ist seit Jahrhunderten gleich geblieben, das Repertoire aber unaufhörlich gewachsen. Jeder Gottesdienst mit alter Musik belegt also einen Platz, der eigentlich der zeitgenössischen Kirchenmusik zustände. Jeder Gottesdienst mit alter Musik verhindert ein Hereinwachsen der Gemeinde in zeitgemäße Formen, nimmt den Komponisten der Gegenwart den unbedingt notwendigen Platz, ihre Werke auch in der konkreten liturgischen Situation erleben zu können.

Mozarts unmittelbarer religiöser musikalischer Ausdruck

Mozart trifft in seiner Kirchenmusik wie kein Zweiter den unmittelbaren, religiösen Ausdruck. Später finden wir diese Direktheit noch in einigen Ansätzen bei Franz Schubert, bei

Felix Mendelssohn-Bartholdy beispielsweise in seinem *Psalm 91*, bei Anton Bruckner im achtstimmigen *Ave Maria*, aber bei keinem der Komponisten mehr an jeder Stelle in ihrem kirchenmusikalischen Gesamtwerk. Die Jugend muss Gelegenheit haben, vom religiösen Ausdruckswillen dieser Zeit Kenntnis zu nehmen. Auch soll sie ihren Geschmack und ihre Urteilsfähigkeit an den Meisterwerken schulen können – woran sonst. Das sind gewichtige Gründe für eine maßvolle Pflege alter Musik als alte Form der Gottesverehrung im heutigen Gottesdienst. Aber dann muss auch von allen, vom Vorsteher wie der Gemeinde, die Frömmigkeit der Vorfahren bewusst rezipiert werden. Dies kann nicht im lauschenden Sitzen erfolgen.

Bei Mozart steht man

Das Mindestmaß der Achtung vor dem Vergangenen und vor den Frömmigkeitsformen der Vorausgegangenen ist die Haltung, die heutzutage an dem betreffenden liturgischen Ort üblich ist: Man steht beim Kyrie, beim Gloria, beim Credo und beim Sanctus. Das Stehen ist die normale Gebetshaltung; man darf beim Lobpreis vor dem Herrn aufrecht stehen. Ich sähe in der stehenden Haltung der Zuhörer einen guten Weg, die Rezeption von Mozartmessen in unserer Liturgie von ihrem immer noch starken Aufführungscharakter zu entlasten. Dies würde auch eine starke mentale Rückkopplung an Chor, Solisten und Orchester auslösen, wenn diese wissen, dass jetzt die Gemeinde ihrer Musik in der aufgerichteten Gebetshaltung folgt.

Goethe, den Heinrich Heine als „den großen Heiden" empfahl, meinte zu Mozarts Werk: „Mitwelt und Nachwelt werden nicht hinreichen, solches Wunder der Kunst würdig zu commentiren, und wird genöthigt seyn, nach aufklärender Betrachtung und Untersuchung immer wieder zur einfachen Bewunderung zurückzukehren." Stehend.

Wolfgang Schüssel

Glaube und Musik

Das Zuhause, die Kindheit, Schule, frühe Neugier und erste Förderung, bald auch Kummer und Erfolge lenken den Zugang zur Musik gewiss öfter als deutliche Begabung oder gar – wir feiern Mozart! – singuläres Genie. Wien nach dem Weltkrieg: Not, Wiederaufbau, endlich der Staatsvertrag – und damit auch der dauerhafte Aufschwung im Osten Österreichs. Wie war das damals? Was hat die Herzen, die Sinne von Jung und Alt bewegt? Zuversicht half Ängste besiegen, Fleiß und Sparsamkeit hießen die herrschenden Tugenden, der Kühlschrank und der Mixer und gar das erste Auto wurden als Glück erlebt. In dieser Wirtschaftswunder-Seligkeit blieben freilich auch seelische Defizite offen. Die Heranwachsenden suchten festen Boden über den chaotischen Hinterlassenschaften der jüngsten Geschichte. Im Radio-Alltag diktierte die Mittagsstundensendung *Autofahrer unterwegs* eine hübsche Banalität und bahnte Schlagern wie *Marina, Marina* und *Heimatlos sind viele auf der Welt* den Weg auf die ersten Plattenspieler in den Wohnzimmern und in die Juke-Box.

Wer damals selber ein Instrument lernte, blieb freilich kein Außenseiter. Und gesungen wurde viel – ja beinahe von jedem zwischen erster Klasse Volksschule und Matura. „Singen" hatten damals die Erstklässler als Note im Zeugnis. Der Musikunterricht im Untergymnasium förderte den Chorgesang. Besonders gern, beherzt und andachtsvoll sang man in Gruppen. Damit wurde als Sitte und Brauch sowie religiöses Bekenntnis fortgeführt, was 1938 bis 1945 in den Untergrund verdrängt war. Im Gesang mit gleich gestimmten Freunden mag damals auch Protest mitgeschwungen haben – den „swing" erreicht man ja nur durch Preisgabe eigener Gefühle.

Protest wogegen? Auch gegen Kälte und Enge. Denn der Kirchengesang atmet nicht nur den wehenden Geist, vielleicht sogar den Übermut einer frommen Gemeinde, sondern macht auch weltumspannende Weite spüren. Im lateinisch gesungenen Eucharistiesegen konnte man sich mit der ganzen Welt herzenseins fühlen. Der Gregorianische Choral fesselte an wenigstens tausend Jahre Kirchengeschichte – und faszinierte als Idee eines Gott und den Menschen dienenden Mönchstums. Im Gospel und Spiritual verbrüderte man sich mit den fernsten und ärmsten Heil-, Freiheits-, Glücksuchenden und entfloh, wie im Jazz, bewusst aus dem Druckkessel kleinmütiger Heimatdeutung.

Der Gemeinschaftsgesang in der Kirche – man nennt ihn auch Volksgesang – gleicht die unterschiedlichen Fähigkeiten aus. Er lehrt darum auch, zu einem Ziel zu gelangen, ohne die Langsamsten zurückzulassen. Die Grenzen zum Virtuosentum hin fließen! Gemeinschaft weiß auch den Ehrgeiz zu beflügeln. Darum können in großen Organisationen wie der Katholischen Jugend soziale Verhaltensweisen geübt und viele Spielarten von gruppendynamischen Prozessen studiert werden. Ich nenne die KJ als Beispiel, weil ich dort früh Aufnahme gefunden habe und auch lange führend tätig war. Großereignisse wie die gesamtösterreichischen KSJ-Treffen in Donnerskirchen im Burgenland sowie in Salzburg, die ich mitorganisieren durfte, sind mir auch als imposante Konzerte in Erinnerung geblieben.

Der Glaube als Cantus firmus – der Gemeinschafts-Cantus als Erlebnis. Es ist das Ineffabile, das unsagbar Göttliche, das uns die Musik und sonst keine andere Sprache der Welt näher bringt. Die Gregorianik, das Vokalwerk von Johann Sebastian Bach, Mozarts *c-Moll-Messe* (Kat.Nr. 42.– 43., CD Nr. 25), endlich Messiaen und Penderecki signalisieren auch Kirchenfremden eine Botschaft, die nicht nur von dieser Welt ist. Ein weit verbreitetes Bild vom Musikalisch-Ästhetischen will uns klarmachen, dass das Schöne in seiner letzten Verfeinerung am Himmelsgewölbe anstößt. Nichts anderes legten Hofmannsthal und Richard Strauss ihrer *Ariadne auf Naxos* in den Mund, wenn sie sie singen lassen: „Musik ist eine heilige Kunst". Es wäre aber gewiss falsch, das „Ineffabile" einzig in den Spitzenaufführungen mit den Spitzenbesetzungen, in architektonisch hochrangigen Basiliken oder bei Festspielen zu vermuten. Der singende Einzelne kann sich ihm nähern – ich meine: Wenn er nur will. Es lässt sich in manchen Schubert-Liedern eher erahnen als in Chorwerken der barocken Ecclesia triumphans. Und manches Volkslied klingt so herzinniglich wie eine Marienklage.

Es war der heutige Papst Benedikt XVI., der als Josef Kardinal Ratzinger dazu riet, Liturgie von – in den Aufbruchs- jahren vor dem Zweiten Vaticanum ihr zugewachsenen –

Popular-Elementen wieder zu befreien. Musik, die der Anbetung „in Geist und Wahrheit" diene, so Ratzinger, könne nicht „rhythmische Ekstase, nicht sinnliche Suggestion oder Betäubung, nicht subjektive Gefühlsseligkeit, nicht oberflächliche Unterhaltung sein" (vgl. S. 83). Unter dieses Verdikt fiele auch die so genannte „Jazz-Messe". Sie stellt sich heute tatsächlich als etwas anderes dar, als sie es in den sechziger Jahren war: Damals zielte ihr antikonformistischer Gestus noch gegen eine in Zweifel gezogene Eltern- und Großelterngeneration. Ein kirchenamtlicher Wille zurück zur Feierlichkeit sollte freilich keinem forcierten Ästhetizismus den Weg auftun. Mit dem Ende der lateinischen Messe wurde die Liturgie im Kern deutlicher – aber die tätige Teilnahme variantenreicher. Letztlich wird nur Großmut helfen, die vielen sehr persönlich gewordenen Äußerungen von Glauben und dessen kirchlicher Übung zusammenzuführen.

Sakrale Musik gehorcht einem Programm, das in Salzburg der damals elf Jahre alte Wolfgang Amadeus Mozart als Titel für ein Singspiel wählte: „Die Schuldigkeit des Ersten Gebots". Mozart, der Jahresregent der musikalischen Welt 2006, verlor diese Schuldigkeit – ein Wiener Mozartexperte hat sie ohne Verständnis für Salzburgs Universalanspruch eines „Roms des Nordens" als „provinzkatholische Enge" beschrieben – bis zu seinem letzten Opus, dem *Requiem* (Kat.Nr. 45.–46., CD Nr. 29–30), nicht aus dem Sinn.

Neue, zeitgenössische Kirchenmusik hat es schwer, sich gegen die aus der Fülle einer tragenden religiösen Volkskultur geschöpften Meisterwerke durchzusetzen. Wie im säkularen Konzertbetrieb gibt es heute auch bei der Kirchenmusik viel mehr Wiederaufnahmen als Uraufführungen. Wie in den Konzertsälen üblich, werden nun auch die Komponisten in den Kirchen mit lautem Applaus bedacht. Doch neue Messen, neue Lieder setzen sich kaum durch. Als im Jahr 1981 – ich war damals als junger und auch zu Kulturfragen sprechender Abgeordneter daran beteiligt – das Kunstbeitrags-Förderungsgesetz neu formuliert wurde, hat das Parlament der Kirchenmusik den Anspruch auf staatliche Förderung zugedacht; je ein Vertreter der römisch-katholischen Kirche und der evangelischen Kirche AB und HB in Österreich bekamen in dem für die diesbezüglichen Empfehlungen eingerichteten Beirat Sitz und Stimme. Aus diesem Sonderbudget wird der erstmals im Jahr 2000 von der Erzdiözese Wien vergebene „Bischof Slatkonia Preis" für neue Sakralmusik gefördert.

Das bekannte und in seinem Umfang immer wieder verblüffende Repertoire pflegen hunderttausende Freiwillige in ganz Österreich, im Sonn- und Feiertagsdienst, mit Festmusiken zu Hochzeiten und Taufen und wenn sie Trauernden Trost spenden – und das in konfessioneller Vielfalt. Mit ihrer musikalischen Bildung und ihrem Einsatz flechten sie das dichteste Netzwerk der heimatlichen musikalischen Kultur. Ihnen ist gerade im Mozart-Jahr wärmster Dank und höchste Anerkennung zu bezeugen.

INTERVIEWS

Nikolaus Harnoncourt

Der Theologe Hans Küng behauptete: „Mozarts Musik enthält keine Glaubensbotschaft wie die Bachs." Vermittelt Mozarts Musik für Sie eine Glaubensbotschaft?
Bei Bach hören wir eine den Gesetzen der musikalischen Rhetorik folgende Deutung der neu gedichteten oder biblischen Texte. Die „Glaubensbotschaft" liegt in den Texten, die Musik zeigt eine innige Vertrautheit mit deren Inhalten – eine davon unabhängige „Glaubensbotschaft" erkenne ich nicht.
Bei Mozart muss man die geänderten Bedingungen der nachbarocken Zeit sehen: Die eine Botschaft suggerierende musikalische Rhetorik existiert so nicht mehr. Wir finden einen liturgisch vollkommen versierten Komponisten, der die gegebenen lateinischen Texte sehr persönlich, von Werk zu Werk sehr unterschiedlich, aber stets überzeugend gläubig auslegt. Etwa das „eleison" im Kyrie im Sinne einer intensiven Bitte: Erbarme Dich – tue endlich etwas – Du musst mir helfen – bis zum verzweifelten Notschrei, aber auch zum entspannten Dank für die so heiß erbetene Hilfe. Oder im „Dona nobis pacem", das er gelegentlich als verzweifelten Hilfeschrei aus (Kriegs-)Not – gelegentlich als glückliche Schilderung des himmlischen Friedens schildert. – Sicherlich nicht weniger Glaubensbotschaft als bei Bach!

Sie haben das vollständige kirchenmusikalische Werk Mozarts aufgenommen. Stimmen sie dem Zitat von Wolfgang Hildesheimer zu, Mozart sei „in seiner Kirchenmusik, außer vielleicht bei einigen Textendungen, die seine Seele über das Liturgische hinaus berührt haben mögen [...], so ganz bei der Sache selbst nicht gewesen".
Es gibt nur ganz wenige Äußerungen Hildesheimers, denen ich zustimmen kann. Ich kann bei ihm keine musikalische Kompetenz erkennen. Ich kenne keine Werke seiner Kirchenmusik, wo Mozart nicht ganz bei der Sache gewesen wäre, von frühester Jugend an. Denken Sie an die Litaneien! Wie ihn diese Texte inspirieren – Texte, die sonst leicht zum Formelhaften verleiten.

Sehen Sie einen Zusammenhang zwischen der Biographie Mozarts und seinen geistlichen Werken?
Absolut nicht. (Das ist übrigens das Hauptverdienst Hildesheimers, Werk und Biographie total zu trennen.)

Klaus Küng

Was sind Ihre frühesten Erfahrungen mit Musik? Erinnern Sie sich an Ihre erste Begegnung mit Mozart und seiner Musik?
Ich habe schon als Volksschüler Geige gespielt und mich sehr früh mit Musik beschäftigt. Mozart war für mich vor allem in der Jugend der bevorzugte Komponist.

In welcher Weise gehört Musik zu Ihrem Leben?
Für mich war gemeinsames Singen ein selbstverständlicher und geliebter Bestandteil der Erholung und des Feste-Feierns. Immer habe ich sehr gerne Konzerte, auch Opern miterlebt und dies als Freude und besonderen Genuss empfunden.

Was ist für Sie Mozarts berührendstes Werk?
Sein *Requiem*.

Vermittelt Mozarts Musik für Sie eine Glaubensbotschaft?
Insbesondere sein *Requiem* bringt die Glaubensbotschaft bezüglich der endzeitlichen Wahrheiten in beeindruckender Weise zum Ausdruck, Ähnliches gilt aber auch für die meisten seiner Messkompositionen.

Hat Musik Ihrer Meinung nach heilende Kraft?
Davon bin ich überzeugt. Ich kenne einen Mann, der einen schweren Schlaganfall mit halbseitiger Lähmung erlitten hatte. Durch Musik und Singen hat er wieder Sprechen gelernt.

Georg Ratzinger[1]

Herr Domkapellmeister, wie kamen Sie und Ihr Bruder zum ersten Mal mit Mozart in Berührung?
Bei uns zuhause haben wir Harmonium gespielt. Unsere Eltern waren der Meinung, dass es uns auf die Orgel vorbereitet. In einem Übungsheft war auch ein zweizeiliges Stück, angeblich von Mozart. Ich habe es später nie identifizieren können. Eine Steigerung war das Mozartjahr 1941. Im 150. Todesjahr des Komponisten kam im Radio jeden Sonntag eine Mozartübertragung während der Mittagessenszeit. Da ich in der Familie am meisten musikalisch engagiert war, durfte ich den Platz des Vaters am Tisch einnehmen, der direkt beim Radio war. Im Juli war ich dann mit meinem Bruder bei einem Mozartkonzert der Regensburger Domspatzen in Salzburg. Sie haben dort einige Bearbeitungen aus *Der Schauspieldirektor* gesungen, in Kostümen, es war ganz köstlich. Ich konnte die ganze Nacht nicht schlafen.

Welches Mozartwerk mögen Sie am liebsten?
Ein absolutes Lieblingsstück könnte ich nicht nennen. Zu den Spitzenwerken, die meine größte Sympathie haben, gehört die leider Gottes unvollendete *c-Moll-Messe*, aber natürlich auch die *Krönungsmesse* und die drei kleinen Messen in B-, D- und F-Dur. Das sind reine Streichermessen mit Chor und Solisten, aber von einer großen Festlichkeit und Gläubigkeit, wie ich finde.

Stört es Sie, dass er Freimaurer war?
Es steht mir nicht zu, über Mozart den Richterstab zu brechen. Er war ein Mensch mit vielen Schwierigkeiten, die sich aus der Zeit damals und aus seinen Lebensumständen ergeben haben. Das mit der Freimaurerei stört mich insofern, weil er nicht nur einfaches Mitglied war, sondern den Meistertitel erwarb und sogar eine eigene Loge gründen wollte. Die Freimaurerei war damals in Wien offenbar in Mode. Sicherlich hat er sich von seiner Mitgliedschaft wirtschaftliche Vorteile erhofft. Ob er über die theologische Problematik nachgedacht hat, weiß ich nicht.

Manche bezeichnen Ihren Bruder als „Mozart der Theologie". Wie finden Sie diesen Titel?
Der Kölner Kardinal Joachim Meisner hat diesen Vergleich geprägt. Er hat eine gewisse Berechtigung. Die Theologie meines Bruders ist nicht so problembeladen und schwierig wie die von Karl Rahner, den ich persönlich sehr schätze. Zielstrebigkeit, Klarheit und Form, das verbindet sein Werk schon irgendwie mit Mozarts Musik.

Der Papst spielt auch Klavier. Was ist seine Lieblingsmusik?
Besonders gern hört er das Klarinettenkonzert und auch das Klarinettenquintett. Ich muss gestehen, mir persönlich ist die Oboe lieber. Aber Mozart hat wirklich himmlische Werke für diese Instrumente geschrieben, und das sind die Lieblingskompositionen meines Bruders.

Hat er jetzt noch Zeit, selbst in die Tasten zu greifen?
Sehr selten. Aber als ich das letzte Mal mit den Domspatzen im Oktober in Rom war, stand der Klavierdeckel offen und es lagen Mozartsonaten aufgeschlagen da. Er weiß selber, dass seine Interpretation keine künstlerischen Ansprüche erheben kann, aber er hat seine Freude daran und sein Wollen, Musik zu machen, findet bei Mozart immer noch die schönsten Möglichkeiten.

Was für ein Klavier hat er denn?
Es ist keine besondere Marke. Wir haben es gekauft, als er Dozent in Freising war. Die Technik ist nicht so toll, aber es schaut außen recht schön aus, und der Klang ist ganz ordentlich. Für den Papst-Palast in Castel Gandolfo hat die Firma Steinway einen kleinen Flügel gestiftet. Ich habe ihn früher sehr gern gespielt. Dann sollte auch einer für den Vatikan angeschafft werden. Da hat mein Bruder gesagt, es lohnt sich nicht. Erstens hat er nicht viel Zeit und zweitens schätzt er sein Können realistisch ein. Um das zu spielen, was er möchte, tut's sein altes Klavier noch.

Mit geistlichen Autoritäten wie dem Salzburger Erzbischof Colloredo, seinem zeitweiligen Dienstherrn, hatte der Komponist seine Schwierigkeiten.
Der Mozart hat seinen Kopf gehabt und Colloredo noch mehr. Wobei ich sagen muss: Wenn ich Erzbischof gewesen wäre, hätte ich Mozart schon auch gesagt: „Wofür zahle ich dich eigentlich, wenn du so viel unterwegs bist?" Wo gibt es das heute noch, dass ein Arbeitnehmer jahrelang abwesend sein darf? Andererseits hätte sich Mozarts künstlerisches Genie ohne die Reisen vielleicht nicht in dieser Weise entwickelt.

Auch der damalige Papst Clemens XIV. hätte guten Grund gehabt, über Mozart erzürnt zu sein. Als Vierzehnjähriger entriss er dem Papst eines seiner bestgehüteten Geheimnisse, als er ein Stück zu Papier brachte, das er in der Sixtinischen Kapelle gehört hatte und dessen Noten bis dahin nur Eingeweihten des päpstlichen Hofes bekannt waren. War das nicht unanständig?
Man muss die ganze Story erzählen. Der Papst hat nicht engherzig und geizig reagiert, sondern das junge Talent zum „Ritter vom Goldenen Sporn" ernannt. Eine souveräne Reaktion.

Ist Mozarts Musik göttlich?
Sie ist eine Botin des Glücks der Seligkeit, die die himmlische Realität abbildet, das auf alle Fälle. Und sie kündet von der Einheit der Schöpfung mit ihrem Schöpfer.

---

1 Leicht gekürzte Fassung eines Interviews der Katholischen Nachrichten-Agentur KNA, Christoph Renzikowski/Ludwig Ring-Eifel.

Helmuth Rilling

Was sind Ihre frühesten Erfahrungen mit Musik? Erinnern Sie sich an Ihre erste Begegnung mit Mozart und seiner Musik?
Abgesehen von Klavierwerken und Liedern in meinem Elternhaus war wohl die *Zauberflöte* das erste große Werk, das ich von Mozart hörte. Ich erinnere mich, dass mich damals vor allem die Ausdruckskraft der Tamino-Partien – mit Fritz Wunderlich an der Stuttgarter Staatsoper – sehr ergriffen hat.

Was ist für Sie Mozarts berührendstes Werk?
Hier könnte ich natürlich vieles nennen. Neben den späten Opern etwa die *g-Moll-Sinfonie* (KV 550) oder das *Klavierkonzert d-Moll* (KV 466). Aber natürlich zählen für mich das *d-Moll-Kyrie* (KV 341) und vor allem die *c-Moll-Messe* (KV 427) und das *Requiem* (KV 626) zu den mich persönlich berührenden Werken.

Sie sprechen von der Musik als einer Brücke zwischen den Menschen: Sehen Sie Mozarts Musik als überkonfessionell und verbindend?
Mozarts Musik vermag wohl jeden Menschen, gleich welcher Herkunft, zu erreichen. Sie gemeinsam zu singen, zu spielen oder hörend zu erleben, vermag Menschen in erlebnishafter Weise zu verbinden.

Welche Bedeutung hat Mozarts geistliche Musik für einen evangelischen Kantor?
Mozarts geistliche Musik hat in der Geschichte der Kirchenmusik beider christlichen Kirchen einen gewichtigen Platz. Seine Salzburger Messen, Vespern und Litaneien sind durchdrungen von der Mozart in natürlicher Weise selbstverständlichen Bedeutsamkeit ihrer Texte, ihrer Abbildung, Deutung und Überhöhung. Wie für Bach gilt auch für ihn das „Soli deo gloria". Weit über die Salzburger Werke hinaus gehen die *c-Moll-Messe* und das *Requiem*. Einmalig und von theologischer Bedeutsamkeit ist es, wenn Mozart im Eingangssatz des *Requiems* „Kyrie eleison" und „Christe eleison" in einer Doppelfuge zusammenfasst, und erschüttert stehen wir vor den wohl letzten Takten, die er komponierte: „Lacrimosa dies illa, Qua resurget ex favilla, Judicandus homo reus".

Was ist Musik: Sprache, Geheimnis, Bekenntnis?
Für mich ist Musik, die sich mit einem Text verbindet, etwas ganz Besonderes. Hier entsteht etwas Neues, was über rein instrumentale Musik und das nur gesprochene oder gelesene Wort hinausgeht. Dieser Vertiefung oder auch Überhöhung interpretierend oder hörend nachzutasten, erscheint mir eine große Bereicherung.

Thomas Daniel Schlee[1]

Was sind Ihre frühesten Erfahrungen mit Musik? Erinnern Sie sich an Ihre erste Begegnung mit Mozart und seiner Musik?
Wahrscheinlich war es mit acht oder neun Jahren, als ich mit den Klaviervariationen über „Ah, vous dirai-je, maman" konfrontiert wurde.

Was ist für Sie Mozarts berührendstes Werk?
Nie und nimmer mag ich mich in meiner Bewunderung und Emotion auf „das einzige" Werk, von wem auch immer, beschränken lassen. Unter Aufbringung aller kasteienden Kräfte: vielleicht *Le Nozze di Figaro* und das *Requiem*.

Worin besteht Ihrer Meinung nach die Genialität Mozarts? Zeigt sie sich in seinen geistlichen Werken?
Wer wäre so töricht, den Versuch zu unternehmen, Mozarts Genius zu definieren? Dazu bedürfte es gleicher Augenhöhe. Jedenfalls hat Mozart, auf dem Stand seiner Zeit, alle Elemente, aus denen ein musikalisches Werk geformt wird, für sich und zusammengeführt als Ganzes zu unerreichter Komplexität und zugleich vollendeter Schönheit geführt.

Wie beurteilen Sie Mozarts Kirchenmusik, als Ausdruck seiner Religiosität oder als liturgische Gebrauchsmusik seiner Zeit?
Kirchenmusik bedeutet – bei Mozart wie bei jedem anderen – nicht immer dasselbe. Auch er hat liturgische Gelegenheitswerke geschrieben. Ob nun diese seine möglicherweise distanzierte Religiosität besser verkörpern als die Meisterwerke sakraler Musik aus seiner Feder, die jedoch nur um ihrer Musik willen Meisterwerke sind – wer vermöchte das zu sagen?

Gerhard Wimberger

Kann man geistliche Musik komponieren, ohne zu glauben?
Gewiß, man kann – und diese herrliche Disziplin ist leider heute fast ganz aus der Mode gekommen. Besser ein tiefes, bedeutendes sakrales Kunstwerk aus der Feder eines Zweifelnden als frommer Abfall.
Und doch: Was für ein Geschenk für die Kirche, wenn die große Kunst auf gläubiger Zuversicht beruht!

1 Der Autor legt Wert darauf, dass seine Äußerungen ausnahmslos in der alten Orthographie publiziert werden.

Was sind Ihre frühesten Erfahrungen mit Musik? Erinnern Sie sich an Ihre erste Begegnung mit Mozart und seiner Musik?
Zu meinen frühesten Erfahrungen mit Musik zählt eine Erinnerung: Durch die Türe des Kinderzimmers hörte ich, einschlafend, wie im Nebenzimmer meine Eltern auf dem Klavier vierhändig eine Bruckner-Symphonie spielten. Da sie beide nicht Musiker, sondern nur Musikbegeisterte waren, spielten sie alles in sehr langsamem Tempo. An eine tatsächlich erste Begegnung mit Mozart und seiner Musik kann ich mich nicht erinnern. Natürlich übte ich als Klavierschüler eine seiner Klaviersonaten, vielleicht war es die in C-Dur (KV 545), von Mozart als „Eine kleine Klavier-Sonate für Anfänger" bezeichnet.

Was ist für Sie Mozarts berührendstes Werk?
Mozarts berührendstes Werk? Ich habe immer Probleme mit Superlativ-Antworten. Deshalb bin ich außerstande, eine Gewichtung der vielen „berührenden" Werke Mozarts vorzunehmen.

Hat Mozarts Musik Sie in Ihrem Schaffen beeinflusst?
Mozarts Musik hat meine kompositorische Arbeit nicht stilistisch beeinflusst, wohl aber in ideeller Weise: Seine Musik zeichnet eine in der Musikgeschichte einmalige Ausgewogenheit in der Balance zwischen den Elementen „ratio" und „emotio" aus, ein künstlerisches Ziel, das für die Musik aller Zeiten von essentieller Bedeutung ist.

Wie reagieren Sie als Komponist auf die Schnelllebigkeit der Zeit?
Also: Auf die Schnelllebigkeit unserer Zeit reagiere ich als Komponist eigentlich überhaupt nicht. Wie könnte ich dies? Indem ich vor allem langsame Sätze schreibe? Als Komponist reagiere ich weniger auf Probleme der unmittelbaren Gegenwart als auf allgemeine Probleme des Menschen, indem ich zum Beispiel eine Oper schrieb über den Unsinn, einen Krieg zu beginnen, oder ein Oratorium über die Fragen nach dem Tod oder ein anderes über die Frage nach Gott. Als heute Lebender, als denkend und mitdenkend Lebender stelle ich mich natürlich den Herausforderungen unserer Zeit in praktischen, politischen und geistigen Beziehungen, aber als Komponist stelle ich mich den Herausforderungen der Musik.

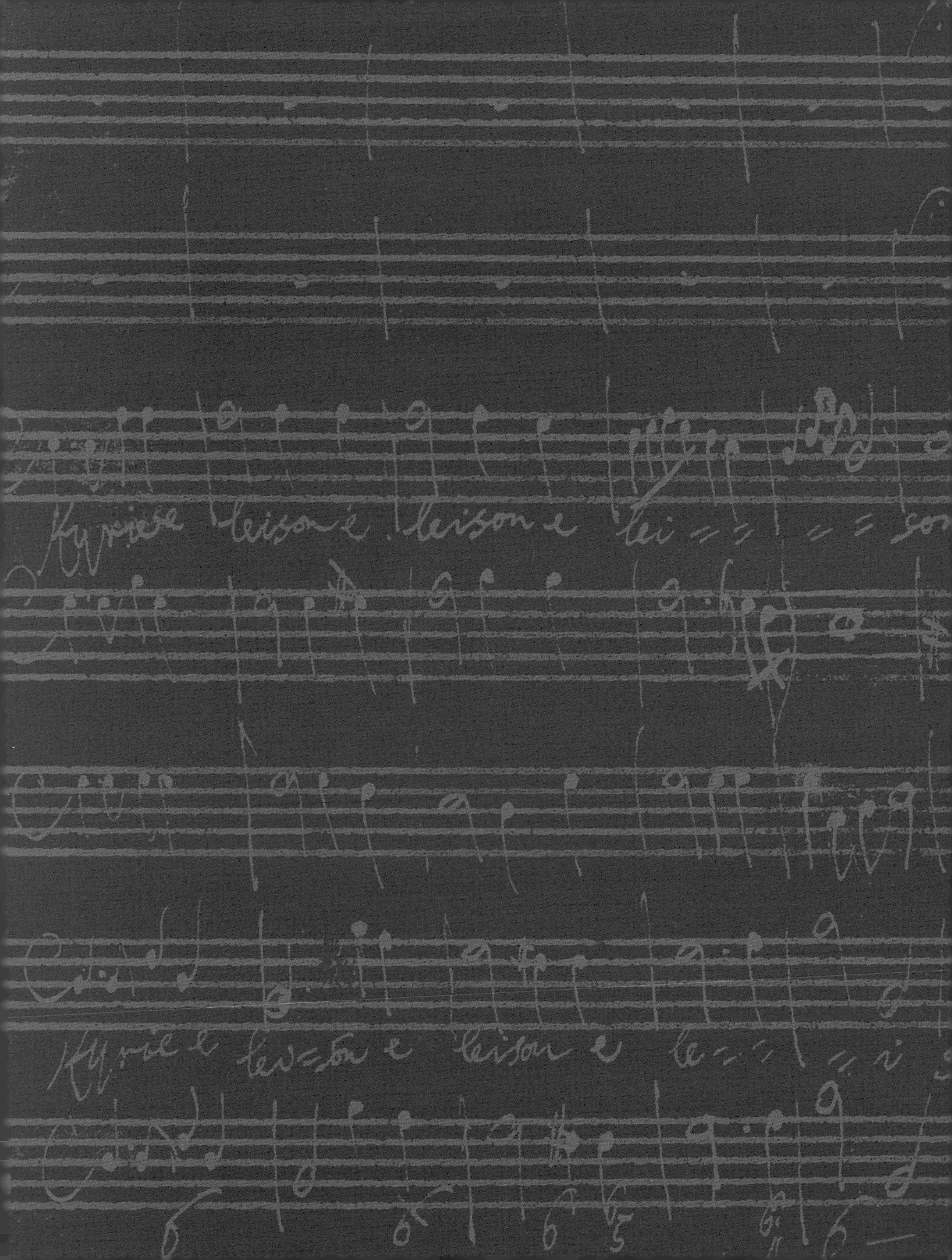
Kyrie leison e leison e lei = = = = son
Kyrie e lei = son e leison e le = = i

KATALOG

Das religiöse Leben eines Laien

1.

Ansicht von Salzburg 1736/1739
Joseph Anton Schröck
(* Laufen 1688, † ebd. 1772)

Öl auf Leinwand, 95 x 174 cm (mit Rahmen)
Laufen an der Salzach, Stadt Laufen (Neues Rathaus)

Die Ansicht zeigt Salzburg in Vogelschau von Norden. Der Blick geht vom Bürglstein im Osten bis Mülln im Westen, die Wiedergabe ist in der Breite leicht verzerrt. Sie hat einen Kupferstich zur Vorlage, der um oder nach 1730 von Jeremias Wolff Erben in Augsburg erstmals verlegt wurde. Die Zeichnung, die dem Stecher vorlag, entstand schon um 1710 (Abb. 19).

Das Gemälde gibt – anders als der Stich – den Stand von ca. 1730 wieder: Die Dreifaltigkeits- und die Kollegienkirche sind fertig gestellt (1702/1707, vgl. Kat.Nr. 72., 74.), die barocke Turmhaube von Stift Nonnberg

(1711) ist noch nicht errichtet, Schloss Mirabell im Zustand nach der Umgestaltung durch Lukas von Hildebrand dargestellt (1721–1727, vgl. Kat.Nr. 73.). Das Bild zeigt Salzburg auf dem „Höhepunkt der Entwicklung" zur Barockstadt (Fuhrmann).

Das Gemälde gehört zu einer Serie von Ansichten der sieben Städte des Erzstiftes, die Schröck für die Stadt Laufen kopierte (Ratsprotokoll, 29. Mai 1736). Sie war bis 1739 vollendet, als Vorlage diente die Serie im erzbischöflichen Schloss in Laufen. PK

Lit.: *Erzbischöfe im Porträt* 1981, S. 41–42 Nr. 121 A; *Salzburg in alten Ansichten* 1989, S. 22 Nr. 5, S. 26 Abb. 9, S. 151;
vgl. Fuhrmann 1963, Tf. 28, S. 308 Nr. 46 (zweiter Zustand); vgl. Hans Roth, Laufen in alten Ansichten. Gemälde, Zeichnungen und Druckgraphik aus dem 16.–19. Jahrhundert, in: *Das Salzfass* NF 9, 1975, H. 3, S. 65–104; vgl. Nebehay/Wagner 1982, Bd. 2, S. 461 Nr. 20; vgl. Friederike Zaisberger, Die Städte der Salzburger Erzbischöfe, in: Franz-Heinz Hye (Hrsg.), *Stadt und Kirche* (= Beiträge zur Geschichte der Städte Mitteleuropas, Bd. 13), Linz 1995, S. 15–52; vgl. *Lodron* 2003, S. 218 Nr. 2.1.4.–5; vgl. Ernst Hintermaier, in: *Mozart-Lexikon* 2005, S. 708–719.

2.

Porträt Erzbischof Hieronymus Colloredo

um 1773

Franz Xaver König (* um 1711, Bürger Salzburgs 1748, † ebd. 1782)

Öl auf Leinwand, 250 x 164 cm (mit Rahmen)
Laufen an der Salzach, Stadt Laufen (Altes Rathaus)

Der letzte regierende Fürsterzbischof von Salzburg, Hieronymus Joseph Franz de Paula Graf Colloredo zu Waldsee und Mels (* Wien 1732, Erzbischof Salzburg 1772, † Wien 1812), war das fünfte von insgesamt 18 Kindern des späteren Reichsvizekanzlers, Rudolf Josef Graf Colloredo, und der Maria Franziska Gräfin Starhemberg. Seine Eltern galten als kaisertreu und standen beim Hof in höchster Gunst. Die Gymnasialstudien absolvierte der Knabe am Theresianum und das Studium der Philosophie an der Universität in Wien. Bereits in jungen Jahren erhielt er Kanonikate in Passau, Olmütz und Salzburg. 1759 wurde er auf Vorschlag Kaiser Franz' I. von Papst Clemens XIII. zum „Auditor Sacrae Rotae Romanae", also zum Richter des päpstlichen Gerichtes für die deutsche Nation ernannt. Die übernommene Funktion diente als Sprungbrett für eine glänzende kirchliche Karriere.

Der gebildete junge Adelige erhielt bald weitere Pfründen, so die Propsteien Kremsier und St. Moritz in Passau sowie die Patronatspfarre Staatz in Niederösterreich. 1756 wurde er in Salzburg vollwertiger Kapitular mit Sitz und Stimmrecht. Nach der Weihe zum Priester im Februar 1761 bemühte er sich gegen Ende dieses Jahres um die Verleihung des Bistums Gurk, das ihm Maria Theresia aufgrund des Einflusses seiner Familie auch zusprach.

Die Regierungszeit Colloredos (1772–1803) bedeutete für Salzburg eine Zäsur, denn es setzte ein Aufklärungs- und Reformprozess besonderer Art ein. Um die Untertanen in seinem Sinn zu formen, entschied sich Erzbischof Hieronymus bereits gegen Ende des Jahres 1772, gravierende Einschnitte in die gelebte Frömmigkeit vorzunehmen. Dabei war weder dem aufgeklärten Fürsten noch den Vertretern des Konsistoriums bewusst, dass ein tief greifender Unterschied zwischen der „offiziellen Religiosität" und der „Volksfrömmigkeit", d. h., der religiösen Praxis der Laien im alltäglichen Leben, bestand. Den wohl wichtigsten Schritt in Richtung einer aufgeklärten Religion unternahm Colloredo mit der Publikation des berühmten Hirtenbriefes im Jubeljahr 1782 (Kat.Nr. 37.). Beim Besuch des Papstes Pius VI. in Wien 1782 stellte Kaiser Joseph II. (s. Kat.Nr. 97.) auch die beabsichtigte österreichische Diözesanregulierung, die vom Schlagwort der „Kongruenz", der Übereinstimmung von Landes- und Diözesangrenzen geprägt war, zur Diskussion. Eine Salzburg und Wien zufrieden stellende Lösung gelang nach jahrelangem Tauziehen erst mit der Konvention vom 19. April 1786.

Im Zeichen der Aufklärung strebte der Landesherr Reformen hinsichtlich der Armen- und Gesundheitsfürsorge sowie der Schulgesetzgebung an. Ein Vergleich mit der Reformtätigkeit in Österreich, die annähernd gleichzeitig und nach 1780 zum Teil radikaler als in Salzburg erfolgte, zeigt viele Parallelen, aber keine bloße Nachahmung josephinischer Neuerungen. Auf weltlichem Gebiet werden die Leistungen des Regenten besonders in seiner Finanz- und Wirtschaftspolitik gesehen.

Der Machtkampf zwischen Frankreich und den europäischen Großmächten ließ die Reichskirche und mit ihr das Erzstift Salzburg während der ausgehenden 1790er Jahre schließlich in eine tödliche Krise geraten. Am 11. Februar 1803 unterzeichnete Colloredo in seinem Wiener Exil eine Verzichtserklärung auf die weltliche Herrschaft im Erzstift. Der politischen Rangerhöhung Salzburgs zum Kurfürstentum sollte eine kirchenrechtliche Rangerniedrigung folgen. Hieronymus kämpfte jedoch erfolgreich um die Erhaltung Salzburgs als Sitz eines Metropoliten. Er starb am 20. Mai 1812 im Alter von 80 Jahren an den Folgen eines Schlaganfalls und wurde laut testamentarischer Verfügung im Dom zu St. Stephan beigesetzt.

AW

Lit.: Alfred Stefan Weiß, Hieronymus Graf Colloredo (1772–1803/12). Im Zeichen der Aufklärung, in: *Lebensbilder Salzburger Erzbischöfe* 1998, S. 179–202; ders., Fürsterzbischof Hieronymus Graf Colloredo, die Säkularisation Salzburgs und der Fortbestand des Erzbistums, in: *1200 Jahre Erzbistum Salzburg* 1999, S. 275–294; ders., Hieronymus Graf Colloredo (1732–1812) – geistlicher und weltlicher Herrscher, in: *MGSL* 144, 2004, S. 225–250; ders., in: *Salzburger Mozart-Lexikon* 2005, S. 74–77; *Mensch Mozart* 2005, S. 66; vgl. Christian Fast/Ernst Hintermaier, in: *Mozart-Lexikon* 2005, S. 150–151.

Das Gemälde zeigt den Erzbischof ausnahmsweise in ganzer Figur (vgl. Kat.Nr. 98.–99.). Er sitzt auf einem reich geschnitzten Sessel, bekleidet mit einer pelzbesetzten Cappa Magna. Auf dem Tisch neben ihm steht eine Uhr, die das Datum seiner Wahl anzeigt, den 14. März 1772 (vgl. Kat.Nr. 98.). Die Mitra und der Legatenhut auf dem Tisch verweisen ebenso wie der Bischofs- und der Kreuzstab im Hintergrund auf die geistlichen Würden des Erzbischofs. Der Landschaftsausblick zeigt die Stadt Laufen an der Salzach, die damals zum Erzstift gehörte und für die das Bild gemalt wurde. Über der Stadt schwebt das Wappen des Erzbischofs. Die Verkörperungen des Verkehrs, des Reichtums, der Fruchtbarkeit und der Wachsamkeit, die das Wappen umgeben, sollen die Herrschaft des Dargestellten allegorisch rühmen.

PK

Lit.: Hans Roth, Laufen in alten Ansichten, in: *Das Salzfass* 9, 1975, H. 3, S. 82ff.; *Erzbischöfe im Porträt* 1981, S. 37–38 Nr. 105; *Salzburg zur Zeit der Mozart* 1991, S. 293–294 Nr. II/56, Tf. 25.

3.1.a.–n.

Reisegarnitur des Erzbischofs Hieronymus Colloredo 1761/1763

Abraham IV. Drentwett

(getauft Augsburg 1711, Meister ebd. 1741, † ebd. 1785)

Silber, getrieben, gegossen, ziseliert, vergoldet, 28 x 18,8 x 18,8 cm (Kelch), 16 x 13 x 6,2 cm (Kännchen), 37 x 29 x 2,5 cm (Tasse), 25 x 22 x 11 cm (Lavabokanne), 41,5 x 30 x 4,5 cm (Lavabotasse), 9,5 x 6 x 6 cm (Glocke), 25 x 12 x 6 cm (Kerzenhalter), 15 x 6,2 x 2,4 cm (Dochtzange), 10,5 x 10,5 x 3,5 cm (Hostiendose), 5,3 x 4 x 4 cm (Ölgefäße), 35,1 x 27,3 x 7,5 cm (Fußschale)

Marken: Augsburg P (Seling 243), AD (Seling 2329), Repunzen
Wappen: Erzbischof Hieronymus Colloredo (vgl. Kat.Nr. 2.) Salzburg, Domschatz, Inv.Nr. G 1 a–n

3.2.
Koffer zur Reisegarnitur des Erzbischofs Hieronymus Colloredo um 1760

Johann Wilhelm Meyer
(tätig Augsburg ab 1740, † ebd. 1784), Papier

Holz, Leder, Samt, Brokatpapier, 25 x 79 x 36,5 cm, 17,5 x 57 x 33,5 cm (Einsatz)
Bezeichnet: „IN AVG[VSTA] V[INDELICORVM] BEI IOHAN WILHEL MEYER NO 1." (Papier)
Salzburg, Domschatz, ohne Inv.Nr.

Die ungewöhnlich umfangreiche Garnitur umfasst vierzehn Teile: einen Kelch, zwei Messkännchen mit Tasse, eine Lavabokanne mit Tasse, eine Glocke, eine Hostiendose, einen Kerzenhalter mit Dochtschere, drei Ölgefäße sowie eine Fußschale. Alle Teile sind in einem raffinierten Spiel aus bewegter Gesamtform, glatter Oberfläche, geschwungenen Rändern und feinem Blütendekor gestaltet. Der Kelch steht auf einem bemerkenswert großen Fuß.

Die Geräte wurden den Marken zufolge 1761/1763 hergestellt. Nach 1772 wurden sie mit dem erzbischöflichen Wappen Hieronymus Colloredos versehen. Kronbichler vermutet, dass der sparsame Erzbischof sie nach seinem Amtsantritt „gebraucht" kaufte; möglich wäre aber auch, dass er sie anlässlich seiner Ernennung zum Bischof von Gurk 1761 erwarb und später gravieren ließ. Belege gibt es für beide Thesen nicht.

Zu der Garnitur gehört ein Koffer, in dem sie transportiert wurde. Für jedes Gerät ist darin ein Platz vorgesehen, weiters ein Fach für ein Velum. Der Koffer ist außen mit Leder überzogen, innen mit Stoff und Brokatpapier ausgeschlagen. Das wertvolle, mit Metallfolie bedruckte Papier dürfte aus der gleichen Zeit stammen wie die Garnitur. Der Koffer wurde 2005 durch Barbara Schönhart, Wien, restauriert.

Behältnisse dieser Art und Größe sind, im Gegensatz zu Futteralen für weltliche Garnituren, selten. Ein kleinerer Koffer für eine achtteilige Garnitur von Emanuel Abraham Drentwett (* Augsburg 1723, Meister ebd. 1750, † ebd. 1770) hat sich in Großaitingen bei Augsburg erhalten (Leudemann).   PK

Lit.: ÖKT 1912, Bd. 9, S. 47; Rossacher 1966, S. 183–184 Nr. 214–225 Abb.; *Salzburgs alte Schatzkammer* 1967, S. 86 Nr. 108–119; Seling 1980, Bd. 3, S. 26 Nr. 243, S. 375 Nr. 2329; *Dommuseum* 1981, S. 130 Nr. 150–163, Abb. 73; Johann Kronbichler, in: *Meisterwerke* 1998, S. 213–215 Nr. 122;
vgl. Albert Haemmerle, *Buntpapier. Herkommen, Geschichte, Technik, Beziehungen zur Kunst*, München 1977, S. 210 Nr. 156, S. 212 Nr. 182b; vgl. Hanna Egger/Gregor M. Lechner, *Europäische Buntpapiere. Barock bis Jugendstil* (= Schriften der Bibliothek des Österreichischen Museums für angewandte Kunst 26), Ausst.Kat. Stift Göttweig, Graphisches Kabinett, 26. Mai–28. Oktober 1984/Wien, Österreichisches Museum für angewandte Kunst, 17. Januar–8. April, Innsbruck 1984; vgl. Norbert Leudemann, in: *gold und silber* 2003, S. 282–284 Nr. 98.

4.

Vier Ziervasen um 1765
Johann Baptist Hagenauer
(* Straß/Ainring 1732, † Wien 1810)

Blech, 29 x 29 x 16 cm
Böckstein, Pfarrkirche Maria vom Guten Rat

In der Stadt Salzburg wurden zu Mozarts Zeit keine Pfarrkirchen mehr errichtet, nur noch Altäre. 1751 war die Andräkirche um-, 1754 die Sebastianskirche neu gebaut und geweiht worden. St. Michael wurde 1767–1776 quasi neu gebaut, hing aber als Filialkirche von der Erzabtei St. Peter ab. 1758–1760 erhielt die Pfarrkirche in Mülln, 1785 die Spitalskirche St. Blasius einen neuen Hochaltar.

Die großen kirchlichen Bauunternehmungen jener Zeit lagen außerhalb der Stadt: in Hallein (Pfarrkirche St. Antonius Eremita, Langhaus 1769–1775, s. Kat.Nr. 9.), Großarl (Pfarrkirche hll. Martin und Ulrich, 1768–1769), im Tiroler Teil des Erzbistums (Brixen im Thale, Pfarrkirche Mariae Himmelfahrt, 1789–1795; Hopfgarten, Pfarrkirche hll. Jakobus d. Ä. und Leonhard, 1758–1764, s. Kat.Nr. 19.; Itter, Vikariatskirche hl. Josef, 1762–1764), am Wolfgangsee (Strobl, Vikariatskirche hl. Sigismund, 1758–1761; Sankt Gilgen, hl. Ägydius, 1767–1769) sowie in Böckstein.

Die Bergwerkssiedlung Böckstein im Gasteinertal war bis 1764 errichtet worden. Die Kirche wurde von Christian Glaner (Werfen, nachweisbar 1753–1768) nach Plänen Wolfgang Hagenauers (* Straß 1726, † Salzburg 1801) gebaut und am 26. Juli 1767 geweiht. Ein Porträt zeigt Erzbischof Siegmund Schrattenbach mit dem Kirchhügel im Hintergrund (Kat.Nr. 98.).

Die vier Vasen gehören zu einem Satz von acht und wurden zusammen mit dem Hochaltar und Leuchtern von Johann Baptist Hagenauer (vgl. Kat.Nr. 82.), dem Bruder des Architekten, entworfen. Die Lieferung des Altares ist für Januar 1766 belegt, die der Totenleuchter für 1767 (Zimburg, ohne Angabe von Quellen). Anlässlich der Restaurierung 1951–1952 wurden die Vasen wohl entfernt. PK

Lit.: Zimburg 1963, S. 61; Zimburg 1978, S. 61; vgl. ÖKT 1940, Bd. 28, S. 69, 219, 234.

5.

Ziborium 1747/1749
Johann Georg Jaser
(Meister Augsburg 1740, † ebd. 1760)

Silber, vergoldet, 34 x 16 cm
Marken: Augsburg H (Seling 226), IGI (Seling 2320), zwei Repunzen cc, alle am Rand des Fußes und am Rand des Deckels
Salzburg, Domschatz, Inv.Nr. Z 5–L

Der Rocailledekor des Ziboriums ähnelt dem des Kelches, der ebenfalls von Jaser stammt (Kat.Nr. 7.). Die Vergoldung des Deckels und das Kreuz sind erneuert.

Ziborien des 18. Jahrhunderts sind weit seltener als Kelche (Kat.Nr. 7.–8., 84.–86.), weil damals seltener die Kommunion gespendet, aber häufiger Messen gelesen wurden als heute. PK

Lit.: Seling 1980, Bd. 3, S. 25 Nr. 226, S. 374 Nr. 2320.

6.

Messkelch 1749

Johann Caspar Lackner (* Tittmoning 1713, Meister ebd. 1746, † ebd. 1752)

Silber, getrieben, vergoldet, H. 30,3 cm
Marken: ICL (Wagner 942), Tittmoning (Wagner 905)
Salzburg-Mülln, Pfarrkirche Maria Himmelfahrt

Der Kelch ist aus vergoldetem Silber gefertigt. Rocaille- und Muschelornamente, florale und architektonische Elemente „von hoher Qualität" (Wagner) bedecken die Oberfläche. An der Cuppa und am Fuß sind jeweils drei Reliefs eingefügt, die sich typologisch aufeinander und alle zusammen auf das Messopfer beziehen: „Abendmahl", „Kreuzigung" sowie „Melchisedech und Abraham" bzw. die „Mannalese", die „Opferung Isaaks" und „Petrus als Papst".

Erzbischof Siegmund Schrattenbach erwarb den Kelch 1749 um 136 fl. direkt von dem Tittmoninger Goldschmied und schenkte ihn der Kirche in Mülln als Ersatz für ein gestohlenes, älteres Stück.   PK

Lit.: ÖKT 1912, Bd. 9, S. 194, 213, Nr. 7; *Gold und Silber* 1984, S. 134 Nr. K 131, S. 135 Abb. 46.

7.

Messkelch 1755/1757

Johann Georg Jaser
(Meister Augsburg 1740, † ebd. 1760)

Silber, vergoldet, 23,2 x 14,7 cm
Marken: Augsburg M (Seling 235), IGI (Seling 2320), zwei Repunzen cc und † am Rand des Fußes
Inschrift: „ad sacram parochiam emptus" (Unterseite)
Salzburg, Domschatz, Inv.Nr. K 17–L

Der Kelch ist mit einem bewegten Rocailledekor überzogen, der dem Zierat des ebenfalls von Jaser gefertigten Ziboriums ähnelt (Kat.Nr. 5.). Durch den kleineren Nodus und den schlankeren Fuß wirkt der Kelch leichter als das einige Jahre ältere Müllner Stück, im Ganzen ist er weniger architektonisch aufgebaut (Kat.Nr. 6.).   PK

Lit.: ÖKT 1912, Bd. 9, S. 46 Nr. 22; Rossacher 1966, S. 183 Nr. 213; Seling 1980, Bd. 3, S. 25 Nr. 235, S. 374 Nr. 2320.

8.

Messkelch 1779/1781

Caspar Xaver Stippeldey (getauft Augsburg 1735, Meister ebd. 1765, † ebd. 1808)

Silber, vergoldet, 23,2 x 14 cm
Marken: Augsburg Z (Seling 264), CXS (Seling 2505), zwei Repunzen cc und † am Rand des Fußes
Salzburg, Domschatz, Inv.Nr. K 21–L

Im Gegensatz zu den beiden vorhergehenden Rokoko-Kelchen (Kat.Nr. 6.–7.) schmückt den Kelch Stippeldeys ein klassizistischer Dekor aus Girlanden, geschuppten Füllungen, Akanthus- und Lanzettblättern, der deutlich ruhiger wirkt. Der neuneckige, nicht geschwungene Fuß trägt zu diesem Eindruck bei. Die drei Kelche zusammen geben einen Überblick über den raschen Formwandel der Goldschmiedekunst im dritten Viertel des 18. Jahrhunderts.

Stippeldey fertigte zur gleichen Zeit einen Kelch, der stilistisch den älteren Kelchen näher steht (Kat.Nr. 86.).   PK

Lit.: ÖKT 1912, Bd. 9, S. 46 Nr. 25; Rosenberg Bd. 3,1, Nr. 277, Nr. 1016; Rossacher 1966, S. 187 Nr. 235; Seling 1980, Bd. 3, S. 26 Nr. 264, S. 410–411 Nr. 2505.

9.
Messgarnitur 1767/1769
Georg Ignatius Christoph Baur
(* Biberach/Riss 1727, Meister
Augsburg 1750, † 1790)

**Silber, gegossen, getrieben, 3 x 30 x 24,5 cm (Tasse),
15 x 11,5 x 7,5 cm (Kännchen)**
Marken: GIB (Seling Nr. 2403), Augsburg S (1767–1769,
Seling Nr. 251–253) im Fond der Tasse und auf den
Füßen der Kännchen
Hallein, Pfarrkirche hl. Antonius Eremita

Die Pfarrkirche in Hallein gehört zu den großen Bauunternehmungen der Mozartzeit (vgl. Kat.Nr. 4.). Das Langhaus wurde 1769–1775 nach Entwurf Wolfgang Hagenauers (* Straß/Ainring 1726, † Salzburg 1801) errichtet. Bis 1799 wurden neun neue Altäre aufgestellt.

Die Kännchen sind mit Rocailledekor überzogen, die engen Henkel aus drei Bögen gebildet. Der spitze Schnabel geht ohne Absatz in den Rumpf über. Auf den Deckeln sind ein Wasser speiender Fisch und eine Weintraube mit Weinstock angebracht, an Stelle der üblichen Buchstaben „A" für Wasser (lat. „aqua") und „V" für Wein (lat. „vinum").

Von Georg Baur (vgl. Kat.Nr. 84.) sind insgesamt 41 Messgarnituren erhalten, davon tragen mindestens 15 den Weinstock und einen oder zwei Delphine. Die bewegten Formen sind kennzeichnend für die Zeit vor 1770, später wurden Baurs Gestaltungen ruhiger. Eine ganz ähnliche Garnitur, datiert 1761/1763, findet sich in St. Peter. PK

Lit.: Arthur von Scala (Vorw.), *Ausstellung alter Gold- und Silberschmiedearbeiten*, Ausst.Kat. Wien, K.K. Österreichisches Museum für Kunst und Industrie, April-Mai 1907, Wien 1907, Nr. 103; ÖKT 1927, Bd. 20, S. 106, S. 107 Abb. 93; Frey/Schommers/Seelig 1996, S. 162 Nr. 12; vgl. ÖKT 1913, Bd. 12, S. 53 Nr. 16, Abb. 82; vgl. Josef Weingartner, *Das kirchliche Kunstgewerbe der Neuzeit*, Innsbruck/München/Wien 1926, S. 292, Abb. 245; vgl. Seling 1980 Bd. 2, Abb. 670, Bd. 3, S. 26, 392; vgl. Frey/Schommers/Seelig 1996, S. 96–98, 160–165.

10.
Messgarnitur um 1750

**Zinn, 2 x 29 x 23 cm (Tasse),
11,5 x 8 x 5 cm (Kännchen)**
Marke „S SALZBURG" auf der Unterseite der Tasse
(vgl. Radinger/Walcher 55), nicht identifizierte Marke
in den Deckeln der Kännchen
Salzburg, St. Johann am Imberg

Die Kännchen sind einfach profiliert, die – zugehörige (?) – Tasse ist mit einem Rocailledekor im Stil der Zeit verziert, aber schlichter gestaltet als die silbervergoldeten Geräte (Kat.Nr. 5.–8.). Im Gegensatz zu der Halleiner Garnitur (Kat.Nr. 9.) besteht die der Imbergkirche aus Zinn.

Messgerät aus Zinn war im 18. Jahrhundert häufiger, als die Zahl der erhaltenen Stücke vermuten lässt. Die liturgischen Vorschriften verlangten zwar Gerät aus Edelmetall, doch fand, wenn die Mittel zur Anschaffung fehlten, auch das unedlere Material Verwendung, vor allem für Kännchen. Kelche aus Zinn sind hingegen rar (vgl. Kat.Nr. 6.–8.).

In Salzburg gab es im 18. Jahrhundert elf Zinngießer, aber nur drei Zinngießer-Gerechtigkeiten (d. h. Lizenzen), so dass insbesondere im letzten Viertel des Jahrhunderts immer mehr fahrende Händler Zinnwaren importierten. PK

Lit.: unveröffentlicht;
vgl. Radinger/Walcher 1909, Tf. II, Nr. 55;
vgl. Martin 1927, S. 139; vgl. Braun 1932, S. 424.

11.

Der hl. Rupert tauft Herzog Theodo 1736

Andrea Rensi (tätig Salzburg um 1730/1740, † unbekannten Ortes 1761/1762)

Öl auf Leinwand, 244 x 126 cm
Salzburg, Dom- und Metropolitankirche, Sakristei

Die südliche, so genannte Domherrensakristei wurde 1733–1736 mit intarsierten Paramentenschränken sowie mit zwei großen Gemälden des Hofmalers Andrea Rensi ausgestattet.

Rensi stammte aus Trient und wurde durch Erzbischof Leopold Anton Firmian (* München 1679, gew. 1727, † Salzburg 1744) nach Salzburg berufen. Zu seinen Hauptaufgaben gehörte die Ausmalung des firmianschen Schlosses Leopoldskron. Zusätzlich zu den beiden Sakristeibildern sollte er auch ein neues Hochaltarbild und zwei Presbyteriumsbilder für den Dom malen, wegen des Widerstandes des Domkapitels führte er aber nur das Altarbild aus. 1828 wurde es bereits wieder entfernt.

Heinz nennt Rensis Stil „dekorativ" und hebt die „starke Flächenbetontheit" und die „Vereinfachung des Figurenumrisses" hervor. Ebenso gilt umgekehrt, dass Rensi Körper im Raum nicht schlüssig wiederzugeben vermochte. Die Figuren der *Taufe des Herzogs Theodo* sind nur durch Überschneidungen zueinander ins Verhältnis gesetzt.

Die Darstellung geht auf die Rupertuslegende zurück, der zufolge der spätere Salzburger Bistumspatron in Regensburg den Bayernherzog Theodo III. bekehrte und taufte. Die Szene findet sich auch im Rupertusoratorium des Domes (1625/1628) und auf Erzstiftskalendern des 18. Jahrhunderts. Dort beugt sich der Herzog wie im Kupferstich der *Bavaria Sancta* (München 1615) über ein Taufbecken, bei Rensi wie in manchen Andachtsbildchen über eine Schüssel (vgl. Kat.Nr. 15.). PK

Lit.: ÖKT 1912, Bd. 9, S. 26; Heinz 1950, S. 33–34; vgl. Petrus Eder OSB/Johann Kronbichler (Hrsg.), *Hl. Rupert von Salzburg. 696–1996*, Ausst.Kat. Salzburg, Dommuseum/Erzabtei St. Peter, 16. Mai–27. Oktober, Salzburg 1996, S. 127 Abb. 34, S. 149–150, S. 316–317 Nr. 69, S. 326–327 Nr. 84, S. 335 Nr. 95; Nikolaus Schaffer, in: *Salzburger Künsterlexikon* 2001, S. 422–423.

12.
Eintrag der Trauung Leopold Mozarts mit Anna Maria Walburga Pertl
21. November 1747
in: Trauungsbuch der Dompfarre Salzburg, 1740–1769

Papier, neuer Ledereinband, 31 x 21,5 x 4,7 cm
Titel: „Liber Matrimonialis Inceptus Anno 1740"
Text: „Annus 1747. November. 21.
Nobilis D[omi]n[us] Leopoldus Mozarth Chelista Aulicus, Perhonesti Joan[n]is Georgii Mozart Bibliopagae Augustae Vindelicoru[m] et Mariae Annae Sulzerin Coniugum filius Legitimus cum Nobili et Pudica Virgine Maria Anna Nobilis D[omi]ni Nicolai Pertl Pflegs Com[m]issarii in Hildenstein et Evae Rosinae Altmannin coniugum nata legitima praesentibus testibus Pl[urim]um R[e]v[eren]d[issi]mo et Doct[issi]mo D[omi]no Sebastiano Seyser Chori vicario Metropolitano et Nobili D[omi]no Francisco Spekner Cubiculario Aulico et Tanz-Maister assistente me Leopoldo Joly Capellano Civico."
Salzburg, Konsistorialarchiv, Dompfarre, Trauungsbuch VII, S. 115 (Leihgabe der Dompfarre)
(ausgestellt 8. April – 19. Juli)

Die Führung von Trauungs- und Taufbüchern wurde in der 24. Sitzung des Konzils von Trient 1563 gemeinrechtlich vorgeschrieben. Beauftragt waren Pfarren und Pfarrvikariate. Die Aufzeichnungen der Trauungen in der Dompfarre Salzburg beginnen im Jahre 1575 und sind die ältesten im Erzbistum Salzburg. Der Eintrag im Trauungsbuch umfasste damals wie heute Jahr, Monat und Tag der Eheschließung, die Namen der Brautleute und deren Eltern samt Berufsbezeichnungen der Väter, die Namen der Trauzeugen und deren Berufe sowie den Namen des die Trauung vornehmenden Priesters.

Das familiäre Ansehen der Familie Pertl mag Leopold Mozart (* Augsburg 1719, † Salzburg 1787) bewogen haben, sich Anna Maria [Walburga] als Ehegattin zu erwählen und mit ihr am 21. November 1747 im Dom zu Salzburg die Ehe einzugehen. Sein Eheversprechen, das er scherzhaft seinem Hausherrn gegenüber als Eintritt „in den Orden der geflickten hosen" bezeichnete, gab er seiner zukünftigen Gemahlin einen Monat zuvor „zu Aigen".

Zum Zeitpunkt der Vermählung lebten nur mehr die Mütter der Brautleute: Anna Maria, geb. Sulzer (* Augsburg 1696, † ebd. 1766), und Eva Rosina Barbara, geb. Altmann (* Stein a. d. Donau 1681, † Salzburg 1755). Als Trauzeugen fungierten Domchorvikar Sebastian Seyser (* Altenmarkt/Bayern 1723, † Peterskirchen/Bayern 1801) und Tanzmeister Franz Spöckner (Speckner, * Salzburg um 1705, † ebd. 1767).

Domchorvikar Seyser wurde am 4. Juni 1746 in Salzburg zum Priester geweiht. Die Cura erhielt er am 21. Oktober 1746. Seine Investitur auf die Pfarrei Peterskirchen/Bayern erfolgte am 19. Mai 1769, wo er bis zu seinem Tod noch als „Jubelpriester" wirkte. Nach seiner Priesterweihe finden wir ihn von November 1746 bis zum Jahr 1764 in der Reihe der Domchorvikare an der Salzburger Metropolitankirche. In dieser Funktion dürfte er vermutlich mit Leopold Mozart in Kontakt getreten sein.

Franz Spöckner, den zweiten Trauzeugen, zählt Leopold Mozart in einem Brief an Lorenz Hagenauer aus Wien noch 1762 zu den „wahren Freunden", „welcher ganz sicher grossen Theil an unserem Wohl nimmt".
EH

Lit.: *Mozart Dokumente* 1961, S. 4; Ernst Hintermaier, in: *Salzburg zur Zeit der Mozart* 1991, S. 322 Nr. II/124; vgl. *Salzburger Mozart-Lexikon* 2005, S. 370–371, 454; vgl. *Mensch Mozart* 2005, S. 25.

13.

Eintrag der Taufe Mozarts
28. Januar 1756
in: Taufbuch der Dompfarre zu Salzburg, 1756–1814

Papier, Leder, geprägt, 37,1 x 26,5 x 8,8 cm
Titel: „LIber CIVICo-paroChIaLIs eorVM, qVI eX aqVa, aC spIrItV sanCto In ChrIsto IesV regenerantVr* Inno-Vante LeopoLDo LaMpreCht* In eCClesIa MetropoLItI-Co-paroChIaLI CapeLLano"
(Buch all derer aus der Stadtpfarre [Salzburg], die aus dem Wasser und dem Heiligen Geist in Jesus Christus wiedergeboren werden, neu angefangen von Leopold Lamprecht, Kaplan an der Metropolitan- und Pfarrkirche).
Text: „Januarius. / Annus 1756 / Dies, et Hora Partus, et Bapt[is]mi. // 28. / med[ia hora] 11. merid[iana] baptizatus est: natus pridie h[ora] 8. vesp[ertina] Proles. // Joannes Chrysost[omus] Wolfgangus Theophilus fil[lius] leg[itimus] Parentes. // Nob[ilis] D[ominus] Leopoldus Mozart Aulae Musicus, et Maria Anna Pertlin coniuges Patrini. // Nob[ilis] D[ominus] Joannes Theophilus Pergmayr Senator et Mercator civicus p[ro] t[empore] sponsus Minister. // Idem [Leopoldus Lamprecht Capellanus Civicus]"

Salzburg, Konsistorialarchiv, Dompfarre, Taufbuch, IX,2, S. 2 (Leihgabe der Dompfarre)
(ausgestellt 20. Juli–5. November)

Neben den vier schriftlichen Briefzeugnissen Leopold Mozarts an seinen Verleger Johann Jakob Lotter (* Augsburg 1683, † ebd. 1738), die auf Wolfgang Amadeus Mozarts Geburt Bezug nehmen, kommt dem „amtlichen" Taufbuch, das dem heutigen standesamtlichen Geburtenbuch entspricht, der höchste Stellenwert zu. Aufgrund dieser Matrikelbücher wurden ad personam Tauf- bzw. Geburtsurkunden ausgestellt. Die Einträge geben über Jahr, Monat, Tag und Stunde der Geburt und Taufe, über Vornamen des Täuflings, dessen legitime (eheliche) oder illegitime (uneheliche) Geburt, über Namen der Eltern und den Beruf des Vaters, über Namen und Beruf des Paten sowie über Namen des Spenders des Sakraments Auskunft.

Im Fall Mozart war es der 28. Januar 1756, an dem er um 1/2 11 Uhr getauft wurde; tags zuvor um 8 Uhr abends war er geboren worden. Getauft wurde er auf die Namenspatrone: Johannes Chrysostomus Wolfgang und Gottlieb (vgl. Kat.Nr. 19.).

Vater Leopold wies sich als Hofmusiker, Wolfgangs Taufpate als Stadtrat und Kaufmann aus. Die Taufe in der Salzburger Domkirche spendete Stadtkaplan Leopold Lamprecht (* Salzburg 1711, † ebd. 1780).

Das Konzil von Trient hatte 1563 gemeinrechtlich Trauungs- und Taufmatrikeln vorgeschrieben (sess. XXIV). Die Aufzeichnungen der Taufen in der Dompfarre Salzburg beginnen im Jahre 1586, die der Trauungen bereits 1575.
EH

Lit.: Dom zu Salzburg 1959, S. 81 Nr. 82; Mozart Dokumente 1961, S. 11, 1981, S. 11; Ernst Hintermaier, in: Salzburg zur Zeit der Mozart 1991, S. 322 Nr. II/125; Meisterwerke 1998, S. 216–217 Nr. 124; vgl. Salzburger Mozart-Lexikon 2005, S. 250, 370, 487.

14.
Taufgarnitur 1741
Zinn, 41,2 x 31 cm (Tasse), H. 21,5 cm (Kanne)
Abtenau, Pfarrkirche hl. Blasius

Die Taufgarnitur besteht aus einer Kanne und einem (zugehörigen?) Becken. Aus der Kanne goss der Priester das Wasser über den Kopf des Täuflings (vgl. Kat.Nr. 17.). Ähnlich den Messgarnituren war die Taufgarnitur des Öfteren aus Zinn gefertigt (vgl. Kat.Nr. 10.). Die Taufgarnitur ist zu unterscheiden von der bischöflichen Lavabogarnitur (s. Kat.Nr. 3.). PK

Lit.: unveröffentlicht.

15.
Taufschüssel 1700/1720
Kupfer, getrieben, verzinnt, Ø 37 cm
Bezeichnet: „IHS"
Rattenberg, Augustinermuseum (Leihgabe der Pfarre hll. Petrus und Paulus, Kössen)

Die schlichte, vergleichsweise kleine und tiefe Schüssel ist durch das Christusmonogramm als Taufgerät gekennzeichnet. Solche Schüsseln standen im Taufbecken (Kat.Nr. 17.) oder wurden unter den Täufling gehalten (Kat.Nr. 11.).
 Die Schüssel ist aus Kupfer getrieben und innen verzinnt, weil das unedlere Metall nicht so leicht oxydiert. PK

Lit.: *Augustinermuseum Rattenberg* 1996, S. 49 Nr. 79 Abb.

16.
Fünfteilige Taufgarnitur um 1800
Salzburg (?)

Steckkissen: blaue Seide, rote Rautenstepperei, beigefarbenes Leinenfutter, rote Bandeinfassung, drei mal zwei Bänder aus roter Seide, 84,5 x 28 cm
Polster: rosa Seide, Gewebe aus Spitze, zweifacher Spitzenrand, 23,5 x 17 cm
Wickelband: rosa Seide, Gewebe aus Spitze (vgl. Polster), einfacher Spitzenrand (vgl. Polster), beigefarbenes Leinenfutter, 220 x 14 cm
Jäckchen: rosa Leinen, weißes Spitzenband mit Blüten am Halsrand, unterer Rand und Enden der Ärmel zickzackförmig abgeschnitten, Nähte einfach gesteppt, über dem Leinen ein Gewebe aus rosa Tüll, 23,4 x 40,5 cm
Umhang: Tüll, rosa Leinen, am Halsrand ein schmales Stoffstück aus rosa Leinen (vgl. Jäckchen), 45 x 60,5 cm
Salzburg, Salzburger Museum Carolino Augusteum, Inv.Nr. K 5775/49

Die fünfteilige Taufgarnitur besteht aus einem Steckkissen, einem Polster, einem Wickelband, einem Jäckchen sowie einem Umhang. Der Umhang ist am Hals mit Haken und Öse verschließbar. Das Stoffstück aus rosa Leinen am Halsrand ist wohl ergänzt. Der mittlere Teil des Umhangs ist mit einem gerafften, zweiten Tüllband verziert, der untere Rand endet in einem Volant. Das Jäckchen hat einen gerafften, stehenden Halskragen und trompetenförmige Ärmel. Sein oberer Knopf trägt die verschlungenen Buchstaben M und N, der untere einen fünfstrahligen Stern. Das Wickelband endet in zwei Bändern aus rosa Seide zum Schnüren.
 Da die Taufkleidung den Modeströmungen der Kinderkleider folgte, wurden Täuflinge noch bis in die zweite Hälfte des 18. Jahrhunderts hinein gewickelt, bis sich allmählich das Taufkleid sowohl für Mädchen als auch für Buben durchsetzte. Das Kind steckte im so genannten Steckkissen, einem großen, besonders geschnittenen Tuch oder Stück dickeren Stoffs, das über dem Körper des Säuglings zusammengeschlagen und zum besseren Halt mit einem breiten Wickelband geschnürt wurde. Nur der Kopf schaute aus dem Kissen hervor und war,

wenn das Steckkissen keine Kapuze hatte, mit einem kleinen Häubchen bedeckt. Ein kleiner Polster stützte das Köpfchen.

Bereits kurze Zeit nach der Geburt wurde ein Kind getauft, damit es Aufnahme in die Kirche finden konnte. Die festliche Einkleidung des Täuflings ist fester Bestandteil der Taufzeremonie, sie verweist auf das Ablegen des alten Menschen und das Anziehen des neuen in Christus (Gal 3, 27; Eph 4, 22ff; Kol 3,9, vgl. Kat.Nr. 18.).

Um dieses Anziehen zu symbolisieren, wurde und wird während der Taufe ein Kleidchen auf das Steckkissen gelegt. Der Brauch erklärt die geringe Größe des Jäckchens ebenso wie seine einfache und unvollkommene Ausführung, denn es war nie für Bekleidungszwecke gedacht.

Taufgarnituren befanden sich oft im Besitz einer Familie und wurden an die folgenden Generationen weitergegeben. Ältere Teile waren weiterhin in Verwendung, neue kamen hinzu, zerschlissene Teile wurden ersetzt oder zumindest ausgebessert, so wie am Kragen des Umhangs.

Auffällig ist die Farbenpracht der Taufgarnitur, bei der Rosa dominiert, vielleicht ein Hinweis darauf, dass sie ein Mädchen trug. Erst im 19. Jahrhundert setzte sich Weiß bei der Täuflingskleidung durch. UV

Lit.: *Salzburg zur Zeit der Mozart* 1991, S. 234 Nr. I/782; vgl. *LThK* ²1975, Bd. 9, Sp. 1310–1323, 1327–1328; vgl. Mechthild Wiswe, Tradition im Taufkleid, in: *Informationen und Berichte des Braunschweigischen Landesmuseums* 1, 1989, S. 2–6.

17.

Das Sakrament der Taufe 1750/1775
Salzburg (?)

Öl auf Leinwand, 50 x 46 cm
Salzburg, Salzburger Museum Carolino Augusteum,
Inv.Nr. K 5775–49 (alte Nr. 346/50)

Das Bild zeigt das Sakrament der Taufe: Der Priester ist im Begriff, das Kind zu segnen, und gießt das Wasser über dessen Kopf (vgl. Kat.Nr. 18.). Neben ihm steht ein Ministrant mit der Kerze und dem Salbgefäß. Eine Amme hält das Kissen, auf dem das Kind lag. Die Eltern stehen links, der Vater hält das Kind über das Taufbecken, in dem eine metallene Schüssel steht (vgl. Kat.Nr. 15.). Der Pate, der gemäß dem Rituale teilnehmen und im Taufbuch genannt sein musste (Kat.Nr. 13., 18.), ist nicht dargestellt.

Das Gemälde gehörte, auch wenn keine weiteren Bilder erhalten sind, sicher zu einer Serie der sieben Sakramente. Einzelne Darstellungen der Taufe sind sehr selten, mit Ausnahme „historischer" Taufen wie jenen Kaiser Konstantins oder Herzog Theodos (Kat.Nr. 11.). Sakramentszyklen finden sich häufig auf Taufsteinen und -deckeln sowie in der Druckgraphik, gelegentlich auch in der Malerei. PK

Lit.: nicht in ÖKT 1919, Bd. 16; *Salzburg zur Zeit der Mozart* 1991, S. 232 Nr. I/775.

18.

Rituale Salisburgense 1740
Druck: Salzburg: Johann Joseph Mayr 1740

Papier, Leder, 23,7 x 18,7 x 5,9 cm, B. 36,7 cm (geöffnet)
Titel: „Rituale Salisburgense. Ad usum Romanum accomodatum [...]"
Salzburg, Konsistorialarchiv, Sign. W.a.N. XXV

Das Rituale enthält die Anleitungen zu den liturgischen Handlungen, die außerhalb des Gottesdienstes anstanden, insbesondere zu den Sakramenten. Seit 1640 war das Salzburger Rituale gemäß den Beschlüssen des Konzils von Trient dem römischen Rituale angeglichen. Bis in die Zeit Mozarts erlebte es fünf Auflagen, die zu Mozarts Taufe aktuelle Ausgabe wurde 1740 unter Erzbischof Leopold Anton Firmian (* München 1679, Erzbischof 1727, † Salzburg 1744) gedruckt. Das Rituale gibt unter anderem den Ablauf der Taufe vor. Die Formeln sind, wie üblich, lateinisch verfasst. Für den Fall, dass die Eltern oder der Pate diese Sprache nicht beherrschen, sind die Texte auch auf Deutsch angegeben (S. 22–24).

Die Taufe war in Anwesenheit der Eltern und des Paten durch einen Priester zu vollziehen, deren Namen alle im Taufbuch festgehalten wurden (s. Kat.Nr. 13.). Nachdem der Priester den Täufling mit dem heiligen Öl bekreuzigt hatte, legte der Pate an Stelle des Kindes das Glaubensbekenntnis ab. Danach vollzog der Geistliche die Taufe, indem er Wasser über das Haupt des Kindes goss (s. Kat.Nr. 17.) Anschließend salbte er es mit dem Chrisam und legte ihm das Kleid über (s. Kat.Nr. 16.). PK

Lit.: vgl. Franz Ortner, in: *Geschichte Salzburgs* 1991, Bd. II,3, S. 1386–1387.

19.
Hl. Wolfgang um 1750
Franz Offer ? (nachweisbar Mittersill 1717, Bürger Kitzbühel 1720, † ebd. 1753/1754)

Holz, farbig gefasst, H. ca. 200 cm
Hopfgarten im Brixental, Pfarrkirche hll. Jakobus d. Ä. und Leonhard

Mozarts Namenspatron wurde seit dem Spätmittelalter besonders in St. Wolfgang am Wolfgangsee verehrt. Als Bischof von Regensburg hatte er sich der Legende nach als Einsiedler auf den Falkenstein über dem See zurückgezogen. Mit dem Wurf eines Beiles soll er die Stelle am Ufer gekennzeichnet haben, wo später die Wallfahrtskirche errichtet wurde.

Mozarts Taufnamen lauteten „Johannes Chrysostomus Wolfgang Gottlieb" (s. Kat.Nr. 13.). Der erste Name geht auf den Tagesheiligen zurück, Johannes Chrysostomus (* Antiochien 354, † Komana 407), der zweite auf den Großvater mütterlicherseits, Wolfgang Nikolaus Pertl (* Salzburg 1667, † Sankt Gilgen 1724), der dritte auf den Taufpaten Johann Gottlieb Pergmeyer (* Grieskirchen/Oberösterreich 1709, † Salzburg 1787). Mozarts Mutter wird die Wahl des Namens beeinflusst haben, zumal sie aus St. Gilgen am Nordufer des Wolfgangsees stammte.

„Wolfgang" entwickelte sich zum Rufnamen, der Vater nennt den Vierjährigen so in seinen Briefen, und der Neunjährige signiert mit diesem Namen das *God is our Refuge* (Kat.Nr. 50.). Seit 1770 setzte Mozart „Amadeo" hinzu, seit 1777 „Amadé", die italienische bzw. französische Form von „Gottlieb".

Die Pfarrkirche von Hopfgarten, aus der die Skulptur kommt, gehört zu den großen Bauunternehmungen der Mozartzeit im Tiroler Teil des Erzbistums (vgl. Kat.Nr. 4.). 1697–1707 hatte sie vier neue Altäre erhalten, 1717 eine neue Kanzel. Seit 1748 war ein Neubau im Gespräch, 1758–1764 wurde er verwirklicht. Die Figur wird Mitte des Jahrhunderts datiert, wäre also noch vor dem Baubeginn entstanden. Sie wird dem Kitzbüheler Bildhauer Franz Offer zugeschrieben, der 1717 als Geselle an der Herstellung der neuen Kanzel beteiligt war. PK

Lit.: *Dehio Tirol* 1980, S. 348;
vgl. Mayer 1940, S. 133; vgl. *MBA* 1962, Bd. 1, S. 48 Z. 6, S. 49 Z. 11; vgl. *Salzburger Mozart-Lexikon* 2005, S. 370; vgl. *Mensch Mozart* 2005, S. 13.

20.
Hochzeitsbecher 1731/1759
Anton Georg Riedlehner (* Feldkirchen/ Bayern, Lehre München 1691–1697, Meister 1719, Werkstatt 1731, † 1759)

Silber, H. 23,2 cm, Ø 11,7 cm
Marken: S, AR (Wagner 223) und Repunzen am Rand des Fußes
Straßwalchen, Filialkirche Maria Himmelfahrt in Irrsdorf

Der schlichte, aber formschöne Becher ist nur durch einen gravierten Randstreifen verziert. Er steht auf einem hohen Fuß, die Cuppa hat eine gestreckte, blütenartige Form. Das Silber zeigt deutliche Fehlstellen, vermutlich auf Grund schädlicher Umwelteinflüsse. Um 1984 wurde der Becher restauriert.

Hochzeitsbecher fanden vor allem im 17. und 18. Jahrhundert Verwendung. Sie dienten dazu, dem Brautpaar nach dem Trauungsgottesdienst vor der Kirchentüre Wein zu reichen. Der Brauch, der die Kommunion unter beiderlei Gestalt ersetzte, wurde durch das Konzil von Trient 1563 gestattet. In der Erzdiözese Salzburg sind nur drei Hochzeitsbecher erhalten. PK

Lit.: ÖKT 1913, Bd. 10, S. 68 Nr. 1; Franz Wagner, in: *Gold und Silber* 1984, S. 65 Nr. 223, S. 133 Nr. K 129, Abb. 44;
vgl. Johannes Neuhardt, ebd., S. 9; vgl. *Augustiner-Museum Rattenberg* 1996, S. 35 Nr. 41.

21.1.–2.
Ansicht des Kapitelplatzes mit Prozession (Guckkastenbild) 1756/1770

Ansicht des Domplatzes (Guckkastenbild) 1756/1770

Karton, Deckfarbe, 17,3 x 23,4 cm
Salzburg, Erzabtei St. Peter, Graphische Sammlung, Inv.Nr. G 913
(ausgestellt 19. Juli–5. November, 8. April–18. Juli, seitenverkehrt abgebildet)

Die beiden Ansichten gehören zu einer Serie von 49 Deckfarbenbildern, die Interieurs, Straßen und Plätze Salzburgs sowie biblische Szenen darstellen. Die Seitenverkehrung, die geringe Größe und die stark fluchtenden Perspektiven weisen sie als Guckkastenbilder aus. Als Zeichenhilfe dürfte der wenig versierte Künstler eine Camera obscura verwendet haben. Die Bilder werden auch als Bühnenbilder bezeichnet.

Die *Ansicht des Kapitelplatzes* wird durch eine Prozession belebt, die von der Kapitelgasse zum Dom zieht. Vorneweg gehen ein Ministrant mit Glocke sowie Buben mit Fahnen und Laternen, im Zentrum der Geistliche mit dem verhüllten Allerheiligsten unter einem Himmel, eskortiert von Kerzenträgern. Eine kleine Gruppe von Gläubigen folgt. Die *Ansicht des Domplatzes* zeigt zwei Franziskanermönche sowie eine offene Kutsche, die gerade die Residenz verlässt. Beide Bilder geben eine Ahnung vom höfischen und religiösen Leben auf den Plätzen der Stadt.

Für die Ansicht des Dom- und des Universitätsplatzes wählte der Maler der Guckkastenbilder die gleiche Perspektive wie Franz Anton Danreiter (um 1730, Kat.Nr. 70., 74.), für die der Felsenreitschule die gleiche wie August Franz Heinrich Naumann (1795). Die Ansicht des Residenzplatzes ist vom ehemaligen Gasthof „Zum Schiff" aus aufgenommen, wie im Kupferstich Johann Michael Freys (um 1790), mit dem Unterschied, dass der Maler des Deckfarbenbildes vom zweiten und Frey vom dritten Stock des Gasthauses aus zeichnete (Abb. 18). Die *Ansicht von St. Peter* gibt Hinweise auf die Datierung, denn der Turm ist umgestaltet (1756), die Hoffassaden noch nicht (1770, vgl. Abb. 33, vgl. Kat.Nr. 71.). PK

Lit.: Brettenthaler 1987, S. 133, 2005 S. 134 (seitenrichtig); *Mozart Bilder und Klänge* 1991, S. 68 Nr. 57; Thomas Weidenholzer, in: *Salzburger Mozart-Lexikon* 2005, S. 213;
vgl. *St. Peter* 1982, S. 358 Nr. 417.

22.
Eintrag Mozarts im Musikerbuch der Kreuzbruderschaft der Bürgerspitalskirche 1780

Papier, Tinte, 19,9 x 15,6 cm
Herkunft: Salzburg, Salzburger Museum Carolino Augusteum, Hs. 2468, 1994 übernommen
Salzburg, Archiv der Stadt Salzburg (AStS), PA 1.188, fol. 57 r
(ausgestellt 8. April–18. Juli)

Die Bruderschaften des 17. und 18. Jahrhunderts waren geistliche Zusammenschlüsse von Laien, die sich insbesondere um Beistand im Todesfall und um die Gestaltung oder Durchführung von Prozessionen, Messfeiern, Kirchfahrten und Andachten bemühten. Durch diese Aktivitäten boten sie den Salzburger Musikern ein „reiches [...] Betätigungsfeld" (Klieber), Leopold Mozart z. B. besorgte 1745–1749 die Musik für die Oratorien der Corpus-Christi-Bruderschaft in der Karwoche (s. Abb. 41).

Die Kreuzbruderschaft an der Spitalskirche St. Blasius wurde 1686 gegründet. Sie zählte zu den kleineren Bruderschaften Salzburgs, im Bruderschaftsbuch 1686–1778 sind bloß 3994 Mitglieder eingetragen (vgl. Kat.Nr. 23.). Anfangs widmete sie sich vor allem dem wöchentlichen Singen der Litaneien am Kreuzaltar, erst ab 1728 ging sie regelmäßig bei Prozessionen und Begräbnissen mit (s. Abb. 42). Ein Drittel ihrer Einnahmen führte sie an das Spital ab.

Da die Hofmusiker die Litaneien gestalteten, entwickelte sich die Bruderschaft zu deren „geistlicher Heimstatt" (Klieber). Seit 1695, beginnend mit Hofkapellmeister Heinrich Ignaz Franz Biber (* Wartenberg/Böhmen 1644, † Salzburg 1704), trugen sie sich in ein eigenes Musikerbuch ein. Während aber die ersten Seiten dieses Buches durch Laub- oder Blütenkränze verziert sind, werden die Einträge ab 1740 schmuckloser und spärlicher. Seit 1746 wirkten die Hofmusiker nicht mehr bei den Litaneien mit. Vater und Sohn Mozart gehören zu den letzten, vielleicht nachträglich eingeschriebenen Musikern. Nach 1780 scheinen keine neuen Mitglieder in dem Musikerbuch der Kreuzbruderschaft mehr auf. PK

Lit.: Klieber 1994, S. 144–147, 267 Nr. 85, Tf. V; Klieber 1999, S. 385–392; Rupert Klieber, in: *Salzburger Mozart-Lexikon* 2005, S. 60–62; vgl. Petrus Eder, in: ebd., S. 386.

23.
Eintrag Mozarts im Bruderschaftsbuch der Skapulierbruderschaft 1757

Papier, Tinte, 32 x 22 x 7 cm
Salzburg, Erzabtei St. Peter, Hs. A 226/1, fol. 338 r
(ausgestellt 19. Juli–5. November)

Die Skapulierbruderschaft von St. Peter, die vermutlich 1630 gegründet wurde, war die „erfolgreichste" und „populärste" Bruderschaft Salzburgs (Klieber). Das Bruderschaftsbuch für die Jahre 1709 bis 1763 umfasst 46.172 Eintragungen (vgl. Kat.Nr. 22.). Die Beliebtheit der Bruderschaft resultierte ebenso aus der intensiven Betreuung durch St. Peter wie aus den Privilegien, die die Bruderschaft genoss, darunter das Vorrecht des vollkommenen Ablasses in der Todesstunde und der Befreiung aus dem Fegefeuer.

Das Skapulier war ursprünglich ein Teil der mönchischen Kleidung. Es bestand aus zwei Tuchstreifen, die über die Schultern herabhingen. Die Skapulierbruderschaften führten sich auf eine Vision des Karmelitergenerals Simon Stock († Bordeaux 1265) zurück, dem die Madonna das Skapulier überreicht haben soll mit der Zusicherung, jedem Träger sei das Heil gewiss (Abb. 23). Obwohl die Privilegien schon im 16. Jahrhundert angezweifelt wurden, waren diese Bruderschaften bei den Gläubigen sehr beliebt. Selbst Kinder wurden aufgenommen. In der Regel wurde eine Skapulierbruderschaft von den Karmelitern betreut, in Salzburg mangels einer Karmeliterniederlassung aber von den Benediktinern der Abtei St. Peter.

Die Salzburger Skapulierbruderschaft verlangte keine Mitgliedsbeiträge, sondern sammelte Spenden. Die Mitglieder verpflichteten sich, Tag und Nacht das Skapulier zu tragen. Die Familien Hagenauer und Pertl scheinen mehrfach im Bruderschaftsbuch auf. Mozart wurde bereits im Alter von anderthalb Jahren eingetragen, am 16. Juli 1757, seine Schwester Maria Anna am 16. Juli 1753 (fol. 322 r). PK

Lit.: Klieber 1994, S. 142; Klieber 1999, S. 310–326, bes. S. 323; Schmid/Eder 2005, S. 278; Petrus Eder, in: *Salzburger Mozart-Lexikon* 2005, S. 386–387; vgl. Franz Ortner, in: *Geschichte Salzburgs* 1991, Bd. II, 3, S. 1421.

24.

Bruderschaftszettel der Skapulierbruderschaft 1747

Papier, 28,9 x 18,9 cm
Überschrift: „Unterrichtung von der Gnadenreichen Ertz-Bruderschafft/des H. Carmeliter-Scapuliers/so zu Saltzburg der Ertz-Bischöfflichen/Haubt-Stadt in dem Uhralten St. Peters Closter aufgericht und/wie man sich zu verhalten habe"
Eintrag: „1747 den 15.Julii", „Franciscus Wimmer"
Salzburg, Konsistorialarchiv, 10/64, III. Teil

Bruderschaftszettel informierten ein Mitglied über seine Vorteile und Pflichten und wiesen die Zugehörigkeit nach. Der Zettel der Skapulierbruderschaft nennt die Verpflichtung zum Tragen des Skapuliers und das Versprechen Mariens, „alle Brüder und Schwestern [...] am nächsten Sambstag nach ihrem Todt von der Peyn des Fegefeuers" zu erlösen (vgl. Kat.Nr. 23.). Er ist illustriert mit einem Bild der Maria, die das segnende Kind auf dem rechten und ein Skapulier über dem linken Arm trägt. PK

Lit.: Klieber 1999, S. 317 Anm. 185.

25.

Katechismus 1742

Georg Stadler, *Milch und Speiß Christlicher Weißheit und Gerechtigkeit, Das ist: Kleiner Catechismus Petri Canisii, der heiligen Schrifft Doctors/für die gemeine Layen und junge Kinder beschriben, Nunmehro aber auf ein neues zum besten der Kleinen und Grossen mit beygefügten nothwendig- und nutzlichen Frag- und Antworten gründlich erkläret, Wie dann auch mit fünff sehr heylsamen Anhängen: 1. von denen täglich- und wochentlichen Andachts-Übungen: 2. wie man Beichten: 3. Communiciren: 4. Meß-Hören, und 5. die Act der drey Göttlichen Tugenden erwecken solle, vermehret*, Salzburg: Mayr 1742

Karton, Leder, Papier, 16,2 x 11,3 x 4,4 cm
Salzburg, Konsistorialarchiv, Sign. Bergh 43

Der Katechismus Georg Stadlers (* Petting 1703/1704, † Mittersill 1743) war in Mozarts Kindheit in Salzburg das gängige Lehrbuch zur Unterweisung im christlichen Glauben. Es handelt sich um eine Bearbeitung des Katechismus des Petrus Canisius (* Nijmegen 1521, † Fribourg 1597). Wie üblich, ist der Text aus Fragen und Antworten aufgebaut. Das Buch wurde gratis verteilt, allerdings scheint die beschränkte Lesefähigkeit der Laien seiner Wirkung Grenzen gesetzt zu haben.

Die erste Auflage des Katechismus von 1742 ist illustriert. Die Kupferstiche schuf Franz Sebastian Schaur (tätig Salzburg 1742–1764) nach Vorlagen des Pereth-Schülers Johann Joseph Fackler (* 1698, † Salzburg 1745). Sie stellen die Grundsätze der christlichen Lehre dar, passend zu den „Hauptstücken" des Buches. Der Stich „Die Heilige Sacramenten" zeigt im Uhrzeigersinn sechs Medaillons mit Taufe, Beichte, Firmung, Ehe, Letzter Ölung und Priesterweihe. Im Zentrum steht ein Kelch mit strahlenumkränzter Hostie als Bild der Eucharistie. Der Stich „Das Vatter Unser mit ange/hängtem H. Englischen Gruß" zeigt den betenden Christus, umgeben von den knienden Aposteln (vgl. Lk 11,1–4, Mt 6,9–13) sowie als Bilder für das „Ave Maria" den „Tempelgang Mariens", die „Verkündigung" und einen Rundbau. Die Illustrationen verfolgten didaktische Zwecke, dennoch erschien die zweite Auflage 1756 ohne Kupferstiche.

Stadlers Katechismus blieb lange in Gebrauch. Zwar berief Erzbischof Siegmund Schrattenbach 1757 den Jesuiten Ignaz Parhamer (* Schwanstadt/OÖ 1715, † Wien 1786) nach Salzburg, doch scheint dessen Katechismus (Tyrnau 1750–1752, 1754) trotz kostenloser Verteilung keine Verbreitung gefunden zu haben. In den Salzburger Bibliotheken hat sich kein Exemplar erhalten. Unter Erzbischof Hieronymus Colloredo mündeten die Bemühungen um eine Verbesserung der christlichen Lehre, nach vergeblichen Versuchen, einen eigenen Salzburger Katechismus zu verfassen, 1776 schließlich in der Einführung des Katechismus des Johann Ignaz von Felbiger (* Großglogau/Schlesien 1724, † Pressburg 1788). PK

Lit.: Johannes Eising, Geschichte der Katechetik in Salzburg, in: *Katholische Kirchenzeitung Salzburg* 46, 1906; Josef Schöttl, *Kirchliche Reformen des Salzburger Erzbischofs Hieronymus von Colloredo im Zeitalter der Aufklärung* (= Südostbayerische Heimatstudien 16), Hirschenhausen 1939, S. 67;
vgl. Johannes Hofinger SJ, *Geschichte des Katechismus in Österreich von Canisius bis zur Gegenwart, mit besonderer Berücksichtigung der gleichzeitigen gesamtdeutschen Katechismusgeschichte* (= Forschungen zur Geschichte des innerkirchlichen Lebens 5–6), Innsbruck/Leipzig 1937, S. 58; Franz Ortner, in: *Geschichte Salzburgs* 1991, Bd. II,3, S. 1418; vgl. Pillwein 1821, S. 46; vgl. Monika Gruber, *Johann Franz (1622–1678) und Johann Friedrich (1643–1722) Pereth* (Diplomarbeit), Salzburg 2001, S. 68, 70.

26.1.–2.
Zwei Beichtzettel 1763, 1767

Papier, 6 x 9 cm
Vordruck: „TEstimonium Confessionis Paschalis pro Anno M.DCC:LXIII. in cujus fidem se subscripsit. Salzburg,"
Handschriftlicher Eintrag: „ad S. Petri P. Andreas"
Papier, 7,5 x 8 cm
Vordruck: „TEstimonium Confessionis Paschalis pro Anno M.DCC:LXVII. in cujus fidem se subscripsit. Salzburg,"
Kein handschriftlicher Eintrag
Salzburg, Konsistorialarchiv, o. Sign.

„Die Buß ist ein Sacrament, dardurch ein ordentlicher Priester an GOttes [!] statt die Sünden nachlässt und verzeyhet: wann der Sünder im Hertzen reu und Leyd hat, seine Sünd mit dem Mund beichtet, und ein rechte Buß würcken will", lehrte der Katechismus von 1742 (Kat.Nr. 25.). Reue, Beichte und Buße seien Voraussetzung, um das Sakrament zu empfangen, und den Sündern so notwendig wie ein Brett dem Schiffbrüchigen. Zur Häufigkeit der Beichte macht er keine Vorschrift.

Die Beichte war im 18. Jahrhundert, vergleichbar der Kommunion, nur an Ostern üblich. Ihre zunehmende Bedeutung bezeugt die Verbreitung des Kultes des hl. Johannes Nepomuk (vgl. Kat.Nr. 32.). Die Beichtzettel dienten der Überwachung des Glaubenslebens der Laien. Jeder Gläubige musste bis zum dritten Sonntag nach Ostern gebeichtet und drei Wochen später den Zettel abgegeben haben. Leopold Mozart als Hofbeamter reichte die Beichtzettel seiner Familie beim Oberstfhofmeister ein. Ähnliche Meldezettel wurden 1775 für die Firmung vorgeschrieben (s. Kat.Nr. 37.).

Leopold Mozart beichtete häufiger und hielt auch seinen Sohn brieflich dazu an, als dieser sich im Advent in Mannheim aufhielt: „darf ich wohl fragen, ob der Wolfg: nicht auf [das beichten] vergessen hat?" (15. Dezember 1777). Der Sohn reagierte verstimmt: „die frage, ob ich das beichten etwa vergessen habe […] hat mich ein wenig verdrossen" (20. Dezember 1777). PK

Lit.: unveröffentlicht (Kat.Nr. 26.2.); Ernst Hintermaier, Salzburg zur Zeit der Mozart 1991, S. 323 Nr. II/127 (Kat.Nr. 26.1.);
vgl. Mozart Briefe und Aufzeichnungen 1962, Bd. 2, S. 188 Z. 43–44, S. 199 Z. 53–54; vgl. Holböck 1978, S. 31; vgl. Petrus Eder, in: Salzburger Mozart-Lexikon 2005, S. 387.

27.
Rosenkranz 1750/1800

Glas, Silber, Bergkristall, Marmor, Messing, L. 35,7 cm
Zustand: Glassteine teilweise verloren, Silber oxidiert
Salzburg, Dommuseum, Kunst- und Wunderkammer, Inv.Nr. N 76 (= I/43)

Der Rosenkranz als Gebetsfolge von 15 Vaterunsern und 150 Ave Maria war im 17. Jahrhundert kirchlicherseits stark gefördert worden und gehörte im 18. Jahrhundert zu den weitest verbreiteten Frömmigkeitsübungen. Häufig wurde er während des Gottesdienstes und auf Wallfahrten gebetet.

Der Katechismus Georg Stadlers erklärt den Rosenkranz im Hauptstück über die Gebete (Kat.Nr. 25.). Er vergleicht ihn mit dem Psalter, der aus 150 Psalmen besteht, und bezeichnet ihn deshalb als Brevier der Laien. Die eintönige Wiederholung verteidigte er mit Beispielen aus der Bibel (Ps. 135, Mt 26,44). Gerade die Wiederholung stieß aber auf die Kritik der katholischen Aufklärung, deren neuen geistlichen Ansprüchen sie nicht genügte.

Die Hirtenbriefe Erzbischof Colloredos behandeln den Rosenkranz nicht, allerdings war er indirekt betroffen vom Zwang zum Volksgesang in der Messe (Kat.Nr. 37.). Die Laien verteidigten ihren Brauch; mangels Lesefähigkeit hatten sie oft auch keine Alternative, ihre Frömmigkeit zu pflegen. Ein Knecht in Zimmerau (Oberaudorf), der zum Singen angehalten wurde, antwortete: „wenn er aber singen müßte und nicht beten beym Amt, so brauche er den Rosenkranz gar nicht", und warf den Rosenkranz von sich (nach Schöttl). PK

Lit.: unveröffentlicht; vgl. Schöttl 1939, S. 68, 99; Holböck 1978, S. 31; Heinz Finger u. a., *Der heilige Rosenkranz*, Ausst.Kat. Köln, Diözesan- und Dombibliothek, 1. Okt. 2003–7. Jan. 2004, Köln 2003; Urs Beat Frei/Fredy Bühler, *Der Rosenkranz. Andacht, Geschichte, Kunst* (Begleitbuch zur Ausst. *Zeitinseln – Ankerperlen. Geschichten rund um den Rosenkranz*, Sachseln, Museum Bruder Klaus, 25. Mai –26. Oktober 2003/Freising, Dombergmuseum, 2004), Wabern/Bern 2003, bes. S. 119–127; Wolfgang Brückner, Rezension, in: *Bayerisches Jahrbuch für Volkskunde* 2004, S. 246–247; Manfred Brauneck, Rezension, in: *Weltkunst* 73, 2003, H. 14, S. 2139.

28.

Kopie des Gnadenbildes Maria Hilf um 1710/1715

Öl auf Leinwand, 58 x 44 cm
Salzburg, Erzabtei St. Peter

Das Passauer Gnadenbild Maria Hilf zeigt eine sitzende Madonna, das Kind steht auf dem Schoß der Mutter und liebkost ihre Wange. Die Darstellung geht auf ein Gemälde Lucas Cranachs zurück (um 1520), das 1611 dem Fürstbischof Leopold von Passau (* Graz 1586, gew. 1598, † Schwaz 1632) in Sachsen geschenkt worden war. Nach seiner Bestellung als Erzherzog von Tirol ließ Leopold das Gemälde nach Innsbruck bringen, in Passau verblieb eine Kopie. 1627 wurde dem Bild wegen der anhaltenden Verehrung in Passau eine Kirche errichtet. Im gleichen Jahr wurde eine Bruderschaft gegründet, der auch zahlreiche Salzburger und nicht wenige Musiker angehörten.

Das Mariahilfbild ist in zahllosen Kopien, die sich von der Passauer oder der Innsbrucker Fassung herleiten, in Bayern, Tirol und Salzburg verbreitet. Nach Maria Plain und Loreto war es das beliebteste Gnadenbild Leopold Mozarts. In einem Brief aus Den Haag bat er am 5. November 1765 Lorenz Hagenauer, zwei Messen auf dem Mariahilfberg in Passau lesen zu lassen, weil das Nannerl krank sei, weiters je eine Messe in Maria Plain (s. Kat.Nr. 29.), im Loretokloster zu Salzburg (s. Kat.Nr. 34.) und zu Ehren der hl. Walburga in Nonnberg. PK

Lit.: unveröffentlicht; vgl. Mozart *Briefe* 1962, Bd. 1, S. 209 Nr. 103 Z. 146 (5. November 1765); vgl. Walter Hartinger, Mariahilf ob Passau, in: Lenz Kriss-Rettenbeck u. a., *Wallfahrt kennt keine Grenzen* (Essaybd. zur Ausst., München, Bayerisches Nationalmuseum, 28. Juni–7. Okt. 1984), München/Zürich 1984, S. 284–299; vgl. Franz Mader, *Wallfahrten im Bistum Passau*, München/Zürich 1984, S. 24–26, 25 Abb.; vgl. *Salzburgs Wallfahrten* 1986, S. 25; vgl. *Mensch Mozart* 2005, S. 39.

29.

Kopie des Gnadenbildes von Maria Plain 1800/1820

Öl auf Metall, ca. 50 x 45 cm
Bergheim, Wallfahrtsbasilika Maria Plain

Das Gnadenbild von Maria Plain wiederholt seitenverkehrt Raffaels „Madonna di Loreto" (1509/1510). Der Seitenverkehrung nach zu urteilen, geht es auf einen Kupferstich zurück.

Raffaels Gemälde entstand im Auftrag Papst Julius' II. für die Kirche S. Maria del Popolo in Rom. Das Original blieb seit 1591 verschollen und wurde erst 1979 wieder entdeckt (Chantilly, Musée Condé). Eine Kopie wurde 1717 nach Loreto gestiftet; sie gab dem Bild den Namen. Insgesamt sind fast 120 Kopien des Bildes bekannt und zeugen von seiner Berühmtheit. Es gibt aber nur zwei Kupferstiche, die als Vorlage für das Gnadenbild in Frage kommen, weil sie aus der Zeit vor 1650 stammen und seitenverkehrt sind: ein Stich von Michele Greco gen. Lucchese (tätig Rom 1534–1561) von 1553 und ein Stich des anonymen Meisters M aus Rom aus dem Jahr 1572.

Das Gnadenbild soll der Überlieferung zufolge 1633 einen von schwedischen Truppen gelegten Brand in einem Haus in Regen/Bayerischer Wald überstanden haben. 1652 wurde es auf den Plainberg bei Salzburg gebracht. In der Folgezeit ersetzte man es durch eine Kopie, die 1674 in der neu erbauten Kirche aufgestellt wurde. Das Original blieb in der Schatzkammer, bis Erzbischof Leopold Firmian es 1732 auf den Altar übertrug (Kat.Nr. 31.1.). 1751 wurde das Gnadenbild gekrönt (Kat.Nr. 31.2.).

Durch die Verbindung von Bild, Berg und stadtnaher Lage war Maria Plain ein typischer barocker Marienwallfahrtsort und wurde zum beliebtesten Ziel der Salzburger Gläubigen. Zwischen 1760 und 1780 kamen im Schnitt jährlich 27.000 Wallfahrer zur Kommunion, im Jubiläumsjahr 1774 sogar 62.300. Nach 1780 sanken die Zahlen.

Obwohl die Mozarts nicht im Votiv- oder Bruderschaftsbuch der Kirche aufscheinen, erfreute sich Maria Plain bei ihnen großer Beliebtheit, vor allem beim Vater. Leopold Mozart bestellte zwischen 1762 und 1767 insgesamt 25 Messen, so viele wie in keiner anderen Kirche. Seine Frau ließ dort ebenfalls Messen lesen, bevorzugte aber Loreto. Maria Anna Mozart ging in Maria Plain beten und beichten, 1779 nahm sie ihren Bruder mit. Wolfgang gab in Maria Plain 1778 eine von zwei nachweisbaren Messbestellungen auf. Zum Jubiläum 1774 spielten Vater und Sohn in der Kirche, vermutlich wurde damals Mozarts *Messe in D-Dur* aufgeführt (KV 194, Kat.Nr. 38.).

Seit 1784 ließ der religiöse Eifer Leopold Mozarts nach. Er unternahm Ausflüge nach Maria Plain, wie er schrieb, „nicht aus Andacht sondern wegen der schönen Aussicht" (3. September 1784). Aus der barocken „marianischen Sakrallandschaft" (Stadler) wurde eine romantisch empfundene Naturlandschaft. PK

Lit.: Ernst Hintermaier, in: *Salzburg zur Zeit der Mozart* 1991, S. 369–370 Nr. II/215;
vgl. Tauriscus Euboeus [Wilhelm von Lepell], *Catalogue des Estampes, gravées d'après Raphael*, Frankfurt am Main 1819, S. 171–172 Nr. 42; vgl. Hahnl 1974, S. 172–178; vgl. Neuhardt 1982, S. 73–75; vgl. *Salzburgs Wallfahrten* 1986, S. 34–36, S. 370 Nr. 389; vgl. *MBA* 1962, Bd. 2, S. 399 Nr. 462 Z. 199, 1963, Bd. 3, S. Nr. 805 Z. 64, S. 435 Nr. 892 Z. 78, S. 450 Nr. 900 Z. 54; vgl. Sylvie Béguin, *La Madone de Lorette* (= Les dossiers du département des peintures), Kat.Auss. Chantilly, Musée Condé, 16. Oktober 1979 –15. Januar 1980, Paris 1979/1980, S. 8–9; Grazia Bernini Pezzini/Stefania Massari/Simonetta Prosperi Valenti Rodinò, *Raphael invenit. Stampe da Raffaello nelle collezioni dell'Istituto Nazionale per la Grafica*, Auss.Kat. Rom, Istituto Nazionale per la Grafica, Rom 1985, S. 191–192 Nr. XX, S. 709 Abb.; vgl. Schmid/Eder 2005, S. 278; vgl. Petrus Eder, in: *Salzburger Mozart-Lexikon* 2005, S. 276–277; vgl. *Mensch Mozart* 2005, S. 32.

30.1.
Andachtsbildchen von Maria Plain um 1760/1780

C. Vogt (tätig Augsburg, 1750/1800), Zeichner/ **Johann Michael Motz** (tätig Augsburg, 1750/1800), Stecher

Kupferstich, 14,2 x 8,3 cm
Unterschrift: „Abbildung des Wunderthätigen Bildnüsses zu M[aria]/[Pl]ain, vor der Stadt Saltzburg, samt dem Prospect [der/Wallfahrths Kirche] daselbst"
Bezeichnet: „[C. Vogt. del.]" links unten, „[J. Mich. Motz, exc. AV.]" (verloren)
Salzburg, Privatbesitz

Das stark abgenutzte und beschnittene Bildchen zeigt in zwei Rocaillerahmen oben das Gnadenbild, unten die Kirche von Maria Plain samt Kreuzweg und Berg. Die Ansicht der Kirche und des Berges ist eine stark vereinfachte Fassung der Ansicht Philipp Kilians nach Johann Franz Pereth (um 1687). PK

Lit.: vgl. Hahnl 1974, Abb. 20; vgl. Neuhardt 1982, S. 72–75; vgl. *Salzburgs Wallfahrten* 1986, S. 373–375 Nr. 409–426; *Salzburg zur Zeit der Mozart* 1991, S. 42 Nr. I/90–92.

30.2.
Andachtsbildchen von Maria Plain um 1760/1780

Papier, Deckfarben, Gold, 7,4 x 5,4 cm
Bezeichnet: „S: Maria Plain"
Salzburg, Privatbesitz

Das sorgfältig in Deckfarben gemalte und mit Gold verzierte Bildchen gibt das gekrönte Gnadenbild wieder. Es ist außer in Details wie der Schrifttype und dem Strahlenkranz identisch mit einem Bildchen in Stift Nonnberg und dürfte von der gleichen Hand stammen. PK

Lit.: vgl. Neuhardt 1982, S. 72–75; vgl. *Salzburgs Wallfahrten* 1986, S. 374 Nr. 418, Tf. VIII; vgl. *Salzburg zur Zeit der Mozart* 1991, S. 42 Nr. I/90–92.

138 MOZARTS GEISTLICHE MUSIK | Katalog – Das religiöse Leben eines Laien

31.1.
Übertragung des Gnadenbildes von Maria Plain 1774
31.2.
Krönung des Gnadenbildes von Maria Plain 1774
Matthias Siller
(* Salzburg um 1710, † ebd. 1787)

Tempera auf Leinwand, je 136,5 x 181,5 cm
Bergheim, Wallfahrtsbasilika Maria Plain

Die Gemälde zeigen zwei wichtige Ereignisse aus der Geschichte des Gnadenbildes von Maria Plain: die Übertragung aus der Schatzkammer der Kirche auf den Altar durch Erzbischof Leopold Firmian 1732 und die Krönung durch Erzbischof Jakob Dietrichstein 1751 (vgl. Kat.Nr. 29.).

Die beiden Gemälde gehörten wahrscheinlich zu einem Triumphbogen, der anlässlich der Hundertjahrfeier der Weihe der Kirche 1774 errichtet wurde. Insgesamt sind drei Supraporten und vier Füllungen erhalten. Hahnl vermutet, dass sie an der Fassade der Kirche angebracht waren, doch sind sie dafür zu klein. Vielleicht stand der Bogen auf dem Weg zur Kirche am Fuß oder am Hang des Plainberges.

Siller wirkte vor allem als Theatermaler. Von ihm stammen auch die Zeichnungen für den Ehrenbaldachin und die Triumphpforte Erzbischof Colloredos (Kat.Nr. 108.–109.).

PK

Lit.: Hahnl 1974, S. 203, Abb. 31; Steinitz 1977, S. 200; *Salzburgs Wallfahrten* 1986, S. 371–372 Nr. 398, Abb. 2; Ulrich Nefzger, in: *Salzburger Mozart-Lexikon* 2005, S. 102; vgl. *Salzburg zur Zeit der Mozart* 1991, S. 361–362 Nr. II/202; vgl. Nikolaus Schaffer, in: *Salzburger Kulturlexikon* 2001, S. 472.

32.
Bild des hl. Johannes Nepomuk
um 1735
Salzburg?

Papier, Deckfarben, Klosterarbeit, 17,8 x 12,6 cm
Bezeichnet: „S IOANNES Nep" (Bildchen), „Sancti Saturnini M.", „Sancti Benedicti Mart", „Plurimor MM", „Sancti Fausti Mar", „Sancti Clementis Mart", „Sancti Cypriani Ma" (Reliquien)
Salzburg, Privatbesitz

Das prachtvoll mit Klosterarbeit verzierte, in Deckfarben gemalte Bild enthielt sechs Reliquien, von denen zwei verloren sind.

Der hl. Johannes von Nepomuk (* Nepomuk/Nordböhmen um 1350, † Prag 1393) wurde in der Moldau ertränkt, weil er das Beichtgeheimnis nicht brechen wollte. Der lange schlummernde Kult lebte im 18. Jahrhundert auf. Nach der Entdeckung der unverwesten Zunge in Prag wurde Johannes 1729 heilig gesprochen, und im folgenden Jahr machten die Jesuiten ihn zu ihrem zweiten Ordenspatron.

In Salzburg förderte Erzbischof Leopold Anton Firmian (* München 1679, gew. 1727, † Salzburg 1744) die Verehrung des Heiligen. Er ließ mehrerenorts Statuen aufstellen (vgl. Abb. 20) und weihte ihm die Kapelle von Schloss Mirabell. 1731 erhielt er eine Reliquie vom Genickbein des Heiligen aus Prag, die in einer „großen Silber und Ziervergoldten Kapsel gefaßt" war (Inventar 1733).

Auch die Mozarts verehrten den damals populären Heiligen. Ein Brief Leopolds belegt, dass in der Wohnung in der Getreidegasse ein „Bild des heiligen Johannes Nepomuceni" hing (12. Dezember 1765).

PK

Lit.: vgl. *Mozart Briefe und Aufzeichnungen* 1962, Bd. 1, S. 213 Nr. 104 Z. 86; vgl. Martin 1966, S. 183; vgl. *Johannes von Nepomuk* 1979, S. 128; vgl. *Inventar Mirabell* 1989, S. 322; vgl. Petrus Eder, in: *Salzburger Mozart-Lexikon* 2005, S. 387.

33.1. – 2.

Zwei Anhänger mit Bild des hl. Johannes Nepomuk
um 1750/1800

Deckfarben, Glas, 4,9 x 2,9 cm
Salzburg, Dommuseum, Kunst- und Wunderkammer, Inv.Nr. I/71
Messing, 4,5 x 2,9 cm
Bezeichnet: „S. IO. NEPOMVC MAR" auf der Vorderseite, „L. S. IOAN. NEPOMVC MAR" auf der Rückseite
Salzburg, Dommuseum, Kunst- und Wunderkammer, Inv.Nr. I/77

Das in Glas eingeschlossene Deckfarbenbildchen und die Medaille waren ursprünglich vielleicht als Anhänger für einen Rosenkranz gedacht. (vgl. Kat.Nr. 27.) PK

Lit.: unveröffentlicht.

34.

Loretokindl im Schrein um 1750

Holz, Klosterarbeit, Wachs, 57 x 50,3 x 17 cm
Salzburg, Dommuseum

1632 kamen Kapuzinerinnen nach Salzburg und gründeten das Kloster St. Maria Loreto. Nach vergeblichen Versuchen, Kopien von Gnadenbildern anderer Wallfahrtsorte zu installieren, erhielten sie 1643 eine Figur des Christuskindes zum Geschenk, die in der Folgezeit mehrfach gestohlen wurde und wundersam zurückkehrte. 1650 stellten die Schwestern sie zur öffentlichen Verehrung aus, 1731 wurde ihr ein eigener Altar errichtet (s. Kat.Nr. 35., Abb. 26).

Das Loretokindl wurde vor allem um eine glückliche Geburt sowie gegen Kopf- und andere Schmerzen angerufen. Neben Nachbildungen der Figur aus Wachs und Elfenbein gab es gedruckte, kolorierte oder gespickelte Andachtsbildchen (Kat.Nr. 36.), Schluckbildchen und gestempelte „Hemdchen".

Nach der Muttergottes von Maria Plain war das Jesuskindl des Loretoklosters das beliebteste Gnadenbild der Familie Mozart. Leopold bestellte zwischen 1762 und 1767 23 Messen, seine Frau gab Loreto sogar den Vorzug vor Maria Plain. Mozarts Schwester ging dort zur Messe, Wolfgang selbst gab dort 1778 eine seiner beiden nachweisbaren Messbestellungen auf. In der Wohnung der Mozart befand sich eine Kopie des Kindls. PK

Lit.: *Salzburgs Wallfahrten* 1986, S. 342 Nr. 209, vgl. S. 174–176; vgl. *Neuhardt* 1982, S. 54–56; *Salzburg zur Zeit der Mozart* 1991, S. 360–361 Nr. II/199; vgl. Adolf Hahnl, in: *Salzburger Mozart-Lexikon* 2005, S. 270–271; vgl. *Mensch Mozart* 2005, S. 31.

35.
Gnadenaltar von Loreto um 1735
Johann Daniel Herz d. Ä.
(* Augsburg 1693, † ebd. 1754), Stecher

Kupferstich, 67,6 x 44 cm
Bezeichnet: „F. I. A. delineavit" unten links,
„Ioh. Daniel Herz senior excud." unten rechts
Salzburg, Privatbesitz

Der Kupferstich zeigt den Altar, der 1731 für das Gnadenbild errichtet wurde (s. Kat. Nr. 34., Abb. 26). Im Zentrum ist das Gnadenbild zu erkennen, umgeben von Engeln. An den Seiten stehen die hll. Bonaventura und Klara. Im Auszug steht ein Zitat aus Jesaja, das auf die Geburt Christi bezogen wurde: „Ein Kind ist uns geboren, ein Sohn ist uns geschenkt." (Jes 9,5).

Der Stadtbrand 1818 und ein Bombenangriff 1944 beschädigten den Altar, nach dem Krieg wurde er nicht wiederhergestellt.
PK

Lit.: Neuhardt 1982, S. 55; *Salzburgs Wallfahrten* 1986, S. 343 Nr. 212, vgl. Nr. 214.

36.1.
Andachtsbildchen des Loretokindls um 1770
Franz Heissig (* Wien, tätig Augsburg, erwähnt 1770)

Kupferstich, 10,1 x 6,3 cm
Bezeichnet: „Wahre Abbildung des Gnadenreichen Jesu/Kindl zu Maria Loreto in Saltzburg", „gestochen von Franz Heissig Cath. Aug. Vind."
Salzburg, Privatbesitz

Das Andachtsbildchen zeigt das Jesuskind bekleidet, mit dem Kreuz in der einen Hand und dem Szepter in der anderen, wie es im Altar aufgestellt war (Kat.Nr. 35.). PK

Lit.: vgl. Neuhardt 1982, S. 54–56.

36.2.
Andachtsbildchen des Loretokindls um 1700/1750
Johann Melchior Gutwein
(tätig Augsburg, 1700/1750)

Kupferstich, beklebt, bemalt, 9,9 x 7,2 cm
Bezeichnet: „Wahre abbildung des gnadenreichen Jesu Kindl/zu Maria Loreto in Salsburg [!]", „M. Gutwein Sc. A. V."
Salzburg, Privatbesitz

Das Andachtsbildchen zeigt die gleiche Darstellung wie das vorhergehende (Kat.Nr. 36.1.) und ist mit Stoff beklebt und bemalt. PK

Lit.: vgl. Neuhardt 1982, S. 54–56.

37.

Hirtenbriefe
Erzbischof Colloredos 1782

Papier, Karton, 18,2 x 11,6 x 1,8 cm
Titel: „Sr. Hochfürstl. Gnaden [...] Hieronymus Joseph Erzbischofs und des H. R. Reichs Fürsten zu Salzburg [...] Hirtenbrief auf die am 1ten Herbstm. dieses 1782ten Jahrs [...]", Salzburg: Waisenhaus 1782
Salzburg, Konsistorialarchiv, Sign. 463/91

Hieronymus Colloredo ließ als Oberhirte seiner Diözese in den Jahren 1772–1782 insgesamt 5 Hirtenbriefe publizieren. Als Redakteur dieser Sendschreiben gilt der Weltgeistliche Johann Michael Bönike (* Würzburg 1734, † Salzburg 1811), einer der wichtigsten Berater des Landesherrn. Den bedeutendsten Schritt in Richtung aufgeklärte Religiosität unternahm Colloredo mit der Veröffentlichung des Hirtenbriefes des Jubeljahres 1782. 10 Jahre nach seinem Regierungsantritt stellte er damit sein umfangreiches kirchliches Reformprogramm den Mitarbeitern, Geistlichen und Untertanen vor (Abb. 43). Die in der Seelsorge tätigen Priester erhielten jeweils ein gedrucktes Exemplar dieses Schreibens, aber auch den weltlichen Beamten und dem Kanzleipersonal wurde dieses per Zirkular übersandt. In diesem Sendschreiben, das europäische Bedeutung erlangte, ausführlich rezensiert, in mehrere Sprachen übersetzt und nachgedruckt wurde, griff der Erzbischof die Äußerlichkeiten des Barockkatholizismus scharf an und verlangte nach einer Erneuerung im Glauben.

In den Paragrafen 5, 15–17, 24 und 26–30 des fünften Hirtenbriefes kritisierte Colloredo den überreichen, teilweise seines Erachtens auch „unschicklichen Kirchenprunk" und verwies als positives Beispiel auf die „gereinigte" Salzburger Domkirche, wo er alles wegräumen ließ, „was den guten Geschmack" beleidigte. Das ersparte Geld sollte künftig der Unterstützung der Not leidenden Untertanen dienen. Neben der Entfernung und teilweisen Zerstörung jahrhundertealter traditioneller Kunstgegenstände (z. B. Palmesel, Bruderschaftsfahnen) sprach sich Colloredo gleichzeitig für die Einführung „guter Kirchenlieder in der Muttersprache" aus, die den Gottesdienst erbaulich gestalten und „zur Erweckung religiöser Gefühle" beitragen sollten. Diesem Ziel sollte der Gebrauch des Landshuter Gesangbuches dienen, das 1781 in einer umgearbeiteten und gekürzten Salzburger Fassung erschien.

Die angedeuteten Reformen ließen sich nur in der Residenzstadt ohne größeren Widerstand durchsetzen. Am Land sträubten sich hingegen die Bevölkerung und sogar manche Geistliche gegen die Ausräumung der Kirchen. Daher fanden sich bei Visitationen weiterhin „alberne" Darstellungen von Heiligen in den Gotteshäusern. Die Verpflichtung zum deutschen Kirchengesang erregte ebenfalls die Gemüter, denn die Kirchensänger fürchteten zu Recht einen finanziellen Verlust. Ältere Priester waren schlichtweg überfordert, und die überwiegende Mehrheit der Untertanen hing an den alten Traditionen (vgl. Kat.Nr. 27.). Um schrittweise eine Änderung herbeizuführen, wurden die neuen Lieder zumindest in den Schulen gelehrt und eingeübt. Der in den folgenden Jahren ausgeübte Reformzwang trug dem Landesherrn den Ruf eines Lutheraners und „Religionsfeindes" ein, eine Meinung, die auch in mehreren kritischen Gegenschriften zum Hirtenbrief vertreten wurde.

AW

Lit.: *Salzburg zur Zeit der Mozart* 1991, S. 332–333 Nr. II/142; Franz Ortner, in: *Geschichte Salzburgs* 1991, Bd. II,3, S. 1427; M. Schimek, *Musikpolitik in der Salzburger Aufklärung*, Frankfurt 1995; *Meisterwerke* 1998, S. 214, 216 Nr. 123; Alfred Stefan Weiß, Fürsterzbischof Hieronymus Graf Colloredo und sein Kampf gegen die „Feinde" der Aufklärung, in: *Säkularisation Salzburgs 1803* 2005, S. 120–141;
vgl. *Mozart Bilder und Klänge* 1991, S. 108 Nr. 98.

Mozarts geistliche Musik

38.   CD 13

Schlag- und Singstimme zur Missa brevis in D-Dur (KV 194)
8. August 1774
Authentische Stimmenhandschrift des Hofkopisten Felix Hofstätter (* München (?) um 1744, † Salzburg 1814) mit Eintragungen Leopold Mozarts

Papier, Tusche, 30,6 x 21,2 cm
Bezeichnet: „Batutta", „Di Amadeo Wolfgango Mozart" von Leopold Mozart (Schlagstimme), „Canto conc.", „Allo maestoso", „Kasinger" (Singstimme)
Salzburg, Konsistorialarchiv, Dommusikarchiv A 710
(ausgestellt 8. April–16. Juli)

Die Entstehung der Messe ist aufgrund des mit 8. August 1774 datierten Mozart'schen Autographs eindeutig einer Schaffensperiode Mozarts zuzuordnen, in der er sich mit geistlicher Musik in besonderer Weise auseinandersetzte. Einerseits, weil er als dekretierter Hofkonzertmeister wie sein Kollege Michael Haydn angehalten war, mit neuen Kompositionen „Hof und Kirche zu bedienen", anderseits, weil er sich auch durch dessen Schaffen herausgefordert sah, Ebenbürtiges zu bieten.

Unter den fünf Messkompositionen Mozarts, die sich in authentischen Stimmenhandschriften im Salzburger Dommusikarchiv erhalten haben (vgl. Kat.Nr. 39., Abb. 7), scheint auch diese Messe auf. Authentisch bedeutet in diesem Zusammenhang, dass das handschriftliche Stimmenmaterial von namentlich bekannten Hofkopisten geschrieben wurde und Eintragungen, Korrekturen und Zusätze enthält, die entweder von Leopold oder von Wolfgang stammen. Auch im Stimmenmaterial zu dieser Messe finden sich zahlreiche Eintragungen, allerdings nur von Leopold Mozarts Hand.

Über die Zweckbestimmung von KV 194 wird gerätselt. Aufgrund der Datierung könnte die Messkomposition zum Fest Mariä Himmelfahrt (15. August) für den Salzburger Dom bestimmt gewesen sein. Da es sich bei diesem Hochfest jedoch um ein „Festum Pallii" handelt, an dem der Erzbischof persönlich zelebrierte, ist die Besetzung der von Mozart selbst als „Missa brevis" betitelten Messkomposition ohne Trompeten und Pauken ungeeignet für ein so hochrangiges Fest (vgl. S. 17–19, Kat.Nr. 69.).

Deshalb scheint eine Bestimmung für Maria Plain überzeugender zu sein. Am 19. August 1774 fanden sich nämlich Vater und Sohn Mozart samt der Hofmusik in der Wallfahrtskirche ein, um ihren Beitrag zum ersten Säkulum der Weihe der Kirche zu leisten, das Pater Beda Hübner OSB, ein enger Vertrauter der Familie Mozart, in einer Oktav mit großer Prachtentfaltung und Teilnahme der Salzburger Bevölkerung beging (s. Kat.Nr. 31.). Auch Wolfgang Amadeus Mozart wartete damals mit einem „Orgel-, und einem Violinkonzert zu aller Leuthen Verwunderung und Erstaunung" auf. Sehr wahrscheinlich ist die Messe KV 194 zu diesem Anlass entstanden, deren Komposition Mozart am 8. August 1774 vollendete. In Frage käme noch KV 192; dagegen spricht allerdings das Kompositionsdatum 24. Juni 1774, da ein so langer

39. CD 15

Orgel- und zweite Violinstimme zur Missa brevis et solemnis in C-Dur (Spatzenmesse, KV 220) Januar 1775 (?)

Authentische Stimmenhandschrift der Hofkopisten Maximilian Raab (* um 1720, † 1780) und Josef Richard Estlinger (* Irrsdorf 1720, † Salzburg 1791) sowie anderer Schreiber mit Eintragungen Wolfgang Amadeus Mozarts

Papier, Tusche, 31,6 x 22,7 cm (Organo), 31 x 23 cm (Violino IIdo)
Bezeichnet: „Allegro", „Battutta" (durchgestrichen), „Organo", „Domchor" (Organo), „Spatzenmesse", „Domchor", „Mozart" (Violino IIdo)
Salzburg, Konsistorialarchiv, Dommusikarchiv A 709 (ausgestellt 17. Juli–22. September)

Im ältesten Inventar der Musikalien des Domchors, durch Hofkopist Josef Richard Estlinger im Auftrag von Hofkapellmeister Luigi Gatti (* Lazise 1740, † Salzburg 1817) bzw. von Erzbischof Colloredo in zwei gleich lautenden Exemplaren angelegt, eines für den Kapellmeister („Gatti"), ein zweites für das Archiv („Archivium"), sind unter den „MISSAE. Sig[no]re Wolfg[ango] Mozart" von Estlinger selbst vier Messkompositionen verzeichnet: KV 220, 194 (Kat.Nr. 38.), 192 und 259. Erst in späterer Zeit wurden in beiden Katalogen von Hofkapellmeister Gatti KV 257, 140 und 258, von einem bisher unbekannten Schreiber KV 275 und von Domkapellmeister Joachim Fuetsch (* 1766, † 1852) KV 626 nachgetragen (vgl. Abb. 7).

Das Repertoire der Dommusik, das im Gegensatz zum Notenbestand der höfischen Musik, die im Zusammenhang mit der Auflösung des fürsterzbischöflichen Hofstaates 1806 der Vernichtung preisgegeben wurde, blieb weitgehend erhalten. Als Estlinger die beiden Kataloge anlegte, die bis ca. 1822 in etwas chaotischer Weise weitergeführt wurden, bevor Domkapellmeister Fuetsch 1822 eine Neufassung – wiederum in zwei Exemplaren – vorlegte, befanden sich darin folgende Kirchenwerke der Mozarts in authentischen Abschriften der Hofkopisten Raab, Estlinger und Hofstätter mit Eintragungen der Mozarts:
Leopold Mozart:
- Messe in A-Dur
- Lauretanische Litaneien in G-, F-, Es-Dur

Wolfgang Amadeus Mozart:
- Messen KV 192, 194, 220 und 259
- Dixit et Magnificat KV 193
- Litaneien KV 109 und 125
- Offertoria KV 72 und 277
- Te Deum KV 141

Vorbereitungszeitraum bis zur eigentlichen Aufführung unüblich war.

Keinesfalls ist die in Wiener Kreisen nach Mozarts Tod als „Krönungsmesse" bezeichnete Messe (KV 317) für Maria Plain komponiert worden. Diese von Alfred Einstein in die 3. Auflage des Köchelverzeichnisses aufgenommene Annahme geht auf Johann Ev. Engl zurück, der 1907 im Salzburger Volksblatt diese Vermutung geäußert hat (s. S. 64).

Die Beliebtheit von KV 194 bezeugt der Umstand, dass sie als erste geistliche Komposition Mozarts im Druck erschienen ist: bei J. J. Lotter & Sohn in Augsburg im Jahre 1793, eben bei jenem Verlag, mit dem Vater Leopold in enger Verbindung stand und in dem dessen Violinschule 1756 (Kat.Nr. 104.) und deren spätere Auflagen erschienen sind.

EH

Lit.: *NMA* 1968, Ser. I, Werkgr. 1, Abt. 1, Bd. 2, 1989, Ser. 1, Werkgr. 1, Abt. 1, Bd. 4; *Mozart Bilder und Klänge* 1991, S. 110–111 Nr. 100, Abb.; Schmid/Eder 2005, S. 268, 278–279; Petrus Eder, in: *Salzburger Mozart-Lexikon* 2005, S. 277, 289; Schick 2005, S. 185–187; vgl. Günther Massenkeil, in: *Mozart-Lexikon* 2005, S. 432–433.

Das Offertorium *Parasti* von Leopold Mozart sowie die *Credo-Messe* (KV 257) in einer verkürzten Fassung und das Offertorium *Venite populi* (KV 260) von Wolfgang wurden zwar nicht in den Katalog aufgenommen, befinden sich jedoch in Abschriften der Hofkopisten Estlinger und Raab noch heute im Archiv des Domchores.

Es stellt sich die Frage, wohin eigentlich die authentischen Stimmenabschriften der anderen Kirchenwerke von Vater und Sohn Mozart gelangt sind, die nachweislich für den Salzburger Dom entstanden, zum Beispiel die vier bedeutendsten in Salzburg entstandenen liturgischen Werke Mozarts aus den Jahren 1779–1780, nämlich die Messen KV 317 und 337 (Kat.Nr. 40.) sowie die Vespern KV 321 und 339, von denen sich weder im Dommusikarchiv noch in anderen Salzburger Musikbeständen Abschriften nachweisen lassen.

Ernst Fritz Schmid und Walter Senn machten zu geistlichen Werken von Leopold und Wolfgang Amadeus Mozart neue Quellen zugänglich, die der Mozart-Forschung bis dahin nur vereinzelt bekannt waren. Es handelte sich in erster Linie um zeitgenössische Stimmenabschriften geistlicher Werke Leopold und Wolfgang Amadeus Mozarts, die Nannerl nach dem Tod des Vaters 1787 aus dessen „Besitz" dem Augustiner-Chorherrenstift Heilig Kreuz zu Augsburg übersandte (vgl. Kat.Nr. 43., 52.). Senn erkannte, dass es sich dabei in erster Linie um Aufführungsmaterial für den Salzburger Dom handelte, das vermutlich auf Kosten des Hofetats von den „Hofkopisten" geschrieben wurde. Sucht man nach Gründen, weshalb Leopold sie nicht im Notenbestand des Domes, sondern bei sich aufbewahrte, wird man den Argwohn der Mozarts gegenüber jenen Personen ins Spiel bringen müssen, die Zugang zu den Notenbeständen hatten, den Kalkanten, den Kopisten und vielleicht sogar den Kapellmeistern. Faktum ist, dass Wolfgang Amadeus Mozart den Salzburger Hofkopisten Hofstätter 1784 bezichtigte, „des Haydn Musique dopelt copiert" zu haben, denn er – Mozart – hätte „seine Neuesten 3 Sinfonien wirklich". Vorsicht war deshalb geboten.

Freilich stellt sich in diesem Zusammenhang eine weitere Frage, wer denn eigentlich der Besitzer jener Abschriften war, die Leopold Mozart testamentarisch dem Heilig Kreuz-Stift vermachte. Zweifellos handelte es sich um „Hofcopiaturen", die „nach Bogen verdungen" vom Hofetat bezahlt wurden, offensichtlich jedoch in Verwahrung des Vizekapellmeisters Mozart verblieben, der uneingeschränkten Zugang zu den Notenschränken hatte, die sich hinter dem Altar des linken Querarmes des Domes befanden.

Im Inventar wird KV 220 von Estlinger als „Missa solennis" bezeichnet. Walter Senn hat den aufführungspraktischen Hintergrund, der den Bezeichnungen „Missa solennis" und „Missa brevis" zugrunde liegt, in der *Neuen Mozart-Ausgabe* ausführlich dargestellt. Die Besetzung für zwei Clarini und Timpani ist ein sicheres Indiz dafür, dass die Messe „in Festis Pallii", also bei Pontifikalämtern, Verwendung fand, an denen stets „Missae solemnes" mit großer Besetzung zur Aufführung gelangten (s. S. 19–21, Kat. Nr. 69.).

Da die autographe Partitur Mozarts, die dieser nach seinem Aufenthalt in Augsburg (11.–26. Oktober 1777) den Chorherren zu Heilig Kreuz hinterlassen hatte, verschollen ist, gewann diese „authentische Stimmenabschrift" hohen Stellenwert für die wissenschaftlich-kritische Neuausgabe.

Aber auch ein anderes, für Salzburg vielleicht sogar typisches Phänomen lässt sich an einzelnen Stimmen wie etwa an der „Battutta"- („Organo"-) Stimme aufzeigen, dass nämlich noch zu Beginn des 20. Jahrhunderts aus diesem Stimmenmaterial am Salzburger Dom musiziert wurde. Domkapellmeister Hermann Spies (* Rommerskirchen/Neuss 1865, † Salzburg 1950) scheute nicht zurück, Mozarts autographe Eintragungen in den Stimmen zu „überschreiben", um dynamische Vorzeichen besser lesbar zu machen und die Artikulation der ihm vorliegenden Partitur der *Alten Mozart-Ausgabe* oder späteren Partitur-Ausgaben anzugleichen.

Den Beinamen „Spatzenmesse" erhielt die Messe im 19. Jahrhundert nur zu dem Zweck, um die neun C-Dur-Messen besser identifizieren zu können. „Ihren lustigen Namen empfing sie von einer munteren Geigenfigur, welche im Sanctus umherschwirrt" (Schmid 1998). EH

Lit.: *NMA* 1968-1980, Ser. I, Werkgr. 1, Abt. 1, Bd. 1–3; Ernst Fritz Schmid, *Ein schwäbisches Mozart-Buch*, Augsburg ²1998; Walter Senn, Die Mozart-Überlieferung im Stift Heilig Kreuz zu Augsburg, in: *Neues Augsburger Mozartbuch* (= Zeitschrift des Historischen Vereins für Schwaben 62./63.), Augsburg 1962, S. 333–368; ders., Der Catalogus Musicalis des Salzburger Domes (1788), in: *Mozart-Jahrbuch* 1971/72, S 182–196; Schmid/Eder 2005, S. 268; Petrus Eder, in: *Salzburger Mozart-Lexikon* 2005, S. 289; Schick 2005, S. 187–188; vgl. Günther Massenkeil, in: *Mozart-Lexikon* 2005, S. 432–435.

40. CD 21

Missa solemnis in C-Dur (KV 337)
März 1780

Autographe Partitur
Wolfgang Amadeus Mozarts

Papier, Tinte, 22,5 x 30,5 cm
Wien, Österreichische Nationalbibliothek,
Sign. Mus. Hs. 18975, Bd. 2
(ausgestellt 21. September–5. November)

Mit dem Dienst Mozarts als Hoforganist war auch die Kompositionstätigkeit für die Domkirche verbunden. In den Jahren von 1779 bis 1781 entstanden Mozarts kirchenmusikalische Hauptwerke seiner Salzburger Zeit: die *Vesperae de Dominica* (KV 321), die *Vesperae solennes de Confessore* (KV 339, Abb. 72), das *Regina coeli* (KV 276) sowie die *Krönungsmesse* (KV 317, Abb. 10, 74) und die *Missa solemnis* (KV 337). Das Autograph von Mozarts letzter vollständiger Vertonung des lateinischen Ordinariums trägt das Entstehungsdatum „nel Marzo 1780 in Salisburgo". Zusammen mit der Kirchensonate KV 336 war diese Messe, wie schon im Jahr zuvor die *Krönungsmesse*, für das feierliche Osterhochamt im Dom bestimmt.

Die Bezeichnung „solemnis", die nicht von Mozart selbst stammt, sondern im Laufe ihrer Rezeptionsgeschichte beigefügt wurde, bezieht sich auf die reichhaltige Besetzung des Orchesters mit zwei Oboen, zwei Fagotte, Trompeten, Pauken und Streicher. Im Gegensatz dazu steht die überaus knappe und konzentrierte Anlage, die den zeitlichen Vorgaben von Erzbischof Colloredo entspricht, dass auch die feierlichste Messe, wenn er sie selbst zelebriert, „nicht länger dauern darf als höchstens dreiviertel Stunden" (s. S. 18–19).

Bei der *Missa solemnis* gelingt Mozart ebenso wie bei der *Krönungsmesse*, in deren Schatten sie steht, die meisterhafte Synthese von homophonen Chorteilen und kontrapunktischen Elementen. Dominiert bei der *Krönungsmesse* der prächtige Klang der Blechbläser, so geben bei KV 337 die Holzbläser dem Werk einen kammermusikalischen, introvertierten Charakter.

Außergewöhnlich ist die unübliche Vertonung des Benedictus in der strengen kontrapunktischen Form einer Chorfuge, während es traditionell arienhaft gestaltet ist. In Kontrast dazu steht das melodiöse Agnus Dei, das in der konzertierenden Anlage für Sopran-Solo, Oboe, Fagott und Orgel von einem sordinierten (gedämpften) Streicherklang begleitet wird.

Vom Credo hat sich eine erste Fassung erhalten (s. S. 146 Abb.), die nach 136 Takten bei der Textstelle „non erit finis" abbricht und mit „Tempo di Ciaconna" überschrieben ist. Wieso Mozart den beinahe fertigen Satz nicht zu Ende gebracht hat, ist unklar. Möglicherweise war er zu lang geraten, denn die verwendete zweite Fassung zeigt nicht nur straffere Proportionen, sondern auch mit „Allegro vivace" eine wesentlich schnellere Tempoangabe.

Mozart ersuchte am 12. März 1783 seinen Vater brieflich um die Übersendung von Partituren, darunter die seiner letzten beiden Salzburger Messen: „mit dieser Gelegenheit könnten sie mir wohl noch was mitschicken. – zum beyspiel; meine messen in partitur – meine 2 vespern in Partitur – daß ist alles nur, um es dem B(aron) van suiten hören zu lassen". Bereits um 1790 wurde für die Wiener Hofkapelle das Notenmaterial der Messe angefertigt, was darauf hindeutet, dass Mozarts *Missa solemnis* bei den Krönungsfeierlichkeiten von 1790 und 1792 erklungen sein könnte. Möglicherweise wollte Mozart die Messe auch 1791 bei der Krönung Leopolds II. zum böhmischen König in Prag präsentieren.   AK

Lit.: *NMA* 1989, Ser. I, Werkgr. 1, Abt. 1, Bd. 4; *MBA* 1963, Bd. 3, S. 259 Nr. 731 Z. 23–26; Hartmut Schick, in: *Mozart Handbuch* 2005, S. 199–200; Schmid/Eder 2005, S. 268; Petrus Eder, in: *Salzburger Mozart-Lexikon* 2005, S. 291; Günther Massenkeil, in: *Mozart-Lexikon* 2005, S. 433–435; Schick 2005, S. 199–200.

41.

Erste Oboen- und Flötenstimme zur Dominicusmesse (KV 66)
Oktober 1769

Authentisches Aufführungsmaterial
von Leopold Mozart

Papier, Tinte, 32 x 22,5 cm
Salzburg, Erzabtei St. Peter, Moz. 80.2
(ausgestellt 23. September – 5. November)

Über keine Messe Mozarts sind wir so exakt informiert wie über die *Dominicusmesse*. Sie wurde anlässlich der Primiz des Benediktinerpaters Dominicus Hagenauer (Kat.Nr. 100.) am 15. Oktober 1769 in der Stiftskirche St. Peter in Salzburg das erste Mal aufgeführt. Der Kompositionsauftrag dürfte von Johann Lorenz Hagenauer (* Salzburg 1712, † ebd. 1792), dem Vater des Primizianten und Hausherren der Familie Mozart, erteilt worden sein, wofür aber die Belege fehlen. Der damalige Abt Beda Seeauer (* Hallstatt 1716, gew. 1753, † Salzburg 1785) berichtete in seinem Diarium anerkennend: „Solenne officium sub musica splendidissima et artificiosissima." Der Neupriester war bedeutend ausführlicher (Original lateinisch, eigene Übersetzung): „Heute war die Primiz des P. Dominicus [...] um 3/4 9 Uhr wurde die Non gesungen. Dann war die Primiz-Messe. Die Messe komponierte Herr Wolfgangus Mozart, ein vierzehnjähriger Jüngling; sie war nach jedermanns Meinung außerordentlich schön [elegantissima]. Die Messe dauerte über zwei Stunden, was wegen der großen Menge der Opfernden nötig war. Die Opfergaben beliefen sich auf 656 Gulden 55 Kreuzer [...] Um 12 Uhr war Tisch [...] dann spielte Herr Wolfgang Mozart eine halbe Stunde lang zu aller Leute Verblüffung die große Orgel."

P. Dominicus war, als er noch seinen weltlichen Namen Kajetan Rupert führte, dem kleinen Wolfgang offenbar sehr zugetan. Die bestürzte Reaktion des in London befindlichen Wolfgangs auf die Nachricht, der Jugendfreund habe 1764 den Ordenshabit genommen, lässt dies erkennen.

Dass es sich bei der *Dominicusmesse* um KV 66 handeln muss, beweist der Umschlag, den Rupert Vital Strobl, von 1812 bis 1840 Chorregent in St. Peter, anfertigte. Die Autorenangabe ist ungewöhnlich ausführlich: „Del Signore Wolfgango Amadeo Mozart, Giovine di 12 Anni, Maestro di Concerto di R. A. S. a Salisburgo. E [lies: è] stata composta alla prima Meßa del Sig: P. Dominico Hagenauer nel Ottobre 1769." Diese Angaben können auf einen verloren gegangenen Umschlag oder auf mündliche Überlieferung zurückgehen. Die originale Autorenbezeichnung findet sich auf einigen der Stimmen, wo es heißt: „Del Sig: Wolfgango Mozart". Der schlichte Name deutet auf den Zeitraum vor dem 14. November 1769 hin, weil Mozart erst an diesem Tag den Titel eines „Maestro di Concerto". Die Namensform „Wolfgang Mozart" ist übrigens jene, die in der Familienkorrespondenz normalerweise gebraucht wird.

Der Stimmensatz der Aufführung blieb vorerst im Besitz der „Firma" Mozart. Anders als bei der *Waisenhausmesse* wissen wir allerdings nichts von einer späteren Aufführung. Die Messe dürfte wegen ihrer ungewöhnlich großen Orchesterbesetzung nur schwer aufzuführen gewesen sein. Nach 1770 erwarb der musikbegeisterte Abt Amand Schikmayr für sein Kloster Lambach einen Stimmensatz. Leopold Mozart entschloss sich daher, das Stimmenmaterial abzustoßen. Dies geschah im Jahr 1776. Der seit 1775 für die Notenankäufe zuständige P. Marian Kaserer notierte auf der Orgelstimme: „Ad Chorum Monasterii S. Petri 1776." Das authentische Stimmenmaterial aus St. Peter umfasst:

- 13 Stimmen für Sopran, Alt, Tenor, Bass, zwei Violinen, Viola, Violone, zwei „Clarini", „Tromba seconda", Pauke und Orgel, geschrieben 1769 vom Hofkopisten Joseph Richard Estlinger, mit Einträgen Leopold Mozarts
- Erste Oboe (zugleich erste Flöte), geschrieben von Leopold Mozart
- Zweite Oboe (zugleich zweite Flöte), begonnen von Leopold Mozart und beendet von Wolfgang Amadeus Mozart
- Erstes und zweites Horn, von Wolfgang Amadeus Mozart
- „Tromba prima", von Wolfgang Amadeus Mozart

Die Bläserstimmen von der Hand Wolfgang und Leopold Mozarts stellen eine besondere Kostbarkeit dar, die in der autographen Partitur fehlt. Das in Berlin erhaltene Partiturautograph sieht folgende Besetzung vor: „2 Clarini, Tympani, Violino 1mo, Violino 2do, Viola, Soprano, Alto, Tenore, Basso, Basso". Der Herausgeber der alten Mozart-Ausgabe, Franz Espagne, hielt die zusätzlichen Bläserstimmen für Hinzufügungen aus dem Jahr 1776 und druckte die Messe in der Besetzung der autographen Partitur ab. Weil Estlinger eine zweite Tromba geschrieben hat, muss bereits bei der Uraufführung eine erste existiert haben, folglich müssen alle Bläserstimmen bereits damals vorhanden gewesen sein. Die Mozarts dürften die Bläserstimmen „freihändig", also ohne ein Particell vor sich liegen zu haben, dazu arrangiert haben, denn von den in der Partitur fehlenden Instrumenten hat Estlinger lediglich die zweite Tromba abgeschrieben, die er leicht aus der Paukenstimme extrahieren konnte.

Die *Dominicusmesse* steht unverkennbar unter dem Einfluss der *Missa solemnis in C-Dur* von Leopold Mozart. Beide sind Kantatenmessen im Prunkstil. Obwohl die Besetzung der *Dominicusmesse* reicher ist als die der Messe Leopold Mozarts, werden die Instrumente viel zurückhaltender verwendet. Wolfgang verzichtete auf manche Effekte, die sich bei Leopold fanden: Instrumentalsoli, gedämpfte Trompeten und Hörner als Mittelstimmen. Das Besondere an der *Dominicusmesse* ist ihr kompositorischer Rang. Im Kyrie schmiegt sich der Chor an die Sinfonia des Orchesters an. Ein solches bei allem Prunk entspanntes Kyrie vermochte Leopold Mozart nie zu schreiben. Sehr viel steifer sind da die Chorstellen des Credos mit ihren traditionellen Stellen im Stylus ligatus auf „descendit", „resurrexit", „ascendit" und „resurrectionem". Am meisten Ähnlichkeit besitzt die *Dominicusmesse* mit der Messe Leopold Mozarts in den Solosätzen. Letzterer hatte dafür einen innigen, weichen Tonfall gefunden, den der Sohn bereitwillig übernahm und mit neuem Leben erfüllte. Das „walzerartige" Motiv im Kyrie findet sich später in Michael Haydns Sakramentslitanei von 1776 („miserere nobis") – geht es vielleicht auf eine Volksmelodie zurück? Mit ihrer Vielzahl von Stilen, Klangfarben und Melodien ist die *Dominicusmesse* wahrhaft eine Missa „splendidissima".   PE

Lit.: Croll 1982, S. 149–150; *St. Peter* 1982, S. 345 Nr. 369; Schmid/Eder 2005, S. 268; Petrus Eder, in: *Salzburger Mozart-Lexikon* 2005, S. 221, 287–288; Günther Massenkeil, in: *Mozart-Lexikon* 2005, S. 340, 431–432; Schick 2005, S. 179–181.

3
Gratias
adagio
Domine Deus Tacet
NB Hautbois 1mo
un poco adagio
Qui tollis
piano
Quoniam Tacet
Cum Sancto
Cum Sancto

42.

c-Moll-Messe (KV 427)

Sommer 1782/Mai 1783

Autographe Partitur von Wolfgang
Amadeus Mozart (Fragment)

Halbledereinband, Papier, 23 x 31,5 cm
Bezeichnet: „Andante moderato/ Kyrie/ Di Wolfgango
Amadeo Mozart 1783", „Eigne Handschrift", „ist zum
Davide penitente umgearbeitet"
Berlin, Staatsbibliothek zu Berlin – Preußischer Kulturbesitz, Musikabteilung mit Mendelssohn-Archiv,
Mus. ms. autogr. W. A. Mozart KV 427
(ausgestellt 18. Juli–20. September)

CD 25

43.

Orgelstimme zur c-Moll-Messe (KV 427)

Oktober 1783

Authentische Stimmenabschrift des Hofkopisten Josef Richard Estlinger (* Irrsdorf 1720, † Salzburg 1791) mit Korrekturen Wolfgang Amadeus Mozarts

Papier, vier Lagen, 32 x 23 cm
Augsburg, Staats- und Stadtbibliothek, Sign. Hl. Kreuz 10
(Leihgabe der Katholischen Wallfahrtskirchenstiftung
Heilig Kreuz), S. 1–26
(ausgestellt 8. April–17. Juli)

Der eigentliche Kompositionsanlass für Mozarts große Messe in c-Moll liegt weitgehend im Dunkeln und kann nur anhand einer Äußerung Mozarts im Brief vom 4. Januar 1783 an seinen Vater erahnt werden. Da der damit korrespondierende, vorangegangene Brief verschollen ist, wissen wir nicht, was Mozart mit seinem „Versprechen" eigentlich meinte. Zweifellos steht die Komposition aber im Zusammenhang mit seiner Frau Constanze sowie der versprochenen und immer wieder verschobenen Reise des Ehepaars nach Salzburg: „[…] zum beweis aber der wirklichkeit meines versprechens kann die spart [Partitur] von der hälfte einer Messe dienen, welche noch in der besten hoffnung da liegt."

Daraus kann geschlossen werden, dass zu diesem Zeitpunkt bereits Kyrie und Gloria fertig komponiert vorlagen und die Niederschrift der ersten beiden Teile des Credos im ersten Arbeitsgang vielleicht schon begonnen worden war. Allerdings sollten beide Fragment bleiben (s. S. 50–55).

Mit diesem Messenfragment reiste Mozart im Juli 1783 nach Salzburg, wo er seine Gemahlin dem Vater und der Schwester vorstellte und sich bis Ende Oktober aufhielt. In dieser Zeit müssen Sanctus und Benedictus entstanden sein, die allerdings in der erhalten gebliebenen Partitur fehlen, lediglich die von Mozart dazu in einer Extra-Partitur notierten Bläserstimmen sind vorhanden.

Die immer wieder versuchte Rekonstruktion bzw. Ergänzung beider Sätze stützt sich auf eine Partitur von Pater Matthäus Fischer

(* 1763, † 1840), die dieser vermutlich für den Erstdruck der Messe von 1840 anhand des authentischen Stimmenmaterials spartierte, das aus dem Nachlass Leopold Mozarts nach 1787 ins Augustiner-Chorherrenstift Heilig Kreuz zu Augsburg gelangt war. Es handelt sich dabei um jenes Stimmenmaterial, das von den beiden Hofkopisten Estlinger und Hofstätter für die Aufführung des Torsos in der Stiftskirche St. Peter am 26. Oktober 1783 aus der Mozart'schen Partitur kopiert wurde. Neben dem Kyrie und Gloria enthalten die Stimmen auch das Sanctus und Benedictus, nicht jedoch Credo und Agnus:
- Trombone I (S. 27–38), II (S. 39–50) und III (S. 51–62), authentische Stimmenabschriften des Hofkopisten Felix Hofstätter (* München [?] um 1744, † Salzburg 1814), mit Korrekturen Wolfgang Amadeus Mozarts
- Organo (S. 1–26), authentische Stimmenabschrift des Hofkopisten Estlinger, mit Korrekturen Wolfgang Amadeus Mozarts

Von diesem einstmals vermutlich kompletten Stimmenmaterial existieren heute nur mehr die drei Posaunenstimmen und die Organo-Stimme, allerdings tiefer – nach b-Moll – transponiert. Es wurde viel gerätselt, weshalb diese wahrscheinlich auf Mozart selbst zurückgehende Transposition erfolgte. Faktum ist, dass es sich um die Stimmen für die im höheren „Chorton" stehenden Instrumente handelt. Da alle anderen Holzbläser die bei Hof übliche „Kammerton"-Stimmung aufwiesen, entschied sich Mozart für die Transposition dieser vier Instrumente. Damit nahm Mozart, wie Wolfgang Plath folgerichtig erkannte, vielleicht Rücksicht auf seine Frau, die in Salzburg die Sopranstimme sang und wahrscheinlich bei den exponierten Spitzentönen ihres Soloparts stimmliche Probleme gehabt haben dürfte.

Dass eine Aufführung in der Stiftskirche St. Peter tatsächlich stattfand, bezeugt Nannerl mit ihren beiden Tagebucheintragungen, die auf Probe und Aufführung der Messe Bezug nehmen: „den 23ten [Oktober] in capelHaus bey der prob von der mess, meines bruders, bey welcher meine schwägerin die Solo Singt." Drei Tage später, am Sonntag, dem 26. Oktober und Vortag der Abreise des Ehepaars, heißt es: „zu st peter in amt mein bruder sein amt gemacht worden. die ganze hofmusik war dabey." Wenngleich man auch nicht mit völliger Sicherheit annehmen kann, dass es sich dabei um die große c-Moll-Messe handelte, spricht dennoch alles dafür:
1. Mozarts Hinweis auf „die spart von der hälfte einer Messe", die er nach Salzburg mitgenommen hat;
2. das von Salzburger Hofkopisten geschriebene Stimmenmaterial;
3. die von Constanze an André im Mai 1800 gegebene Auskunft: „wegen der Messe zum Davidde penitente ist sich in Salzburg, wo sie gemacht oder aufgeführt ist, zu erkundigen."

Dass Mozart als Aufführungsort St. Peter wählte, hatte wohl zwei Gründe: Zum einen bot sich am 26. Oktober 1783 der zu St. Peter feierlich begangene Festtag des hl. Amandus an, der neben dem hl. Rupert als zweiter

Patron des Klosters verehrt wird, und zum anderen die Sicherheit, mit seinem ehemaligen Dienstgeber, Erzbischof Hieronymus Colloredo, nicht in Berührung zu kommen.

Warum Abt Beda Seeauer, der das Amt zelebrierte, in seinem Tagebuch mit keiner Silbe dieses „kulturelle und künstlerische Ereignis" erwähnte, geschweige denn würdigte, bleibt allerdings für immer ein Geheimnis.

Im Jahre 1785 verwendete Mozart Kyrie und Gloria der Messe für die Kantate *Davidde penitente* (KV 469), indem er den beiden Sätzen einen italienischen Text unterlegte, der ihm vermutlich von Lorenzo da Ponte zur Verfügung gestellt wurde.

Mit Sicherheit darf angenommen werden, dass Mozart bei der Komposition der Messe, deren Anfänge in das Jahr 1782 zurückreichen, durch Eindrücke und Erfahrungen inspiriert wurde, die ihm in den sonntäglichen Matineen bei Baron Gottfried van Swieten (* Leiden 1733, † Wien 1803) vermittelt wurden. Dabei ging es vor allem um eine intensive Auseinandersetzung mit Werken Händels und Bachs. An ihnen orientierte sich Mozarts Konzeption der Messe, und nicht an den liturgischen Vorstellungen der Zeit. Allein der gewählte, damals schon völlig außer Mode gelangte Formtypus einer Kantatenmesse, vor allem für das Gloria, zeugt davon, dass an eine liturgische Zweckbestimmung sicherlich nie gedacht war, denn eine solche hat allein durch die zeitliche Ausdehnung des Fragments ihre Grenzen erreicht. EH

Lit.: *NMA* 1982, Ser. I, Werkgr. 1, Abt. 1, Bd. 5; Ziegler 1990, S. VI–VII, 11–12; *Componiern* 1991, S. 95–96 Nr. 34; Petrus Eder, in: *Salzburger Mozart-Lexikon* 2005, S. 221, 291; Günther Massenkeil, in: *Mozart-Lexikon* 2005, S. 438–441; Schick 2005, S. 200–205; vgl. *Requiem* 1991, S. 118; vgl. *Mensch Mozart* 2005, S. 73.

44.   CD 27

Ave verum corpus (KV 618)
17. Juni 1791

Partiturabschrift des Abbé Maximilian Stadler (* Melk 1748, † Wien 1833)

Papier, Tinte, 23 x 31,6 cm
Wien, Österreichische Nationalbibliothek, Mus Hs. 37879
(ausgestellt 21. September–5. November)

Ein halbes Jahr vor seinem Tod schrieb Mozart im Juni 1791 die Motette *Ave verum corpus* für gemischten Chor, Streicher und Orgel (KV 618) als Akt der Dankbarkeit für den Schullehrer und Regens Chori Anton Stoll (* um 1747, † Baden/Wien 1805). Stoll war Mozart bei der Quartiersuche für die Kuraufenthalte seiner Frau Constanze behilflich gewesen. Er dürfte Mozart um ein kurzes, leicht aufführbares Werk ersucht haben, das das Sakrament der Eucharistie zum Thema hat. Vermutlich fand die Uraufführung der Motette bereits am 23. Juni, dem Fronleichnamstag 1791, in Baden statt. Welche Textquelle Mozart benutzt hat, ist nicht bekannt. Seit dem 14. Jahrhundert war das Reimgebet „Ave verum corpus", das einerseits auf den Kreuzestod Christi, andererseits auf die eigene Todesstunde Bezug nimmt, in unterschiedlichen Lesarten bekannt. Das Bild des Todes in Mozarts Vertonung hat nichts Schreckendes, sondern jenes Moment der Ruhe und des Trostes, von dem Mozart in seinem Brief vom 4. April 1787 spricht. Dem entspricht konsequent auch Mozarts Vortragsanweisung „sotto voce": Selbst der Klang der menschlichen Stimme soll entmaterialisiert wirken. Selten ist Transzendenz so erfahrbar geworden wie in diesem nur 46 Takte umfassenden Gelegenheitswerk, in dem nach Meinung von Karl Hammer Mozarts Frömmigkeit einen eigenen Ausdruck gefunden hat, der in „Klang und Satz" seine „Eigenprägung" gewann.

In Stolls Besitz befanden sich neben der Motette *Ave verum corpus* noch die Autographen des *Dixit et Magnificat* (KV 193, Abb. 12), der *Missa brevis in D-Dur* (KV 194, Kat. Nr. 38.), des Offertoriums *Venite populi* (KV 260) und der *Missa solemnis in C-Dur* (KV 337, Kat.Nr. 40.). Diese Originalhandschriften kamen später in den Besitz des Mozart-Forschers Ludwig Alois Friedrich Ritter von Köchel (* Stein/NÖ 1800, † Wien 1877) und 1877 in die Musiksammlung der Österreichischen Nationalbibliothek.

Neben dem Autograph verwahrt die Musiksammlung der Nationalbibliothek auch die Partiturabschrift der Motette *Ave verum corpus*, die Abbé Maximilian Stadler angelegt hat. Sie trägt den Vermerk: „Gesetzt in Musik von Mozart in Baaden den 18. Junius 1791. Bey der Wandlung zu singen". Der Theologe und Komponist Maximilian Stadler, Leiter des kaiserlichen Musikarchivs, war „hochgeschätzter Freund" der Familie Mozart, half Constanze bei der Ordnung des Nachlasses Mozarts und ergänzte eine Reihe von Mozart-Fragmenten.   GW

Lit.: Karl Hammer, „Ave verum corpus". Ein Gebet auch für Protestanten?, in: *Acta Mozartiana* 3, 1966, S. 61–68; Bernd Edelmann, Dichtung und Komposition in Mozarts „Ave verum corpus" KV 618, in: Manfred Hermann Schmid (Hrsg.), *Mozart Studien*, Tutzing 1993, Bd. 2, S. 11–55; Günther Massenkeil, in: *Mozart-Lexikon* 2005, S. 341, 345; Schick 2005, S. 232.

45.

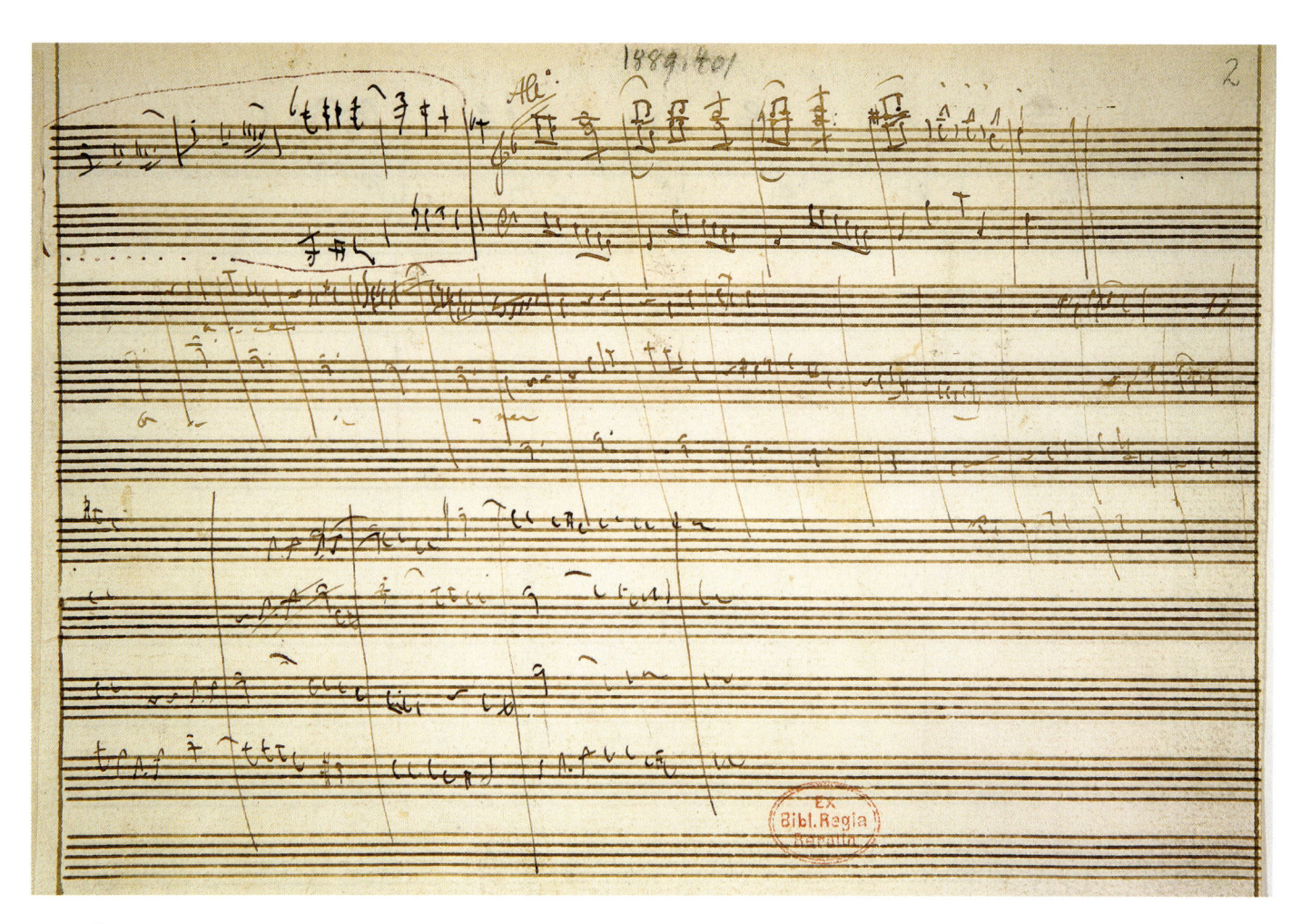

Skizze zum Requiem (KV 626)?
September/Anfang Dezember 1791

Autographe Partiturskizze Wolfgang
Amadeus Mozarts

Papier, 18 x 27 cm
Berlin, Staatsbibliothek zu Berlin – Preußischer
Kulturbesitz, Musikabteilung mit Mendelssohn-Archiv,
Mus. ms. autogr. W. A. Mozart KV 620, fol. 2r
(ausgestellt 18. Juli–20. September)

Im Zuge der Drucklegung des *Requiem* im Sommer 1800 bemühte sich das Leipziger Verlagshaus Breitkopf & Härtel, die offenkundigen Widersprüche in der Geschichte des Werkes aufzulösen. Auf der einen Seite war schon in den frühesten Berichten über Mozarts Tod die Rede davon, dass der Komponist das *Requiem* unvollendet hinterlassen habe, andererseits hatte Konstanze dem anonymen Besteller eine vollständige Partitur im Frühjahr 1792 übergeben und das Werk seitdem auch in Wien und Leipzig aufführen lassen. Die hartnäckigen Nachfragen des Verlages bei Konstanze führten dazu, dass sie mit Schreiben vom 27. März 1799 Franz Xaver Süßmayr als den Vollender des Werkes nannte, der dann in einem Brief vom 8. September 1800 an das Verlagshaus seinen Anteil näher beschrieb. Süßmayr verwies auf den Unterricht, den Mozart ihm gegeben hatte, und meinte, dass er die vollendeten Teile des Werkes zu Lebzeiten „öfters mit ihm durchgespielt und gesungen habe" und dass sich Mozart mit ihm „über die Ausarbeitung des Werkes sehr oft besprochen habe". Süßmayr erklärte, dass Mozarts Anteil im Lacrimosa mit dem Vers „judicandus reus" ende und dass die übrigen Teile „ganz neu" von ihm „verfertigt" seien. Konstanze erinnerte sich aber später, dass sich „auf Mozart's Schreibpulte nach seinem Tode einige wenige Zettelchen mit Musik vorgefunden" hätten, „die sie Herrn Süßmayr übergeben habe. Was dieselben enthielten, und welchen Gebrauch Süßmayr davon gemacht habe, wusste sie nicht."

Kleine Zettel zum *Requiem*, die Aufschluss über Mozarts Intentionen geben könnten, sind nicht erhalten geblieben. Partiturentwürfe wie zu den übrigen Sätzen sind wohl nicht darunter gewesen; dies hätte die musikalisch hinreichend gebildete Konstanze sicherlich ohne weiteres erkannt. Nach allem, was wir über Mozarts Arbeitsweise wissen, kommen zwei Arten von Aufzeichnungen in Frage: Zum einen hat Mozart gerne schwierige, vor allem kontrapunktische Abschnitte skizziert; bei Vokalkompositionen, vor allem bei Opern, hat er des Öfteren den Verlauf der Melodiestimme, doch dann meist ohne Text oder nur mit Hinzufügung der ersten Textworte, skizziert. Denkbar wäre es daher, dass zur Osanna-Fuge in Sanctus und Benedictus ein erster Entwurf vorlag; angesichts der musikalischen Erfindung, die viele Autoren Süßmayr nicht zutrauen wollen, wurde auch die einstmalige Existenz einer Verlaufsskizze zum Benedictus postuliert.

Nach heutigem Kenntnisstand ist aber nur ein einziges Skizzenblatt erhalten geblieben, das mit dem *Requiem* in Verbindung gebracht werden kann. Auf der Vorderseite enthält das Blatt einen durchführungsartigen Abschnitt aus einem Orchesterwerk in Es-Dur, der nur in der ersten Violine ausgeführt ist. Zur Datierung Herbst 1791 trägt vor allem die Papiersorte bei, die anhand links und rechts angebrachter senkrechter Linien und dank des Wasserzeichens leicht identifiziert werden kann. Dieses Papier findet sich ausschließlich in Mozarts spätesten Kompositionen, darunter einigen der zuletzt niedergeschriebenen Stücke der *Zauberflöte* sowie dem *Requiem*-Fragment. Auf der Rückseite enthält das Blatt eine kurze zweistimmige Skizze zum Durchführungsteil der Ouvertüre der *Zauberflöte*, die erst kurz vor dem 28. September 1791 angelegt worden sein kann. Hierum gruppieren sich mehrere Skizzen, von denen eine, vielleicht die zuerst niedergeschriebene in der unteren linken Ecke, trotz fehlender Textunterlegung dem Rex tremendae maiestatis, wo der Entwurf allerdings anders ausgearbeitet worden ist, zugeordnet werden kann. Die Skizze in der oberen rechten Ecke weist, vor allem in der Führung des Basses, gewisse Ähnlichkeiten zum Recordare auf, doch müsste Mozart sich dann entschieden haben, den Satz lieber im 3/4-Takt als im hier vorgezeichneten 4/4-Takt auszuarbeiten. Die ausgedehnteste, kontrapunktische Skizze weist die Textworte „Amen" auf und könnte daher für das Ende der Sequenz bestimmt gewesen sein. Süßmayr hat von all diesen Entwürfen keinen Gebrauch gemacht; es erscheint daher gut möglich, dass Konstanze das Blatt gar nicht als Skizze zum *Requiem* erkannt hatte und es irrtümlich für Aufzeichnungen zur *Zauberflöte* hielt. Für die Vollendung des *Requiems* bedeutet dieses Missverständnis einen empfindlichen Nachteil, der auch dadurch nicht aufwogen wird, dass das Blatt sonst wohl mit den übrigen Skizzen, die sie Süßmayr anvertraute, verloren gegangen wäre. UL

Lit.: Plath 1963; *Mozart Dokumente/Addenda und Corrigenda* 1971, S. 89; Ziegler 1990, S. 40; Konrad 1992, S. 194ff., 334 und 456f.; *NMA* Ser. X, Werkgr. 30, Bd. 3, Skizzen, Blatt 92 = Skb 1791a (Faksimile) und S. 47f.; vgl. Stadler 1826, S. 16; Wolff 1991, S. 48; *Requiem* 1991, S. 224 Nr. VI/1, Farbtf. (Ablieferungspartitur), S. 247–249 Nr. VI/3, VI38, VI/39, VI/42, Farbtf. (Arbeitspartitur); *Mozart Bilder und Klänge* 1991, S. 366–367 Nr. 317 Abb. (Faksimile); vgl. *Mensch Mozart* 2005, S. 129, 133.

46. CD 29–30

Requiem (KV 626)
Juli/Anfang Dezember 1791

Erstdruck der Partitur
Breitkopf & Härtel, Leipzig 1800

Druck, 26,2 x 35,6 cm
Salzburg, Internationale Stiftung Mozarteum, Sign. Rara 626/17 (ausgestellt 8. April–16. Juli)

Mit der Veröffentlichung des *Requiem* im Sommer 1800 war dem Leipziger Verlag Breitkopf & Härtel ein Coup gelungen, der seine seit 1798 in Einzelheften erscheinende „Gesamtausgabe" der Werke Mozarts in besonderem Licht erscheinen ließ. Waren die *Oeuvres complettes* bislang auf Klaviermusik, Lieder und instrumentale Kammermusik begrenzt geblieben, so wurde hiermit erstmals ein repräsentatives kirchenmusikalisches Werk des 1791 verstorbenen Komponisten im Druck veröffentlicht. Bis dahin war es im deutschen Sprachgebiet gänzlich unüblich gewesen, große lateinische Kirchenstücke in Partitur herauszubringen. Nicht dass es grundsätzlich an Nachfrage gefehlt hätte, doch dienten kirchenmusikalische Kompositionen mehr der Praxis als dem Studium. An private Käufer war daher kaum zu denken, wohingegen institutionelle Interessenten, Klöster und Kirchen, ganz überwiegend aus geschriebenen Noten spielen ließen, da sich dort gewöhnlich immer jemand fand, der eine Abschrift für den Tagesgebrauch anfertigen konnte. Umgekehrt behinderte eine breite abschriftliche Verbreitung den Markt für gedruckte Kompositionen. Ein Kaufhindernis bildeten zudem konfessionelle Grenzen: Der Breitkopf'sche Notendruck fand vor allem im protestantischen Nord- und Mitteldeutschland Verbreitung, wo lateinische Kirchenmusik allenfalls eine untergeordnete Rolle spielte. Mit Mozarts *Requiem*, dessen Veröffentlichung auch zur weiteren Popularisierung des Komponisten beitrug, änderte sich das Bild. Bis zur Einstellung der *Oeuvres complettes* im Jahre 1804 folgten bei Breitkopf noch zwei Messen, die *Credomesse* (KV 257) und die *Krönungsmesse* (KV 317, Abb. 10); zeitgleich sind auch die späten Messen Joseph Haydns dort im Druck erschienen.

Für den Verleger bedeutete das *Requiem* einen Glücksfall, handelte es sich doch um ein großes, unveröffentlichtes Werk eines Komponisten, der sich in den vergangenen Jahren zum Publikums- und Verkaufsmagneten entwickelt hatte. Überdies war das Werk bis dato den meisten nur vom Hörensagen bekannt: Das Mozart'sche Original (oder was man seinerzeit dafür hielt) befand sich im Besitz des damals noch unbekannten Bestellers, Graf Walsegg auf Schloss Stuppach. Konstanze Mozart hatte eine Kopie des Werkes, wie sie glaubte zum alleinigen Gebrauch zurückbehalten, und das Werk mehrfach zu ihren Gunsten – 1793 in Wien durch Gottfried van Swieten, 1796 in Leipzig unter Leitung von Johann Adam Hiller – aufgeführt. Allerdings hatte Konstanze Abschriften „zum Gebrauche großer Herren" anfertigen lassen, in der Überzeugung, dass

diese sie nicht an Dritte weitergäben. Dem Verlag war es dennoch angeblich gelungen, an zwei Abschriften des Werkes heranzukommen, noch ehe man an Konstanze herantrat, um mit ihr über die Herausgabe des *Requiem* zu verhandeln. Als Besitzer einer der Vorlagen kommt in erster Linie der umtriebige Thomaskantor Johann Adam Hiller in Frage; die Widmung des Partiturdrucks an Kurfürst Friedrich August III. von Sachsen lässt zudem vermuten, dass das sächsische Herrscherhaus eine Abschrift des Werkes von Konstanze erhalten hatte, auf die dann Breitkopf & Härtel zugreifen konnten.

Die Druckausgabe war nach dem Verständnis der Zeit vorzüglich ausgestattet. Das geschmackvolle Titelkupfer mit dem schlichten Vortitel *REQUIEM* konnte auch als Verherrlichung des Komponisten gedeutet werden (Abb. 46). Der Notendruck im von Breitkopf perfektionierten Typendruckverfahren war großzügig und fast frei von Stichfehlern. Für den praktischen Gebrauch wurde dem lateinischen Originaltext eine deutsche Fassung unterlegt, worauf auf

der Titelseite hingewiesen wurde (Abb. 47). Nicht genug damit: Im Anhang des Bandes wurden zwei weitere deutsche Textfassungen, eine vom Leipziger Universitätsprofessor Christian August Heinrich Clodius, die andere vom Thomaskantor Hiller abgedruckt.

Breitkopfs Ausgabe weicht in wichtigen Details von der heute bekannten Süßmayr-Fassung ab: Am auffälligsten sind der Verzicht auf die bei Mozart und Süßmayr ohnehin unvollständige Generalbassbezifferung und ein „Fehler" im Tuba mirum, bei dem das Posaunensolo nach den drei Anfangstakten dem Fagott zugewiesen ist. Bis zum Erscheinen der kritischen Ausgabe durch Johannes Brahms im Rahmen der alten Mozartausgabe im Jahre 1877 hat der bibliophile Breitkopf-Druck, der mehrfach nachgedruckt wurde, die Rezeption des Werkes bestimmt. UL

Lit.: *MBA* 1962, Bd. 4, Nr. 1243–1304 passim; Haberkamp 1986, Textband, S. 385–388 sowie Bildband, S. 349–354; *Componiern* 1991, S. 36, 135 Nr. 54; Günther Massenkeil, in: *Mozart-Lexikon* 2005, S. 613–619; Schick 2005, S. 240–246; Gruber 2005, S. 133–134; vgl. Petrus Eder, in: *Salzburger Mozart-Lexikon* 2005, S. 222.

47.
Messe in d-Moll (KV 65)
14. Januar 1769

Autographe Partitur Wolfgang
Amadeus Mozart

Ledereinband, Papier, 23,9 x 33,2 cm
Bezeichnet: „Missa brevis/ di Wolfgango Amadeo
Mozart/ Salzbourg 14 Jener 1769", „Adagio/Kyrie/Allegro",
„Eigne Handschrift"
Berlin, Staatsbibliothek zu Berlin – Preußischer Kulturbesitz, Musikabteilung mit Mendelssohn-Archiv, Mus.
ms. autogr. W. A. Mozart KV 65
(ausgestellt 18. Juli–20. September)

Während seines zweiten Wien-Aufenthaltes entstanden im Herbst 1768 Mozarts erste vollständige Vertonungen des Messordinariums: die *Missa brevis in G-Dur* (KV 49) und die so genannte *Waisenhausmesse* (KV 139), deren Uraufführung der zwölfjährige Knabe in Gegenwart der Mitglieder des kaiserlichen Hofes am 7. Dezember 1768 in der Waisenhauskirche am Rennweg persönlich leitete.

Nach der Rückkehr aus Wien schrieb Mozart im Januar 1769 eine weitere Missa brevis, die *Messe in d-Moll* (KV 65), und brachte sie zum Beginn des vierzigstündigen Gebetes am 5. Februar desselben Jahres in der Salzburger Universitätskirche zur Aufführung (vgl. Kat.Nr. 74.). Dem Anlass – dem Anfang der Fastenzeit – entsprechend, unterscheidet sich die *Messe in d-Moll* (KV 65) von den zuvor entstandenen Messkompositionen wesentlich durch die konsequent beibehaltene Molltonart, die kontrapunktische Anlage und die auf das so genannte Kirchentrio (2 Violinen, Bass und Orgel) reduzierte Orchesterbesetzung. Sie repräsentiert mit dem von Imitationen durchbrochenen Chorsatz, der Aufteilung in Stimmgruppen, dem Alternieren von Solo und Tutti und der überwiegend an den Vokalstimmen orientierten Streicherbehandlung den Typus der Salzburger Messkomposition zur Mitte des 18. Jahrhunderts.

Wie in vielen Werken Mozarts finden sich auch im Autograph der *Missa brevis in d-Moll* (KV 65) Eintragungen von der Hand Leopold Mozarts: hier die Tempoangaben für Gloria, Credo und Agnus Dei. Interessant ist, dass das Autograph mehrere Fassungen des Benedictus enthält. Diese Tatsache lässt vermuten, dass Mozart um eine überzeugende Lösung gerungen hat oder sich auf geänderte Aufführungs- oder Besetzungsbedingungen einstellen musste. Die erste Fassung ist mit Rötel durchgestrichen, von fremder Hand wurde mit Tinte vermerkt: „das Benedictus steht hinten". Auch die zweite Fassung wurde mit Rötel durchgestrichen, die dritte Fassung durch Überkleben ungültig gemacht. Erst auf Folio 15v findet sich die endgültige Fassung des Benedictus.   GW

Lit.: Klein 1982, S. 25–26; Schmid/Eder 2005, S. 278;
Petrus Eder, in: *Salzburger Mozart-Lexikon* 2005, S. 287;
Schick 2005, S. 175–177.

48. CD 11

Sopran- und Violinstimme des Exsultate (KV 165)
16. Januar 1773

Partiturabschrift des Hofkopisten Joseph Richard Estlinger (* Irrsdorf 1720, † Salzburg 1791) mit Einträgen Leopold Mozarts

Papier, Tinte, 20,9 x 29,8 cm (Sopranstimme), 21,8 x 30,1 cm (erste Violinstimme)
Bezeichnet: „Soprano", „Aria", „Exultate [!] jubilate […]" (Sopranstimme), „Violino 1mo", „Allegro", „Aria" (erste Violinstimme), „Motteto/à/Soprano Solo/2 Violinj/2 Flautj/2 Cornj in F – NB per la chiesa in G/2 Viole/e/Basso/Del Sgr. Cav. Amadeo Wolfgango Mozart Accademico di Biologna/e di Verona" (Titelseite)
Freising, Dombibliothek, Sign. WS 1162 (Depositum der Katholischen Pfarrkirchenstiftung St. Jakob in Wasserburg am Inn)
(ausgestellt 8. April–16. Juli)

Wolfgang Amadeus Mozart komponierte die Motette *Exsultate jubilate* Anfang des Jahres 1773 in Mailand für den Soprankastraten Venanzio Rauzzini, der die Hauptrolle in Mozarts Ende Dezember 1772 uraufgeführter Oper *Lucio Silla* gesungen hatte. In ihrer mehrsätzigen Anlage mit Arien, Rezitativ und abschließendem Alleluja entspricht Mozarts virtuose Solo-Motette im Wesentlichen dem in Italien verbreiteten Typus der geistlichen Solokantate, „welche unter der Messe, nach dem Credo, gemeingleich von einem der besten Sänger gesungen wird" (J. J. Quantz). Die Uraufführung, vermutlich ein Auftragswerk zum Patroziniumsfest, erfolgte am Festtag des hl. Antonius, dem 16. Januar 1773, in der Mailänder Kirche Sant' Antonio. Tags zuvor schrieb Mozart scherzend nach Salzburg: „Ich vor habe den primo eine homo motteten machen welche müssen morgen bey Theatinern den producirt wird."

Erst im Jahr 1978 wurde von Robert Münster bei Katalogisierungsarbeiten durch die Musikabteilung der Bayerischen Staatsbibliothek eine bislang unbekannte Alternativfassung der Motette in der Stadtpfarrkirche St. Jakob zu Wasserburg am Inn gefunden. Das Stimmenmaterial erstellte der Salzburger Hofkopist und Fagottist Joseph Richard Estlinger, der mehrfach für die Mozarts gearbeitet hat (Kat.Nr. 39., 43., 49.). Titelblatt (s. o.) sowie Einträge in den einzelnen Stimmen stammen von der Hand Leopold Mozarts. Der ausradierte Besitzvermerk verweist mit „Ad Chorum SS Trinitatis" auf die Dreifaltigkeitskirche des Priesterseminares in Salzburg (Kat.Nr. 72.). Die Handschrift ist bereits Anfang des 19. Jahrhunderts nach Wasserburg gekommen und dort in einem Noteninventar aus dem Jahr 1815 verzeichnet.

Abweichungen von der Mailänder Erstfassung ergeben sich in einzelnen Textpassagen und der Instrumentierung. Mozart arbeitet die anonyme marianische Textvorlage im ersten Satz und im Rezitativ um, damit sie zur Verehrung der Hl. Dreifaltigkeit passt. Anstelle der beiden Oboen sind im Orchester der Salzburger Fassung zwei Flöten vorgesehen. Vermutlich erstellte Mozart die Bearbeitung für eine Aufführung durch den Kastraten Francesco Ceccarelli (* Foligno 1752, † Dresden 1814) in der Salzburger Dreifaltigkeitskirche am 30. Mai 1779, dem Dreifaltigkeitssonntag. An diesem Tag waren, wie Nannerl Mozart in ihrem Tagebuch erwähnt, Vater und Sohn Mozart sowie Ceccarelli nach der Messe zum Mittagessen im Priesterhaus eingeladen. AK

Lit.: *NMA* 1963–1964, Ser. I, Werkgr. 3; *MBA* 1962, Bd. 1, S. 475 Nr. 279, Z. 36–37; Willi Birkmaier (Hrsg.), *Mozart in Wasserburg*, Wasserburg 1990; Robert Münster, in: *Mozart-Studien 2* 1993, S. 119–133; Petrus Eder, in: *Salzburger Mozart-Lexikon* 2005, S. 362; Schick 2005, S. 227–228;
vgl. Johann Joachim Quantz, *Versuch einer Anweisung die Flöte traversiere zu spielen*, Breslau 1789, S. 288.

49.

CD 9

Regina coeli in B-Dur (KV 127)
Mai 1772

Zwei authentische Stimmenhandschriften der Hofkopisten Josef Richard Estlinger (* Irrsdorf 1720, † Salzburg 1791) (A) und Maximilian Raab (*um 1720, † 1780) (B) mit Eintragungen von Leopold und Wolfgang Amadeus Mozart

Papier, Tinte, 33,3 x 22,4 cm

Aufgeschlagen: „Canto conc[erto]", im untersten Notensystem eine von Leopold Mozart notierte Kadenz (B, S. 7), „Basso" (instr.), im obersten System nachgetragenes „piano" von Wolfgang Amadeus Mozart (A, S. 6)
Salzburg, Konsistorialarchiv, ohne Sign.
(ausgestellt 23. September–5. November)

Die Marianische Antiphon *Regina coeli* hat ihren liturgischen Ort innerhalb des Stundengebetes (Offiziums) und wird in der Regel am Schluss der Komplet im österlichen Festkreis des Kirchenjahres gesungen. Sie findet sich allerdings auch am Schluss der Vesper anstelle der Benedictio, wenn kein Erzbischof oder Weihbischof daran teilnimmt.

Text und Choralmelodie der Antiphon sind in einer in das 12. Jahrhundert datierten Handschrift erstmals überliefert. Der *Legenda aurea* nach soll Papst Gregor während einer Bittprozession in Rom diesen Gesang von Engeln übermittelt erhalten haben.

Im Rahmen der Liturgie am Dom und an Stifts-, Kloster- und Wallfahrtskirchen der Erzdiözese Salzburg zählte die Antiphon vor allem im 18. Jahrhundert zu jenen Kompositionen, die in mehrstimmiger Setzweise und glanzvoller Besetzung ausgeführt wurden und die zur musikalischen „Umrahmung" des nachmittäglichen und abendlichen Gottesdienstes während der Osterzeit dienten.

Keine der vier damals wie heute gebräuchlichen Marianischen Antiphonen (*Alma redemptoris mater* für Advent und Weihnacht, *Ave regina coelorum* für die Fastenzeit, *Regina coeli* für die österliche Zeit und *Salve regina* für den Rest des Kirchenjahres) hatte für die Liturgie am Salzburger Dom einen so großen Stellenwert gehabt wie gerade diese Antiphon. Im *Catalogus musicalis in ecclesia metropolitana* (vgl. Kat. Nr. 39., Abb. 7) werden unter der Rubrik „Regina Coeli" zahlreiche Vertonungen der Antiphon von Komponisten wie Anton Cajetan Adlgasser, Karl Heinrich Biber, Matthias Sigismund Biechtler, Johann Ernst Eberlin, Luigi Gatti, Michael Haydn und Giuseppe Lolli verzeichnet.

Wolfgang Amadeus Mozarts drei *Regina coeli*-Kompositionen (KV 108, 127, 276) sind jedoch weder im Musikinventar angeführt noch im Bestand der Domkirche nachzuweisen. Vermutlich verwahrte Vater Leopold die Stimmenabschriften bei sich, aus Argwohn gegenüber jenen Personen, die Zugang zum Musikalienbestand hatten (vgl. Kat.Nr. 39.) und sich davon „Raubkopien" leicht hätten beschaffen können.

Die beiden ersten Vertonungen sind in datierten autographen Partituren erhalten geblieben, denen zufolge sie im Mai 1771 (KV 108) und im Mai 1772 (KV 127) entstanden. Schon aufgrund der Datierungen und der Besetzungsunterschiede kommen für die beiden Stücke unterschiedliche Entstehungsanlässe in Frage. Für KV 108 sind die Pontifikalvespern zu den „Festis Pallii" Christi Himmelfahrt, Pfingsten und Fronleichnam in Erwägung zu ziehen, weil die gegenüber KV 127 um zwei Tromben und Timpani erweiterte Besetzung auf die Teilnahme des Erzbischofs hinweist (vgl. S. 17, Kat.Nr. 65.). Für KV 127 kommt als Entstehungsanlass eigentlich nur die Vesper zum Fest des hl. Johannes Nepomuk (16. Mai) in Frage, die in der Hofkapelle zu Mirabell um 5 Uhr abends „in Bedienung der Hofmusik" von einem Domkapitular gehalten wurde und zu der der Erzbischof nur in „Dero Oratorio" erschien (vgl. Kat.Nr. 73.).

Mozart hat die *Regina coeli*-Antiphon (KV 127) für die „Haydin" komponiert, die Hofsängerin und Gemahlin Michael Haydns Maria Magdalena (* Laufen an der Salzach 1747, † Salzburg 1827), eine Tochter des Domorganisten Franz Ignaz Lipp (* Eggenfelden 1718, † Salzburg 1798). Diese Beziehung erklärt auch den virtuosen Charakter der Komposition, mit der Mozart nach seiner zweiten Italien-Reise imponieren wollte. Die erste Aufführung der Komposition konnte allerdings nicht im Salzburger Dom stattfinden, da dieser Ort für eine Sängerin tabu war. Die „Uraufführung" zu Mirabell ist schon deswegen sehr wahrscheinlich.

Leopold Mozart als Vizekapellmeister dürfte die Komposition in den Folgejahren jedoch auch im Dom „aufgelegt" haben. Zumindest gab er selbst einen Hinweis darauf in einem Brief an seine Frau (12. April 1778), in dem er berichtete, dass der Kastrat Ceccarelli „bey den goldenen Salve das Regina Coeli singen" wird, „welches der Wolfg: für die Haydin gemacht hatte". Der hochfürstliche Hofkalender für das gleiche Jahr führt zum Ostersonntag an: „Nachmittag um 2 Uhr ist die Predigt, und nach vollendeter Vesper und Complet das so genannte goldene Salve, bey welchem Höchdieselbe etc. etc. in Dero Oratorio S. Ruperti mit Dero Hofstaat erscheinen."

Leider kennen wir bis dato nicht den liturgischen Ablauf dieses „goldenen Salve", in dessen Zentrum vermutlich die österliche Antiphon stand. Daraus erklärt sich auch, dass von vielen Salzburger Komponisten mit Ausnahme Leopold Mozarts gleich mehrere Vertonungen dieser Antiphon überliefert sind.

Die nahe liegende Vermutung, dass Nannerl das im „Hause Mozart" verwahrte Stimmenmaterial zu KV 127 und 276 aus dem Nachlass ihres Vaters dem Augustiner-Chorherrenstift Heilig Kreuz in Augsburg vermachte (vgl. Kat.Nr. 43.), hat sich bestätigt, da die kompletten authentischen Stimmensätze zu diesen beiden Antiphonen aufgetaucht sind. Der hier gezeigte doppelte Stimmensatz zu KV 127 ist deshalb von besonderem Interesse, weil er nicht nur von Joseph Richard Estlinger und Maximilian Raab kopiert wurde und zahlreiche Korrekturen Mozarts enthält, sondern weil Leopold Mozart im Stimmensatz von Raab eigenhändig zwei Kadenzen in die Solo-Stimme auf Seite 7 und 8 nachgetragen hat (S. 161 Abb.).

Eine weitere authentische Stimmenkopie des gleichen Werkes von Felix Hofstätter hat sich im Stift Lambach erhalten – ein seltener Fall in der Quellenüberlieferung, dass Mozart alle drei Hofkopisten mit der Abschrift ein und desselben Werkes beauftragte.

Sowohl die Disposition des Textes als auch die formale Gliederung der ersten beiden Sätze entspricht teilweise bis ins Detail dem ein Jahr zuvor entstandenen ersten *Regina coeli* (KV 108). Es diente Mozart zweifellos in formaler Hinsicht als Vorbild.

Michael Haydn ließ sich in seinem einen Monat später entstandenen *Tres sunt*, wie Schmid nachweist, durch Mozarts Komposition beeinflussen. Im Gegenzug interessierte sich Mozart dann für Haydns Komposition, von der er sich damals eine Studienpartitur anlegte (vgl. Kat. Nr. 52.). EH

Lit.: *NMA* 1963-1964, Ser. I, Werkgr. 3; Manfred Hermann Schmid, *Mozart und die Salzburger Tradition* (= Münchner Veröffentlichungen zur Musikgeschichte. 24.), Tutzing 1976, S. 13–28; Ulrike Aringer, *Marianische Antiphonen von Wolfgang Amadeus Mozart, Johann Michael Haydn und ihren Salzburger Zeitgenossen* (= Münchner Veröffentlichungen zur Musikgeschichte. 60), Tutzing 2002; Petrus Eder, in: *Salzburger Mozart-Lexikon* 2005, S. 223; Günther Massenkeil, in: *Mozart-Lexikon* 2005, S. 341–342; Schick 2005, S. 225–226; Manfred Hermann Schmid (Hrsg.), *Mozart-Studien*, Tutzing (in Vorbereitung); vgl. Schmid/Eder 2005, S. 266.

50.

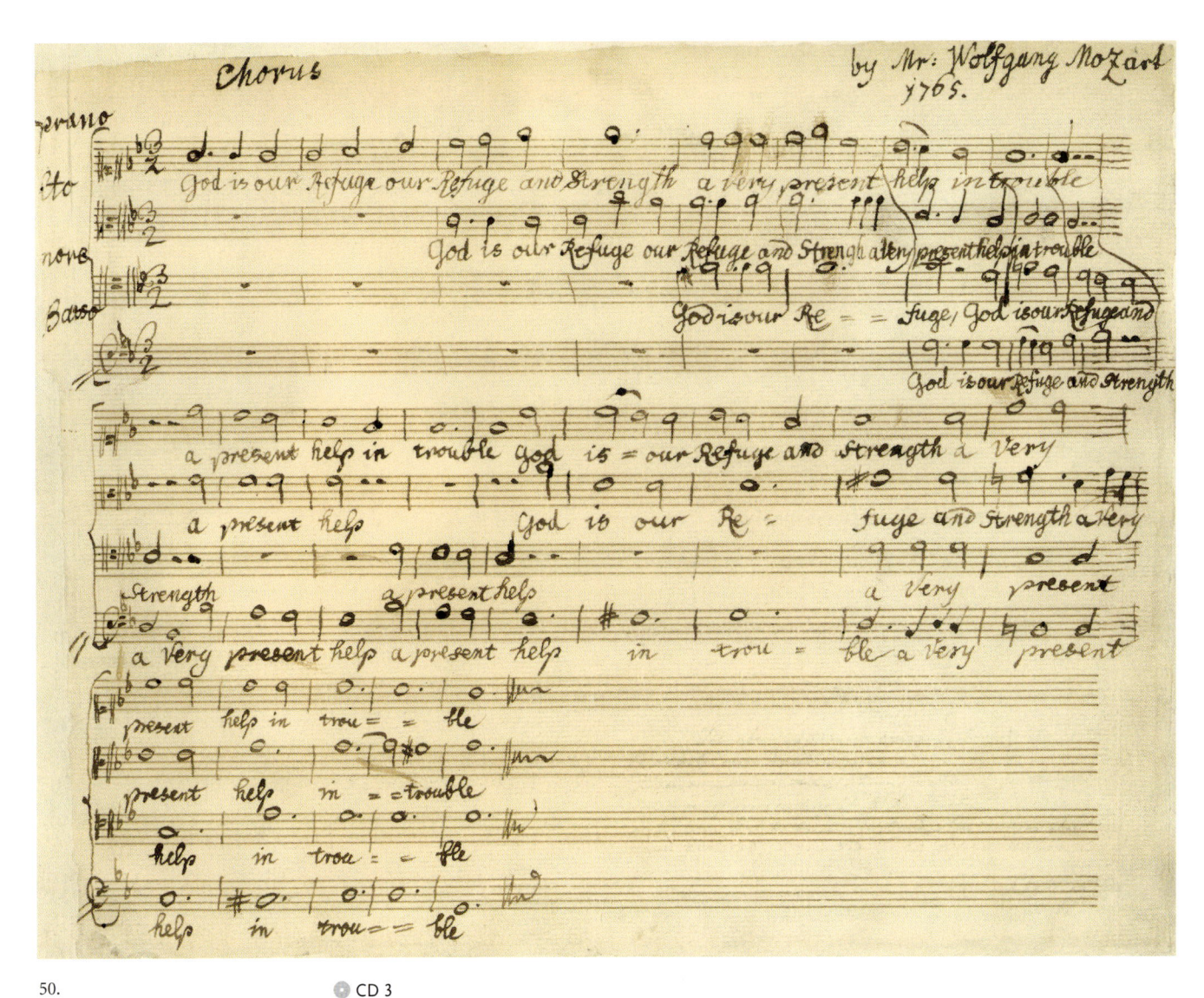

God is our Refuge (KV 20)
Juli 1765

Autographe Partitur Wolfgang Amadeus Mozarts

Papier, Tinte, 23,2 x 29,4 cm
Bezeichnet: „by Mr: Wolfgang Mozart/1765"
London, British Library, Sign. Music Misc. K 10 a 17 (3)
(ausgestellt 8. April–5. November)

Im Juni 1763 war Leopold Mozart mit seiner Familie zu einer mehr als drei Jahre dauernden Reise aufgebrochen, die über Paris nach London führte. Unterwegs traten Nannerl und Wolfgang an den Fürstenhöfen als Klaviervirtuosen auf, Wolfgang auch als Geiger und Organist.

In Paris publizierte Wolfgang seine Violinsonaten (KV 6–9) als op. 1 bzw. op. 2. Während einer längeren Konzertpause, die durch die schwere Erkrankung des Vaters im Juli 1764 bedingt war, schrieb Wolfgang in London eine Anzahl von Klavierstücken, die Sonaten KV 10–15, die Sinfonie KV 16, im Frühjahr 1765 schließlich die Sinfonien KV 19 und KV 19a und – als Auftragswerk für das British Museum – den vierstimmigen Chorsatz God is our Refuge (KV 20).

Im Juli 1765 machte Leopold Mozart neben dem Autograph von KV 20 auch die im Druck vorliegenden drei Hefte mit Sonaten des 9-jährigen Knaben dem British Museum zum Geschenk. Das Kuratorium des British Museums dankte Leopold Mozart mit Schreiben des Sekretärs vom 19. Juli 1765 für die Werke, die seither im Museum aufbewahrt werden: „*Mein Herr, ich bin vom ständigen Komitee der Kuratoren des Britischen Museums beauftragt, Ihnen mitzuteilen, dass dieses die musikalischen Werke Ihres genialen Sohnes erhalten hat, die sie ihm unlängst zum Geschenk zu machen die Güte hatten, und ihnen dafür seinen Dank auszusprechen.*"

Das vierstimmige geistliche Madrigal hat den ersten Vers des Psalm 45 („God is our Refuge and strength, a very present help in trouble") zur Textvorlage und ist Mozarts früheste bekannte Komposition geistlicher Musik. Sie umfasst nur 23 Takte und ist im Stil der traditionellen englischen Kirchenmusik der Zeit gehalten. Wolfgang schrieb dieses kleine Chorstück „vermutlich unter väterlicher Aufsicht nieder und hatte dabei – wie das Autograph zeigt – offenbar mit dem Text größere Schwierigkeiten als mit den Noten: Um den Text richtig unterlegen zu können, mußten einige Taktstriche schräg durch die vier Stimmen gezogen werden" (*NMA*, S. VIII). Wolfgang dürfte den Beginn geschrieben haben, der Vater danach die missglückte Ziehung der Taktstriche am Ende der ersten Akkolade korrigiert haben.

GW

Lit.: vgl. *NMA* 1971, Ser. III, Werkgr. 9; Augustus Hughes-Hughes, *Catalogue of Manuscript Music in the British Museum*, London 1906, N1964–1966, Bd. 1, S. 159; Alexander Hyatt King, The Mozart Autographs in the British Museum, in: *ML* 18, 1937, Nr. 4 (Okt.), 343–354; *Mozart in The British Museum*, Ausst.Kat. London, King's Library, London 1956, S. 3, 5, 11 Abb. 3 Deutsch, S. 73 Abb. 136; Alec Hyatt King, *A Mozart Legacy. Aspects of the British Library Collections*, London 1982; Alexander Hyatt King, The Mozarts in the British Museum, in: Rudolf Elvers (Hrsg.), *Festschrift Albi Rosenthal*, Tutzing 1985, S. 157–179; *Mozart Bilder und Klänge* 1991, S. 154–155 Nr. 150, Abb. (Abschrift); Petrus Eder, in: *Salzburger Mozart-Lexikon* 2005, S. 223.

51.

Offertorium de Sanctissimae Trinitate (Tres sunt, KV Anh. A 13/MH 183)
nach 1772

Abschrift Wolfgang Amadeus Mozarts nach Johann Michael Haydn

Papier, Tinte, 31,5 x 23 cm
Wien, Österreichische Nationalbibliothek, Musiksammlung, Sign. Mus. Hs. 34233
(ausgestellt 21. September–5. November)

Haydn beendete die Komposition des Offertoriums *Tres sunt* am Pfingstsonntag, 7. Juni 1772, und dürfte das Werk am darauf folgenden Dreifaltigkeitssonntag im Dom aufgeführt haben. Sicherlich waren Vater und Sohn Mozart, die Mitte Dezember des vorangegangenen Jahres von ihrer zweiten Italienreise zurückgekehrt waren und sich bis August 1772 in Salzburg aufhielten, an der „Uraufführung" aktiv beteiligt – zumindest Wolfgang, dem einige Wochen später das Dekret zum „besoldeten Konzertmeister" zugestellt wurde.

Mozarts eigenhändige Partiturabschrift des Werkes diente ihm vermutlich dazu, sich mit den neuesten Kirchenkompositionen Haydns auseinanderzusetzen. Vor allem wollte er sich mit dessen kontrapunktischem Stil vertraut machen, in dem er sich bei weitem nicht so sicher fühlte wie dieser. Seine Präferenz galt damals im Kirchenstil noch italienischen Vorbildern, die er während seiner ersten und zweiten Italienreise (1769/1771 bzw. 1771) kennen und genial zu beherrschen gelernt hatte.

Dass sich Mozart noch elf Jahre später an seine Abschrift erinnert und den Vater im März 1782 nachdrücklich ersucht, ihm für die „Sonntägliche Musikalische übung" bei Baron van Swieten das von ihm kopierte „tres sunt" zu übersenden, zeugt davon, welchen Stellenwert er dieser und anderen Kompositionen Haydns beimaß.

In diesem Zusammenhang erbat sich Mozart auch vom Vater „das Lauda Sion" (MH 215, entstanden 1775), das er „gar zu gerne hören lassen" möchte. Im Gegensatz zum *Tres sunt* schuf Haydn im *Lauda Sion* eine ausschließlich im homophonen Stil – im Ripieno- oder Tutti-Stil – gehaltene Komposition, deren Typus auch das *Tenebrae factae sunt* (MH 162) entspricht, das Mozart ebenfalls im Kreis von Baron van Swieten vorgestellt und das „allen beyfall" erhalten hatte. Haydns autographe Niederschrift des *Tres sunt* wird heute mit den während des Zweiten Weltkrieges aus Berlin ausgelagerten Beständen in der Bibliotheka Jagiellońska zu Krakau verwahrt (Abb. 75). EH

Lit.: *MBA* 1962, Bd. 3, S. 259 Nr. 731 Z. 28.

52.

Sing- und Violonstimmen zum Offertorium pro tempore Misericordias Domini (KV 222)
Mai 1775

Stimmenkopie aus dem Besitz Leopold Mozarts, mit Korrekturen Leopold und Wolfgang Amadeus Mozarts

Papier, 31 x 22 cm
Titel: „Offertorium/a/Contra-punct/a/Canto, Alt-, Tenore, Basso,/Violino Primo, Violino Secondo,/Alto! Viola,/Violone,/con/Organo./Di Signore Cavalier Wol-/gango Amadeo Mozart"
Augsburg, Staats- und Stadtbibliothek, Sign. Hl. Kreuz 20 (Leihgabe der Katholischen Wallfahrtskirchenstiftung Heilig Kreuz), S. 17–20 (Canto Rip.) und S. 57–60 (Violone) (ausgestellt 8. April–17. Juli)

Die Kirchenmusik des 18. Jahrhunderts war in Salzburg von erstaunlicher Selbständigkeit. Maßgebend dafür war das kirchenmusikalische Schaffen des Hofkapellmeisters Johann Ernst Eberlin (* Jettingen/Bayern 1702, † Salzburg 1762) und des Hofkonzertmeisters und späteren Domorganisten Johann Michael Haydn (* Rohrau/Niederösterreich 1737, † Salzburg 1806), dessen Werk eine einzigartige Verbreitung im Donauraum fand und stilprägend für die geistliche Musik in der ersten Hälfte des 19. Jahrhunderts wurde. Wolfgang Amadeus Mozart nahm vielfältige Anregungen auf seinen Reisen auf, setzte sich jedoch auch bewusst mit der Salzburger Tradition auseinander. So stammen allein 15 der 19 „Contrapuncten", die Leopold Mozart als Studienmaterial für seinen Sohn sammelte und in ein Arbeitsheft notierte, von Eberlin. Dass diese Vorlagen für Mozart ein „gutes Muster" abgaben, wird an dem Anfang 1775 in München entstandenen Offertorium *Misericordias Domini* (KV 222) über Psalm 88 deutlich, in dem Mozart ein Motiv aus Eberlins Offertorium *Benedixisti Domine* verarbeitete. Mozart schrieb es auf Ersuchen des bayerischen Kurfürsten Maximilian III. Joseph (*München 1727, † ebd. 1777) und brachte es am 5. März 1775 in München zur Uraufführung. Am 4. September 1776 übersandte er dieses exemplarische Beispiel Salzburger Kirchenmusik dem berühmten Lehrer für Musiktheorie Padre Giovanni Battista Martini (*Bologna 1706, † ebd. 1784), dessen Unterricht Mozart 1770 im Alter von 14 Jahren kurze Zeit besucht hatte. P. Martini lobte die Komposition, weil er alles darin fand, „was die moderne Musik verlange: gute Harmonie, reiche Modulation, mäßige Bewegung der Violinen, natürliche und gute Stimmführung" (Brief vom 18. Dezember 1776).

Da das Autograph des *Misericordias* (KV 222) verschollen ist, stellt die aus dem Besitz von Leopold Mozart aus der Zeit um 1775 stammende Stimmenabschrift, die Mozarts Schwester Nannerl nach dem Tod des Vaters dem Kloster Heilig Kreuz in Augsburg zum Geschenk gemacht hat, die wichtigste Quelle für dieses Werk dar. Sie enthält Korrekturen und Ergänzungen von Vater und Sohn Mozart. Die Sorgfalt, mit der Mozart die Stimmen revidierte, mit verschiedenfarbiger Tinte korrigierte und dynamische Zeichen durch Unterstreichung oder Ausschreiben hervorhob, lässt die Bedeutung erkennen, die Mozart dem Vortrag seiner Werke beimaß.

GW

Lit.: Walter Senn, Die Mozart-Überlieferung im Stift Heilig Kreuz zu Augsburg. In: *Neues Augsburger Mozartbuch* (= Zeitschrift des historischen Vereins für Schwaben, Bd. 62/63), Augsburg 1962, S. 330–368; Petrus Eder, in: *Salzburger Mozart-Lexikon* 2005, S. 221; Schick 2005, S. 229.

53.

**Fragment eines Kyrie
in C-Dur (KV 323)** 1787/1791

Papier, 34 x 23,5 cm
Salzburg, Internationale Stiftung Mozarteum, KV 323
(ausgestellt 17. Juli–22. September)

Es ist eine bittere Ironie des Schicksals, dass der 35-jährige Wolfgang Amadé Mozart im Frühjahr um die Stelle eines Substituten für den schwerkranken Leopold Hofmann mit der Aussicht auf dessen Nachfolge als Kapellmeister am Stephansdom in Wien bat, diese auch im Mai zugestanden erhielt, und dann noch vor dem Totgesagten selbst verstarb. Trotz der Beteuerungen in der von Konstanze lancierten Lebensbeschreibung, die der Prager Freund Franz Xaver Niemetschek (* Sadska/Böhmen 1766, † Wien 1849) 1798 publizierte, dass „Kirchenmusik" Mozarts „Lieblingsfach" gewesen sei, er sich ihm aber am wenigsten widmen konnte, war man sich in der Forschung lange unschlüssig, ob Mozarts Bewerbung nicht allein seiner verheerenden Finanzlage geschuldet war. Immerhin hatte er in seiner gesamten Wiener Zeit nur ein einziges geistliches Werk, das *Ave Verum* (KV 618, Kat.Nr. 44.), das gerade 46 Takte umfasst, in das Verzeichnis aller seiner Werke eingetragen, und außer dem Torso der *c-Moll-Messe* (Kat.Nr. 42.–43.) offenbar kein einziges größeres Kirchenwerk mehr produziert.

Jüngere Forschungen haben durch Prüfung der Handschriften und stilistische Vergleiche ein ganz anderes Ergebnis abgeleitet: Es zeigt sich nämlich, dass Mozart sich in seinen letzten Lebensjahren – nicht vor 1787, vielleicht aber überhaupt erst im Zuge der Bewerbung an St. Stephan – intensiv mit der Kirchenmusik auseinandergesetzt hat. Hierzu gehört die Abschrift eines Kyrie des 1772 verstorbenen Domkapellmeisters Georg Reutter, die man lange Zeit wegen ihres altertümlichen Stils für ein Werk des jungen Mozart gehalten hat (KV 91); hierzu zählt aber auch das *Kyrie in d-Moll* (KV 341), dessen Autograph verloren ist, doch aufgrund des stilistischen Befunds in Mozarts letzte Lebenszeit gehören muss.

Gleiches gilt für das *Kyrie in C-Dur* (KV 323), dessen Originalhandschrift nach 1800 im Besitz Konstanzes verblieb, da sich Johann André (* Offenbach 1775, † ebd. 1842), an den sie den musikalischen Nachlass ihres Mannes verkaufte, in allererster Linie für die vollendeten Werke interessierte. Mozart hat auf insgesamt acht Notenseiten den Singstimmensatz und Teile des Streichersatzes, in den Anfangstakten auch die Bläser niedergeschrieben; das Fragment schließt am Ende eines Doppelblattes mit der Wiederaufnahme des Anfangs. Falls nicht ein dritter Bogen verlorengegangen ist, glaubte Mozart wohl, dass die wenigen verbliebenen Takte einschließlich der Instrumentation jederzeit leicht zu vervollständigen wären.

1809 wurde das Fragment durch den mit Konstanze Mozart eng befreundeten Abbé Maximilan Stadler (* Melk 1748, † Wien 1833), damals Pastor in Böhmisch Krut, vollendet. Er fügte nach Takt 37 noch 16 Takte auf einem Ergänzungsblatt zur Abrundung hinzu, nahm dabei jedoch entgegen Mozarts Praxis auch das Christe eleison erneut auf, so dass sich eine fünfteilige Gesamtfolge ergibt. In einer langen Bemerkung hielt er auf der ersten Notenseite fest, dass sich das Werk durchaus zur Veröffentlichung eigne, schlug hierfür aber statt des lateinischen Messtextes verschiedene Bibeltexte in deutscher Übertragung vor. Die Erstausgabe ist dann – mit Stadlers Ergänzungen – tatsächlich mit einem neuen Text, nämlich als *Regina coeli*, erschienen. UL

Lit.: Plath 1976/77, S. 172; Tyson 1987, S. 26, 100, 142; Ulrich Konrad, in: *NMA* Ser. X, 4, S. 269f.; vgl. Schick 2005, S. 181–182, 205–207.

54.

Orgelpositiv 1681?/1802

Christoph Egedacher

(tätig Salzburg 1673–1706)

Holz, bemalt, 119,5 x 129,5 x 87,5 cm, H. 75,5 cm (Unterbau), B. 213,5 cm (geöffnet)
Salzburg, St. Johannes am Imberg

Die mittelalterliche Kirche St. Johannes am Imberg wurde 1681 unter Erzbischof Max Gandolph Kuenburg (* Graz 1622, Erzbischof Salzburg 1668, † ebd. 1687) erweitert und barockisiert. Aus diesem Anlass dürfte der Salzburger Hoforgelmacher Christoph Egedacher das Positiv angefertigt haben. 1801 wurde es durch den Hoforgelmacher Johann Schmidt erneuert und vielleicht umgebaut. 1865 wurde das Positiv durch Johann Nepomuk Mauracher (Salzburg), 1970 durch Fritz Mertel (Salzburg) und 2000 durch Johann Pirchner (Steinach/Tirol) restauriert.

Der Manualumfang ist C/E – c^3, die Disposition: Gedackt 8', Flöte 4', Principal 2', Quinte 1 1/3', Octav 1'.

Die Untertasten sind aus Buchsbaum, die Obertasten aus Nussholz. Die Windversorgung erfolgt durch 2 Schöpfbälge. Der Orgelkasten ist verschließbar mit zwei Türen, deren Füllungen bemalt sind. Die eine Tafel stellt einen hl. Sebastian dar, die andere eine Maria mit Kind als Immaculata, die auf die Schlange tritt und deren Haupt von Sternen umgeben ist. Die geschnitzten Schmuckelemente dürften vom Ende des 17. Jahrhunderts stammen. GW/PK

Lit.: nicht in ÖKT 1912, Bd. 9; Bernd Euler u.a. (Bearb.), *Dehio-Handbuch. Die Kunstdenkmäler Österreichs. Salzburg. Stadt und Land*, Wien 1986, S. 617.

55.

Querflöte in C Ende 18. Jahrhundert

**Buchsbaum, schwarzes Horn (Ringe), Messing
(Klappe), Gesamtlänge 59,5 cm**
Herkunft: Stift Wilhering
Linz, Oberösterreichisches Landesmuseum, Inv.Nr. Mu 124

Die Flöte besteht aus vier Teilen: Kopfstück, oberem Mittelstück, unterem Mittelstück und Fußstück. Die Kopfstückkappe ist aus Holz, der untere Schlussring am Fußstück fehlt. Die Messingklappe für es¹ ist mit einem quadratischen Deckel geschlossen. GW

Lit.: *Musikinstrumentensammlung OöLM* 1958, Nr. 169 oder 170; *Holzblasinstrumente OöLM* 1997, S. 86–87.

56.

Oboe um 1790/1820

Friedrich Hammig (tätig Wien 1791–1823)

**Buchsbaum, Messingklappen für c1 und es1,
Gesamtlänge 57,4 cm, Ø 6,22 cm**
Herkunft: Stift Wilhering
Linz, Oberösterreichisches Landesmuseum, Inv.Nr. Mu 121

Friedrich Hammig erhielt 1794 das k. k. Privileg und 1802 die Bewilligung zur Herstellung sämtlicher Holzblasinstrumente. Die Oboe gelangte 1942 im Zuge der Auflösung des Stiftes Wilhering durch die Nationalsozialisten an das Landesmuseum. GW

Lit.: *Musikinstrumentensammlung OöLM* 1958, Nr. 114 oder 115; *Holzblasinstrumente OöLM* 1997, S. 120–121.

57.

Oboe um 1800/1815

Friedrich Hammig jr.?
(tätig Wien um 1800/1815)

**Buchsbaum, Messingklappen für c1 und es1,
Gesamtlänge 56,69 cm, Ø 6,24 cm**
Herkunft: Stift Wilhering
Linz, Oberösterreichisches Landesmuseum, Inv.Nr. Mu 126

Die Oboe besteht aus drei Teilen, mit drei zusätzlichen, alternierend zu gebrauchenden Kopfstücken. GW

Lit.: *Musikinstrumentensammlung OöLM* 1958, Nr. 114 oder 115; *Holzblasinstrumente OöLM* 1997, S. 122–123.

58.

Kontrafagott um 1790/1820

Martin Lempp (* Wien 1766, † ebd. 1836)

**Ahorn, Bein, Messing (Klappen, Zwingen),
5 Messingklappen für D, Es, F, Fis und Gis,
Gesamtlänge 159,5 cm**
Zustand: Es-Rohr und F-Klappendeckel fehlen
Herkunft: Stift Kremsmünster
Linz, Oberösterreichisches Landesmuseum, Inv.Nr. Mu 37

Martin Lempp übernahm 1796 die Werkstatt seines Vaters Friedrich Lempp und war in den Jahren 1800–1822 k. k. Hofinstrumentenmacher in Wien. Das Fagott wurde 1836 vom Stift Kremsmünster dem Landesmuseum gewidmet. GW

Lit.: *Musikinstrumentensammlung OöLM* 1958, Nr. 140; *Holzblasinstrumente OöLM* 1997, S. 214–215.

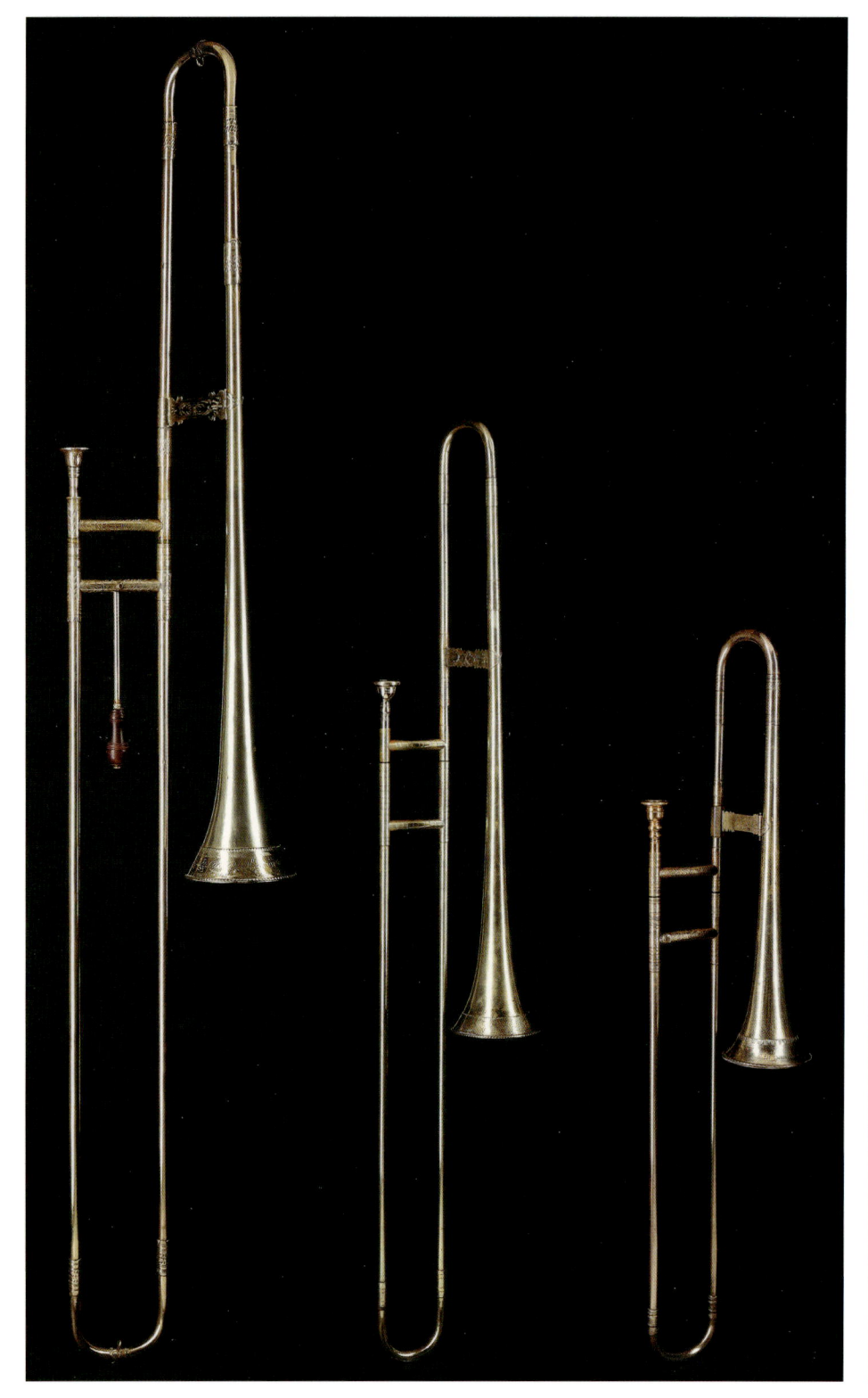

59.1.

Altposaune Ende 17. Jahrhundert

Hanns Geyer (?)

Messing, L. 73,5 cm (Schall, Nachbau), 126 cm (Zuglänge, Original), 199,5 cm (Gesamtlänge), Ø 10,4 cm (Schall, Nachbau), 1 cm eng, 1,04 cm weit (innerer Zug, Original)
Bezeichnet: „Rudolf Tutz/Innsbruck 1985", graviert auf dem Zierkranz
Seitenstetten, Stift Seitenstetten

Der Zug dieser Altposaune ist unbestimmter Herkunft. Nach Vergleichen mit der Gravur anderer historischer Posaunen könnte er aus der Werkstatt Hanns Geyers vom Ende des 17. Jahrhunderts stammen. Es gibt aber keine gesicherten Aufschlüsse.
 Der Schall wurde von Rudolf Tutz, 1985 nach historischen Vorbildern aus Wien und Verona nachgebaut. (Für die Daten und Abmessungen zu den Posaunen danken wir Rudolf Tutz, Innsbruck.) GW

Lit.: vgl. Klaus Aringer, in: *Mozart-Lexikon* 2005, S. 392.

59.2.

Tenorposaune 1754

Anton Kerner (* Wien um 1726, † ebd. 1806)

Messing, L. 265,5 cm (Gesamtlänge), 108 cm (Schall, mit Zwinge), Ø 11 cm (Schall), 1 cm eng, 1,02 cm weit (innerer Zug)
Bezeichnet: „ANTONI KERNER/IN WIENN; 1754", graviert auf dem Zierkranz
Seitenstetten, Stift Seitenstetten

59.3.

Bassposaune 1637

Hanns Milner (Wien)

Messing, L. 356,5 cm (Gesamtlänge, ohne Mundstück), 146 cm (Schall, mit Zwinge), 210,5 cm (Zug, bis zur Schallzwinge), Ø 12,6 cm (Schall), 1,24 cm (innerer Zug)
Bezeichnet: „HANNS MILNER/1637", graviert auf dem Zierkranz, „NURMBURG" auf dem Mundstück
Seitenstetten, Stift Seitenstetten

60.
Zwei Pauken
17. Jahrhundert
Deutschland

Messing, 8 bzw. 9 Spannschrauben, Ø 55,5 bzw. 54,5 cm
München, Bayerisches Nationalmuseum, Inv. Nr. Mu 238, 239

Lit.: *Musikinstrumente BNM* 1999, S. 137–144.

61.1.–2.
Zwei Trompeten 1744
Johann Wilhelm Haas (Nürnberg)

Silber, Rohrlänge 202–204 cm, blaue Seiden, Silberfäden
Bezeichnet: auf dem Zierkranz: „D(eo). G(loria). / CAROLUS / THEODOR(us) / COMES PAL / ATINUS RHENI / SACRI ROMANI / IMPERII / ARCHI / THESAVRIVS / ET ELECTOR / Anno 1744", „I. W. Haas fec. Norib."
München, Bayerisches Nationalmuseum, Inv. Nr. Mu 190, 192 a–b

Lit.: *Musikinstrumente BNM* 1999, S. 137–144.

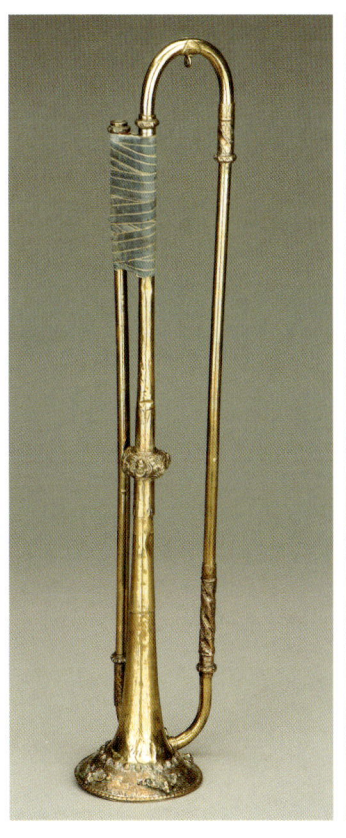

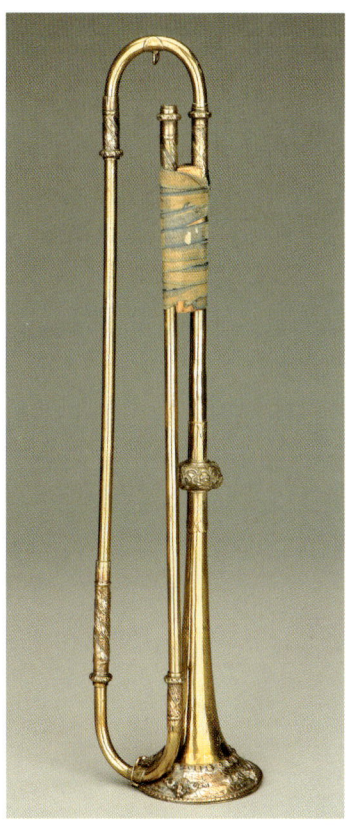

62.
Violine 1801
Anton Zwerger
(* Mittenwald 1761, † Passau 1831)

Fichte (Decke), Ahorn (Boden, Zargen)
Korpus: L. 35,5 cm, B. 16,2–11,2–20,5 cm
Zargenhöhe: 2,7–2,9 cm
Mensur: 19,2 cm (Decke), 13 cm (Hals)
Schwingende Saitenlänge: 32,5 cm
Reparaturvermerk: Josef Stecher, Instrumentenmacher in Salzburg
Zustand: Griffbrett, Saitenhalter, Wirbel und Steg neu
Privatbesitz

63.
Violine
Anton Zwerger
(* Mittenwald 1761, † Passau 1831)

Fichte (Decke), Ahorn (Boden, Zargen)
Korpus: L. 36,5 cm, B. 17,3–11,4–20,8 cm
Zargenhöhe: 3–3,1 cm
Mensur: 19,7 cm (Decke), 13,1 cm (Hals)
Schwingende Saitenlänge: 33 cm
Zustand: Griffbrett, Saitenhalter, Wirbel und Steg neu
Privatbesitz

64.
Viola 1799
Anton Zwerger
(* Mittenwald 1761, † Passau 1831)

Fichte (Decke), Ahorn (Boden, Zargen)
Korpus: L. 38 cm, B. 17,6–12–21,8 cm
Zargenhöhe: 3,3 – 3,5 cm
Mensur: 21,6 cm (Decke), 14,3 cm (Hals)
Schwingende Saitenlänge: 36,2 cm
Zustand: Griffbrett, Saitenhalter, Wirbel und Steg neu
Privatbesitz

65.
Violoncello 1818
Anton Zwerger
(* Mittenwald 1761, † Passau 1831)

Fichte (Decke), Ahorn (Boden, Zargen)
Korpus: L. 72,3 cm, B. 34–21,8–42,7 cm
Zargenhöhe: 11,1–11,3 cm
Mensur: 38,9 cm (Decke), 27,1 cm (Hals)
Schwingende Saitenlänge: 67 cm
Zustand: Griffbrett, Saitenhalter, Wirbel und Steg neu
Privatbesitz

Anton Zwerger (* Mittenwald 1761, † Passau 1831) war zunächst Hof-Lauten- und Geigenmacher in Passau, wurde 1804 Hofgeigenmacher in Salzburg (der Letzte seiner Profession), verließ 1810 Salzburg und arbeitete bis 1831 in Passau als bürgerlicher Geigenmacher.

Lit.: Konrad Ruhland, *Musikinstrumente aus Ostbayern (Niederbayern/Oberpfalz) vom 17. bis 19. Jahrhundert* (=Kataloge des Stadtmuseums Deggendorf Nr. 10), Deggendorf 1992.

Über Musik und Musikpraxis des 18. Jahrhunderts am Salzburger Dom sind wir durch zeitgenössische Berichte – u. a. durch die „Nachricht von dem gegenwärtigen Zustande der Musik Sr. Hochfürstlichen Gnaden des Erzbischoffs zu Salzburg", die 1757 in Friedrich Wilhelm Marpurgs *Historisch-Kritischen Beyträgen zur Aufnahme der Musik* erschienen war, gut informiert. Seit der „Fundation der Fürstlichen Chormusik" am Dom 1597 durch Erzbischof Wolf Dietrich bildeten 20 Domchorvikare und 8 Domchoralisten die Dommusik. Dazu kamen 15 Kapellknaben – 10 Diskantisten und 5 Altisten. Domchorvikare und Choralisten hatten die täglichen Gottesdienste, geleitet von einem Chorregenten, im Presbyterium bei dem Chorpositiv oder auf dem Prinzipalchor (d. i. die südöstliche Empore) mit der so genannten Hoforgel choraliter zu gestalten und gemeinsam mit den Kapellknaben an Sonn- und Feiertagen Messe und Vesper figuraliter zu singen. Frauen waren von der Mitwirkung in der Messliturgie ausgeschlossen. Instrumentalisten stellte die Hofmusik: Für die klein besetzte Figuralmusik genügte häufig das sogenannte Kirchentrio mit zwei Violinen, Bass und Orgel (vgl. Kat.Nr. 54., 62.–66.). An Hochfesten („In Festis Pallii") wurde auf allen vier Emporen des Kuppelraumes und im Presbyterium musiziert. Auf dem Prinzipalchor befanden sich der Kapellmeister bzw. Vizekapellmeister (Abb. 17), die Vokalsolisten (5 Hofsänger, 1 Domchorregent und 2 Kapellknaben, vgl. Abb. 16), der Hoforganist an der Hoforgel, 1 Violoncellist, 1 Violonist, 3 Fagottisten und 3 Posaunisten (vgl. Kat.Nr. 65., 58.–59.), auf der gegenüberliegenden Empore 11 Geiger mit ihrem Konzertmeister (vgl. Kat. Nr. 62.–63.), auf den beiden westlichen Emporen die Trompeter, andere Bläser und Pauker (vgl. Kat. Nr. 60.–61., Abb. 15). In „Festis Praepositi et Decani" wurde in gleicher Besetzung, doch ohne Trompeten und Pauken musiziert. Im Presbyterium war als fünftes Ensemble der Tutti-Chor um das Chorpositiv postiert – Kapellknaben, Domchorvikare und Choralisten, unterstützt von Orgel und Violone. Oboen und Querflöten (Kat.Nr. 55.–57.) wurden zur Mitte des 18. Jahrhunderts im Dom selten gebraucht, Hörner grundsätzlich nicht. In der Generation danach hatte sich die Ästhetik bereits gewandelt: W. A. Mozart schreibt in seinen Missae solemnes regelmäßig 2 Oboen vor, in der *Krönungsmesse* (KV 317, Abb. 10, 72) auch 2 Hörner (Kat.Nr. 67.). Die Posaunen spielten colla parte, d. h., sie verstärkten den Chor in der Alt-, Tenor- und Basslage. Die Viola wurde nur in großbesetzter Musik und bei Andachtsmusiken eingesetzt (Kat. Nr. 64.), die große Orgel auf der Westempore (Abb. 45) nur zum Ein- und Auszug. Ganz wesentlich für die Dimensionen des Salzburger Domes war die Präsenz der Bassinstrumente. Daher kamen gewöhnlich 2 bis 3 Fagotte (Kat.Nr. 58.) zur Verstärkung der Basslinie zum Einsatz. GW

66.
Violine 1670
Jakob Stainer
(* Absam/Tirol um 1617, † 1683)

Holz, braungelber Öllack, L. 35 cm (Korpuslänge über die Wölbung), B. 16,3 cm (obere Breite), 11,3 cm (Mittelbug), 19,9 cm (untere Breite), 19 cm (Deckenmensur), 13 cm (Hals-Mensur)
Bezeichnet: „Jacobus Stainer in Absom prope Oenipontum m[anu] p[ropr]ia 1670" auf einem handschriftlichen Zettel, „GS" am Zäpfchen innerhalb eines Herzens
Privatbesitz

Laut Überlieferung eines früheren Eigners befand sich das Instrument etwa 150 Jahre lang im Besitz der sächsischen Kurfürsten und Könige. Um 1825 kam es ins englische Königshaus, wo es etwa ein weiteres Jahrhundert verblieb. Danach gelangte es über die New Yorker Firma Wurlitzer in den Handel und wechselte mehrmals den Besitzer.

Jakob Stainer zählt zu den bedeutendsten Geigenbauern der Geschichte. Es ist gut belegt, dass seine Arbeiten bis um 1800 als handwerkliches und klangliches Ideal der Violine schlechthin angesehen wurden. Stilistisch knüpfen sie an die Instrumente der Cremoneser Familie Amati an, ohne dass ein persönlicher Aufenthalt Stainers in der oberitalienischen Geigenbauerstadt nachgewiesen werden könnte. Möglicherweise hat er entscheidende Anregungen in Venedig erhalten, wo er 1645–1646 lebte. Stainer arbeitete viel für den nahe gelegenen Innsbrucker Hof, hatte jedoch schon bald Kunden aus ganz Europa. Berühmte Geiger, fürstliche und königliche Häuser suchten seine Instrumente, für die noch im 18. Jahrhundert hohe Summen bezahlt wurden. Virtuosen wie Heinrich Ignaz Franz Biber, Francesco Maria Veracini, Arcangelo Corelli, Francesco Geminiani oder Giuseppe Tartini spielten auf seinen Geigen. Manche Höfe legten sich ganze Ensembles aus Stainers Hand zu (Kremsier, Salzburg) oder zumindest mehrere Violinen (Florenz, Weimar, Stift Lambach). Johann Sebastian Bach hatte sie in seiner Köthener Kapelle zur Verfügung, und auch in seinem privaten Nachlass ist eine „Stainersche" Violine aufgelistet.

Stainers Beliebtheit war so unangefochten, dass Belege für die frühe Anerkennung der heute weit höher eingeschätzten Werke Antonio Stradivaris (* Cremona 1644 [?], † ebd. 1737) bis vor kurzem kaum beachtet wurden. Der Dresdner Hof beispielsweise, mit dessen berühmten Hofkapell-Mitgliedern Bach enge Kontakte pflegte, beschaffte schon 1715 durch seinen Konzertmeister Jean Baptiste Volumier (Woulmyer) eine Serie von 12 Violinen direkt bei Antonio Stradivari in Cremona. Dies trug wohl wesentlich zur Homogenität und Strahlkraft des berühmten Orchesters bei. Vielleicht war die hier ausgestellte Violine eine von jenen des sächsischen Hofes, die durch die Cremoneser Instrumente verdrängt wurden. Johann Philipp Eisel, ein mitteldeutscher Autor, schreibt 1738, „die besten Violinen werden von Antonio Stradifario im Staat Mayland, ingleichen von Jacob Stainern in *Absom prope Oenipontum* gemachet, und überschreien dieselben einen gantzen musikalischen Chor: Wiewohl, da sie sehr kostbar zustehen kommen, so sind sie auch folglich nicht jedermanns Kauff". Beide Geigenmacher erfuhren nach dieser Meinung also zumindest gleiche Wertschätzung.

Das Beispiel Dresden zeigt, wie sehr die Situation von lokalen Besonderheiten abhängig war. Salzburg und Wien zählten hinsichtlich der Entwicklungen im Geigenbau und im Violinspiel sicher zu den eher konservativen Zentren. So finden sich beispielsweise in späteren Auflagen von Leopold Mozarts Violinschule ([1]1756, [3]1787, vgl. Kat.Nr. 104.) Korrekturen an den Kleidern des abgebildeten Geigers. Die altmodischen Steckfroschbögen barocker Charakteristik – entscheidend für Tonproduktion und Ausdruckswerte auf der Violine – blieben jedoch unverändert, woraus zu schließen ist, dass sie noch weiter in Gebrauch waren. Die Salzburger Geigenmacher des 18. Jahrhunderts (Familien Schorn, Mayr) folgten, kaum beeinflusst von den neueren italienischen Strömungen, weiter der Stainer'schen Konzeption, die Wiener – bis auf einzelne Instrumente – ebenfalls. Die anhaltende Aktualität Stainers bringt auch eine Stellungnahme von Simon Georg Löhlein in seiner Violinschule von 1781 deutlich zum Ausdruck: „Nach diesen [den alten Brescianern] sind die Amatischen [Violinen], dann die Stainer, und darauf die von Stradivarius unter den bekannten die berühmtesten [...]. Doch zeichnet sich Stainer in Ansehung der sauberen Arbeit und guten Proportion, auch im sanften vollen Tone, vor allen übrigen aus." Löhlein war als Besitzer einer Stainer-Violine in jeder Hinsicht ein Verfechter des Absamer Meisters. Stradivaris Werken bescheinigte er sogar „plumpe Schnecken und Ecken" und einen „festen durchdringenden, Hoboe=artigen, aber dabey dünnen Ton".

Der absolute Wert von Stainers Instrumenten gegen Ende des 18. Jahrhunderts ist kaum zu bestimmen. Den relativen Wert erhält man aber beispielsweise aus einem Inventar des Domstifts Freising von 1783 bzw. 1785, in dem eine Stainer-Violine mit 75 fl. bewertet ist, eine gute Mittenwalder von Mathias Kloz hingegen nur mit 9 fl. Drei „wälsche Viole di alto" sind zusammen gar nur 6 fl. wert. Ein anderes Beispiel für den Wert gibt die 1782 überlieferte Geschichte eines Geigenkaufs. Graf Wenzel von Trautmannsdorf, Gestütmeister Kaiser Karls VI., versuchte, für einen seiner Musiker von einem gerade anwesenden Dresdner Geiger eine Cremoneser Violine zu erstehen. Als dies fehlschlug, gelang es kurz danach, einem durchreisenden Musiker ein ausgezeichnetes Instrument von Stainer abzuhandeln. Für die Geige allein bekam dieser 300 Gulden, dazu aber noch eine Reihe von Vergütungen und Vergünstigungen auf Lebenszeit. Da er noch 16 Jahre lebte, belief sich die Kaufsumme am Ende auf sagenhafte 10.000 fl. Ein teurer und wohl unbedachter Handel, wenn man als Vergleich heranzieht, dass Wolfgang Amadeus Mozart 1772 als Konzertmeister in Salzburg ein Jahresgehalt von 150 fl. zugesprochen wurde. Die besagte Geige ging später in den Besitz des einflussreichen Mannheimer Geigers Ignaz Fränzl (* 1736, † 1811) über, dessen Spiel und „schöner runder thon" auf Mozart großen Eindruck machte (22. November 1777). Ein Teil dieser günstigen Wirkung mag dem wertvollen Instrument Stainers zuzuschreiben sein. TD

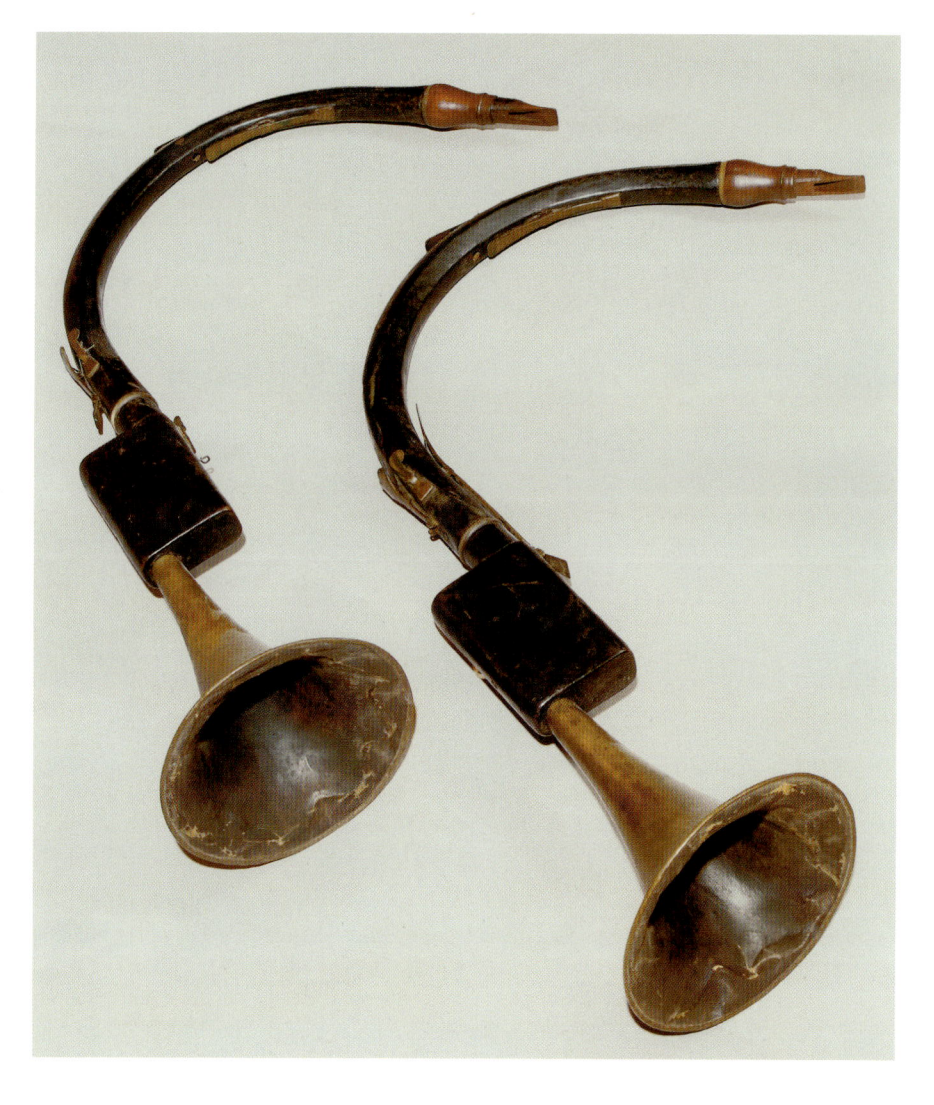

Lit.: Walter Senn/Karl Roy, *Jakob Stainer. Leben und Werk des Tiroler Meisters. 1617-1683*, Frankfurt/Main 1986, S. 220, 327–330 Nr. A 67; vgl. S. 198–199; Biber 1994, S. 244–245 Nr. 54;
vgl. Thomas Drescher, *Die Geigen- und Lautenmacher vom Mittelalter bis zur Gegenwart*, Bd. 3, Ergänzungsband, Tutzing 1990, S. 579–581; vgl. Peter Walls, Mozart and the violin, in: *Early Music* 20, 1992, S. 7–29; vgl. Wilfried Seipel (Hrsg.)/Rudolf Hopfner (Bearb.), *Jacob Stainer, „… kayserlicher diener und geigenmacher zu Absom"*, Ausst.Kat. Innsbruck, Schloss Ambras, 4. Juni–31. Oktober 2003, Wien 2003; vgl. Kai Köpp, *Johann Georg Pisendel (1687-1755) und die Anfänge der neuzeitlichen Orchesterleitung*, Tutzing 2005, S. 278–285.

67.–68.
Zwei Bassetthörner in F
um 1770/1780
Süddeutschland

Buchsbaumholz, mit schwarzem Leder umwickelt, Messing (Schallbecher, Klappen), Gesamtlänge 117, 5 cm (mit Mundstück)
Bezeichnet: Brandstempel „SS"
Klappen (c, f, gis, as, a1, b1), 6 Grifflöcher, Daumenloch
Kremsmünster, Stift Kremsmünster, Musikinstrumentensammlung

Das Bassetthorn ist eine um 1770 erstmals gebaute Altklarinette in F mit Erweiterung des Tonumfangs zur Tiefe hin. Es wurde zunächst mit sichelförmig gebogener, ab etwa 1800 mit geknickter Röhre und einer dreifachen, durch das sogenannte Buch verdeckten Knickung vor der Stürze gebaut.

Mozart war von den dunkel und verhalten klingenden Instrumenten sehr angetan und setzte sie u. a. in der *Zauberflöte*, im *Requiem* (KV 626, Kat.Nr. 45.–46.), in Freimaurermusiken (vgl. Kat.Nr. 125.) und Notturni ein.
GW

Lit.: Kurt Wegerer, in: *ÖKT* 1977, Bd. 43, S. 232 Nr. 26–27; Klaus Aringer, in: *Mozart-Lexikon* 2005, S. 91.

69.

Innenansicht des Domes um 1680
Melchior I. Küsel
(* Augsburg 1626, † ebd. 1683)

Kupferstich/Radierung, 71,4 x 43,3 cm (Platte)
Bezeichnet „Melchior Küsell scul: et del:" unten rechts,
„Celsissimo et reverendissimo S. R. I. Principi [...]
Maximiliano Gandolpho [...]" unten Mitte
Salzburg, Erzbischöfliche Mensa

Der Stich zeigt einen Blick in die Vierung und den Hochaltarraum des Domes. Die Details sind nicht sehr genau wiedergegeben, denn statt der alttestamentlichen Fresken der Kuppel sind Passionsszenen und Apostel dargestellt, statt der Stuckrahmen und -engel Festons und Vorhänge. Ebenso fehlen das Gitter, das das Langhaus von der Vierung trennte, und die hölzernen Unterbauten der beiden östlichen Orgelemporen.

Hingegen gibt der Stich eine gute Vorstellung von der Musizierpraxis im Dom. An allen vier Pfeilern der Vierung waren Orgelbalkone angebracht, die beiden östlichen zur Domweihe 1628, die beiden westlichen knapp 15 Jahre später. Der südöstliche Balkon hieß „Prinzipalchor", die Orgel auch „Hoforgel", weil an ihr der Hoforganist spielte, also u. a. Mozart. Der nordöstliche Balkon hieß „Violinchor", weil hier die Streicher Aufstellung nahmen (vgl. Kat.Nr. 65.).

Der Stich ist dem Erzbischof Max Gandolph von Kuenburg gewidmet (* Graz 1622, Erzbischof 1668, † Salzburg 1687). Er wird meist 1682 datiert und mit der Elfhundertjahrfeier der Ankunft des hl. Rupert in Verbindung gebracht, weil Küsel nach Zeichnungen Salzburger Maler zwei der damals errichteten Ehrenpforten stach. Hintermaier und Walterskirchen datierten die Innenansicht zuletzt um 1675, unter Verweis auf die Vollendung des Domes durch die Errichtung der Seitenaltäre. Küsel hatte schon 1678 ein Porträt des Erzbischofs Max Gandolph und 1679 eine Ansicht von Hellbrunn gestochen. Um 1680 ließ er die Innenansicht, um 1690 seine Tochter Johanna Sibylle (* Frankfurt am Main um 1650, † Augsburg 1717), Ansichten des Residenz-, des Kapitel- und des Domplatzes folgen. Mehrere Gemälde des Dominneren haben den Stich zur Vorlage (Salzburger Museum Carolino Augusteum), nur eines zeigt die Orgeln richtig (Maria Luggau, Servitenkloster, Abb. 13).

Als Pfarr- und Metropolitankirche sowie als Arbeitsplatz des Vaters und des Sohnes ist der Dom naturgemäß diejenige Kirche Salzburgs, die die Mozarts am häufigsten in Briefen und Aufzeichnungen erwähnen. Das Haus in der Getreidegasse liegt im Sprengel der Dompfarre, daher wurde Mozart am 28. Januar 1756 im Dom getauft (Kat.Nr. 13.). Ob das Sakrament über dem Taufbecken oder der Kälte wegen in der Sakristei gespendet wurde (Hintermaier), ist offen. Maria Anna wohnte oft Messen, Vespern, Litaneien und Predigten im Dom bei oder besuchte das Heilige Grab. Wolfgang spielte seit 1779 bis zu seinem Weggang 1781 hier Orgel (s. Kat.Nr. 105.). Für den Vater als Kapellmeister war der Dom mehr noch als für den Sohn Lebensmittelpunkt: „ich hatte den ganzen tag im domm und mit Lectionen zu thun", schreibt er am 25. November 1780, „ich muss in Domm!" unterbricht er 1786 mehrfach seine Briefe. PK

Lit.: nicht in Fedja Anzelewsky, *Hollstein's German engravings, etchings and woodcuts ca. 1400 – 1700*, 20, *Maria Magdalena Küsel to Johann Christoph Laidig*, Amsterdam 1977; *Dom zu Salzburg* 1959, S. 77 Nr. 68; Fuhrmann 1963, Bd. 1, S. 306 Nr. 38, Tf. 21; Ernst Hintermaier, in: *St. Peter* 1982, S. 351–352 Nr. 391, Abb.; Ernst Hintermaier, in: *Salzburg zur Zeit der Mozart* 1991, S. 320–321 Nr. II/120, Abb. II/20; Ernst Hintermaier, *Heinrich Ignaz Franz Biber, Georg Muffat. Zwei Musiker von Weltrang im barocken Salzburg*, Ausst.Kat. Salzburg, Johann-Michael-Haydn-Gedenkstätte, 1. Juli–21. Sept. 2004, Salzburg 2004, S. 31 Abb. S. 32 Nr. 1.2.8.2; Adolf Hahnl/Gerhard Walterskirchen, in: *Salzburger Mozart-Lexikon* 2005, S. 87–90;
vgl. *Dreihundert Jahre Salzburger Dom* (= Beilage zur Salzburger Chronik und zum Salzburger Volksboten), Salzburg 1928, S. 32 Abb.; vgl. Peter Tenhaef, Neue Hinweise zu den Salzburger Domorgeln und -emporen im 17. Jahrhundert, in: *Acta organologica* 23, 1993, S. 120 Abb., S. 113–122, bes. S. 121; vgl. Gerhard Walterskirchen, *Der Dom zu Salzburg und seine Orgeln*, in: *Österreichische Ingenieur- und Architektenzeitschrift* 140, 1995, H. 12, S. 457–458; vgl. Lodron 2003, S. 204 Nr. 1.3.11; vgl. Schmid/Eder 2005, S. 261–266; vgl. *MBA* 1962, Bd. 2, S. 95 Nr. 362 Z. 4, S. 111 Nr. 367 Z. 7, S. 300 Nr. 430 Z. 95, S. 341 Nr. 446 Z. 123, S. 467 Nr. 482 Z. 139, S. 541 Nr. 523 Z. 6, 12, 16 u. ö., 1963, Bd. 3, S. 5 Nr. 532 Z. 6, S. 6 Nr. 533 Z. 5, 12, S. 11 Nr. 534 Z. 8, 11, S. 32 Nr. 543 Z. 6 u. ö., S. 553 Nr. 964 Z. 6 u. ö.

70.
Ansicht des Domes vom Domplatz um 1730
Franz Anton Danreiter (* Salzburg 1695, † ebd. 1760), Entwurf/**Carl Rembshart** (* Augsburg 1678, † 1735), Stecher

Kupferstich, 32,3 x 43,2 cm (Blatt), 22,8 x 34,6 cm (Platte)
Text: „Der Thumb oder Haupt-Kirche zu Saltzburg./ wie selbe gerad gegen über in dem Bogen ins gesicht fällt.//Le Dome ou L'Eglise cathedrale de Salsbourg [!]/comme elle se presente vis a vis dans l apartement [!] au dessus des arcs ou portigues" bezeichnet: „Cum Pr. S. C. M.", „lev. et dess. par Fran. Ant. Danreiter", „C. Rembshart sculp.", „1"
Salzburg, Konsistorialarchiv, Graphische Sammlung, Inv.Nr. 110

Der Platz vor der Fassade des Domes entstand im Laufe zweier Generationen durch die Errichtung der Residenzfassade (1595–1605), des „Wallistraktes" (1606), der Domfassade (1614–nach 1657), der „Dombögen" (1658–1663) sowie des Konventtraktes der Abtei St. Peter (1657–1658). Ein einheitlicher Plan lag zunächst wohl nicht zu Grunde, doch bezeugen die Spiegelung der Residenzfassade im Konventtrakt und die Schließung des Platzgevierts durch Arkaden um 1660 den Gestaltungswillen der Erzbischöfe, ein angemessenes Entrée zum Dom zu schaffen. Die Mariensäule entstand erst nach Danreiters Stich 1766–1771 (vgl. Kat. Nr. 21.2.).

Danreiter hat den Dom, wie die Bildunterschrift besagt, vom Fenster im Obergeschoss des „Wallistraktes" aus gezeichnet. Dadurch steht der Dom genau im Zentrum des Bildes, anders als die Universitäts- und die Dreifaltigkeitskirche (Kat.Nr. 74., Abb. 21). Die weite Perspektive entspricht den Gepflogenheiten der damaligen Vedutenkunst. Über den Dombögen sind links der Turm der Neuen Residenz, rechts der Turm des Stiftes Nonnberg und ein Stück der Festung zu erkennen. Die Vorzeichnung ist 1728 datiert (SMCA, Inv.Nr. 2069/49).

PK

Lit.: Danreiter o. J., Nr. 1; *Dom zu Salzburg* 1959, S. 80 Nr. 77; Nebehay/Wagner 1981, Bd. 1, S. 173 Nr. 1; Danreiter 1982, S. 82–83 (Domplatz); Andrea Sekyra, in: *Salzburg als Motiv* 1988, S. 10 Nr. 2a, S. 12 Abb.; Schnitzler-Sekyra 1994, Bd. 1, S. 108–109, Bd. 2, Abb. 57; vgl. *Salzburg in alten Ansichten* 1989, S. 119; Edith Prischl, *Salzburger Platzgestaltung zur Barockzeit. Residenz-, Kapitel- und Domplatz* (vervielf. Dipl.arb.), Salzburg 2001, S. 82–85, 96.

71.
Ansicht der Abtei St. Peter von Westen
1768/1769

Franz Xaver König (* um 1711, Bürger Salzburgs 1748, † ebd. 1782)

Öl auf Leinwand, 101 x 123 cm
Salzburg, Erzabtei St. Peter

Die Ansicht zeigt die Abtei vom Mönchsberg aus, nach dem Umbau der Klosterkirche und des Turmes (1756) und vor der Umgestaltung des äußeren Hofes (1770). Die Fenster und Türen sind noch nicht stuckiert, der Erker neben dem Kircheneingang ist noch nicht abgebrochen. Die Dächer sind noch die alten Grabendächer. Im Archiv von St. Peter befinden sich eine Gouache und eine Zeichnung mit der gleichen Ansicht, die 1767 bzw. 1769 datiert und von König signiert sind, auch eines der Guckkastenbilder gibt diese Ansicht wieder (vgl. Kat.Nr. 21.).

Als Mitglied der Skapulierbruderschaft war Mozart der Abtei St. Peter seit 1757 verbunden (Kat.Nr. 23.). Für die Primiz Dominicus Hagenauers, der 1764 in den Konvent eintrat und 1786 dessen Abt wurde, schrieb er die *Dominicusmesse* (Kat.Nr. 41., 100.), 1783 wurde in St. Peter die *c-Moll-Messe* aufgeführt (Kat.Nr. 42.–43.). Maria Anna erwähnt mehrfach Messbesuche in der Abteikirche, Leopold ließ 1764 zwei Messen in der Wolfgangskapelle lesen (Abb. 27).   PK

Lit.: *ÖKT* 1913, Bd. 12, S. CLXXVIII; *St. Peter* 1982, S. 260 Nr. 132;
vgl. *MBA* 1962, Bd. 1, S. 161 Nr. 91 Z. 32, S. 542 Nr. 523 Z. 28, 34, S. 290 Nr. 765 Z. 194; vgl. *St. Peter* 1982, S. 313 Nr. 283–284; vgl. Ernst Hintermaier, Musiker und Musikpflege im 18. und 19. Jahrhundert, in: ebd., S. 138–141; vgl. Hahnl 1982, S. 716–717 Nr. 52–53, S. 737 Abb. 159; vgl. Petrus Eder/Adolf Hahnl, Sankt Peter, in: *Salzburger Mozart-Lexikon* 2005, S. 414–418.

72.

Ansicht der Dreifaltigkeitskirche um 1730/1740 ?
Salzburg ?

Glas, Blattgold, schwarze und blaue Farbe, Spiegelglas, geschliffen, geätzt, 36,5 x 49,8 cm
Salzburg, Erzbischöfliches Priesterseminar

Das Glasbild gehört zu einer Serie von sechs Salzburgansichten, die den Residenz-, den Dom- und den Kapitelplatz, die Dreifaltigkeitskirche, Schloss Mirabell sowie die Hofmarstallschwemme wiedergeben. Als Vorlagen dienten, soweit sich feststellen lässt, Stiche.

Die Bilder sind als Hinterglas-Goldradierung ausgeführt, d. h., der Künstler klebte eine Goldfolie auf das Glas, ritzte das Bild in die Folie und hintermalte es. Die Technik wurde bereits um 1400/1410 von Cennino Cennini beschrieben. Sie erlebte um 1600 und gegen 1800 eine Blüte, ist aber das ganze 17. und 18. Jahrhundert hindurch in Österreich und Böhmen nachzuweisen. Die Salzburger Bilder sind schwarz und blau hintermalt, die Rahmen bestehen aus geschliffenen und geätzten Spiegelglasstücken.

Hahnl und Neuhardt schreiben die Bilder dem Tischler Joseph Dölzer (* Mondsee 1732, † ebd. 1797) zu und datieren sie um 1770 bzw. 1775/1800, weil ein Glas-Votivbild in Maria Kirchenthal die Initialen „I.D." und die Jahreszahl „1780" trägt. Der Bandelwerkdekor der Rahmen ist jedoch älter, Ebner wies ähnliche Schliffe der Salzburger Kristallmühle zu und datierte sie um 1750. Um 1720/1725 gab es in Salzburg einen „Musikant, so auch auf Glass mahlen konnte", bei dem Johann Wolfgang Baumgartner (* Kufstein [?] 1709, † Augsburg 1761) die Technik der Hinterglasmalerei erlernte (Ryser 1989, 1995). Diese Umstände sprechen, ebenso wie der Zustand der dargestellten Bauten, für eine Datierung der Hinterglasradierungen um 1730/1740.

Denn die Dreifaltigkeitskirche und das sie umschließende Priesterseminar sind die erste monumentale Anlage, die Erzbischof Johann Ernst Thun (* Graz 1643, Erzbischof 1687, † Salzburg 1709) durch den Architekten Johann Bernhard Fischer von Erlach (* Graz 1756, † Wien 1723) in der Stadt errichten ließ. 1702 war die Kirche weitgehend fertig gestellt. Die Ansicht zeigt den Zustand des Baues vor der Erhöhung der Türme 1757. Das Leihhaus, das bis 1907 den Blick auf die Fassade verstellte, ist weggelassen, die Architekturfragmente im Vordergrund sind malerische Zutat. Als Vorlage, schlägt Hahnl vor, habe der Künstler sowohl den Stich Franz Anton Danreiters (um 1730/1735, Abb. 21) als auch den Stich mit den Stiftungen Erzbischof Johann Ernst Thuns (vor 1699) verwendet. Der eine ist aber detailreicher und führt den Blick leicht schräg, der andere gibt den Bau frontal und summarischer wieder; daher kommt weder der eine noch der andere wirklich in Frage.

1773 bezog die Familie Mozart die Wohnung am heutigen Makartplatz, in unmittelbarer Nähe des Priesterseminars. Bemerkungen in Briefen und Tagebüchern zufolge gingen der Vater und die Schwester 1777–1780 in der Dreifaltigkeitskirche zur Messe und zur Beichte. Die Handschrift des *Exsultate, jubilate*, die sich heute in Freising befindet, gehörte ursprünglich der Dreifaltigkeitskirche (Kat.Nr. 48.). 1779 waren Vater und Sohn, vermutlich nach der Aufführung dieses Werkes, im Priesterseminar zum Essen eingeladen.   PK

Lit.: nicht in Fuhrmann 1963; Adolf Hahnl, in: *Gold und Silber* 1984, S. 166 Nr. K 345 D; Johannes Neuhardt,

73.
Ansicht von Schloss Mirabell
um 1730/1740 ?
Salzburg ?

Glas, Blattgold, schwarze und blaue Farbe, Spiegelglas, geschliffen, 37,3 x 49,8 cm
Salzburg, Erzbischöfliches Priesterseminar

Schloss Mirabell, der erzbischöfliche Sommersitz auf der anderen Seite der Salzach, wurde 1721–1727 durch Lukas von Hildebrandt (* Genua 1668, † Wien 1745) für Erzbischof Franz Anton Harrach (* Wien 1665, Erzbischof 1709, † Salzburg 1727) umgestaltet. 1818 brannte das Schloss aus, die figuren- und vasenbekrönten Attiken, der hohe Turm und die Mansarddächer auf den Eckrisaliten wurden nicht wiederhergestellt.

Das Glasbild zeigt die Hildebrandt'sche Platzfassade. Als Vorlage könnte der Stich Franz Anton Danreiters (um 1730/1735) gedient haben, allerdings ist ein tieferer Betrachterstandpunkt gewählt und die Perspektive vereinfacht. Im Vordergrund ist die vom Kapitelplatz hierher versetzte Pegasusstatue zu erkennen, die heute im Garten von Mirabell steht. Die Form des Beckens, das sie umgibt, ist jedoch vereinfacht.

Die Türe im linken Eckrisalit führt in die Kapelle des Schlosses, die ebenfalls durch Hildebrandt gestaltet wurde. Unter Erzbischof Schrattenbach wurden dort, schreibt Leopold Mozart 1786, „mit vieler Pracht" Litaneien gehalten, unter Erzbischof Colloredo kamen sie jedoch „herunter". Die Litaneien wurden insbesondere im Rahmen des 40-stündigen Gebets aufgeführt. Mozarts Schwester und Vater hörten 1776–1783 in der Kapelle von Schloss Mirabell Messen und Litaneien. 1776 und 1779 wurde jeweils eine Litanei ihres Bruders hier aufgeführt, 1779 spielte Maria Anna selbst hier. Weiters komponierte Mozart für diesen Ort wohl das *Regina Coeli* (KV 127, Kat.Nr. 49.). PK

in: *Salzburg zur Zeit der Mozart* 1991, S. 269 Nr. II/3; Sismanoglu 2000;
vgl. *ÖKT* 1912 Bd. 9, S. 162; vgl. *MBA* 1962, Bd. 2, S. 7 Nr. 330 Z. 4, S. 15 Nr. 335 Z. 6, S. 144 Nr. 378 Z. 144–145, S. 189 Nr. 391 Z. 63, S. 301 Nr. 430 Z. 119, S. 550 Nr. 526 Z. 61, 62–63, S. 552 Nr. 526 Z. 106, S. 553–554 Nr. 527 Z. 15, 28–29, 38, 1963, Bd. 3, S. 10 Nr. 533 Z. 129–130, S. 44 Nr. 552 Z. 4; Fuhrmann 1963, Tf. 25, S. 307 Nr. 42; vgl. *Salzburgs Wallfahrten* 1986, S. 364–365 Nr. 347, S. 368 Abb.; vgl. *Schönes altes Salzburg* 1989, S. 24 Nr. 9; vgl. Frieder Ryser, Veduten hinter Glas. Johann Wolfgang Baumgartner als Hinterglasmaler, in: *Kunst und Antiquitäten* 1989, H. 2, S. 36–43, bes. S. 37; vgl. Frieder Ryser, Gedanken zur Hinterglasmalerei des 18. Jahrhunderts im süddeutschen Sprachraum, in: *Bayerisches Jahrbuch für Volkskunde* 1995, S. 63–99, bes. S. 64–65; vgl. A. Geißler-Petermann, Johann Wolfgang Baumgartner, in: *Allgemeines Künstlerlexikon* 1993, Bd. 7, S. 614–616; vgl. Hemma Ebner (Bearb.), *Salzburger Bergkristall. Die hochfürstliche Kristallmühle*, Ausst.Kat. Salzburg, Dommuseum, 8. Mai–27. Okt. 2002, Salzburg 2002, S. 154–155 Nr. 95–96; vgl. Wolfgang Steiner, *Hinterglas und Kupferstich. 100 bisher unveröffentlichte Hinterglasgemälde und ihre Vorlagen aus drei Jahrhunderten (1550–1850)*, München 2004, S. 54–55 Abb. 12, 110–111 Abb. 40; Schmid/Eder 2005, S. 259; vgl. Adolf Hahnl/Gerhard Walterskirchen, in: *Salzburger Mozart-Lexikon* 2005, S. 94–95; vgl. Petrus Eder, in: ebd., S. 262.

Lit.: nicht in Fuhrmann 1963, *Schönes altes Salzburg* 1989, S. 24 Nr. 12, Abb. 106; Sismanoglu 2000;
vgl. *MBA* 1962, Bd. 1, S. 529–530 Nr. 321, Z. 42, 44, 50, 51, 63, Bd. 2, S. 16 Nr. 326 Z. 2, Nr. 327 Z. 2, S. 550 Nr. 526 Z. 39, 1963, Bd. 3, S. 282 Nr. 761 Z. 8, S. 283 Nr. 763 Z. 2, S. 547 Nr. 959 Z. 16; vgl. Fuhrmann 1963, Tf. 32, S. 311 Nr. 53; vgl. Adolf Hahnl, in: *Gold und Silber* 1984, S. 166 Nr. K 345; vgl. Schmid/Eder 2005, S. 265–266, 276–279; vgl. Regina Kaltenbrunner, in: *Salzburger Mozart-Lexikon* 2005, S. 294–297; vgl. Petrus Eder, in: ebd., S. 262.

74.

Ansicht der Universitätskirche
um 1730/1735

Franz Anton Danreiter (* Salzburg 1695, † ebd. 1760), Entwurf/**C. Rembshart** (* Augsburg 1678, † 1735), Stecher

Papier, Kupferstich, 32,1 x 43,2 cm (Blatt), 23,1 x 35 cm (Platte)
Titel: „Die neue oder Universitäts Kirchen zu Saltzburg./ gebauet von Ihro Hoch-Fürstl. Gnaden Johann Ernest Ertz-Bischoffen und/Fürsten zu Saltzburg.//L'Eglise neufe ou de l'Universite a salsbourg./bati par son Altesse Monseigneur Jean Ernest Archeveque et Prince/de Salsbourg"
bezeichnet: „Cum Pr. S. C. M.", „lev. et dess. par F. A. Danreiter", „C. Rembshart sculp.", „6"
Salzburg, Konsistorialarchiv

Die Kollegien- oder Universitätskirche wurde, wie die Dreifaltigkeitskirche (Kat.Nr. 72.), durch Johann Bernhard Fischer von Erlach für Erzbischof Johann Ernst Thun errichtet. 1707 wurde sie geweiht. Die Kuppel und die Türme der Kirche setzen im Bild der Altstadt einen entscheidenden Akzent, die reich gestaltete Fassade kommt jedoch auf dem schmalen Platz nur unvollkommen zur Geltung.

Danreiters Stich zeigt die Universitätskirche nicht frontal, sondern schräg von Westen. Dadurch nimmt er den ganzen Bau der Kirche in den Blick, verzichtet aber auf die Ansicht der Fassade. Vielleicht wollte er durch die steile Flucht des schlichten Universitätsgebäudes eine besonders dramatische Perspektive schaffen, vielleicht wollte er sich bloß von der Wiedergabe in Fischer von Erlachs eigener Publikation, der *Historischen Architektur* (1721), absetzen. Im Vordergrund links hat er ein genrehaftes Motiv platziert, Handwerker ziehen mittels eines Flaschenzuges ein Regenwasserrohr auf.

Die Universitätskirche findet in den Briefen und Aufzeichnungen der Mozarts weit seltener Erwähnung als die in der Nähe des Wohnhauses gelegene Dreifaltigkeitskirche. Mozarts Schwester schreibt, dass sie 1777 und 1779–1780 hier die Messe hörte. Mozarts *Messe in d-Moll* (KV 65, Kat.Nr. 47.) wurde zur Eröffnung des vierzigstündigen Gebets am 5. Februar 1769 hier aufgeführt. P. Placidus Scharl (s. Kat.Nr. 130.) leitete die Musik der Kirche, die von Studenten besorgt wurde. Eine Stiftung sicherte 14 Studenten, die die Gottesdienste der Sonn- und Festtage musikalisch zu gestalten hatten, den Unterhalt.

PK

Lit.: Danreiter o.J., Nr. 6; Nebehay/Wagner 1981, Bd. 1, S. 173 Nr. 6; Danreiter 1982, S. 92–93; Andrea Sekyra, in: *Salzburg als Motiv* 1988, S. 16–17 Nr. 7a, S. 19 Abb.; Schnitzler-Sekyra 1994, Bd. 1, S. 113–114, Bd. 2, Abb. 67; vgl. *MBA* 1962, Bd. 2, S. 20 Nr. 338 Z. 5, S. 553 Nr. 527 Z. 18, 1963, Bd. 3, S. 9–10 Nr. 533 Z. 97, 111; vgl. *Salzburg in alten Ansichten* 1989, S. 119; vgl. Adolf Hahnl/ Gerhard Walterskirchen, in: *Salzburger Mozart-Lexikon* 2005, S. 239.

75.
Osterleuchter um 1755/1760
Johann Georg Hitzl ?
(* um Salzburg 1706, † ebd. 1781)

Holz, vergoldet, 141,3 x 64,7 x 49,3 cm (ohne Dorn)
Wappen: Erzbischof Siegmund Schrattenbach
(* Graz (?) 1698, Erzbischof 1753, † Salzburg 1771)
Salzburg, Salzburger Museum Carolino Augusteum,
Inv.Nr. 137/23/Salzburg, Erzabtei St. Peter
(ausgestellt 6. Juni–5. November)

Der Leuchter ist allseits mit Passionssymbolen („Arma Christi") geschmückt, auf Voluten sitzen Putten. Der Fuß hat die für silberne Leuchter übliche, dreiseitige Form, die Vorderseite ist etwas breiter als die Rückseiten. Auf der Vorderseite ist der Berg Golgatha mit drei leeren Kreuzen dargestellt, auf den anderen Seiten ein Putto mit dem Beutel voller Silberlinge bzw. die Laterne aus der Szene der Festnahme. Darüber sind das Schweißtuch zu erkennen, Schüssel und Kanne zur Handwaschung, eine Leiter, der Hahn, ein Schilfrohr, eine Hellebarde, eine Lanze, der Stab mit dem Essigschwamm, die Würfel sowie das dornengekrönte Herz. Zuoberst sitzt das Wappen des Erzbischofs Siegmund Schrattenbach. Fuhrmanns Deutung, auf der Vorderseite konzentrierten sich „die Zeichen des Königtums Christi", ist nicht ganz nachvollziehbar.

Obwohl der Leuchter verhältnismäßig klein ist (Hahnl), wurde er wahrscheinlich für den Dom gestiftet und gelangte nach der Auflösung des Erzstiftes nach St. Peter. Um 1840 (Kronbichler) wurde ihm ein Buchpult aufgesetzt, das auf einem alten Foto (ÖKT) noch zu sehen und heute wieder demontiert ist. Zwischen 1901 und 1922 wurde der Leuchter dem Museum überlassen. Fuhrmann schreibt ihn dem Umkreis Joseph Anton Pfaffingers (* Laufen 1684, † Salzburg 1758) zu, Kronbichler Hitzl. PK

Lit.: *Jahresbericht des Museums Carolino Augusteum* 1872, S. 25; ÖKT 1919, Bd. 16, S. 288 Nr. 65, Abb. 374; Franz Fuhrmann, Ein Chorpultständer aus dem Rokoko, in: *Schätze aus Museen Österreichs* (= Notring-Jahrbuch. Notring der wissenschaftlichen Verbände Österreichs), Wien 1967, S. 161–162 Nr. 51; *Erzbischöfe im Porträt* 1981, S. 36 Nr. 103; *Salzburg zur Zeit der Mozart* 1991, S. 323–324 Nr. II/128, S. 325 Abb. II/121; Johann Kronbichler, in: *Meisterwerke* 1998, S. 206–207 Nr. 116; vgl. Pretzell 1935, S. 89–90.

76.

Modell einer Kanzel um 1750

Josef Krimpacher ? (Salzburg) Tischler/
Johann Georg Hitzl ? (* Salzburg um 1706, † ebd. 1781), Schnitzer

Holz (Pappelwurzelfaser, Linde, Nussbaum), Wurzelholz furniert und poliert, teilweise vergoldet, 100 x 65 x 31 cm
Salzburg, Salzburger Museum Carolino Augusteum, Inv.Nr. K 6854/49 (K 5744/49)

Das Kanzelmodell besteht aus Kanzelkorb, Rückwand und Schalldeckel, die auf einem Brett montiert sind. Unten endet das Kanzelmodell in einem schmalen, glatten, nicht furnierten Steg, augenscheinlich fehlt der untere Abschluss. Darüber baucht sich der Korb rasch zu einem breiten, dreifachen Profil aus, um dann konkav einzuschwingen und an der zweifach profilierten Brüstung wieder auszukragen. Die drei Felder der Wandung sowie die glatte Rückwand sind mit vergoldeten Applikationen besetzt, zwei vergoldete Rocaillen fassen die Seiten der Rückwand ein. Der weit ausladende Schalldeckel ist unten zweifach profiliert und stark wellenförmig geschwungen. Darüber zieht er sich zusammen und gipfelt in einer dreifach profilierten Haube. Die axial angeordneten, vergoldeten Applikationen – Rocaillen, Kartuschen und durchbrochenes Zierwerk – sind unvollständig und teilweise stark beschädigt. Auf den beiden Hälften des Modells hat der Schnitzer, ähnlich, wie es auf Zeichnungen, die dem Auftraggeber vorgelegt wurden, üblich war, zwei Varianten des vergoldeten Dekors dargeboten.

Kerschbaum sieht „eine gewisse Ähnlichkeit zum nicht ausgeführten Entwurf für eine Salzburger Domkanzel", der sich im Salzburger Landesarchiv befindet. Auf dem Entwurf bekrönt eine Figur des guten Hirten den Schalldeckel, ein Motiv, das im 18. Jahrhundert in der Ikonographie der Salzburger Kanzeln sehr beliebt war. Bereits Hahnl hatte 1991 vermutet, dass auf der Barockhaube des Modells „dem Riss zufolge einst die Figur eines guten Hirten gestanden hat". Fest steht, dass der fehlende untere Abschluss des Modells dem des Entwurfs im Salzburger Landesarchiv ähnelte, denn Dvořák schreibt: „Über Konsole mit Cherubsköpfchen der von Volutenbändern mit flamboyantem Ornament besetzte Ablauf". Die Figur des guten Hirten erwähnt er nicht. Vermutlich ist der untere Abschluss in den Wirren des Zweiten Weltkriegs abhanden gekommen.

Hahnl nimmt an, dass 1755 eine Kanzel nach dem Modell ausgeführt und im Langhaus des Salzburger Doms aufgestellt wurde. Damals „ließ Erzbischof Siegmund Graf Schrattenbach durch den aus Graz stammenden k. k. privilegierten Weißmeister Carlo Antonio Cerronetti den Dom innen renovieren". Die Kanzel sei „bis zur Purifizierung des Domes durch Georg Pezolt 1859 auch vorhanden" gewesen. „Bedarf bestand vor allem unter Erzbischof Schrattenbach für den Jesuiten Ignaz Parhamer, dessen ‚Christenlehrbruderschaft' beizutreten ab 1757 für das Hofgesinde verpflichtend war." UV

Lit.: ÖKT 1919, Bd. 16, S. 295; *Führer durch die Schausammlungen* (= Schriftenreihe des SMCA 6), Salzburg 1978, Nr. 232, S. 62; A. Hahnl, in: *Salzburg zur Zeit der Mozart* 1991, S. 324 Nr. II/130, Abb. II/23; *Salzburger Museum Carolino Augusteum* (Prestel-Museumsführer), München 1996, S. 76–77; Roland Peter Kerschbaum, *Die Kanzellandschaft in den Salzburger Kirchen. Künstlerische Entwicklungslinien des liturgischen Verkündigungsortes vom 16. bis 18. Jahrhundert* (Diplomarbeit), Salzburg 2003, S. 31–32, Abb. 6;
vgl. Pretzell 1935, S. 89–90; *Dom zu Salzburg* 1959, S. 80–81 Nr. 80.

77.
Mitra des Erzbischofs Siegmund Schrattenbach 1750/1775
Österreich

Seide, gestickt, 40 x 31,5 cm
Wappen: Erzbischof Siegmund Schrattenbach
(* Graz [?] 1698, Erzbischof 1753, † Salzburg 1771)
Salzburg, Domschatz, ohne Inv.Nr.
(ausgestellt 19. Juli–5. November)

Die Mitra besteht aus weißem, mit Silberlahn durchschossenem Moiré und ist mit Goldsprengarbeit und Nadelmalerei verziert. Im Titulus sitzt ein Kartuschenornament mit Flechtwerkfüllung, bekrönt von einer Phantasieblüte und einer Goldpalmette. Die Umrandung bildet ein geschweiftes Band, dicht von einer Blattranke umwunden. Ähnlich sind die Fanones umrandet, die in Gold- und Silberfransen enden und die das Wappen des Erzbischofs Siegmund Schrattenbach tragen.   MU

Lit.: nicht in *ÖKT* 1912, Bd. 9; *Dom zu Salzburg* 1959, S. 98 Nr. 123b; *Salzburg zur Zeit der Mozart* 1991, S. 327 Nr. II/131 Tf. 36.

78.
Kasel und Pluviale des weißen Ornats von Erzbischof Siegmund Schrattenbach 1750/1775

Weißer Moiré, gemustert mit Silberlamé, 108 x 73 cm (Kasel), 280 x 134 cm (Pluviale)
Wappen: Erzbischof Siegmund Schrattenbach
(* Graz [?] 1698, Erzbischof 1753, † Salzburg 1771)
Salzburg, Domschatz, Inv.Nr. VII/1/17, VII/1/12
(ausgestellt 19. Juli–5. November)

Die Kasel ist aus einem weißen Moiré gefertigt. In Wellen aufsteigende Spitzenbänder bilden offene Rhomben. Sie sind von Blumenranken umwunden, mit Blütenzweigen, die in die Zwischenfelder ragen. Am unteren Rand der Rückseite ist das Wappen des Erzbischofs Siegmund Schrattenbach appliziert.   MU

Lit.: unveröffentlicht.

Darauf läuft eine dicht gebundene, naturalistische Blumengirlande. Gesäumt und gegliedert wird die Kasel von einer Goldborte mit Zickzackmuster.

Beide Stoffe verkörpern den Typus der Wellenranke der zweiten Hälfte des 18. Jahrhunderts. Die reiche Verwendung des glitzernden Lahns deutet auf die Zeit 1770–1790. Der Stoff der Stäbe wurde gerne für Paramente verwendet, er findet sich mit leichten Abwandlungen im Regensburger Dom am Recordinischen Ornat, im Passauer Dom am Firmianornat, in der Paramentenkammer Schloss Johannisburg in Aschaffenburg, in Kremsmünster usw.

Die Kasel gehört zu einem Ornat, der auch ein Pluviale, zwei Dalmatiken, eine Stola und drei Manipeln umfasst. Er ist am Fußende der Rückseite durch ein appliziertes Wappen als Stiftung des Erzbischofs Hieronymus Colloredo gekennzeichnet (vgl. Kat.Nr. 2.). Die Wappenkartusche steht unter einem roten, hermelingefütterten Baldachin und wird adjustiert von Fürstenkrone, rotem Legatenhut, Pedum, Kreuz und Schwert. Identische Applikationen finden sich auf dem Gurker und auf dem Weihnachtsornat des Domes.   MU

Lit.: ÖKT 1912, Bd. 9, S. 65 Nr. 24; *Dommuseum* 1981, S. 128–129 Nr. 149; *Salzburg zur Zeit der Mozart* 1991, II/63; *Mozart Bilder und Klänge* 1991, S. 108–109 Nr. 94–95; Ullermann 1998, S. 106–109 Nr. 25.

79.

Kasel und Dalmatik des Berchtesgadener Ornats um 1770
Frankreich

Lampas, lanciert und broschiert, Grund: gebrochener Köper 3/1, Muster: Köper 2/2, Material: bunte Seide mit Gold- und Silberfäden, Webbreite 52 cm (Stäbe), Lampas lanciert und broschiert, Grund: Leinwandbindung, Muster: Köper 1/3, Material: bunte Seide, Gold- und Silberfaden, Gold- und Silberfrisé, Lahn (Seitenteile), 105 x 74 cm (Kasel), 107 x 98 cm (Dalmatik)
Wappen: Erzbischof Hieronymus Colloredo (* Wien 1732, Erzbischof 1772, † Wien 1812)
Salzburg, Domschatz, Inv.Nr. I/7/4, I/7/2
(ausgestellt 8. April–18. Juli)

Die Stäbe der Kasel bestehen aus der rechten Hälfte eines symmetrisch angelegten Stoffes, wodurch das Muster mit den Seiten korrespondiert. Auf fraisefarbenem Grund, der vollständig mit Goldlahn bedeckt war, befinden sich gegenständig aufsteigende Wellen von cremefarbenen, lappigen und flächigen Blättern mit dominierenden Rosenblüten an grünen Zweigen. Das Zentralmotiv einer bauchigen Vase ist aufgrund des Zuschnittes nicht zu sehen. Die Seitenteile der Kasel zeigen einen goldenen Grund, der in wolkenartigen Formen abgesetzt ist.

81.
Altarkreuz 1779/1781
Franz Anton Gutwein (* Augsburg um 1729, Meister ebd. 1759, † ebd. 1805)

Holzkern, Silber, getrieben, gegossen, 103 x 38,5 x 24,7 cm
Marken: Augsburg Z (Seling 264–265) vorne links, FAG (Seling 2455) vorne rechts am Fuß, keine Repunzen
Salzburg, Domschatz, Inv.Nr. Kr 7–L

Die Kreuzarme sind nur mit einem gravierten Randstreifen verziert, an den vierpassigen Enden und unter der Figur des Gekreuzigten sind Blüten- und Blattornamente aufgelegt. Der bemerkenswert hohe Fuß besteht aus vier großen, silbernen Voluten. Seine Vorderseite ist reich mit Akanthusblättern, Girlanden und Köpfchen verziert, die Rückseite schmucklos. Die Form des Kreuzfußes erinnert an einen Skulpturensockel (vgl. Seling). PK

Lit.: nicht in ÖKT 1912, Bd. 9; Rossacher 1966, S. 186–187 Nr. 234; *Salzburgs alte Schatzkammer* 1967, S. 86 Nr. 106; vgl. Seling 1980, Bd. 3, S. 26 Nr. 264–265, S. 403 Nr. 2455, vgl. Rosenberg Nr. 277, 999.

80.
Paar Pontifikalschuhe um 1745

Seide, Stickerei, Glassteine, L. 30 cm
Salzburg, Domschatz, Inv.Nr. II/19/2

Die Schuhe sind aus cremefarbener Seide, mit reicher Rokokostickerei verziert und mit einem rhombusförmigen, roten Glasstein besetzt. Die Ledersohle wurde durchbohrt. Die Seide und die Sohle sind erneuert. PK

Lit.: unveröffentlicht.

Katalog – Mozarts geistliche Musik | MOZARTS GEISTLICHE MUSIK

82.
Standkreuz 1756
Johann Baptist Hagenauer
(* Straß/Ainring 1732, † Wien 1810)

Holz, schwarz gebeizt, 54 x 17,7 x 18 cm (Kreuz), Bronze, feuervergoldet, 23,5 x 13 cm (Kruzifix)
Bezeichnet: „J: Hagenauer/Salisburgensis/Inv: et Fec:/1756"
Salzburg, Land Salzburg, Inv.Nr. 1163186001

Das hölzerne, schwarze Kreuz ist bis auf den Gekreuzigten, die INRI-Tafel und den Strahlenkranz schmucklos (und vielleicht ergänzt). Die Figur des Gekreuzigten ist ganz leicht geschwungen, der Kopf aufgerichtet, die Arme sind fast symmetrisch. Die Figur ist aus Bronze gegossen und vergoldet, nicht aus Silber (vgl. Kat.Nr. 81.), daher handelt es sich um das Werk eines Bildhauers, nicht eines Goldschmieds, und um ein geistliches Kabinettstück, nicht ein Altargerät.

Johann Baptist Hagenauer, der das Werk signierte und datierte, war entfernt verwandt mit Lorenz und Dominicus Hagenauer (vgl. Kat.Nr. 100., 102.). 1751–1753 ging er in Tittmoning in die Lehre, 1754–1759 besuchte er die Akademie in Wien. 1762–1764 hielt er sich auf Kosten des Erzbischofs Siegmund Schrattenbach in Italien auf. Zurück in Salzburg erhielt er mehrere große Aufträge, unter anderem für die Mariensäule auf dem Domplatz (vgl. a. Kat.Nr. 4.). 1774 kehrte er nach Wien zurück.

Hagenauer schuf 1756 eine weitere Kabinettfigur aus vergoldeter Bronze, einen „Christus an der Geißelsäule" (Cleveland, Cleveland Museum of Art). Beide Figuren zeichnen sich durch eine fein modellierte Oberfläche und gelängte Gliedmaßen aus. Beide sind gekonnt geformt, gegossen und ziseliert. Hagenauer beherrschte die handwerklichen Techniken – wenn er diese Arbeiten selbst ausgeführt hat – offensichtlich schon während seiner Studienzeit.

Kronbichler vergleicht den Gekreuzigten, der sehr elegant wirkt, mit Werken zeitgenössischer Wiener Bildhauer wie Balthasar Ferdinand Moll (um 1755, Wien, Geistliche Schatzkammer) und Jakob Gabriel Mollinarolo (um 1760/1765, Wien, Dom- und Diözesanmuseum). Sie dürften von Bronzefiguren des frühen 17. Jahrhunderts in den Wiener Sammlungen angeregt worden sein.   PK

Lit.: Adolf Hahnl, in: *Salzburg zur Zeit der Mozart* 1991, S. 287–289 Nr. II/47, Abb. II/8–9; Peter Husty, in: *Salzburger Kulturschätze* 1998, S. 114 Nr. 85; Johann Kronbichler, in: *Meisterwerke* 1998, S. 208–209 Nr. 117; vgl. Ingeborg Wegleiter, *Johann Baptist Hagenauer* (= unveröff. Diss.), Wien 1952; Hahnl 1969, S. 7, 33 (Biographie); vgl. Michael Krapf, *Georg Raphael Donner. 1693–1741*, Ausst.Kat. Wien, Österreichische Galerie Belvedere, 2. Juni–30. Sept. 1993, Wien 1993, S. 476–477 Nr. 122, 504–505 Nr. 134, 525–527 Nr. 146; vgl. Ingeborg Schemper-Sparholz, in: Hellmut Lorenz (Hrsg.), *Geschichte der bildenden Kunst in Österreich*, München 1999, S. 484; vgl. Maria Pötzl-Malikova, Hagenauer, Johann Baptist, in: Grove Art Online, Oxford 2005; vgl. Ingeborg Schemper-Sparholz, *Die Hagenauer. Künstler, Kaufleute, Kirchenmänner im Salzburg der Mozartzeit*, Ausst.Kat. Salzburg, Barockmuseum, 5. Juli–24. Sept. 2006, Salzburg 2006 (in Druck).

83.

Hostienmonstranz um 1720/1740
Joseph Anton Zwickel
(Meister Salzburg 1714, † ebd. 1748)

Silber, gegossen, getrieben, graviert, punziert, teilweise vergoldet, Glas, Glassteine, Email, 89,5 x 48,3 x 22,2 cm
Marken: Augsburg (nicht in Seling) links, S rechts auf dem Tuch, S, IAZ (Wagner 222) und Repunze auf dem Rand des Fußes, S, IAZ (Wagner 222) auf der Rückseite
Salzburg, Kirchenrektorat der Kollegienkirche

Im Zentrum der Strahlenmonstranz steht eine gekrönte Madonna, die ein Tuch vor sich ausbreitet. In der Mitte des Tuches befindet sich das Hostienbehältnis, das von Steinen und Agraffen gerahmt wird. Die roten und weißen Steine spielen auf die Eucharistie an, die schwarz-weiß emaillierten Agraffen stammen aus dem 17. Jahrhundert und sind wieder verwendet.

Die Figur steht auf einem gewölbten, mit Engelsköpfen geschmückten Sockel. Sie wird von einem großteiligen, mit bunten Steinen besetzten Ranken- und Bandwerk umgeben, dahinter ragen die Strahlen hervor. Obenauf sitzt ein (erneuertes) Kreuz. Der Fuß ist mit Engelsköpfen, Blütenkörben und Bandwerk verziert.

Das Tuch, das die Madonna vor sich hält, ist sehr ungewöhnlich. Wenn eine Madonnenfigur eine Monstranz bildet, befindet sich das Hostienbehältnis in der Regel im Leib der Maria (vgl. Seling, Lechner, dalla Torre, Röhrig). Dadurch wird auf das Bild der schwangeren Jungfrau angespielt und die Hostie mit dem Kind gleich gesetzt. Das Tuch macht nicht wirklich Sinn. Hinzu kommt, dass es sowohl ein Augsburger als auch ein Salzburger Beschauzeichen trägt und dass es, wie die Arme, die es halten, älter wirkt. Möglicherweise handelte es sich ursprünglich um ein Schweißtuch, das hier wieder verwendet wurde.   PK

Lit: *ÖKT* 1912, Bd. 9, S. 252, Abb. 284; Franz Wagner, in: *Gold und Silber* 1984, S. 65 Nr. 222, 132 Nr. K 127; vgl. Seling 1980, Bd. 2, Abb. 306–307; vgl. Gregor Martin Lechner, *Maria gravida. Zum Schwangerschaftsmotiv in der bildenden Kunst* (= Münchener Kunsthistorische Abhandlungen 9, = Diss. München, Ludwig-Maximilians-Universität 1971), München 1981, S. 149–155, 233, Abb. 247–256; Paolo dalla Torre, in: *Argenti del Nord* 2005, S. 198–199 Nr. 22; Floridus Röhrig, Vom Schaugefäß zur Memorialmonstranz, in: Werner Telesko/Leo Andergassen (Hrsg.), *Iconographia christiana. Festschrift für P. Gregor Martin Lechner OSB zum 65. Geburtstag*, Regensburg 2005, S. 215–227, bes. S. 218–219, 220 Abb. 6.

84.

Kelch 1775/1777

Georg Ignatius Christoph Baur
(* Biberach/Riss 1727, Meister Augsburg 1750, † ebd. 1790)

Silber, getrieben, gegossen, vergoldet, Perlmutt, rote Steine, 27,6 x 18,9 x 18,9 cm
Marken: GIB (Seling Nr. 2403), Augsburg X (Seling Nr. 261) am Fuß in einer Kartusche
Salzburg, Kirchenrektorat der Kollegienkirche, Inv.Nr. 2003/333

Der Kelch zeichnet sich durch seine silbernen, vergoldeten Reliefs aus, die mit Perlmutt hinterlegt und durch eine Silber- und Steinumrahmung zusätzlich hervorgehoben sind. Die drei Reliefs an der Cuppa stellen „Christus am Ölberg", die „Dornenkrönung" und die „Geißelung" dar, die drei Reliefs am Fuß „Ecce Homo", „Christus fällt unter dem Kreuz" und die „Kreuzigung".

Die Cuppa und der Fuß sind mit getriebenen Rocaillen und Bündeln verziert. Auf der Cuppa sind Weintrauben, am Fuß und am Nodus Früchte, Blüten und Trauben angebracht. Der Nodus hat Balusterform.

Georg Baur stammte aus Biberach und konnte als auswärtiges Kind nur mit Ausnahmegenehmigung eine Lehre in Augsburg absolvieren. Seit 1774 führte er den Titel eines kurtrierischen Hofgoldschmieds. Insgesamt sind 155 Kelche aus seiner Werkstatt erhalten, davon 16 mit Perlmuttreliefs. Auf dem Gebiet der Erzdiözese Salzburg finden sich zwei dieser Kelche, beide entstanden um 1769/1771: einer in Kufstein mit „Ölberg", „Ecce Homo", „Dornenkrönung" auf dem Fuß und „Kreuztragung", „Kreuzigung", „Geißelung" auf der Cuppa, einer in Michaelbeuern mit „Ölberg", „Geißelung", „Dornenkrönung" bzw. „Ecce Homo", „Kreuztragung" und „Kreuzigung". Kelche mit Perlmuttreliefs fertigte auch Caspar Xaver Stippeldey (vgl. Kat.Nr. 8., 86., s. Thierbach). PK

Lit: ÖKT 1912, Bd. 9, S. 254 Nr. 11, Abb. 285; Schröder 1929, S. 586; Frey/Schommers/Seelig 1996, S. 154 Nr. 109; vgl. Seling 1980 Bd. 2, Abb. 643, Bd. 3, S. 26 Nr. 261, S. 392 Nr. 2403; Melanie Thierbach, in: gold und silber 2003, S. 289–290 Nr. 102.

85.

Primizkelch des Abtes Dominicus Hagenauer 1767/1769

Johann Carl Stippeldey (* Münster um 1703, Meister Augsburg wohl 1731, † ebd. 1765) oder **Johann Carl Ignaz Stippeldey** (getauft Augsburg 1733, Meister ebd. um 1764, † ebd. 1765)

Silber, vergoldet, H. 24,9 x 16,7 cm
Marken: Augsburg S (Seling Nr. 251) und „ICS" (Seling Nr. 2238 oder 2500)
Inschrift: „Ex/oblatis Parentum/P. Dominici Hagenauer/Salisburgnsis [!]/Anno/MDCCLXIX" im Fuß
Salzburg, Erzabtei St. Peter

Der Kelch wurde Dominicus Hagenauer zu seiner Primiz von seinen Eltern geschenkt. Hergestellt wurde er in Augsburg von Johann Carl Stippeldey oder dessen Sohn Johann Carl Ignaz. Letzterer starb zwar schon ein Jahr, nachdem er die Meistergerechtigkeit erlangte, die Werkstatt wurde aber bis 1771 fortgeführt.

Cuppa und Fuß sind mit Rocaillen und Blütenzweigen verziert, der asymmetrische Nodus und der Rocailledekor sind typisch für die Zeit (s. dalla Torre). Die Gestaltung ist nicht so aufwändig wie die des späteren Hagenauer-Kelchs (Kat.Nr. 86.). Die Inschrift im Fuß, die nur grob graviert ist, wurde in Salzburg hinzugefügt. AS/PK

Lit.: *St. Peter zur Zeit Mozarts* 1991 S. 134 Abb.; vgl. Schröder 1929, S. 599 Nr. 40; vgl. Sylvia Rathke-Köhl, *Geschichte des Augsburger Goldschmiedegewerbes vom Ende des 17. bis zum Ende des 18. Jahrhunderts*, Augsburg 1964, S. 30–31 Anm. 106aa; vgl. Seling 1980, Bd. 3, S. 26 Nr. 251, S. 357 Nr. 2238, S. 411–412 Nr. 2511; vgl. dalla Torre, in: *Argenti del Nord* 2005, S. 316–317 Nr. 81.

86.

Messkelch des Abtes Dominicus Hagenauer 1779/1781

Caspar Xaver Stippeldey (getauft Augsburg 1735, Meister ebd. 1765, † ebd. 1808)

Silber, getrieben, gegossen, teilweise vergoldet, Emails, Rubine (?), 29,7 x 18,4 cm
Marken: CXS (Seling Nr. 2505), Augsburg Z (Seling Nr. 265), Repunze cc am Fußrand
Inschrift: „Sorores/Theresia et Ursula/Fratri Germano/Dominico/Abbati ad S. Petri/Dederunt ann. 1800" im Fuß
Salzburg, Erzabtei St. Peter

Kuppa und Fuß des Kelches sind mit Emails verziert. Auf dem Fuß sind die „Flucht nach Ägypten", das „Abendmahl" und „Christus und die Samariterin am Brunnen" dargestellt, auf der Cuppa die „Anbetung der Könige", die „Darbringung im Tempel" und die „Hochzeit zu Kana". Sie werden gerahmt von durchbrochenen Silberreliefs mit aufgelegten Steinen (vgl. Kat.Nr. 84.). Die Zwischenräume zwischen den Emails sind mit getriebenen Laubkränzen und Blumenbuketts gefüllt.

Der Kelch entstand um 1780 in Augsburg in der Werkstatt von Caspar Xaver Stippeldey. Ob er zunächst einem anderen Besitzer gehörte, ist unbekannt. Im Jahr 1800 erhielt Dominicus Hagenauer ihn von seinen Schwestern Therese und Ursula Hagenauer zum Geschenk. Von dem gleichen Goldschmied stammen auch ein Kelch (Kat.Nr. 8.) und ein Weihwasserkessel im Domschatz.

Vergleichbare Kelche gibt es auch von Georg Ignatius Christoph Baur (vgl. Kat. Nr. 9., 84.), von Ignatius Caspar Bertholt (* Augsburg 1719, Meister ebd. 1750, † ebd. 1794) und anderen (s. Thierbach, Floris). Die Emails dieser Kelche zeigen häufiger Passionsszenen. PK

Lit.: *St. Peter zur Zeit Mozarts* 1991 S. 31 Abb.; vgl. Seling 1980, Bd. 3, S. 26 Nr. 263–266, S. 410–411 Nr. 2505; vgl. Melanie Thierbach, in: *gold und silber* 2003, S. 290–292 Nr. 103; vgl. Daniela Floris, in: *Argenti del Nord* 2005, S. 322–323 Nr. 84.

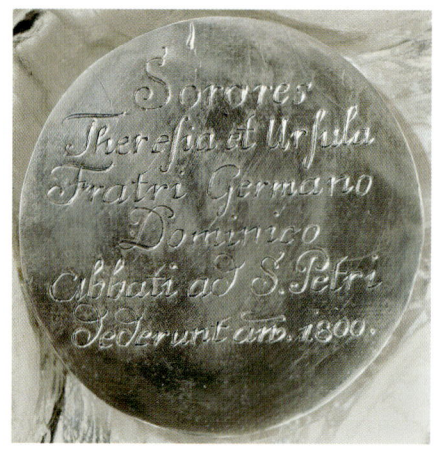

87.

Abschied der Apostel Petrus und Paulus 1777

Johann Martin gen. Kremser Schmidt
(* Grafenwörth bei Krems 1718, † Stein an der Donau 1801)

Öl auf Leinwand, 68 x 35 cm
Salzburg, Erzabtei St. Peter

Seit 1754 wurde die Abteikirche von St. Peter spätbarock umgestaltet und im Inneren mit neuen Stuckaturen, Fresken und Altären versehen. Die Leinwandbilder schuf zunächst Franz Xaver König (* um 1711, Bürger Salzburgs 1748, † ebd. 1782, vgl. Kat.Nr. 2., Abb. 27), seit 1775 wirkte Johann Martin Schmidt mit (vgl. Abb. 23).

1777 legte Schmidt einen Entwurf für das Hochaltarbild vor, der den „Abschied der Apostel Petrus und Paulus" vor ihrem Martertod zeigte. Die Ölskizze ist erhalten und zeigt die beiden Apostel, Hand in Hand, umgeben von den Schergen. Engel über ihnen verweisen auf das bevorstehende Martyrium. Das Licht konzentriert sich auf die Hauptfiguren, die in bewegte Gewänder gehüllten Apostelfiguren kontrastieren mit den unbekleideten Schergen.

Die Szene war dem Auftraggeber, scheint es, zu erzählerisch und wurde nach einer Besprechung mit Abt Beda Seeauer in Salzburg durch die „Verehrung der Muttergottes durch die Patrone von St. Peter" ersetzt (Kat.Nr. 88.). Schmidt verwendete den ersten Entwurf 1790 wieder für das Hochaltarbild in Waizenkirchen (Feuchtmüller). PK

Lit.: R. Feuchtmüller, in: *St. Peter* 1982, S. 171–174, 173 Farbabb., S. 404 Nr. 591; Feuchtmüller 1989, S. 115, 173, 463 Nr. 575, 593 Nr. 1777/2, vgl. S. 143, 579.

88.

Die Patrone der Erzabtei St. Peter verehren die Muttergottes um 1777

Johann Martin gen. Kremser Schmidt
(* Grafenwörth bei Krems 1718,
† Stein an der Donau 1801)

Öl auf Leinwand, 68 x 35 cm
Salzburg, Erzabtei St. Peter

Das Gemälde stellt den endgültigen Entwurf zum Hochaltarbild dar, der mit dem Auftraggeber vereinbart wurde (vgl. Kat.Nr. 87.): Petrus, Paulus und Benedikt bitten die Muttergottes um Beistand. Die Patrone Rupert, Vitalis, Virgil und Amand sowie Engel umgeben die Madonna. Sie ist von Sternen umkränzt wie eine „Immaculata", aber die Weltkugel fehlt, und sie hat die Hände nicht gefaltet, sondern hält das Kind auf dem Arm.

Die Ausführung des Hochaltares weicht nur in der Haltung des Kindes von dem Entwurf ab. Die Maria ähnelt der Immaculata des Altarbildes für die Barmherzigen Brüder in Linz (1773, Feuchtmüller), eine zweite Fassung oder Schulwiederholung (Feuchtmüller) besitzt die Salzburger Residenzgalerie (Inv.Nr. 247).   PK

Lit: R. Feuchtmüller, in: *St. Peter* 1982, S. 171–174, 172 Farbabb., S. 404 Nr. 592; Feuchtmüller 1989, S. 115, 137 Abb., 173, 463 Nr. 577;
vgl. Edmund Blechinger, *Salzburger Landessammlungen. Residenzgalerie*, Salzburg 1980, S. 101, Tf. 95;
vgl. Feuchtmüller 1982, S. 661, 667, 693, Abb. 105c;
vgl. Feuchtmüller 1989, S. 106, 114, 117, 131, 593–594 Nr. 1777/2, 1778/2.

Spannungsfelder künstlerischen Schaffens

89.
Leopold, Wolfgang Amadeus und Maria Anna Mozart 1764
Louis Carrogis de Carmontelle
(* Paris 1717, † ebd. 1806), Zeichnung/
Jean Baptiste Delafosse
(* Paris 1721, † ebd. 1775), Stecher

Kupferstich, 47 x 32 cm
Bezeichnet: „L. C. De Carmontelle del.", „Delafosse sculp. 1764", „Leopold Mozart, Pere de Marianne Mozart, Virtuose âgée de onze ans/et de J. G. [!] Wolfgang Mozart, Compositeur et Maitre de Musique/ âgé de sept ans."
Salzburg, Internationale Stiftung Mozarteum, Inv.Nr. 285

Der Kupferstich zeigt Leopold Mozart und seine beiden Kinder bei einem gestellten Auftritt anlässlich des ersten Parisaufenthaltes: „der Wolfg: spiehlt Clavier, ich stehe hinter seinem Sesel und spiele Violin, und die Nannerl lehnt sich auf das Clavecin mit einem Arm. mit der anderen hand hält sie musicalien, als sänge sie", beschreibt Leopold Mozart die Darstellung in einem Brief (1. April 1764). Der Landschaftshintergrund ist Staffage. Das Wunderkind bildet das Zentrum der Darstellung, die anderen beiden wenden sich ihm zu.

Der Zeichner des Porträts, Louis Carrogis de Carmontelle, schuf ein umfangreiches Porträtwerk, sah sich selbst jedoch als Hofmann. Tatsächlich lebte er von der Großzügigkeit seiner adligen Gastgeber. Leopold nennt ihn deshalb „ein Liebhaber", d. h., Dilettant oder „Amateur" (Le Blanc 1856, Portalis/Beraldi 1880). Carmontelle gab seine Porträts nicht ab, fertigte aber Wiederholungen. Das Porträt der Mozarts ist in drei Fassungen erhalten (Chantilly, Musée Condé, Paris, Musée Carnavalet, London, National Gallery).

Den Kupferstich stellte, wie die Unterschrift belegt, Jean Baptiste Delafosse her, Carmontelles bevorzugter Stecher. Seit 1757 arbeiteten die beiden zusammen, seit 1804 wird der Stich in den Handbüchern als Werk Delafosses geführt. Er galt als „seltenes und sehr interessantes Stück" und war schon im 19. Jahrhundert verhältnismäßig teuer (Portalis/Beraldi 1880).

Leopold Mozart schreibt in einem Brief aus Paris: „M. de Mechel ein Kupferstecher arbeitet über Hals und Kopf unsere Portraits" (1. April 1764), doch ist unklar, was er damit meint. Christian van Mechel (* Basel 1737, † Berlin 1817) hielt sich seit 1757 in Paris auf und arbeitete zunächst für einen Kunsthändler und Kupferstecher, 1760 machte er sich selbständig. 1764 kehrte er nach Basel zurück, obwohl seine Werkstatt gut ging. Leopold stand Ende 1763/Anfang 1764 mit ihm in Kontakt.

Dass van Mechel für Delafosse oder Delafosse für van Mechel (Wüthrich 1959) arbeitete, scheint ausgeschlossen. Beide gingen 1764 getrennte Wege, beide hatten eigene Erfolge, und van Mechel ließ damals schon andere für sich arbeiten. Denkbar wäre, dass er versuchte, mit Carmontelle ins Geschäft zu kommen oder dass er ohne Zustimmung Carmontelles, vielleicht im Auftrag Leopold Mozarts, das Porträt kopierte. PK

Lit.: Michael Huber/C.G. Martini, *Handbuch für Kunstliebhaber und Sammler über die vornehmsten Kupferstecher. Vom Anfange dieser Kunst bis auf gegenwärtige Zeit*, Zürich 1804, Bd. 8, S. 187, Nr. 8; Charles Le Blanc, *Manuel de l'Amateur d'Estampes*, Paris 1856, Bd. 2, S. 247, Nr. 19; Andresen 1870, Bd. 1, S. 516 Nr. 4; Roger Portalis/Henri Béraldi, *Les graveurs du dix-huitième siècle*, Paris 1880–1882, "New York 1970, Bd. 1, S. 298 Nr. 20, S. 702; *Bildniskatalog* 1933, Bd. 9, S. 81 Nr. 65878; Lucas Heinrich Wüthrich, *Das Oeuvre des Kupferstechers Christian von Mechel. Vollständiges Verzeichnis der von ihm geschaffenen und verlegten graphischen Arbeiten* zur Basler Beiträge zur Geschichtswissenschaft 63), Basel 1959, S. 24–25 Nr. 60a; *Mozart Bilder* 1961, S. XI, XXI, Abb. 5, S. 297 Nr. 5; *Mensch Mozart* 2005, S. 42, 58; Gerhard Walterskirchen, in: *Mozart-Lexikon* 2005, S. 456 Abb.; Geneviève Geffray, in: ebd., S. 562; vgl. *Mozart Bilder* 1961, S. XV; vgl. *MBA* 1962, Bd. 1, S. 117 Nr. 74 Z. 8, S. 120–121 Nr. 78–79, S. 142 Nr. 83 Z. 154–158, S. 144 Nr. 84 Z. 67, 1962, Bd. 2, S. 260 Nr. 417 Z. 144, 1962, Bd. 4, S. 437 Nr. 1364 Z. 38–39; vgl. J. Raineau, in: *Allgemeines Künstlerlexikon* 2000, S. 332; vgl. Gruber 2005, S. 16–19.

90.
Porträt Wolfgang Amadeus Mozart mit dem Orden vom Goldenen Sporn 1777/1925
Johann Nepomuk della Croce (?)
(* Pressano bei Trient 1736, † Linz 1819)/
Antonio Maria Nardi (* Ostellato 1897, † Bologna 1973), Kopie

Öl auf Leinwand, 87,5 x 79,5 cm
Aufschrift: „AV. AMADEO WOLFGANGO MOZART ACCAD. FILARMON: DI BOLOG. E DI VERONA"
Salzburg, Internationale Stiftung Mozarteum, Inv.Nr. 330

Ein früher Höhepunkt in der Karriere des heranwachsenden Wunderkindes war die Ernennung zum „Ritter vom Goldenen Sporn" durch Papst Clemens XIV. (* Sant'Arcangelo di Romagna/Rimini 1705, Papst 1769, † Rom 1774). Auf der Rückreise von Neapel wurde ihm der Orden am 5. Juli 1770 im Palazzo Quirinale in Rom durch Kardinal Pallavicini überreicht. Stolz berichtet Leopold Mozart seiner Frau: „er muß ein schönes goldenes Kreuz tragen, so er bekommen hat, und du kannst dirs einbilden wie ich lache, wenn alle zu ihm itzt Sgr: cavaliere sagen höre". Die ausführliche Verleihungsurkunde hat Leopold Mozart umgehend in Abschrift an den fürsterzbischöflichen Hof nach Salzburg geschickt. Das Original der Urkunde ist ebenso wie das Ordensabzeichen Mozarts verloren gegangen (vgl. Kat.Nr. 95.).

Neben Mozart, der jedoch vom Titel eines Ritters und den damit verbundenen Privilegien keinen Gebrauch machte, hatten Christoph Willibald Gluck (* Erasbach bei Berching 1714, † Wien 1787) und Carl Ditters von Dittersdorf (* Laimgrube/Wien 1739, † Schloss Neuhof bei Rot-Lhota/Böhmen 1799) diesen – bis heute – selten verliehenen Orden erhalten, allerdings nicht im hohen Rang eines „Vergoldeten Ritters", den vor Mozart in dieser Form nur der Komponist Orlando di Lasso (* Mons/Hainaut 1530/1532, † München 1594) erhalten hatte. Rund um die Verleihung des Ordens wurden Vater und Sohn Mozart am 8. Juli 1770 vom Papst empfangen und trafen erstmals mit ihrem späteren Dienstherrn Hieronymus Colloredo (Kat.Nr. 2.), damals Bischof von Gurk, zusammen.

Das Porträt zeigt Mozart im Alter von 21 Jahren, vor einem Hammerklavier stehend, im braunen Oberrock, mit weißer Brustschleife und dem Ordenskreuz an einem roten Seidenband. Das Gemälde entstand im Frühherbst 1777 in Salzburg, noch vor Mozarts Abreise nach Paris. Leopold Mozart beteuert, dass es seinen Sohn sehr genau wiedergibt. Angefertigt wurde es als Geschenk für Wolfgangs Gönner und Bewunderer Padre Giovanni Battista Martini (*Bologna 1706, † ebd. 1784, Abb. 6), einen der bedeutendsten Musiktheoretiker seiner Zeit. Ende November 1777 wurde das Porträt durch Anton Triendl (* Schwaz 1721, † Salzburg 1796), einen Salzburger Kaufmann, auf die Handelsmesse nach Bozen mitgenommen, im Februar traf es bei Padre Martini ein. Das Original befindet sich im Civico Museo Bibliografico Musicale in Bologna. Der italienische Maler Antonio Maria Nardi fertigte 1925 im Auftrag der Internationalen Mozartgemeinde eine Kopie an. AK

Lit.: *Dom zu Salzburg* 1959, S. 81 Nr. 83; *Mozart Bilder und Klänge* 1991, S. 174–175 Nr. 161, Abb.; Heinz Gärtner, *Mozart und der „liebe Gott"*, 1997, S. 72–73, 250; Gabriele Ramsauer, in: *Salzburger Mozart-Lexikon* 2005, S. 334–335; *Mensch Mozart* 2005, S. 54; vgl. *Mozart Bilder* 1961, S. XI, XIX–XX, Abb. 11, S. 298–299 Nr. 11; vgl. *MBA* 1962, Bd. 1, S. 368 Nr. 197 Z. 7–9, 1962, Bd. 2, S. 151 Nr. 380 Z. 112–113, S. 205 Nr. 396 Z. 38–40 u. ö.; vgl. *Mensch Mozart* 2005, S. 91, 98; vgl. Joachim Brügge, in: *Mozart-Lexikon* 2005, S. 419 Abb.; vgl. Ute Jung-Kaiser, in: *ebd.*, S. 590–591.

91.
Porträt Wolfgang Amadeus Mozart gegen 1789/April 1956
Joseph Lange (* Würzburg 1751, † Wien 1831)/ **Emmerich Sandig** (* Wien 1903, † ebd. 1973), Kopie

Öl auf Leinwand, 35,5 x 30 cm
Wien, Österreichische Nationalbibliothek, Inv.Nr. 111/1/2

Das unvollendete Porträt stellt „vielleicht das authentischste Bildnis" Mozarts dar (Senigl, Ramsauer). Es zeigt den Komponisten „bei der Arbeit" am Klavier, auf die Noten konzentriert. Er ist nicht in repräsentativer Pose wiedergegeben wie in dem Porträt mit dem Orden vom goldenen Sporn (Kat.Nr. 90.) oder in klassischer Manier wie in dem Relief Poschs (Abb. 70). Grundsätzlich scheint er aber Profilporträts bevorzugt zu haben, denn Konstanze schrieb postum an Breitkopf & Härtel: „Er war nicht glüklich en face getroffen zu werden"

(30. Januar 1799). Konstanze empfahl dem Verlag das Gemälde Langes zusammen mit Mozarts Totenmaske, vermutlich als Vorlage für ein gestochenes Porträt.

Der private Charakter des Bildnisses entspricht dem nahen Verhältnis Mozarts zum Maler: Joseph Lange war mit Maria Aloisia Weber (* Zell im Wiesental um 1761, † Salzburg 1839), Mozarts Jugendliebe und Schwester seiner Frau Konstanze, verheiratet. Der Schwager war in Wien am Hofburgtheater, die Schwägerin an der Hofoper engagiert.

Mozart erwähnt das Porträt in einem Brief an Konstanze aus Dresden (16. April 1789), wo er auch von Dorothea Stock gezeichnet wurde (Abb. 71, vgl. Kat.Nr. 93.). Das Gemälde befand sich noch 1802 im Besitz Joseph Langes, später im Besitz von Mozarts Sohn Karl. Seit 1858 gehört es der Internationalen Stiftung Mozarteum. Die ausgestellte Kopie wurde anlässlich des Mozartjahres 1956 angefertigt. PK

Lit.: vgl. *Mozart Bilder* 1961, S. XI, XX–XXI, Abb. 13, S. 299 Nr. 13; vgl. *MBA* 1962, Bd. 4, S. 84 Nr. 1094 Z. 70, S. 224 Nr. 1233 Z. 14–15, S. 414 Nr. 1342 Z. 17–18, 1971 Bd. 6, S. 381; vgl. Otto Erich Deutsch, Zu den Bildnissen der Familie Mozart, in: *Mitteilungen der Internationalen Stiftung Mozarteum* 13, 1965, H. 1–2, S. 12–13; vgl. Johanna Senigl, in: *Mozart Bilder und Klänge* 1991, S. 384–385; vgl. Gabriele Ramsauer, in: *Salzburger Mozart-Lexikon* 2005, S. 335; vgl. *Mensch Mozart* 2005, S. 98–99; vgl. Ute Jung-Kaiser, in: *Mozart-Lexikon* 2005, S. 590–591.

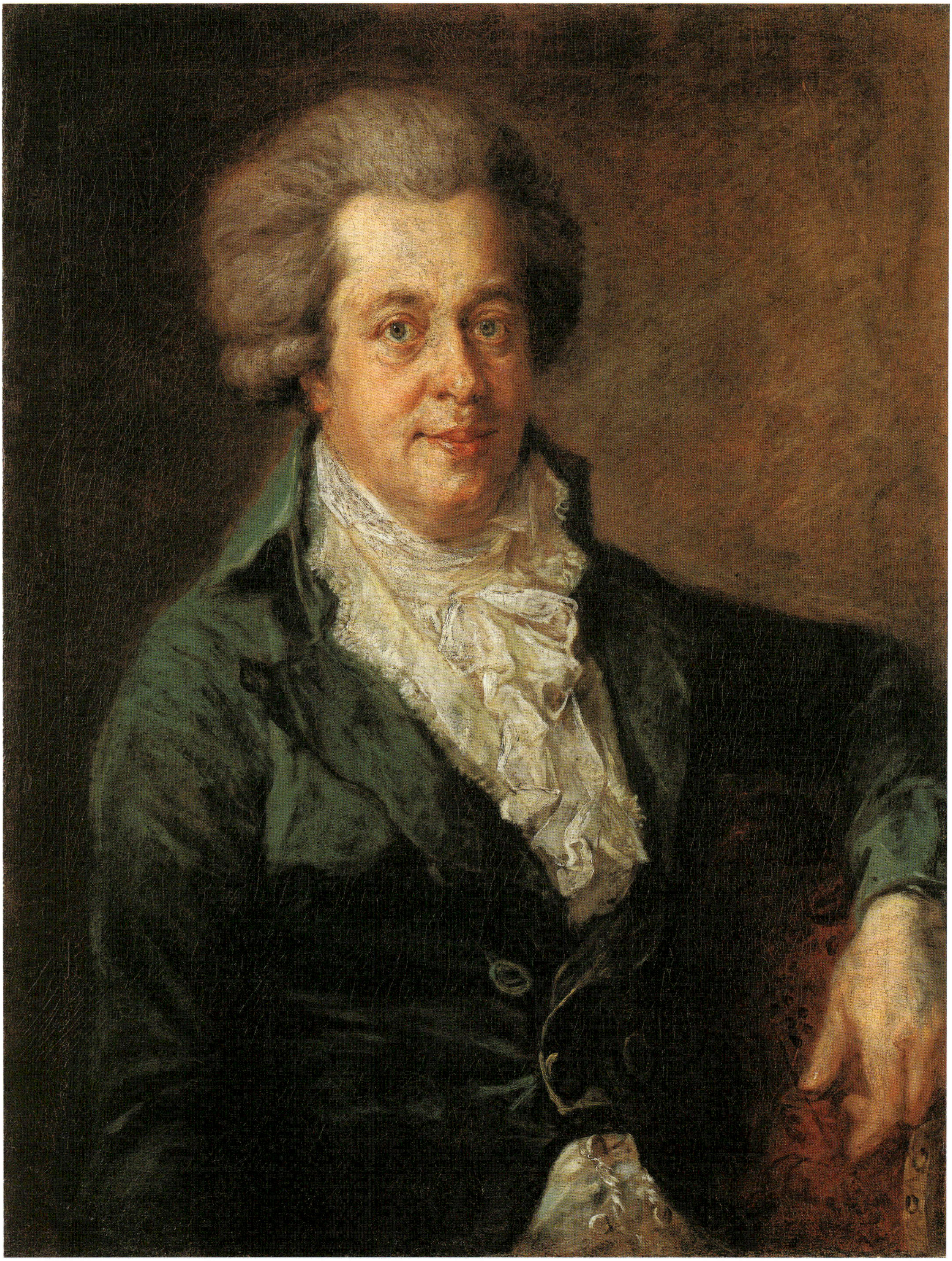

92.
Porträt Wolfgang Amadeus Mozart (?) um 1790
Johann Georg Edlinger
(* Graz 1741, † München 1819)

Öl auf Leinwand, 80 x 62,5 cm
Herkunft: Erworben 1934 aus dem Kunsthandel
Fritz Ragaller, München
Berlin, Staatliche Museen zu Berlin – Stiftung
Preußischer Kulturbesitz,
Gemäldegalerie, Kat.Nr. 2097

Beschreibung und Diskussion s. S. 70–79

93.
Porträt Wolfgang Amadeus Mozart 1789/1858
Johanna Dorothea Stock
(* Nürnberg 1760, † Berlin 1832), Zeichnung/
Johann August Eduard Mandel
(* Berlin 1810, † ebd. 1882), Stecher

Kupferstich, 47 x 37 cm
Bezeichnet: „W. A. MOZART.", „Doris Stock del. 1789",
„Eduard Mandel sc. 1858", „Verlag und Eigenthum von
E. H. Schroeder in Berlin"
Salzburg, Internationale Stiftung Mozarteum, Inv.Nr. 147

Das Porträt zeigt Mozart im Profil, mit großem Kragen, Halstuch und einer Schleife im Nacken. Die Haare sind zurückgekämmt, aber nicht zu einer Locke gedreht (vgl. Kat. Nr. 90.–91., s. S. 77). Der Stich gibt eine Silberstiftzeichnung wieder, die Dorothea Stock am 16. oder 17. April 1789 in Dresden anfertigte (Abb. 71).

Dorothea Stock war die Tochter eines Kupferstechers und lernte Zeichnen bei ihrem Vater. Sie war bekannt für ihre Pastell- und Silberstiftporträts, unter anderem zeichnete sie Friedrich von Schiller, der mit ihrem Schwager Christian Gottfried Körner (* Leipzig 1756, † Berlin 1831) befreundet war. Mozart besuchte Körner am 16. oder 17. April, als er sich auf der Reise von Wien nach Berlin in Dresden aufhielt. Gustav Parthey gibt in seinen Jugenderinnerungen einen lebendigen Bericht von dem Besuch.

Die Silberstiftzeichnung ist rückwärtig bezeichnet und dadurch eindeutig identifiziert und datiert. Sie verblieb zunächst bei Körner, ging dann durch die Hände des Kustos der königlichen Kunstkammer Friedrich Christoph Förster (* Münchengosserstädt/Saale 1791, † Berlin 1868) und des Dirigenten Karl Anton Florian Eckert (* Potsdam 1820, † Berlin 1879) an die Familie Hinrichsen, Besitzer des Musikverlages Peters. Schließlich gelangte sie an den Antiquar Albi Rosenthal (* München 1914, † London 2004), aus dessen Nachlass sie die Stiftung Mozarteum im August 2005 erwarb.

Die Darstellung ähnelt dem Porträtrelief von Leonhard Posch (* Fügen/Zillertal 1750, † Berlin 1831), das jedoch in Wien entstand und – der Gattung entsprechend – den Kopf stärker idealisiert (Abb. 70). Eduard Mandel hingegen muss die Zeichnung, nach der er stach, in Berlin gesehen haben, bei Förster oder Eckert.

Mandel besuchte seit 1826 eine akademische Kupferstecherschule in Berlin. Seit 1837 war er Mitglied der Akademie der Schönen Künste. Er stach vor allem Gemälde Raffaels und Porträts, 1856 auch ein Bildnis Beethovens.

PK

Lit.: Andresen 1873, Bd. 2, S. 112 Nr. 25; *Bildniskatalog* 1933, Bd. 9, S. 82 Nr. 659884, S. 83 Nr. 65898; vgl. Gustav Parthey, *Jugenderinnerungen* (Ernst Friebel, Hrsg.), Berlin 1907; vgl. *Thieme-Becker* 1938, Bd. 32, S. 70; vgl. *Mozart Bilder* 1961, S. XI, Abb. 24, S. 301 Nr. 24; vgl. *Requiem* 1991, S. 49–50 Nr. II/2; vgl. *Mensch Mozart* 2005, S. 90, 98; vgl. Ute Jung-Kaiser, in: *Mozart-Lexikon* 2005, S. 590–591; vgl. Gruber 2005, S. 124.

94.

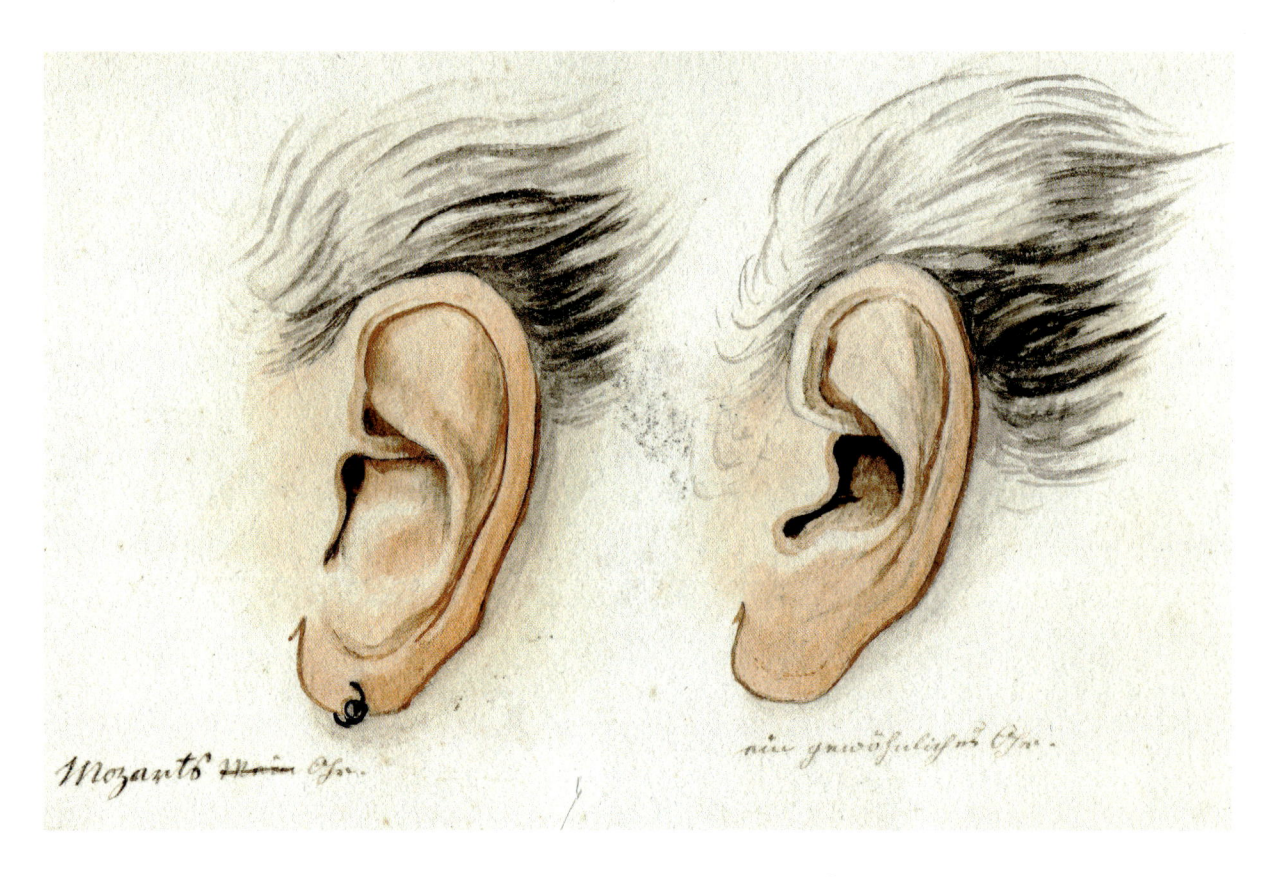

Mozarts Ohr 1828

Bleistift, Gouache, 22 x 29 cm
Bezeichnet: „Mozarts [Korrektur, durchgestrichen: Mein] Ohr", „ein gewöhnliches Ohr"
Salzburg, Internationale Stiftung Mozarteum, Inv.Nr. 5995

Das Deckfarbenbild ist der Entwurf (Ramsauer) oder die Nachahmung eines Kupferstichs in Nissens Mozart-Biographie (Abb. 54). Es stellt „Mozarts Ohr" einem „gewöhnlichen Ohr" gegenüber, um anhand des Sinnesorganes pars pro toto Mozarts besondere Musikalität zu illustrieren. Denn das abgebildete Ohr weist eine ungewöhnliche Furche am Ohrläppchen auf. „In Mozart's unansehnlichem Körper wohnte [...] ein Genius der Kunst", heißt es in der Biographie.

Ob es sich um Mozarts Ohr handelt, muss dahingestellt bleiben, denn dessen Aussehen ist unbekannt. Ebenso wenig lässt sich belegen, dass es sich, wie gelegentlich behauptet, um das Ohr des Sohnes Mozarts, Franz Xaver Wolfgang (* Wien 1791, † Karlsbad 1844), handelt. Eigenartigerweise ist es in dem Deckfarbenbild, anders als im Kupferstich, mit einem Ring geschmückt. Keiner der beiden trug aber einen Ohrring. Der Name „Mozart" ist nachträglich eingefügt.   PK

Lit.: Nissen 1828, S. 628; vgl. *Mensch Mozart* 2005, S. 96–97.

95.   CD 10

Orden vom Goldenen Sporn
1824

Kupfer, vergoldet, Email, 5,3 x 4,6 cm

Der Orden vom Goldenen Sporn wurde 1559 durch Papst Pius IV. (* Mailand 1499, Papst 1559, † Rom 1565) gestiftet oder erneuert. Das Ordenszeichen hat die Form des Johanniter- oder Malteserkreuzes, ergänzt um einen kleinen goldenen Sporn am unteren Kreuzarm. Mozart erhielt den Orden am 4. Juli 1770 durch Papst Clemens XIV.. Gelegentlich wurde er seit dem als „cavaliere" oder „chevalier" angesprochen (vgl. Kat.Nr. 90.). In Augsburg wurde er 1777 aber verspottet, weil er den Orden trug.

Das päpstliche Breve erhob den Träger zum Ritter und Grafen des apostolischen Palastes („auratae militiae equitem, ac Aulae Lateranensi, & Palatii Apostolici comitem", Bonanni, vgl. Abb. 67). Als päpstlicher Page durfte er die Prozession von St. Peter im Vatikan nach San Giovanni in Laterano begleiten und hatte das Recht, eine goldene Kette, einen Degen und goldene Sporen zu tragen. Nach Wietz waren die Ordensritter zudem berechtigt, Doktoren und Notare zu ernennen und uneheliche Kinder zu legitimieren.

1841 wurde der Orden reformiert, seitdem hat das Ordenszeichen eine andere Form. Ein einziges Exemplar der alten Form hat sich erhalten.   PK

Lit.: vgl. Filippo Bonanni, *Catalogo degli ordini equestri e militari*, Rom 1711, Nr. 16; vgl. Peter Bohmann/F. K. Wietz, *Abbildungen sämmtlicher geistlichen und weltlichen Ritter- und Damenorden*, Prag 1821, S. 195–198, Tf. 46; vgl. *NMA* 1961 Ser. X, Suppl., Werkgr. 34, S. 111–112; vgl. *MBA* 1962, Bd. 2, S. 63 Nr. 351 Z. 62; vgl. *Mozart Dokumente* 1981, S. 75; vgl. Erhard Koppensteiner, in: *Salzburg zur Zeit der Mozart* 1991, S. 271–272 Nr. II/9; vgl. *Mensch Mozart* 2005, S. 55; vgl. Gruber 2005, S. 42.

96.
Porträt Kaiserin Maria Theresia um 1740/1780

Öl auf Leinwand, 209 x 156,5 cm
Kremsmünster, Stift Kremsmünster

Im Hinblick auf die Erbnachfolge seiner am 13. Mai 1717 in Wien geborenen Tochter hatte Kaiser Karl VI. (* Wien 1685, K. 1711, † Wien 1740) bereits 1713 die so genannte Pragmatische Sanktion erlassen, die neben der Unteilbarkeit der habsburgischen Länder auch die weibliche Erbfolge – sofern kein männlicher Erbe vorhanden war – vorsah. Nach dem Tod ihres Vaters und wenige Jahre nach ihrer Vermählung mit Franz III. Stephan von Lothringen (* Nancy 1708, K. 1745, † Innsbruck 1765), dem sie 16 Kinder gebar, musste die erst 23 Jahre alte Erzherzogin die Nachfolge antreten.

Maria Theresia wurde in den folgenden Jahren nicht nur von den Truppen Bayerns und Preußens in ihrem Gebietsstand bedroht, sondern befand sich auch in einer finanziell prekären Lage. Die kriegerischen Auseinandersetzungen dauerten schließlich mit Unterbrechungen bis zum Frieden von Hubertusburg 1763. Die wenigen Friedensjahre dazwischen nutzte Maria Theresia, um die längst notwendigen Verwaltungs- und Sozialreformen voranzutreiben. Nach dem Tod ihres Gatten am 18. August 1765 unterstützte sie ihr Sohn Joseph II. (s. Kat. Nr. 97.) als Mitregent.

Nachdem Maria Theresia vom Wunderkind Wolfgang Amadeus Mozart gehört hatte, lud sie die Familie Mozart am 13. Oktober 1762 zu einer ersten Audienz an den Kaiserhof. Bereits in jungen Jahren lernte der Virtuose daher die Kaiserin kennen. „Der Wolferl ist der Kaÿserin auf die Schooß gesprungen, sie um den Halß bekommen, und rechtschaffen abgeküsst", berichtete ein stolzer Leopold Mozart nach dem mehrstündigen Besuch samt musikalischer Darbietungen nach Salzburg. Wolfgang und seine Schwester Nannerl erhielten von Maria Theresia prunkvolle Kleidung und ein „100 ducatten present" (Kat.Nr. 102.). Bei einer erneuten Einladung war der sechsjährige Wolfgang allerdings erkrankt, und die Kaiserin, die selbst den Tod mehrerer ihrer Kinder erleben musste, erkundigte sich angelegentlich nach dessen Gesundheitszustand.

Jahre später, im März 1771, erteilte sie Mozart den Auftrag zur Komposition einer Oper, die zur Vermählung von Erzherzog Ferdinand (* Wien 1754, † ebd. 1806), dem Gouverneur und Generalkapitän der Lombardei, mit Prinzessin Maria Ricciarda Beatrice von Modena (* Modena 1750, † Wien 1829) in Mailand aufgeführt wurde. Eine dauerhafte Anstellung ergab sich dadurch jedoch nicht. Maria Theresia, die Komponisten als „unnütze Leute" einstufte, riet ihrem Sohn Ferdinand sogar davon ab, Mozart in seine Dienste zu nehmen (Kat.Nr. 103.). So war das Verhältnis abgekühlt, und Mozart reagierte Ende 1780 relativ gleichgültig auf die Todesnachricht: „Der Todfall der kaÿserin thut meiner Opera im geringsten nichts – denn, es ist gar kein theater eingestellt, die Comoedien gehen fort wie sonst."

KM

Lit.: nicht in ÖKT 1977, Bd. 43; vgl. *Maria Theresia und ihre Zeit. Zur 200. Wiederkehr des Todestages.* Ausst.Kat. Wien, Schloss Schönbrunn, 13. Mai–26. Oktober 1980, Salzburg/Wien 1980; vgl. Richard Reifenscheid, *Die Habsburger in Lebensbildern. Von Rudolf I. bis Karl I.*, Graz/Wien/Köln [3]1987, S. 219–245; vgl. Erich Schenk, *Maria Theresia. Eine Biographie*, München [2]1990; vgl. Alfred Stefan Weiß, in: *Salzburger Mozart-Lexikon* 2005, S. 277–278; vgl. Christian Fastl, in: *Mozart-Lexikon* 2005, S. 244.

97.

Porträt Kaiser Joseph II.

um 1765/1790

Öl auf Leinwand, 209 x 156,5 cm
Kremsmünster, Stift Kremsmünster

Der am 13. März 1741 in Wien geborene älteste Sohn des vier Jahre später zum Kaiser gekrönten Franz Stephan von Lothringen (* Nancy 1708, K. 1745, † Innsbruck 1765) und Maria Theresias (Kat.Nr. 96.) wuchs mit den Ideen der Aufklärung und des Naturrechts auf und richtete sich später wirtschaftspolitisch nach den Vorstellungen der Merkantilisten und Physiokraten. 1764 wurde er zum römisch-deutschen König gewählt und folgte 1765 seinem Vater als Kaiser nach. Maria Theresia ernannte ihn zum Mitregenten, doch bestimmten während der nächsten eineinhalb Jahrzehnte Spannungen und Konflikte zwischen Mutter und Sohn das Bild der Politik. Gebietsannexionen erfolgten mit dem Erwerb Galiziens 1772 und der Bukowina 1775, vier Jahre später wurde das Innviertel angegliedert. Um sich selbst ein Bild über dieses Gebiet und den Grenzverlauf zu machen, stattete Joseph II. im Oktober 1779 der salzburgischen Grenzregion im Bereich des Haunsbergs einen inoffiziellen Besuch ab.

Seine einzige offizielle Visite in der Stadt Salzburg war bereits am 31. Juli 1777 erfolgt, als er auf dem Rückweg von einer Reise dem regierenden Erzbischof Hieronymus Colloredo einen überraschenden, doch nur eine gute Stunde dauernden Höflichkeitsbesuch abstattete. Der Kaiser nahm im Residenzgebäude die „tiefste Ehrfurcht" des Domkapitels, des weltlichen Adels und der Honoratioren entgegen, bestieg hierauf seinen Reisewagen und befahl, „in der Stadt Schritt für Schritt zu fahren, und stand im Wagen, damit ihn die Leute sehen konnten, die ihn zu sehen wünschten." In einem Gesuch an Colloredo hatte Mozart zuvor darum gebeten, ihm „gnädigst eine Reise von etlichen Monaten zu erlauben", doch hatte der Erzbischof die Eingabe mit der Begründung abgelehnt, dass „die Musik für die bevorstehende Durchreise Sr: Mayst: des Kaisers sich mit ein und anderm bereit halten solle."

Nach dem Tod seiner Mutter 1780 begann Joseph II. – vielfach überstürzt – seine lang geplanten Reformen durchzuführen (vgl. Kat.Nr. 107.). Neben zahlreichen kirchlichen Reformen milderte Joseph II. die Zensur, hob die Leibeigenschaft auf, schaffte Folter und Todesstrafe ab, ließ Schulen und Krankenhäuser errichten und förderte Wirtschaft und Handel. Durch den ab 1788 unglücklich geführten Aggressionskrieg gegen die Türken und dessen negative Folgen verschlechterte sich die Stimmung unter der Bevölkerung schließlich derart, dass er 1790, kurz vor seinem Tod, noch mehrere Reformen zurücknehmen musste.

Joseph II. lernte Mozart bereits 1762 kennen. Bei einem weiteren Aufenthalt der Familie Mozart in Wien erhielt Wolfgang Amadeus 1768 den Auftrag des Hoftheaterdirektors Giuseppe Affliglio (*Neapel 1722, † Portoferraio 1788) eine Oper, *La Finta semplice*, zu komponieren. Wegen des Gerüchts, dass diese gar nicht von ihm selbst komponiert worden sei, kam die Oper in Wien nicht zur Aufführung, und Leopold Mozart schrieb einen erbitterten Brief an den Kaiser, „um die Ehre meines Kindes zu retten".

Jahre später, am 13. November 1777, berichtete Mozart an seinen Vater, dass er gehört habe, „dass beym kaiser im Cabinet musick gemacht wird, daß die Hunde davonlaufen möchten". Dennoch versuchte Leopold Mozart eifrig, das Terrain für eine etwaige Anstellung seines Sohnes in Wien auszuloten, schrieb jedoch am 29. Jänner

1778 an Wolfgang in Mannheim, dass er seine Erwartungen nicht zu hoch stecken solle, denn: „der K:[aiser] macht es wie unser Erzb: – Es soll etwas gutes seÿn, und nicht viel kosten." KM

Lit.: nicht in *ÖKT* 1977, Bd. 43;
vgl. Judas Thaddäus Zauner, *Chronik von Salzburg*, Salzburg 1826, Bd. 11/1, S. 480f.; vgl. Franz Martin, Kaiser Joseph II. auf dem Haunsberg, in: *Mitteilungen der Gesellschaft für Salzburger Landeskunde* 92, 1952, S. 156–160; vgl. *Mozart Briefe* 1962, Bd. 2, S. 243 Nr. 411, Z. 7-8; vgl. Hans Magenschab, *Josef II. Revolutionär von Gottes Gnaden*, Graz/Wien/Köln 1979; vgl. *Österreich zur Zeit Kaiser Josephs II. Mitregent Kaiserin Maria Theresias, Kaiser und Landesfürst*, Ausst.Kat. Melk, Stift Melk, 29. März–2. November 1980, Wien 1980; vgl. Karl Gutkas, *Kaiser Joseph II. Eine Biographie*, Wien/Darmstadt 1989; vgl. Reinhard Heinisch/Katharina Mühlbacher, in: *Salzburger Mozart-Lexikon* 2005, S. 203–204; vgl. Christian Fastl, in: *ebd.*, S. 244–245; vgl. Helmut Reinalter, in: *ebd.*, S. 288–294.

98.
Porträt Erzbischof Siegmund Schrattenbach um 1767
Franz Xaver König (* um 1711, Bürger Salzburgs 1748, † ebd. 1782)

Öl auf Leinwand, 118 x 81 cm
Salzburg, Dommuseum, Obj.Nr. 4/11

Der am 28. Februar 1698 in Graz geborene Siegmund Christoph Graf Schrattenbach entstammte einem steirischen Adelsgeschlecht. Mit acht Jahren kam er in die Akademie nach Maria Rast bei Marburg. Drei Jahre später lässt er sich bereits als Page in Salzburg nachweisen und wurde hier am 12. Dezember 1711 in die Matrikel der Universität eingetragen. Am 20. November 1712 erhielt Schrattenbach Tonsur und niedere Weihen und ging zum weiteren Studium nach Rom. 1716 erhielt er Kanonikate in Augsburg und Eichstätt, 1723 die Priesterweihe. 1726 wird er zum Hofrat und geistlichen Rat und ein Jahr später zum Kapitular ernannt. Ab 1750 war er Domdechant.

Nach dem Tod von Erzbischof Andreas Jakob Dietrichstein (* Hertwigswaldau 1690, Erzbischof 1747, † Salzburg 1753) wurde Siegmund Schrattenbach am 5. April 1753 im 50. Wahlgang als Kompromisskandidat zum neuen Salzburger Erzbischof gewählt. Das Verhältnis zum Domkapitel war allerdings zeitlebens schlecht, da er die ständigen Verbesserungsvorschläge der Domherren nicht akzeptierte und umgekehrt die Vernachlässigung ihrer Pflichten kritisierte. Hingegen warfen ihm aufgeklärte Zeitgenossen Einfalt, Sittenstrenge und bigottes Verhalten vor. Um die seiner Meinung nach bestehenden Missstände abzuschaffen, erließ er 1753 eine Pönalverordnung gegen „fleischliche Verbrechen", 1755 eine Zucht- und Schulordnung sowie 1756 eine Tanzordnung. Doch tat er sich auch durch die Einrichtung eines Mädchen- sowie eines Knabenwaisenhauses hervor. Auch die Schaffung von neuen Seelsorgestationen und der Bau von Kirchen in Böckstein (vgl. Kat.Nr. 4.), Itter, Hopfgarten, (vgl. Kat.Nr. 19.), St. Gilgen, Strobl und Großarl förderte seine Beliebtheit unter der Bevölkerung. Am augenscheinlichsten ist der Name des Landesherrn wohl mit dem Bau des Siegmunds- oder so genannten Neutors verbunden.

Als besonderer Förderer der Künste, vor allem der Musik, erwies sich Schrattenbach als großzügiger Mäzen der Familie Mozart. Anlässlich seines 65. Geburtstags am 28. Februar 1763 trat der siebenjährige Wolfgang gemeinsam mit seiner Schwester Nannerl erstmals vor dem Landesherrn auf. Im Rechnungsbuch des Erzbischofs wurde ein Geldgeschenk an den „kleine[n] Mozartl" eingetragen. Auch genehmigte Schrattenbach den Mozarts jahrelange Konzertreisen durch

99.
Porträt des Erzbischofs Hieronymus Colloredo um 1773
Franz Xaver König (?) (* um 1711, Bürger Salzburgs 1748, † ebd. 1782)

Öl auf Leinwand, 102 x 80 cm
Salzburg, Dommuseum, Obj.Nr. 4/4

Das Bild entstand kurz nach der Wahl Colloredos zum Erzbischof, das Pallium auf dem Tisch verweist auf sein neues Amt (vgl. Kat.Nr. 2.). PK

Lit.: *Erzbischöfe im Porträt* 1981, S. 39 Nr. 112.

Europa. In den Briefen erwähnt Leopold Mozart daher wiederholt, dass er für ein langes Leben des Landesherrn betete. Mitte November 1769 ernannte der Fürst den jungen Mozart zum dritten unbesoldeten Konzertmeister der Hofkapelle. Als Schrattenbach starb, war der Name Mozart in Europa allgemein bekannt, was nicht zuletzt den großzügigen landesfürstlichen Beurlaubungen seiner Hofmusiker zu verdanken war. GA

Lit.: Martin 1982, S. 217–226; Salzmann 1984, S. 9–240; Gerhard Ammerer, Von Franz Anton von Harrach bis Siegmund Graf Schrattenbach – eine Zeit des Niedergangs, in: *Geschichte Salzburgs* 1995, Bd. II/1, S. 245–323; Alfred Stefan Weiß, in: *Salzburger Mozart-Lexikon* 2005, S. 432–434; *Mensch Mozart* 2005, S. 66; Ernst Hintermaier, in: *Mozart-Lexikon* 2005, S. 748–750.

Das Gemälde, ein Kniestück, stellt den Erzbischof auf einem reich geschnitzten Sessel dar, bekleidet mit einer pelzbesetzten Cappa Magna. Die Kalenderuhr zeigt sein Wahldatum, wie im Porträt Colloredo (vgl. Kat. Nr. 2.). Im Hintergrund sind die Kirche und die Siedlung von Böckstein zu erkennen. PK

Lit.: ÖKT 1940, Bd. 28, S. 69; *Erzbischöfe im Porträt* 1981, S. 34 Nr. 92; *Geschichte Salzburgs* 1988, Bd. 2,1, Abb. 30; *Salzburg in alten Ansichten* 1989, S. 29 Nr. 15.

100.
Porträt
P. Dominicus Hagenauer 1771
Salzburg

Öl auf Leinwand, 96 x 71 cm
Salzburg, Erzabtei St. Peter

Rupert Kajetan wurde am 23. Oktober 1746 als Sohn des Handelsherrn Johann Lorenz (* Salzburg 1712, † ebd. 1792) und seiner Frau Maria Theresia Hagenauer (* Salzburg 1717, † ebd. 1800) geboren. Er entschloss sich – für einen jungen Mann seiner Generation ungewöhnlich – zum klösterlichen Leben und erhielt am 20. Oktober 1764 das Ordenskleid des hl. Benedikt. Der Klostereintritt rief beim damals in London weilenden kleinen Mozart tränenreiche Bestürzung hervor; verlor er doch einen Spielkameraden und willigen Blasebalgzieher an der Orgel. Wolfgang verehrte seinem Freund zur Primiz am 15. Oktober 1769 die Missa solemnis (KV 66), die von der Nachwelt nach ihrem Widmungsträger *Dominicusmesse* benannt wurde. Am folgenden Tag feierte Pater Dominicus die Nachprimiz in der Stiftskirche auf dem Nonnberg, der er lebenslang eng verbunden bleiben sollte. Er bekleidete nacheinander das Amt des zweiten Bibliothekars, des Küchenmeisters und Kämmereiadjunkts, des Monatssonntagpredigers und eines Beichtvaters am Nonnberg.

Am 31. Jänner 1786 wurde Dominicus Hagenauer zum Abt des Klosters St. Peter gewählt. Damit stieg er zu den angesehensten Persönlichkeiten des Erzstiftes Salzburg auf und war „Abt, Abgeordneter des Landes Salzburg und Kärntens aus dem Prälatenstand, Präfekt des Steuerwesens, wirklicher Geheimrat des Erzbischofs und des kurfürstlichen Hofes, ständiger Assistent der Benediktiner-Universität und Kommissär der Militärökonomie". Auf die Wahl hatte Erzbischof Hieronymus Colloredo aufgrund seines Bestätigungsrechtes Einfluss genommen, was auch darin zum Ausdruck kam, dass die Eltern des Gewählten noch vor der Kapitelsitzung durch einen Läufer vom Ausgang der Wahl erfuhren. Ob die „Mine", d. h. die Intrige, die Leopold Mozart zugunsten seines Wunschkandidaten Dominicus gelegt hat, wirklich, so wie er in seinen Briefen an Nannerl behauptete, zum Ausgang der Wahl etwas beigetragen hat, bleibt unbeweisbar.

Die großen Fähigkeiten des Abtes Dominicus erwiesen sich besonders in den Krisenjahren, die Salzburg mit den Franzosenkriegen heimsuchen sollten. Er kämpfte für den Erhalt der Benediktineruniversität, für die er Mönche aus den Reihen seines Konvents in Rom, Paris und Göttingen ausbilden ließ, und unter großen finanziellen Opfern für den Erhalt des Landes Salzburg. Abt Dominicus verband ein durchaus intensives religiöses Leben nach monastischen Idealen mit einem praktischen Sinn für das politisch Machbare und Zumutbare. Sein Scharfblick zeigt sich heute noch in seinem siebenbändigen Tagebuch, in dem sich u. a. die beste Charakterisierung von Leopold Mozart findet.

Abt Dominicus starb nach einer längeren, schmerzhaften Krankheit, von der er vergebens in Bad Gastein Heilung suchte, am 4. Juni 1811. Sein Nachruf bezeichnet ihn als Mann „der von allen wegen der Integrität seiner Sitten hochzuschätzen ist, der wegen seiner Religion und der Heiligkeit seines Lebens hervorragte und vom Vaterland gleichermaßen wie von der heiligen Mutter Kirche wegen seiner Verdienste mit gerechtem Schmerz beweint wird."   PE

Lit.: unveröffentlicht;
vgl. *Mozart Bilder* 1961, S. 88 Abb. 176, S. 316 Nr. 176; vgl. Ausst.Kat. *St. Peter* 1982, S. 345–346 Nr. 370; vgl. *St. Peter zur Zeit Mozarts* 1991, S. 134 Abb.; vgl. *Mozart Bilder und Klänge* 1991, S. 78–79 Nr. 72; vgl. Adolf Hahnl, in: *Salzburger Mozart-Lexikon* 2005, S. 158; vgl. *Mensch Mozart* 2005, S. 100–101.

101.
Porträt Karl Josef Felix Graf Arco um 1756

Johann Georg Morzer (* um 1690, † 1765)

Öl auf Leinwand, 93,5 x 75,5 cm (oval)
Sternwarte, Stift Kremsmünster

Karl Josef Felix Graf Arco (* Salzburg 1743, † ebd. 1830) besuchte 1756–1759 die Ritterakademie des Stiftes Kremsmünster, schlug anschließend die militärische Laufbahn ein und trat 1779 auf Einladung Erzbischof Colloredos in salzburgische Dienste. 1787 erhielt er für seine Verdienste den Rupertiritterorden, 1805 ging er in Pension. Während sein Vater Georg Anton Felix Graf Arco (* Wien 1705, † Salzburg 1792) als Förderer Mozarts hervortrat, wurde Karl Josef Felix Graf Arco dadurch bekannt, dass er 1781 in Wien den Bruch zwischen seinem Dienstherren und dem Hofmusiker vollzog (s. Kat.Nr. 113.).

Die adlige Schule von Kremsmünster wurde 1744 gegründet, als ein Brand die Ritterakademie von Ettal, die Arcos Vater noch besucht hatte, zerstörte. Die Schüler erhielten Unterricht in den Fächern Philosophie, Rechts- und Naturwissenschaften, Reiten, Fechten und Tanzen. Beim Eintritt in die Akademie wurden sie porträtiert. Außer dem Knabenbildnis ist kein weiteres Porträt des Hofbeamten bekannt.   PK

Lit.: H. Klein, Zwei Knabenporträts aus dem Mozartkreis, in: *Mozart-Jahrbuch* 1962/1963; nicht in ÖKT 1977, Bd. 43; *Salzburg zur Zeit der Mozart* 1991, Nr. II/85; Gerhard Ammerer, in: *Salzburger Mozart-Lexikon* 2005, S. 18; *Mensch Mozart* 2005, S. 70–71.

102.
Brief Leopold Mozarts an Lorenz Hagenauer
Wien, 16. Oktober 1762
Abschrift

Papier, 22,9 x 18,6 cm
Berlin, Stiftung Preußischer Kulturbesitz, Staatsbibliothek zu Berlin, Musikabteilung mit Mendelssohn-Archiv, Mus. ep. W. A. Mozart Varia 1, Nr. 22, S. 4
(ausgestellt 18. Juli–20. September, nicht abgebildet)

Leopold Mozart berichtet in diesem Brief seinem Hausherrn, dem Salzburger Kaufmann Johann Lorenz Hagenauer, über die Schiffsreise seiner Familie von Passau nach Wien und über die Ereignisse während der ersten Tage des Wien-Aufenthaltes.

Am Fest des hl. Franziskus (4. Oktober) ging es nachmittags von Linz zunächst nach Mauthausen, tags darauf nach Ybbs, wo der sechsjährige Wolfgang trotz eines hartnäckigen Katarrhs – Folge des tagelangen „abscheulichen Wetters" – im Franziskanerkloster zur größten Verwunderung der Konventualen und Gäste die Orgel spielte (s. S. 48). Über Krems-Stein ging es nach Wien, wo die Familie am Nachmittag des 6. Oktober ankam und Leopold Mozart kein Problem mit der „Schanzlmaut" hatte, weil Wolfgang für den „Herrn Mautner" auf seinem „Geigerl" ein Menuett spielte.

In Wien trat Wolfgang in Adelspalais' auf, die Gräfin Sinzendorf führte die Mozarts u. a. bei Reichsvizekanzler Rudolph Joseph Graf Colloredo (* Prag 1706, † Wien 1788), dem Vater des späteren Salzburger Erzbischofs Hieronymus (s. Kat.Nr. 2.), ebenso bei dem ungarischen und dem böhmischen Hofkanzler ein. Trotz aller Verpflichtungen fand Leopold Mozart Zeit zu einem Opernbesuch und erfuhr bei dieser Gelegenheit, dass Wolfgangs Klavierspiel die Wiener Gesellschaft bereits in Staunen versetze und er – Leopold Mozart – niemanden gehört habe, der nicht sagte, „dass es unbegreiflich seye".

Zum Höhepunkt wurde die Audienz der Familie Mozart beim Kaiserpaar im Schloss Schönbrunn: Der Vater berichtet, dass Wolfgang der Kaiserin Maria Theresia (Kat.Nr. 96.) „auf die Schooß" sprang, sie um den Hals nahm und „rechtschaffen" küsste. Kaiser Franz I. bat Leopold Mozart in einen Nebenraum, „um die Infantin [Maria Isabella, Herzogin von Parma] auf der Violin spielen zu hören". Zwei Tage danach überbrachte der kaiserliche Zahlmeister Johann Adam Mayr Wolfgang und Nannerl Galakleider als Geschenk der Kaiserin: das eine, ursprünglich für den Prinzen Maximilian gemacht, lila mit einer lila Weste aus Moar, mit breiten, doppelten Goldborten, das andere in weiß brochiertem Taft. Nach der Rückkehr nach Salzburg ließ Leopold Mozart Anfang 1763 seine beiden Kinder in den Galakleidern porträtieren (Abb. 3). GW

Lit.: Nissen 1828, S. 24–25; *MBA* 1961, Bd. 1, S. 53 Nr. 34 Z. 84–86, vgl. S. 55 Nr. 35 Z. 59–65, 1971, Bd. 5, S. 41 Nr. 35, Z. 60; *Mozart Bilder* 1961, S. XIV; Langegger 1978, S. 26; Gabriele Ramsauer, in: *Salzburger Mozart-Lexikon* 2005, S. 334; *Mensch Mozart* 2005, S. 12, 45; Christian Fastl, in: *Mozart-Lexikon* 2005, S. 245.

103.

Brief der Kaiserin Maria Theresia an Erzherzog Ferdinand in Mailand

12. Dezember 1771

Papier, Tinte, 18,7 x 16 cm
Text: „[…] vous me demandez de prendre a votre service le jeune salzburgois[.] je ne sais comme quoi ne croiant pas que vous ayez besoing d'un compositeur ou des gens inutils[.] si cela pourtant vous ferois plaisir je ne veux vous l'empecher[.] ce que je dis est pour ne vous charger des gens inutils et jamais de titres a ces sortes des gens[.] comme a votre service cela avilit le service quand ces gens courent le monde comme de gueux[.] il a(t) outre cela une grand famille […]"
Wien, Haus-, Hof- und Staatsarchiv, Familienarchiv Österreich-Este, 1762–1829, Cart. 24.
(ausgestellt 8. April–17. Juli)

Im August des Jahres 1771 brachen Vater und Sohn Mozart zu ihrer zweiten Italienreise auf. Der fünfzehnjährige Wolfgang komponierte in Mailand im Auftrag der Kaiserin Maria Theresia (Kat.Nr. 96.) für die Hochzeit des Erzherzogs Ferdinand (* Wien 1754, † ebd. 1806) mit Maria Beatrice d'Este (* Modena 1750, † Wien 1829) die Serenata teatrale *Ascanio in Alba* (KV 111). Die Uraufführung erfolgte am 17. Oktober 1771. Am Vortag hatte Johann Adolph Hasses *Ruggiero*, die offizielle Festoper, Premiere.

Bis zum 5. Dezember blieben die Mozarts in Mailand, wo sich Wolfgang eine dauerhafte Anstellung am Hof erhoffte. Erzherzog Ferdinand, der die Mozarts noch am 30. November 1771 empfangen hatte, zeigte durchaus Interesse, Mozart in den Dienst zu nehmen und bat seine Mutter um Rat. Vehement und in scharfen Worten sprach sich Maria Theresia in der Nachschrift eines Briefes vom 12. Dezember 1771 dagegen aus:

„[…] Ihr fragt mich, ob Ihr den jungen Salzburger in Euren Dienst nehmen sollt? Ich weiß nicht wozu, weil ich nicht glaube, dass Euch ein Komponist oder unnütze Leute von Nöten sind. Wenn es Euch aber trotzdem Freude bereitet, will ich Euch nicht daran hindern. Ich sage das nur, damit Ihr Euch nicht unnütze Leute aufhalst und Leuten solcher Art auch noch Titel verleiht. Denn stehen sie in Eurem Dienst, so entwürdigt es das Amt, wenn diese Leute wie Landstreicher umherlaufen. Dieser hat außerdem eine große Familie." (Übers. Florian Ehebruster)

Das mag umso erstaunlicher sein, als die Salzburger Musikerfamilie der Kaiserin nicht unbekannt war. Dem Wunderkind Wolfgang schien die kaiserliche Gunst sicher gewesen zu sein. Bei einer Audienz am 13. Oktober 1762 wurde Vater Mozart mit seinen beiden Kindern in Schönbrunn empfangen. Geschenke bestätigten das kaiserliche Wohlwollen: Wolfgang erhielt ein lilafarbenes Galakleid, das Erzherzog Maximilian vermutlich zu klein geworden war, Nannerl ein weißes, aus dem ein Unterrock angefertigt wurde, weil es nicht passte. Leopold Mozart wurden 100 Gulden (ca. 10.000,– Euro) übergeben (vgl. Kat.Nr. 96., 102.). AK

Lit.: *NMA* 1961 Ser. X, Suppl., Werkgr. 34, S. 124; *Mozart Dokumente* 1981, S. 83; Herbert Lachmayer (Hrsg.), *Salieri sulle tracce di Mozart*, Ausst.Kat. Mailand, Teatro della Scala, 3. Dez. 2004–30. Jan. 2005, Kassel 2004; *Mensch Mozart* 2005, S. 55, vgl. S. 45; vgl. Gruber 2005, S. 46.

104.

Porträt Leopold Mozart 1756

Gottfried Eichler (* Augsburg 1715, † ebd. 1770), Entwurf/**Jakob Andreas Friedrich d. J.** (* Augsburg 1714, † Nürnberg 1779), Stecher in: Leopold Mozart, *Versuch einer gründlichen Violinschule. Entworfen und mit 4. Kupfertafeln sammt einer Tabelle versehen von Leopold Mozart, Hochfürstl. Salzburgischen Cammermusikus*, Augsburg 1756

Kupferstich, 23 x 18,3 cm
Bezeichnet: „G. Eichler delin.", „Jac. Andr. Fridrich Sc. A. V."
Bildunterschrift: „Convenit igitur – in Gestu nec/venustatem conspicuam nec turpitu/aut operarii videamur esse. Cice. Rhet. ad Heren./Lib. 3 XV"
Salzburg, Internationale Stiftung Mozarteum

1756, im Jahr der Geburt seines Sohnes Wolfgang Amadeus, veröffentlichte Leopold Mozart bei dem renommierten Augsburger Verleger Johann Jakob Lotter (* Augsburg 1683, † ebd. 1738) sein musiktheoretisches Hauptwerk, den *Versuch einer gründlichen Violinschule*. Der Publikation war ein Briefwechsel zwischen Autor und Verlag vorangegangen, der die Höhe der Auflage, die Ausstattung des Buches und die Zahl der Abbildungen betraf sowie detaillierte Korrekturanweisungen für den Drucker enthielt.

Bereits zwölf Jahre zuvor, 1744, hatte Leopold Mozart den Violinunterricht am Kapellhaus – der Wohn- und Unterrichtsstätte der Salzburger Domsängerknaben – übernommen, konnte somit langjährige Erfahrungen als Pädagoge in sein Lehrwerk einbringen. Neben dem *Versuch einer Anweisung die Flöte traversière zu spielen* von Johann Joachim Quantz, dem Hofkomponisten Friedrichs II. in Potsdam (1752), und dem *Versuch über die wahre Art das Clavier zu spielen* des Bach-Sohnes Carl Philipp Emanuel (2 Teile, 1753–1762) zählt Leopold Mozarts Violinschule zu den fundamentalen musikalischen Lehrwerken des 18. Jahrhunderts in deutscher Sprache. Es ist das erste Werk, das sich systematisch mit der Technik des Violinspiels auseinandersetzt und Fragen der Musikgeschichte, der Ästhetik und des Vortrags in den Unterricht einbezieht. Als unmittelbares Vorbild dürften Leopold Mozart die *Regole per arrivare a saper ben suonar il violino* (1752–1756) von Giuseppe Tartini gedient haben.

In der Fachpresse fand Leopold Mozarts Violinschule bereits kurz nach Erscheinen eine überaus positive Beurteilung. Friedrich Wilhelm Marpurg qualifizierte sie in seinen *Historisch-kritischen Beyträgen zur Aufnahme der Musik* (Berlin 1757) als Werk, das man sich „schon lange gewünscht", jedoch kaum zu erwarten gehofft habe. Leopold Mozarts Methode und Gründlichkeit wurden ebenso gerühmt wie seine Gelehrsamkeit und Fähigkeit zu verständlicher Darstellung – Eigenschaften, „deren jede einzeln einen verdienten Mann macht".

Bereits 1769 erschien die „vermehrte" zweite Auflage mit einer neuen „Vorrede" von Leopold Mozart, 1787 und 1800 brachte der Verlag Lotter weitere Auflagen auf den Markt, 1766 erschien eine Ausgabe in niederländischer, 1770 in französischer, 1804 in russischer Übersetzung. Die Neuauflagen unterstreichen die Bedeutung, die die Zeitgenossen dieser ersten „gründlichen" deutschsprachigen Violinschule beimaßen. Noch 1829 schrieb Carl Friedrich Zelter an Goethe, Leopold Mozarts Violinschule sei „ein Werk, das sich brauchen läßt, solange die Violine eine Violine bleibt; es ist sogar gut geschrieben". GW

Das Porträt, das dem Buch voransteht, zeigt den Autor mit einer Violine an der Schulter. Die Haltung der Hände erweckt den Eindruck, er spiele, die Haltung des Kopfes spricht aber dagegen. Als Vorlage für den Kopf diente die gleiche Zeichnung, die Pietro Antonio Lorenzoni (?) für sein Gemälde verwendete (1765, Salzburg, Internationale Stiftung Mozarteum, Abb. 4). Nur der Körper ist variiert.

Im Vordergrund sind verschiedene geistliche und weltliche Werke ausgebreitet: ein Pastorell, eine Fuge, eine Messe, ein Offertorium, eine Sinfonie, ein Trio, ein Divertimento und eine Litanei. Unter dem Bild steht ein Zitat aus Ciceros Rhetorik, das Leopold Mozarts geistigen Anspruch unterstreicht. PK

Lit.: Greta Moens-Haenen, *Leopold Mozart. Versuch einer gründlichen Violinschule. Faksimile-Reprint der 1. Auflage 1756*, Kassel 1995; Gerhard Walterskirchen, in: *Mozart-Lexikon* 2005, S. 454–457;
vgl. *Mozart Bilder und Klänge* 1991, S. 30–31 Nr. 18, vgl. S. 24–25 Nr. 11; vgl. Johanna Senigl, in: *Salzburger Mozart-Lexikon* 2005, S. 521–522; vgl. *Mensch Mozart* 2005, S. 14.

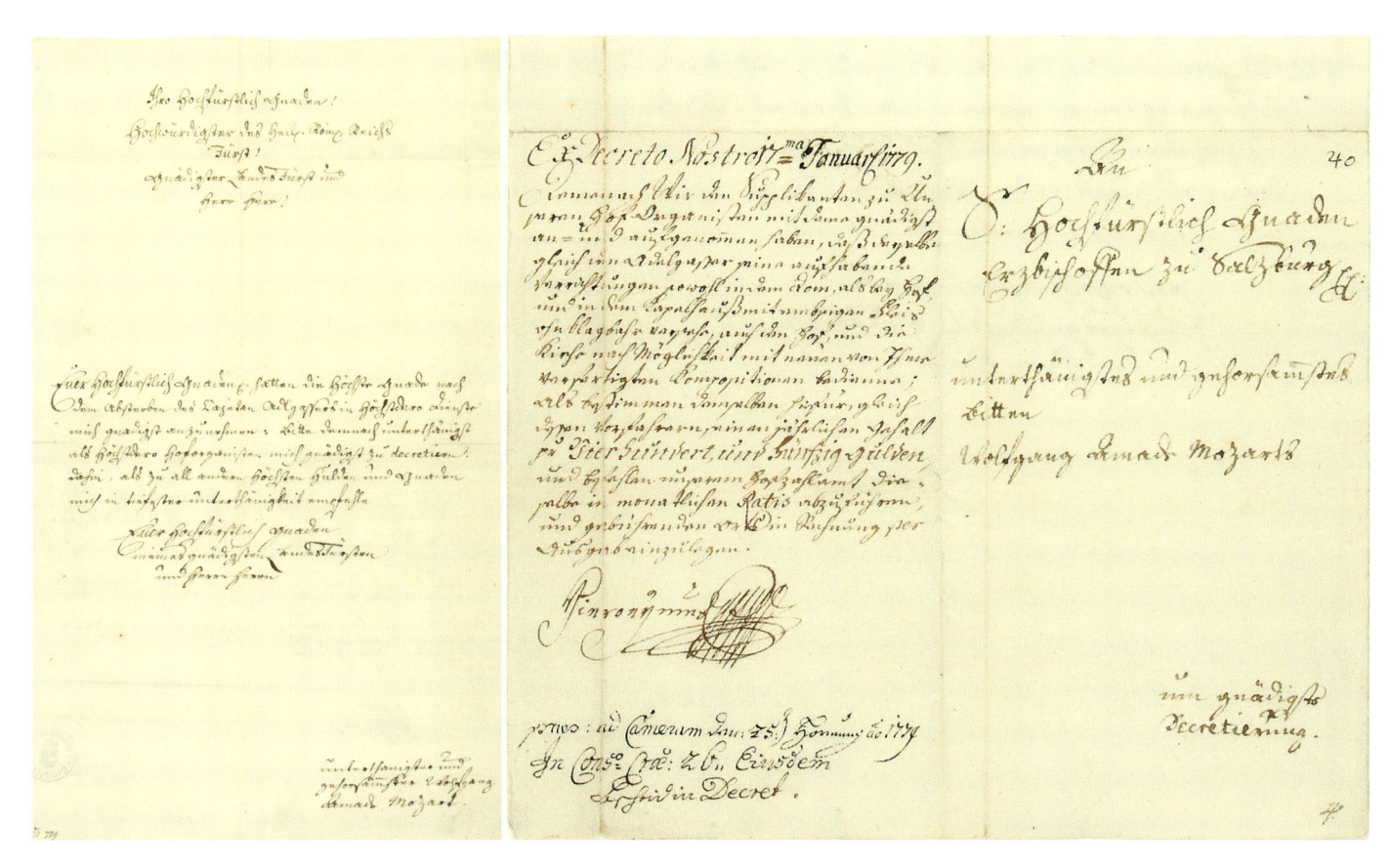

105.

Mozarts Gesuch an Erzbischof Hieronymus Colloredo um Anstellung als Hoforganist, samt Erledigung

ohne Datum bzw. 17. Jänner 1779

Papier, Tinte, 37 x 23 cm
Salzburg, Salzburger Landesarchiv, Geheimes Archiv XXV M 26, Nr. 19

„[…] Euer Hochfürstlich Gnaden etc: hatten die Höchste Gnade nach dem Absterben des Cajetan Adlgassers in Höchstdero Dienste mich gnadigst anzunehmen: Bitte demnach unterthänigst als Höchstdero Hoforganisten mich gnädigst zu decretieren. […]", heißt es in dem Gesuch Mozarts an Erzbischof Colloredo um Anstellung als Hoforganist. Die Erledigung dazu erfolgte mit Dekret vom 17. Januar 1779:

„Demenach Wir den Supplikanten zu Unserem Hof-Organisten mit deme gnädigst an- und aufgenommen haben, daß derselbe gleich den Adelgasser seine aufhabende Verrichtungen sowohl in dem Dom, als bey Hof, und in dem Kapellhauß mit embsigen Fleis ohnklagbar versehe, auch den Hof, und die Kirche nach Möglichkeit mit neuen von Ihme verfertigten Kompositionen bediene; Als bestimmen dem selben hiefür, gleich dessen Vorfahren, einen jährlichen Gehalt pr VierHundert, und Fünfzig Gulden, und befehlen unserem Hofzahlamt dieselbe in monatlichen Ratis abzuführen."

Diese Entschließung wurde am 25. Februar der Hofkammer mitgeteilt und am darauf folgenden Tag per Dekret Mozart zugestellt. Das Gesuch wurde von Leopold nicht nur vorbereitet, sondern auch eigenhändig geschrieben und im bzw. mit dem Namen seines Sohnes unterzeichnet.

Nachdem sich abzuzeichnen begann, dass die Paris-Reise 1777/1778 keinen Erfolg bringen, sondern nur Schulden hinterlassen würde, bemühte sich Mozarts Vater, die Wiederanstellung seines Sohnes am Salzburger Hof zu erwirken, um ihm ein Einkommen zu sichern. Er nahm dabei vor allem die Unterstützung von Maria Franziska Gräfin Colloredo, der Schwester des Erzbischofs, in Anspruch, die sich gemeinsam mit ihrer Nichte, Maria Antonia Gräfin Lützow, erfolgreich für Mozarts Wiederanstellung einsetzte.

Mit der Anstellung als Hoforganist, dem auch das „Accompagnement" bei Hof oblag, wurde die von Wolfgang als Bedingung für seine Rückkehr in den Salzburger Hofdienst nachdrücklich geäußerte Forderung erfüllt.

Die im Dekret aufgetragenen Dienstverpflichtungen erfüllte Mozart vermutlich nicht in vollem Umfang, denn die „aufhabenden Verrichtungen […] in dem Kapellhauß" dürfte er dem Vater überlassen haben. Weder in der Familienkorrespondenz noch in anderen Schriftdokumenten gibt es einen Hinweis auf eine Tätigkeit Mozarts als Klavierpädagoge am Kapellhaus.

In der Verdreifachung des dem nunmehr 23-Jährigen gewährten Gehaltes, das dem seines schon in jahrzehntelangen Diensten stehenden Vaters entsprach, zeigt sich vielleicht am deutlichsten, dass der Erzbischof sich bewusst wurde, wen er für seine Hofmusik wiedergewann.

Unter den zwischen Januar 1779 und Oktober 1780 für Hof und Kirche „verfertigten Kompositionen", die das Dekret erwähnt, sind vor allem die vier letzten von Mozart vollständig hinterlassenen, mehrsätzigen Kirchenwerke hervorzuheben: die beiden Messen KV 317 (Abb. 10, 74) und 337 (Kat.Nr. 40.) und die beiden Vespern KV 321 und 339 (Abb. 72). Erstere wurden sehr wahrscheinlich für die Pontifikalämter an den Ostersonntagen der Jahre 1779 und 1780 und letztere für die großen Pontifikalvespern der österlichen Zeit komponiert.

Mozarts Dienstverhältnis zum Salzburger Hof war nie de iure, sondern lediglich mit „einem tritt im hintern" am 8. Juni 1781 beendet worden (s. Kat.Nr. 113.). Dessen war sich Mozart durchaus bewusst, so dass er den schon für Herbst 1782 geplanten Besuch in Salzburg hinausschob, vermutlich aus Furcht, der Erzbischof könnte ihn arretieren lassen.

Mit dem endlich im Sommer 1783 nachgeholten Besuch des jung vermählten Ehepaars Mozart in Salzburg, an dessen Abschluss die Aufführung der fertig gestellten

Teile der *c-Moll-Messe* in der Stiftskirche zu St. Peter stand (Kat.Nr. 42.), war Salzburg für Mozart bedeutungslos geworden. EH

Lit.: Pirckmayer 1876, S. 147; *MBA* 1961 Ser. X, Suppl., Werkgr. 34, S. 163; *MBA* 1962, Bd. 2, S. 540–541 Nr. 522, 1971, Bd. 5, S. 581–582 Nr. 522; *Mozart Dokumente* 1981, S. 114–115; *Mozart Bilder und Klänge* 1991, S. 112–113 Nr. 103; Gerhard Ammerer, in: *Salzburger Mozart-Lexikon* 2005, S. 48–49, 106; Gerhard Walterskirchen, in: ebd., S. 186–187; Rudolph Angermüller, in: ebd., S. 529; vgl. Gruber 2005, S. 65.

> His father, who performed the under part in this duet, was once or twice out, though the paſſages were not more difficult than thoſe in the upper one; on which occaſions the ſon looked back with ſome anger, pointing out to him ſome miſtakes, and ſetting him right.
>
> He not only however did complete juſtice to the duet, by ſinging his own part in the trueſt taſte, and with the greateſt preciſion: he alſo threw in the accompanyments of the two violins, wherever they were moſt neceſſary, and produced the beſt effects. It is well known that none but the moſt capital muſicians are capable of accompanying in this ſuperior ſtile.

106.
Bericht über ein Duett von Vater und Sohn in London 1765
Daines Barrington, *Miscellanies by the honourable Daines Barrington*, London 1781, S. 281

Druck, 26,5 x 22,3 cm
Salzburg, Internationale Stiftung Mozarteum, D 2 Moz 2283
(ausgestellt 23. September–5. November)

Quellen zu Mozarts Leben und Werk seiner Salzburger Zeit stammen überwiegend aus dem privaten Bereich. Über die Reisen der Familie haben wir auch Berichte in gedruckter Form in Zeitungen und Zeitschriften. Diese betonen Mozarts frühe Reife, bieten jedoch vereinzelt auch biographisches Material.

Mozart war neun Jahre alt, als er auf Wunsch des englischen Gelehrten Daines Barrington (* 1727, † 1800), der die Mozarts 1765 in ihrem Londoner Quartier aufsuchte und später darüber berichtete, aus dem Stegreif improvisierte: zunächst einen „rezitativischen Gesang", danach eine „Symphonie" (ein Vorspiel) zu einem „Liebesgesang", ebenso zu einem „Gesang der Wut" über das Textwort „perfido" (eine gängige Vokabel der italienischen Opera seria). Dabei geriet der Knabe, wie Barrington schildert, in derartige Erregung, dass er das Klavier „wie ein Besessener" schlug und mehrmals von seinem Stuhl aufsprang.

Bei einem seiner Besuche brachte Barrington das Manuskript einer Komposition eines Engländers auf einen Text aus Metastasios *Demofoonte* für zwei Singstimmen, zwei Violinen und Bass mit. Die Singstimmen waren im Altschlüssel notiert. Wolfgang hatte kein Problem, die Partitur vom Blatt am Klavier zu realisieren, er sang dazu auch die Oberstimme, der Vater den zweiten Part. Als der Vater zweimal „ausstieg", sah sich der Sohn „mit einigem Unwillen" um, „zeigte ihm [dem Vater] seine Fehler mit dem Finger und wies ihn wieder zurecht". Barringtons Bericht wurde zunächst in den *Philosophical Transactions* der Londoner Royal Society veröffentlicht, 1781 in revidierter Form in den *Miscellanies of Various Subjects* des vielseitigen Gelehrten. Dem Buch ist ein Porträt des siebenjährigen Knaben nach dem Stich von Delafosse (Kat.Nr. 89.) beigegeben. Darunter stehen Verse aus Homers Hermes-Hymnus (V. 440–443, Übers. Anton Weiher):

„Ward dir schon bei der Geburt diese wunderbare Begabung/
Oder gab ein Unsterblicher oder ein sterblicher Mensch dir/
Dieses erlauchte Geschenk und lehrte dies göttliche Singen?" GW

Lit.: Nissen 1828, S. 80–101; *MBA* 1961 Ser. X, Suppl., Werkgr. 34, S. 86–92; Kurt Pahlen, *Das Mozart-Buch*, Stuttgart 1969, S. 116ff.; *Mozart Dokumente* 1981, S. 64–70.

107.
Allegorie auf die Reformen Kaiser Josephs II. 1782
Johann Ernst Mansfeld ?
(* Prag 1739, † Wien 1796), Stecher

Kupferstich, 49,9 x 34,7 cm (Platte), 53,6 x 38,0 (Blatt)
Text: „Sie fingen eine grosse Menge ... und ihr Netz zerriss ... aber Sprach .... fürchte dich nicht; von nun an wirst du Menschen fischen. Luc 5"
Kremsmünster, Stift Kremsmünster, Kunstsammlungen

Auf einem Hügel steht Joseph II. (Kat.Nr. 97.) an der Seite des Apostels Petrus, unter dem symbolischen Auge Gottes. Der Kaiser hält ein Netz, in dem eine kleine menschliche Figur – eine Seele – gefangen ist. Weitere Seelen im Hintergrund schweben zu Gott.

Ein Freimaurer mit Schurz und Kelle steigt den Hügel hinauf. Er hält eine Lampe, deren Lichtstrahl quer durch das Bild auf einen Armen fällt. Die Lampe symbolisiert die Aufklärung, die im Französischen „Lumières" heißt. Zugleich verweist sie auf die Anekdote von Diogenes, der mit seiner Laterne bei Tag durch Athen zog, um, wie er sagte, Menschen zu suchen.

Am Fuße des Hügels stehen Geistliche und Bürger, links kommt ein Sammler mit einem Klingelbeutel aus einer Kirche. Mönche und Nonnen häufen Geldsäcke und Münzen in einem Netz an. Eine Kiste im Vordergrund versammelt die Gegenstände des religiösen Brauchtums, gegen die sich Josephs Reformen unter anderem richteten: Musikinstrumente und Fahnen, Skapuliere (Kat.Nr. 23.–24.), Reliquienbildchen (Kat. Nr. 32.), Votivfiguren, -bild und -gaben, einen Klingelbeutel sowie einen Opferstock.

Die dreisprachige, lateinische, französische und deutsche Bildunterschrift zitiert die Berufung des Apostels Petrus (Lk 5,6). Sie verspottet die Habgier der Geistlichen und setzt den Kaiser dem Apostel gleich.

Das Blatt wird in der Literatur „Joseph II., Aufhebung der Klöster" (Reinalter) oder „Triumph der liberalen Ideen Kaiser Josephs" (Lindner) betitelt. Der Stich wurde mehrfach kopiert und fand weite Verbreitung.

Ein zugehöriger zweiter Stich ist bezeichnet „F_S_X_P_Ir inv. et pin.", „gravé a Vienne par I_M_" und „Publié e se vend à Vienne chez Christoph Torricella Marschand d'estampes et Editeur de Musique" (Abb. 31). Er trägt die Unterschrift „Ein jeglicher Baum, der nicht gute Früchte trägt, wird ausgehauen" (Mt 7,19) und zeigt den Kaiser, auf die Schriften gestützt, im Disput mit Geistlichen vor dem auszureißenden Baum. Der Freimaurer ist auf dem Hügel angelangt, zeigt auf den Baum und empfängt die Schlüssel aus der Hand Petri. Im Vordergrund ist ein Wolf im Schafspelz dargestellt. Der zweite Stich führt die Gedanken des ersten fort, er weist der Freimaurerei eine positive, der Kirche eine negative Rolle in der Ausübung der christlichen Religion zu und dem Kaiser die Rolle des Moderators. PK

Lit.: Lindner 1976, S. 216–217 Nr. 112; Helmut Reinalter, in: *Freimaurer* 1992, S. 442 Abb., S. 443 Nr. 25/4/4; vgl. Helmut Reinalter, in: *Mozart-Lexikon* 2005, S. 288–294.

Concluserunt multitudinem copiosam _____ *Ilsen* _____ *prirent une grande quantité* _____
Disrumpebatur autem rete eorum ___ *et ait:* _____ *et leur filet rompoit, mais il dit: ne craignes point;*
noli timere; ex hoc jam homines eris capiens. Luc. 5. *votre emploi d'esormais sera, de prendre des hommes.* Luc. 5.

Sie fingen eine große Menge _____ *und ihr Netz zerriße* _____ *aber sprach: fürchte dich nicht; von nun an wirst du Menschen fischen.* Luc. 5.

Spannungsfelder künstlerischen Schaffens | MOZARTS GEISTLICHE MUSIK

108.

Ehrenpforte für Erzbischof Colloredo 1772

Matthias Siller
(* Salzburg um 1710, † ebd. 1787)

Papier, Pinsel, grau laviert, 46 x 28,2 cm
Salzburg, Erzabtei St. Peter, Archiv, HsA 307/37
(ausgestellt 19. Juli–5. November)

Ehrenpforten aus bemalten Gerüsten wurden nachweislich seit 1612 zum Einritt des Erzbischofs in Salzburg errichtet. Sie dienten dem Schmuck und der Gliederung des Stadtraumes ebenso wie der Huldigung des Erzbischofs, denn der Einzug symbolisierte die Inbesitznahme der Stadt durch den neuen Herrn. Auch zum Jubiläum der Wallfahrtskirche Maria Plain 1774 (Kat.Nr. 31.1.–2.) wurden Ehrenpforten aufgestellt. Ihre Form war weniger von antiken Triumphbögen als von zeitgenössischen Kirchenfassaden oder Altaraufbauten beeinflusst (Blaha).

Die Ehrenpforte für Erzbischof Colloredo öffnet sich in einem einfachen Rundbogen, der von vier Säulen auf hohen Sockeln flankiert wird. Dem Gebälk sind drei nummerierte Kartuschen vorgeblendet, die wohl Inschriften oder Embleme enthalten sollten.

Über dem Gebälk erhebt sich zwischen Vasen und Voluten eine allegorische Komposition mit erstaunlich deutlicher, politischer Aussage: Ein von Vasen und Putti bekrönter Rahmen zeigt einen Ausblick auf die Stadt Salzburg, die von dem hundertäugigen Hirten Argus bewacht wird. Über dem Rahmen balanciert die Göttin des Glücks, ein Segel in Händen, auf einer Kugel. Von den Verkörperungen Österreichs und Bayerns, die unten sitzen, wird sie an Stricken gehalten. Die Szene spielt nicht nur auf die Versuche Münchens und Wiens an, die Erzbischofswahl zu beeinflussen (Hahnl), sondern allgemein auf die Lage des Erzstiftes zwischen den beiden Territorialmächten, die eine Generation später zur Auflösung des geistlichen Fürstentums führen sollte (Steinitz).

Die geflügelten Knaben mit Liktorenbündeln bzw. einem Dreizack, die unter dem Bogen stehen, „zählen nicht mehr zur künstlerischen Ausgestaltung, sondern zur szenischen Realisierung" (Hahnl). Vergleichbare Buben mit Blechflügeln sind im Kuenburg'schen Trachtenbuch abgebildet. PK

Lit.: nicht in Blaha 1950; Steinitz 1977, S. 198–200 Abb. 92; *Geschichte Salzburgs* 1988, Bd. II/1, S. 455 Abb. 38; Adolf Hahnl, in: *Salzburg zur Zeit der Mozart* 1991, S. 292–293 Nr. II/55,1, Abb. II/10; Ulrich Nefzger, in: *Salzburger Mozart-Lexikon* 2005, S. 102; vgl. *Trachtenbuch* 1983, Tf. 20, S. 166 Nr. 51.

109.
Ehrenbaldachin für Erzbischof Colloredo 1772
Matthias Siller
(* Salzburg um 1710, † ebd. 1787)

Papier, Pinsel, grau laviert, 45,9 x 28,3 cm
Bezeichnet: „Siler in fec." rechts unten
Text: „nIL for–/MIDo aqVI–/Lae patrIIs/tranqVILLa/sVb aLIs."
Salzburg, Erzabtei St. Peter, Archiv, HsA 307/38
(ausgestellt 8. April–18. Juli)

Die mächtige Scheinarchitektur aus Obelisken, Säulenstellungen und Giebel zeigt im Zentrum ein Porträt des Erzbischofs unter einem gekrönten Baldachin. Neben ihm stehen Verkörperungen der Gerechtigkeit und einer weiteren herrscherlichen Tugend, vor ihm sechs namentlich bezeichnete Vertreter des Hauses Colloredo (Hahnl) oder der Hofämter (Steinitz). Über dem Baldachin tragen Engel das Wappen des Erzbischofs, zwei salzburgische Löwen vor dem Giebel halten eine Kartusche mit der Inschrift: „Nichts fürchte ich unter den väterlichen Flügeln des Adlers." Das Chronogramm ergibt die Zahl 1772, das Jahr der Wahl Colloredos. Der Adler, das Wappentier des Erzbischofs (vgl. Kat.Nr. 79.), sitzt mit ausgebreiteten Schwingen obenauf und schaut herab.

Im Vordergrund stehen acht weitere Figuren, die zum Giebel hinauf- oder aus dem Bild herausschauen, darunter eine Verkörperung der Stadt Salzburg mit Wappen und Mauerkrone, eine Verkörperung der Salzach mit Ruder (?), zwei Geistliche sowie zwei Bruderschaftsmitglieder mit Stäben (vgl. Abb. 40–41).

Hahnl vermutet, dass die beiden Entwürfe durch den Magistrat für das alte Rathaus in Auftrag gegeben wurden. Wahrscheinlich wurden sie nicht verwirklicht, denn in den Beschreibungen des Einzugs Colloredos sind sie nicht erwähnt, und der Erzbischof nannte die Ehrenpforten, die zur Fronleichnamsprozession 1777 errichtet worden waren, in einem Schreiben an den Rektor der Universität drastisch „Aftergeburten" (Steinitz). Matthias Siller schuf auch die Gemälde des Triumphbogens von Maria Plain 1774 (Kat.Nr. 31.1.–2.). PK

Lit.: nicht in Blaha 1950; Steinitz 1977, S. 198–200 Abb. 91; *Salzburg zur Zeit der Mozart* 1991, S. 292 Nr. II/55,2.

110.
Pectorale und Ring des Abtes Dominicus Hagenauer 1786

Silber, vergoldet, Smaragde, Diamanten, 8,5 x 5,6 cm (Pectorale)
Silber, vergoldet, Smaragd, Diamanten, Ø 2 cm (Ring)
Inschrift: „I[ohann] L[orenz] H[agenauer]",
„M[aria] T[heresia] H[agenauer] 1786" auf der Rückseite
Salzburg, Erzabtei St. Peter

Das Kreuz, die anhängende Rosette und der Ring sind reich mit Smaragden und Diamanten besetzt. Abt Dominicus erhielt das Pectorale anlässlich seiner Weihe am 23. März 1786 von seinem Vater Johann Lorenz und seiner Mutter Maria Theresia Hagenauer, den Ring von seinem Firmpaten Franz Xaver Weiser zum Geschenk (vgl. Kat.Nr. 100.). In seinen Aufzeichnungen vermerkt er den Wert der beiden Stücke, 580 fl. bzw. 120 fl. Ein weiteres Pectorale erhielt er 1795 von der Frau seines jüngsten Bruders Leopold. PK

Lit.: *St. Peter* 1982, S. 399–400 Nr. 567–568; *St. Peter zur Zeit Mozarts* 1991, S. 30 Abb.;
vgl. ÖKT 1913, Bd. 12, S. CLXXXVI.

111.
Brief an Michael Puchberg
Wien, 17. Juni 1788
Abschrift

Papier, 24,4 x 20 cm
Notizen in Rot: „Authentische Abschrift/von einem Original-handschriftlichen Briefe W. A. Mozarts welcher sich in der Autographen-Sammlung des Herrn Alfred Ritter v Frank in Wien befindet – und bisher noch ungedruckt und gänzlich unbekannt ist./Wien im Jänner 1840. Alois Fuchs [?]" [S. 3], in Rot: „Ganz unten am Rand steht von der Hand des Adreßaten folgendes:", in Schwarz: „den 17. Juny 1788 200 fr gesendet" [S. 5]
Berlin, Staatsbibliothek zu Berlin, Musikabteilung mit Mendelssohn-Archiv, Mus. ep. W. A. Mozart Varia 3, Nr. 206, S. 3, 5
(ausgestellt 17. Juli–20. September, nicht abgebildet)

Als Mozart 1781 Vorbereitungen traf, seinen Wohnsitz nach Wien zu verlegen, schrieb er seinem Vater in Salzburg: „seyen sie versichert, daß ich mein absehen nur habe, so viel möglich geld zu gewinnen; denn das ist nach der gesundheit das beste" (4. April 1781). Am 16. Mai 1781 bekräftigte er diese Absicht: „Mein Wunsch, und meine hofnung ist – mir Ehre, Ruhm und Geld zu machen, und ich hoffe gewis daß ich ihnen in Wien mehr nützlich seyn kann, als in salzburg."

Doch bereits im Juni 1781 musste Mozart gestehen: „die dermalige Saison ist die schlechteste für jemand der geld gewinnen will." Es gelang Mozart zwar, „Ehre, Ruhm und Geld zu machen", doch nicht in dem Maß, dass er in der vornehmen Gesellschaft Wiens hätte reüssieren können – auch wenn er sich den Luxus exquisiter Kleidung, einer noblen Wohnung mit Billard-Zimmer, ein Reitpferd und mehrere Bedienstete leistete.

Als Mozarts Beliebtheit in der Wiener Gesellschaft 1788 schlagartig nachließ und die Familie in finanzielle Schwierigkeiten geriet, richtete er in immer dringlicheren Worten bis Juni 1791 mindestens 21 Bittbriefe um Gewährung von Darlehen an seinen Logenbruder Johann Michael Puchberg, der als erfolgreicher Kaufmann ein Geschäft am Hohen Markt in Wien hatte. Puchberg (* Zwettl 1741, † Wien 1822) lieh Mozart insgesamt 1.415 Gulden, Mozart konnte jedoch nur einen Teil refundieren. Zum Zeitpunkt seines Todes schuldete er Puchberg noch 1.000 Gulden (ca. 30.000,– Euro).

Mozarts Bettelbrief an Puchberg vom 17. Juni 1788 liefert ein dramatisches Bild von der Notsituation der letzten Lebensjahre. Wodurch diese missliche Lage bedingt war, ist nicht bekannt. In Briefen an seine Frau Constanze schreibt Mozart wiederholt von einem „Geschäft", das er zu Ende bringen müsse und das ihm „Sorge und Bekümmerniß" verursache. Er musste Puchberg um Geduld bitten und gestehen, dass er das Geliehene unmöglich so bald zurückzahlen könne. Vielmehr war er abermals genötigt, Geld aufzunehmen und ersuchte Puchberg zumindest um Vermittlung einer „ansehnlichen Summe", weil er ansonsten „Ehre und Credit" verliere. GW

Lit.: Nottebohm 1880, S. 65–67; *MBA* 1962, ²1991, Bd. 4, S. 65 Nr. 1077, 1971, Bd. 6, S. 369–370 Nr. 1077; Rudolph Angermüller, *„Auf Ehre und Credit". Die Finanzen des W. A. Mozart*, München 1983; vgl. *Mensch Mozart* 2005, S. 82–83; vgl. Christian Fastl, in: *Mozart-Lexikon* 2005, S. 593–594; vgl. Gruber 2005, S. 127–128.

112.
Ehrensäule des Erzbischofs Siegmund Schrattenbach um 1760

Holz, vergoldet, farbig gefasst, Elfenbein, Glas, 110 x 55 cm
Beschriftet: „SIGISMVNDVS. D. G. ARCHIEPISCOPVS. SALISBVRG[ENSIS]" um das Porträt
Herkunft: Feuersang/Flachau, Großuntermayrhof
Salzburg, Salzburger Museum Carolino Augusteum, Inv.Nr. 140/25

Der Aufsatz aus reich geschnitztem, vergoldetem und farbig gefasstem Holz dient als Gehäuse für ein elfenbeinernes Bildnismedaillon des Erzbischofs. Das Gestell ist mit vier Putten besetzt; einer hält ein Dommodell, einer eine Trommel. Links sind zwei Pauken, unten zwei Kanonen in das Gestell eingefügt.

Über dem Porträt ist das Wappen des Erzbischofs angebracht, daneben sitzt die Verkörperung des Erzbistums mit dem doppelten Kreuzstab. Sie werden von einem kräftig roten Vorhang hinterfangen.

Auf einem Foto von 1919 sind fünf weitere Putti zu sehen, die heute fehlen, zudem waren die Figuren und Attribute anders verteilt: Den Kreuzstab hielt (fälschlicherweise?) ein Putto unten in der Mitte, der Putto mit der Trommel saß unten links, der mit dem Kirchenmodell oben rechts. Unten rechts ist ein Putto mit einem Buch zu erkennen. Zwei weitere Putti schoben den Vorhang zur Seite. Sie sind ebenso verloren wie die Lanzen neben den Kanonen, die Taube des Heiligen Geistes über dem Wappen und die Figur der Fama, die das Ganze bekrönte.

Die Attribute entstammen dem geistlichen, militärischen sowie musikalischen Themenkreis und sollten dem Erzbischof als Landesherrn und Kirchenoberhaupt huldigen. Sie ergeben aber kein schlüssiges Programm, ein Bischofsstab, eine Posaune und ein Salzfass waren als Pendants zu den anderen Attributen schon 1919 nicht vorhanden.

Die Ehrensäule ist dem Baldachin für Erzbischof Colloredo vergleichbar (Kat.Nr. 109.), diente aber als Kabinettstück. Ebenfalls vergleichbar ist ein Kupferstich, der den Erzbischof als Förderer der Wissenschaften und Künste darstellt (vgl. Kat. 1991). PK

Lit.: ÖKT 1919, Bd. 16, S. 237–238 Nr. 111, Abb. 307;
Salzburg zur Zeit der Mozart 1991, S. 202 Nr. I/683, vgl. S. 56–57 Nr. I/139.

113.

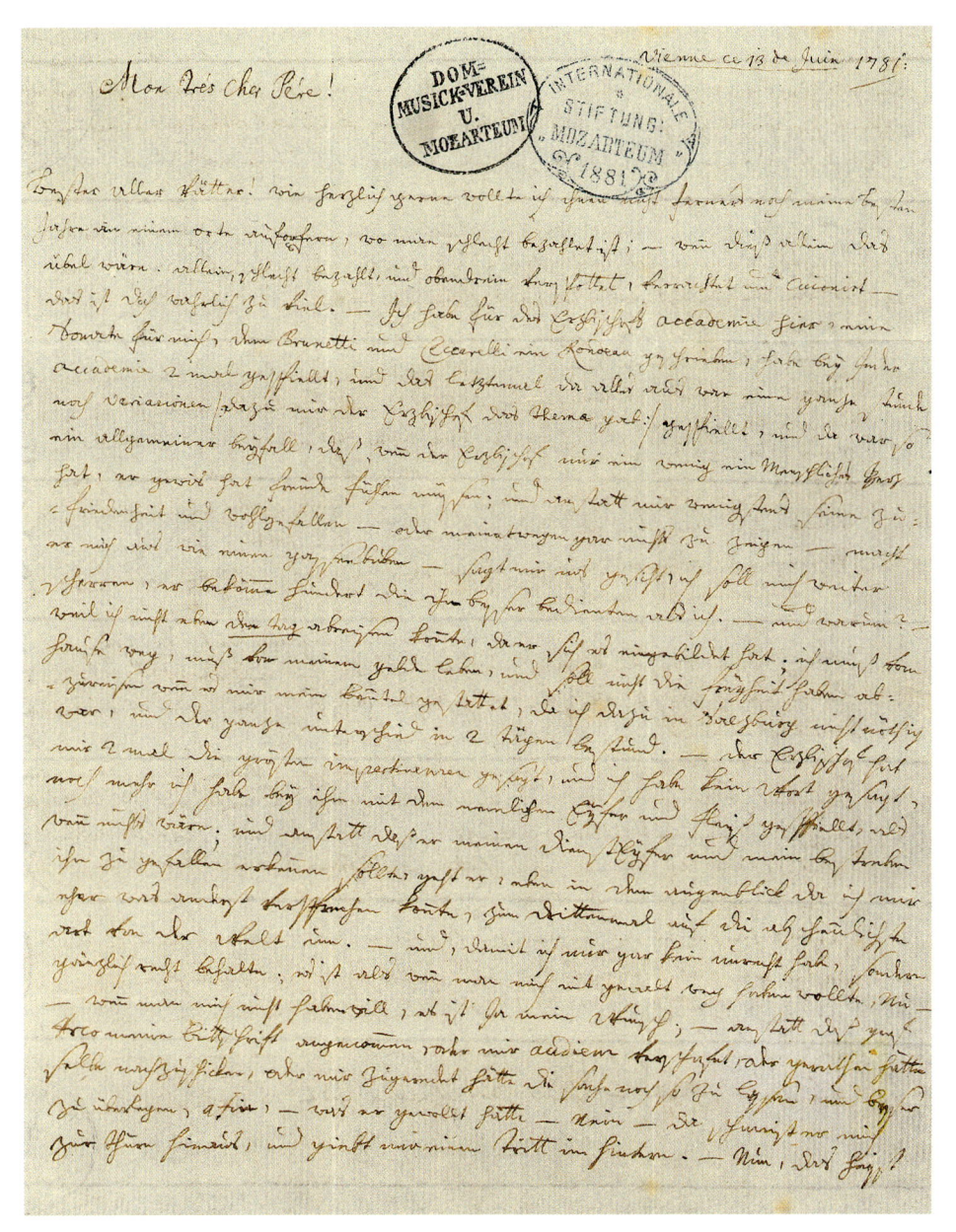

Brief an den Vater über den Messbesuch und über den Fußtritt des Grafen Arco

Eigene Handschrift Mozarts
13. Juni 1781

Papier, 39 x 24 cm
Salzburg, Internationale Stiftung Mozarteum, Sign. B/D 605
(ausgestellt 23. September–5. November)

Fast um drei Monate überzog W. A. Mozart einen sechswöchigen Urlaub, den er von seinem Dienstherrn Erzbischof Hieronymus Colloredo (Kat.Nr. 2.) zur Vorbereitung der Uraufführung des *Idomeneo* (KV 366) am 29. Januar 1781 in München erhalten hatte. Es scheint, als ob Mozart einen Entlassungsgrund provozieren wollte, trat er doch widerwillig und nicht zuletzt auf Betreiben des Vaters nach der Rückkehr von Paris im Januar 1779 den Posten des Salzburger Hof- und Domorganisten an (Kat.Nr. 105.). Mozarts Unzufriedenheit mit dem Salzburger Hofdienst und das angespannte Verhältnis zu dem wegen seiner Kleinlichkeit und Sparsamkeit ungeliebten Dienstherrn gipfelte im legendären Fußtritt, der Mozart in das freie Künstlertum beförderte.

Im Frühjahr 1781 weilte Colloredo mit einem Teil seines Hofstaates, darunter der Violinist Antonio Brunetti (* Pisa um 1744, † Salzburg 1786) und der Sopranist Francesco Ceccarelli (* Foligno um 1752, † Dresden 1814), über mehrere Wochen bei seinem kranken Vater Reichsvizekanzler Rudolph Joseph Graf Colloredo (* Prag 1706, † Wien 1788) in Wien. Am 12. März beorderte der Erzbischof Mozart, dessen offizieller Urlaub bereits am 16. Dezember 1780 geendet hätte, nach Wien, wo dieser direkt aus München kommend am 16. März eintraf. Unter Vernachlässigung seiner dienstlichen Pflichten nutzte Mozart jede Gelegenheit, sich beim musikbegeisterten Wiener Publikum bekannt zu machen. Eine befohlene Rückkehr zum Dienst nach Salzburg zögerte Mozart mehrfach hinaus, so dass es zu heftigen Auseinandersetzungen mit seinem „bis zur raserey" verhassten Dienstgeber kam. Colloredo drohte, Mozart die Besoldung einzuziehen und nannte ihn (angeblich) „einen lumpen, lausbub, einen fexen". Die Aufforderung des bischöflichen Dienstherrn: „dort ist die thür, schau er, ich will mit einen solche elenden buben nichts mer zu thun haben" war Mozart willkommene Aufforderung, am 10. Mai dem Kämmerer, Karl Graf Arco (Kat.Nr. 101.), das Entlassungsgesuch zu übergeben. Dieser nahm es jedoch nicht an, sondern bemühte sich, Mozart zu beschwichtigen und umzustimmen.

Kurz vor der Abreise Colloredos aus Wien kam es Anfang Juni im Haus des Deutschen Ordens erneut zu einer Unterredung, bei der Graf Arco Mozarts Gesuch wieder nicht annahm und ihm eine Audienz bei Colloredo verwehrte. In zwei Briefen vom 9. und 13.

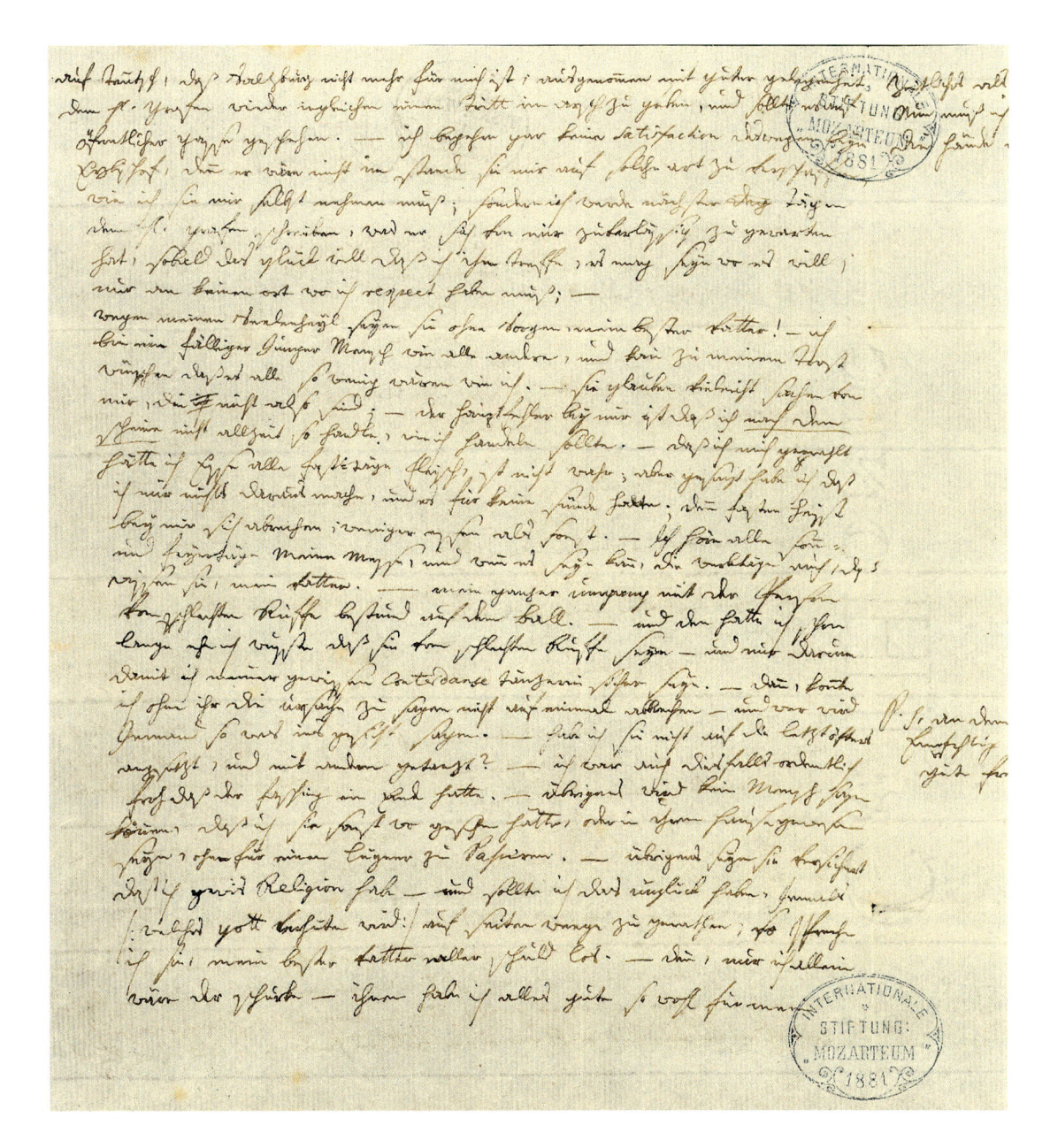

Juni 1781 berichtet Mozart seinem Vater erzürnt, dass Graf Arco bei der Unterredung die Fassung verlor:

„[...] anstatt daß graf Arco meine bittschrift angenommen, oder mir audienz verschafet [...] da schmeist er mich zur thüre hinaus, und giebt mir einen tritt im hintern." (13. Juni 1781)

Ob Mozart von Graf Arco wirklich den berüchtigten Fußtritt bekommen oder ob er diese Formulierung bildhaft gewählt hat, um die Ereignisse zu dramatisieren, muss dahingestellt bleiben. Für seinen Vater, der sich stets gegen die Kündigungsabsichten ausgesprochen hatte, brauchte der 25-Jährige jedenfalls eine glaubhafte Legitimation für sein Verhalten: In dem Brief vom 13. Juni 1781 fasst Mozart deshalb die Gründe seiner tiefen Verbitterung zusammen: „schlecht bezahlt, und obendrein verspottet, verrachtet und Cuioniert – Das ist wahrlich zu viel". Er äußert sogar den Verdacht: „es ist als wenn man mich mit gewalt weg haben wollte [...] das heisst auf deutsch, daß Salzburg nicht mehr für mich ist".

Rund um die Dienstentlassung Mozarts und das Zerwürfnis mit dem Erzbischof scheinen Leopold Mozart Klagen über einen lockeren Lebenswandel seines Sohnes in Wien zugetragen worden sein. Mozart versuchte den Vater zu beschwichtigen und ihm zu schmeicheln:

„wegen meinen Seelenheyl seyen sie ohne Sorgen, mein bester vatter! [...] Ich höre alle sonn= und feyertäge Meine Messe und, wenn es seyn kann, die werktäge auch, das wissen sie, mein vatter. [...] seyn sie versichert daß ich gewis Religion habe – und sollte ich das unglück haben, Jemals [...] auf seiten weege zu gerathen, so spreche ich sie, mein bester vatter aller schuld los. – denn [...] ihnen habe ich alles gute so wohl für mein zeitliches als auch geistliches wohl und heyl zu verdanken."

Mozart hat sich damit gegen das feudale Denken seiner Zeit aufgelehnt. Ein neuer Konflikt, die Heirat mit Constanze Weber, die Leopold verhindern wollte, führte in den folgenden Monaten zur Emanzipation des Sohnes von der dominierenden Vaterfigur. Ein menschlich tief reichender Bruch, der noch im *Don Giovanni* thematisiert wird (Kat.Nr. 122.), kündigt sich an. AK

Lit.: Nohl 1865 Nr. 158; *MBA* 1963, Bd. 3, S. 128–130 Nr. 605 bes. Z. 29–33, 42, 49–50, vgl. S. 125–128 Nr. 604, bes. Z. 10, 48, 1971, Bd. 6, S. 70 Z. 46; Holböck 1978, S. 35; Holböck 1991, S. 10; *Mozart Bilder und Klänge* 1991, S. 254; Heinz Schuler, *Mozarts Salzburger Freunde und Bekannte. Biographien und Kommentare*, Wilhelmshaven ¹1998, ²2004, S. 71–74; Gruber 2005, S. 87–89, Geneviève Geffray, in: *Salzburger Mozart-Lexikon* 2005, S. 132.

114.

Zwei Freimaurer an einem Globus 1742/1744

Johann Joachim Kaendler (* Fischbach bei Arnsdorf 1706, † Meißen 1775), Modell

Porzellan, H. 22,6 cm
Meißen, Porzellan-Manufaktur Meissen, Inv.Nr. MPO 000227 (alte Form 376, neue Form Nr. 73049)

Die beiden Freimaurer sind ins geologische Studium vertieft. Der eine sitzt, den Kopf sinnend in die Hand gestützt, auf einem Mauerstumpf, der andere steht und nimmt mit einem Zirkel Maß an einem Globus. Zu ihren Füßen liegen eine Maurerkelle und eine Setzwaage. Beide tragen Schurz und Bijou (vgl. Kat.Nr. 115., 117.). Eine vergleichbare Darstellung von Freimaurern an einem Globus findet sich in einem Kupferstich von Jeremias Wachsmuth (* Augsburg 1711?, † ebd. 1771) und Martin Engelbrecht (* Augsburg 1684, † ebd. 1756) sowie im Deckel einer Porzellandose (vgl. Lindner, Rückert). Kaendlers Mitarbeiter Johann Friedrich Eberlein (* Dresden 1696, † Meißen 1749) erwähnt die Gruppe im Oktober 1742, Kaendler selbst in seinem Taxa-Buch von Mai 1744. PK

Lit.: vgl. Rainer Rückert, in: *Meissener Porzellan* 1966, S. 168 Nr. 872, Tf. 210, vgl. Nr. 818, Tf. 191; Köllmann 1970, S. 71; vgl. Lindner 1976, S. 232–233 Nr. 120; vgl. Rainer Rückert, *Meissen. Porzellan des 18. Jahrhunderts*, Wien/München/Zürich/Innsbruck 1977, Tf. 88, Erläuterung zu Tf. 88; vgl. Menzhausen 1993, S. 112; vgl. Pietsch 2002, S. 103 Nr. 7, S. 105 Nr. 5; vgl. *Freimaurermuseum* 2005, S. 122–123 Nr. 5.15 Abb.

115.

Freimaurer 1742/1743

Johann Joachim Kaendler (* Fischbach bei Arnsdorf 1706, † Meißen 1775), Modell

Porzellan, H. 30 cm
Meißen, Porzellan-Manufaktur Meissen, Inv.Nr. 000225 (alte Form 331, neue Form Nr. 73024)

Die Figur steht neben einem Sockel, auf dem ein Mops sitzt. Der Schurz weist den Mann als Freimaurer aus. Der Mops kann als besonderes Kennzeichen sächsischer Logen gelten, die sich nach dem Verbot der Freimaurerei durch August III. wohl „Mopsorden" nannten (Köllmann). 1745 erschien in Amsterdam ein Buch unter dem Titel „L'Ordre des Francs-Maçons trahi et le Secret des Mopses revelé" (Der verratene Freimaurerorden und das enthüllte Geheimnis der Möpse).

Johann Joachim Kaendler wirkte seit 1731 als Modelleur in der Porzellan-Manufaktur von Meissen. Er schuf 1742/1744 zwei Freimaurergruppen und zwei -figuren: den Mann am Postament, eine Dame mit zwei Möpsen, die Freimaurer am Globus (Kat.Nr. 114.) sowie einen Freimaurer mit einer Dame, die einen Schurz näht. Letztere ist vielleicht ironisch zu verstehen im Sinne der Redewendung „jemandem am Zeug flicken", die schon bei Goethe nachzuweisen ist. Den einzelnen Freimaurer bossierte Kaendler seinem Arbeitsbericht zufolge im September 1743 (Pietsch), doch schon im Oktober 1742 berichtete ein Artikel in *Curiosa Saxonica* über „einen von Porcelain praesentirten Franc-Macon" (Menzhausen). PK

Lit.: vgl. Köllmann 1970, Nr. 50, S. 71–74, bes. S. 71; vgl. Jacob Grimm/Wilhelm Grimm, *Deutsches Wörterbuch*, Leipzig 1956, N1984, Bd. 31, Sp. 836; *Freimaurer* 1992, S. 225 Nr. 12/41–12/42, Abb.; vgl. Menzhausen 1993, S. 113; vgl. Yvonne Adams, *Meissen figures, 1730–1775. The Kaendler years*, Atglen/PA 2001, S. 58 Nr. 138; vgl. Pietsch 2002, S. 99 Nr. 10, S. 143 Abb.

116.
Aufnahme eines Freimaurerlehrlings in eine Loge 1780

Papier, Kupferstich, 10 x 16,5 cm
Unterschrift: „Versammlung der Freymaeurer wegen Aufnahme der Lehrlinge/ Eingang des Aufzunehmenden in die Loge" in: *Allerneuste Geheimniße der Freymäurer, deren Sitten und Gebräuche [...] mit Kupfern*, o. O. [Wien] 1780
Wien, Großloge von Österreich

Es ist dies der „zweyte und letzte Theil" (mit Kupfern) des zweibändigen Werkes, erstmals 1766 erschienen. Es wird angeführt, „[...] darinne deren wahrer Ursprung, die Veränderungen, so der Ort von Zeit zu Zeit erlitten, die Erklärung ihrer Allegorien und die Einwürfe ihrer Gegner beschrieben und abgehandelt sind". Auf den sieben Kupferstichen werden Zeremonien, Aufnahmerituale und symbolische Objekte gezeigt (vgl. Abb. 29–30). Wolfgang Amadeus Mozart, der in Wien am 14. Dezember 1784 in die Freimaurerloge *Zur Wohltätigkeit* aufgenommen wurde, waren die hier dargestellten Rituale und Zeremonien bekannt. RW

Lit.: Hans Georg Gmelin, in: *Freimaurerei* 1974, S. 30 Nr. 71; Lindner 1976, S. 32–33 Nr. 13; *Freimaurer in Österreich* 1976, S. 49 Nr. 13, Abb. 11; *Freimaurer* 1992, S. 123 Abb., S. 124 Nr. 7/7;
vgl. Strebel 1991, S. 28–33; Schuler 1992, S. 38–45; Irmen 1996, S. 87.

117.
Bijou (Logenabzeichen) 1785

Silber, 10,5 x 7,5 cm
Wien, Großloge von Österreich

Das sogenannte Bijou wird als Logenabzeichen an einem Band befestigt und um den Hals getragen oder an einer Schärpe befestigt (vgl. Kat.Nr. 114.–115., 118.). Dieses Exemplar gehörte Peter Kordelhöler und trägt die Jahreszahl 1785. (Es existiert auch ein Exemplar für Friedrich Kordelhöler aus 1757, einer Zeit, in der im Habsburgerreich die Freimaurerei offiziell verboten war.) Der Name findet sich in keiner bekannten Mitgliederliste einer österreichischen Loge, so wird vermutlich Peter Kordelhöler einer deutschen Bauhütte angehört haben. Eingraviert sind die Symbole der Freimaurer Zirkel, Kelle, Hammer (Zeichen für den Meister vom Stuhl oder Aufseher), Lot und Setzwaage (vgl. Kat.Nr. 114.). RW

Lit.: unveröffentlicht.

118.
Schärpe eines Logenbeamten 1775/1800

Seidenrips, Metallfäden, Metallpailletten, 70 x 10,5 cm
Wien, Großloge von Österreich

An solchen mit Symbolen der Freimaurer reich verzierten Schärpen wurden Abzeichen für bestimmte Grade, Funktionen oder für Logen („Bijou", s. Kat.Nr. 117.) getragen. Der Tempel ist Symbol der Freundschaft, die drei Stufen symbolisieren Mäßigkeit, Gerechtigkeit und Wohlwollen. Die Sonne als Symbol des Lichtes, Zirkel und Winkelmaß sind die Hauptsymbole der Freimaurerei. Das Winkelmaß bestimmt das rechte Handeln, der Zirkel seine Beziehung zu den anderen Brüdern und der ganzen Menschheit. RW

Lit.: unveröffentlicht.

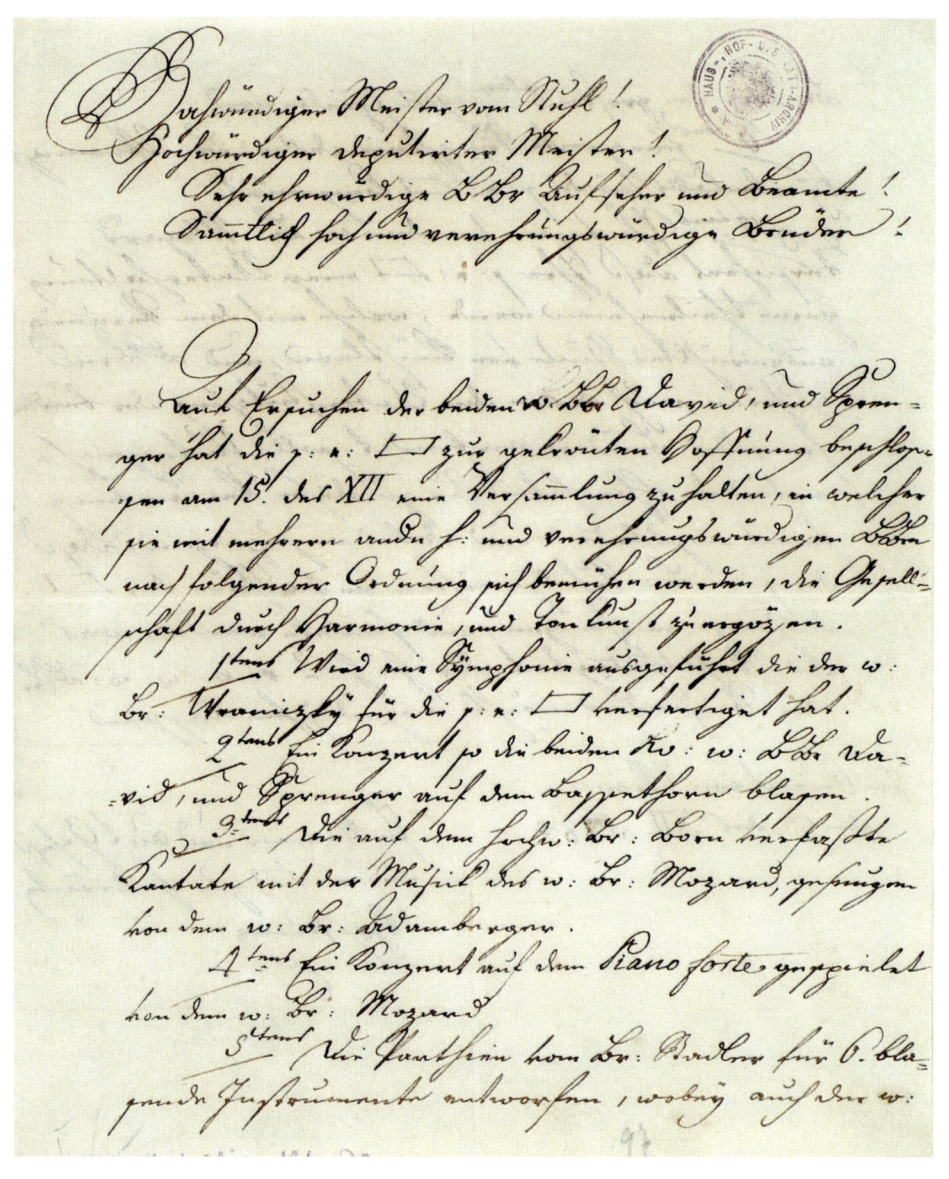

119.

Programm einer Versammlung der Loge *Zur gekrönten Hoffnung* mit einer Aufführung von Mozarts Kantate *Die Maurerfreude* 1785

Papier, Tinte, 23 x 18,5 cm

Text: „[...] Die auf den hochw. Br. Born verfaßte Kantate mit der Musik des w. Br. Mozart, gesungen von dem w. Br. Adamberger [...]", „[...] Ein Konzert auf dem Piano forte gespielet von dem w. Br. Mozart [...]"(fol. 97r), „[...] Phantasien von dem w. Br. Mozart [...]"(fol. 97v)
Wien, Haus-, Hof- und Staatsarchiv, VA, Kart. 70, alt 111, fol. 97
(ausgestellt 8. April–17. Juli)

Das Schreiben, zu dem eine gedruckte Nachricht gehört, gibt das Programm einer Versammlung der Loge *Zur gekrönten Hoffnung* am 15. Dezember 1785 wieder. Mozart, der seit dem 14. Dezember 1784 Mitglied der Loge *Zur Wohlthätigkeit* war, nahm an der Versammlung der Schwesterloge teil und spielte ein Klavierkonzert, außerdem wurden „Phantasien" von ihm aufgeführt sowie die Kantate *Die Maurerfreude* (KV 471) zu Ehren Ignaz von Borns.

Ignaz von Born (* Karlsburg/Siebenbürgen 1742, † Wien 1791) hatte im kaiserlichen Naturalienkabinett gearbeitet und eine Methode zur Scheidung von Edelmetallen erfunden. Er war Stuhlmeister der Logen *Zur Wahren Eintracht* und *Zur Wahrheit* und eine prägende Figur der Freimaurerei in Wien.

Wenige Tage nach der Versammlung, am 17. Dezember 1785, ließ Kaiser Joseph II. (Kat.Nr. 97.) das Freimaurerpatent veröffentlichen, das zur Neuordnung der Wiener Logen und zur Auflösung der *Wohlthätigkeit* führte. Mozart trat im Jänner 1786 der Loge *Zur neugekrönten Hoffnung* bei. PK

Lit.: unveröffentlicht; vgl. *Bruder Mozart* 1990, S. 64 Nr. 5.1.; vgl. *Freimaurermuseum* 2005, S. 136 Nr. 5.48; vgl. *Mensch Mozart* 2005, S. 87; vgl. Helmut Reinalter, in: *Mozart-Lexikon* 2005, S. 217; vgl. Gruber 2005, S. 111–112, 117.

120.

Betbuch für Freymaurer

1784/um 1910/1920
J. F. von Schönfeld (Prag), Druck/
Johann Berka (* Kamenná bei Prag 1759, † Prag 1838), Stecher (Titelblatt)

Papier, Kupferstich, 17 x 10,5 cm
Wien, Großloge von Österreich

Das *Betbuch für Freymaurer*, dessen Verfasser wahrscheinlich der ehemalige Jesuit und Freimaurer Ignaz Carnova war, ist in der reichhaltigen Freimaurerliteratur ein Unikum, gewidmet der „hochwürdigen Provinzialloge von Böhmen und allen Freymäurern dieses Sprengels". Es handelt sich um das einzige Beispiel eines Gebetbuches, das sich nach dem Muster der kirchlichen Gebetssammlungen als Mittler für alle Lebenslagen anbietet. Das Werk ist in der josephinischen Aufklärungsperiode entstanden und daher typisch in dieser Form. RW

121.1.–2.

Sarastro und Zweiter Priester
um 1793

Salomon Richter, Stecher/
Johann Baptist Klein (Leipzig), Verleger

Kupferstich, koloriert, 22,5 x 14 cm
Bezeichnet: „In diesen heiligen Hallen", „zu finden in Leipzig bey I. B. Klein ", „nom. 1" (Sarastro), „Bewahret Euch vor Weibertücken", „zu finden bey I. B. Klein Leipzig", „nom. 8" (Zweiter Priester)
Salzburg, Internationale Stiftung Mozarteum, Archiv, Inv.Nr. 90/39

Nach einer Schaffenskrise in der zweiten Hälfte des Jahres 1790 bewältigte Mozart in seinem letzten Lebensjahr in einer unglaublichen Schaffenseuphorie ein enormes Arbeitspensum. Neben Tänzen, Liedern, Werken für Orgelwalze und Klaviervariationen entstanden so herausragende Werke wie das *Klavierkonzert in B-Dur* (KV 595), das *Klarinettenkonzert in A-Dur* (KV 622) und die Motette *Ave verum* (Kat.Nr. 44.). Den intensivsten Zeitaufwand erforderten allerdings die beiden letzten Bühnenwerke Mozarts, *La clemenza di Tito* (KV 621) und *Die Zauberflöte* (KV 620); Letztere wurde am 30. September 1791 im Freihaustheater auf der Wieden in Wien uraufgeführt. Den Auftrag für „eine neue teutsche Oper", so nannte Mozart die *Zauberflöte*, in der er Elemente aus Opera seria, Opera buffa und dem Singspiel verband, erhielt er von seinem Freund und Logenbruder Emanuel Schikaneder (* Straubing 1751, † Wien 1812), Schauspieler, Sänger und Dramatiker. Bei der Dichtung des Zaubermärchens griff Schikaneder auf verschiedene Vorlagen zurück, war doch die Verarbeitung von Märchen- und Zauberstoffen damals überaus beliebt und damit der bis zum heutigen Tag anhaltende Erfolg garantiert.

Mozarts *Zauberflöte* spielt in einem vom alten Ägypten inspirierten Märchenland. Das Libretto ist geprägt vom Gedankengut und den Riten der Freimaurer, von Prüfungen, der ägyptischen Mythologie und der immer wieder auftauchenden Dreizahl (drei Damen, drei Knaben, drei Prüfungen, drei Priester, drei Tempel). Die Handlung, der ewige Kampf zwischen Gut und Böse, spielt ebenfalls auf drei Ebenen: das unterirdische Reich mit der Königin der Nacht und Monastatos, die Welt des einfachen Menschen mit Papageno, der mit seiner Papagena belohnt wird, und die abgeklärte, weise Welt, repräsentiert durch Sarastro, den Oberpriester des Sonnenreiches, wo Weisheit und Vernunft die Menschen leiten. Pamina und Tamino, dem Sarastro nach bestandenen Prüfungen Tugend, Verschwiegenheit und ein wohltätiges Herz zugesteht, müssen die drei Welten durchschreiten, bevor sie in den Tempel der Isis einziehen und dem Schutz der Götter empfohlen werden können.

Am 25. Januar 1793 wurde die *Zauberflöte* zum ersten Mal im Städtischen Theater in Leipzig aufgeführt, wofür der Vedutenstecher, Zeichner, Radierer, Farbstecher und Aquarellist Carl Benjamin Schwarz (* Leipzig 1757, † ebd. 1813) die Bühnenbilder schuf. Vermutlich sind nach der Ausstattung dieser frühen Leipziger Inszenierung zwölf Rollenbilder von Salomon Richter gestochen und von Johann Baptist Klein verlegt worden. AK

Lit.: *Mozart Bilder und Klänge* 1991, S. 316–317 Nr. 286; Joachim Kaiser, *Mein Name ist Sarastro. Die Gestalten in Mozarts Meisteropern von Alfonso bis Zerlina*, München [1]1984, [2]1999; Helmut Reinalter, in: *Mozart-Lexikon* 2005, S. 217–218; Ute Jung-Kaiser, in: *ebd.*, S. 630–631; Friederike Jary, in: *ebd.*, S. 900–906; Gruber, 2005, S. 132–133.

122.

Don Giovanni (KV 527) 1801
Erstdruck der Partitur
Leipzig: Breitkopf & Härtel 1801
Vincenz Georg Kininger (* 1767, † Wien 1851), Zeichner/**Johann Friedrich Bolt** (* 1769, † Berlin 1836), Stecher (Titelkupfer)

Titel: „Il dissoluto punito/ossia/Il Don Giovanni/Dramma giocoso in due atti"
Druck, 25,8 x 33,5 cm
Salzburg, Internationale Stiftung Mozarteum, Sign. Rara 527/43, Bd. 1
(ausgestellt 8. April–16. Juli)

Kurz nach 1616 verfasste Tirso de Molina (* Madrid 1580/1581, † Almazár 1648) einer der wichtigsten europäische Theaterstücke der Neuzeit: *El burlador de Sevilla y Convidado de piedra*. Der Textdichter Mozarts, Lorenzo Da Ponte (* Ceneda/Vittorio Veneto 1739, † New York 1838), hat sich auf die italienischen Nachschöpfungen des spanischen Urbilds gestützt und konnte sich dabei auf die ungebrochene Beliebtheit des Don-Juan-Stoffes bei den ungebildeten Menschen verlassen. Die Tiefe und Vielschichtigkeit der Musik Mozarts machen die nach schnellem Erfolg schielenden Berechnungen Da Pontes vergessen. Zusammen mit den Schöpfungen Molières (*Don Juan*, 1664) und Glucks (*Don Juan*, 1761) gehört Mozarts Oper zu den großen Realisierungen des Stoffes. Die Rezeption der Oper musste allerdings den großen Widerstand der Rezensenten gegen die „spanische Mönchs-Fabel" überwinden.

Don Giovanni kreist um das Problem des Verhältnisses von Gehorsam und Person, eine zutiefst biblische Frage. Ist der Gehorsam, sei es gegen das göttliche Gesetz, sei es gegen menschliche Institutionen wie die Ehe, zusammen mit dem Begriff einer autonomen Person denkbar? Die Menschen um Don Giovanni sind alle auf ihre Art angepasst – Donna Anna, die vitalste von allen, kümmert sich sehr um das Decorum und ist von Scheinheiligkeit nicht ganz frei zu sprechen, ganz zu schweigen von den anderen, wie der taktierenden Zerlina, dem unterwürfigen Leporello und dem ungebildeten Masetto. Sie alle, die Ordentlichen und Angepassten, würden wir weniger vermissen als Don Giovanni. Doch die Freiheit, die Giovanni mit seinem hymnischen „viva la libertà" hochleben lässt, ist die „liberté, égalité et fraternité" von Begünstigten. In seiner Welt wie in der Welt des 21. Jahrhunderts ist, wer weißer Hautfarbe, männlich und gut ausgebildet ist, gleicher als die anderen. So stellt *Don Giovanni* mit der Frage nach Gehorsam und Person zudem die Frage nach der Menschenwürde, nach der Gleichheit auch der Schwächeren. Die menschliche Person bleibt ohne Gemeinschaft unentwickelt, Gemeinschaft ist aber ohne Bindungen nicht möglich. Die Menschenwürde ist ohne Respekt undenkbar. Wie lässt sich aber die Autonomie des Menschen mit dem Gehorsam gegenüber Bindungen vereinen? Es gibt in *Don Giovanni* eine Gestalt, die in ihrer Unbeirrbarkeit fast ein weiblicher Don Quichotte ist – Donna Elvira. Sie wird als Trägerin des Ideals einer selbstlosen, christlichen Liebe gezeichnet. Don Giovanni nützt ihre Schwäche erbarmungslos aus. Und doch ist in dieser lächerlichen Figur etwas Rührendes, ja Imponierendes.

„Hinter diesen bemerkenswerten Figuren und ihrer Geschichte, die seit 150 Jahren [bis zur Entstehung der Oper Mozarts] öffentlich dargeboten wurde, liegt eine Fülle von reichen und herausfordernden Ideen, komplexen Fragen und aufrüttelnden Anspielungen, die mit dem rechten und falschen Gebrauch der menschlichen Sexualität, der schöpferischen Energie, mit seiner Rolle und Verantwortlichkeit in dieser Welt und endlich mit seiner Beziehung zum Ewigen zu tun haben." (Russell). Das Christliche am *Don Giovanni* beschränkt sich nicht auf die Ermahnungen zur Buße und die Höllenfahrt des Helden. Es ist die tiefere Frage nach der menschlichen Autonomie und nach dem Gehorsam gegenüber Gott – somit dieselbe Frage, die bereits die Bibel in der Erzählung vom Sündenfall Adams und Evas und der Versuchung, „zu sein wie Gott", erzählt hat. PE

Lit.: *Componiern* 1991, S. 116–117 Nr. 45; *Requiem* 1991, S. 121 Nr. III/20; Charles C. Russell, *The Don Juan Legend before Mozart, with a collection of eighteenth-century opera librettos*, Ann Arbor 1993, bes. S. 112; Wolfgang Gersthofer, in: *Mozart-Lexikon* 2005, S. 179–186.

123.

Brief an den Vater über die Krankheit der Mutter
Paris, 3. Juli 1778
Eigene Handschrift Mozarts

Papier, 39 x 24 cm
Salzburg, Internationale Stiftung Mozarteum, Sign. B/D 458
(ausgestellt 23. September–5. November)

Am 14. März 1778 hatte Mozart mit seiner Mutter Mannheim verlassen und war über Metz und Clermont nach Paris gereist, wo sie am 23. März eintrafen. Obwohl Maria Anna Mozart aus Paris ihrem Mann in Salzburg berichtete, „der Wolfgang ist hier wieder so berühmt und beliebt das es nicht zu beschreiben" ist, erfüllte sich Wolfgangs

Hoffnung, eine Anstellung zu erhalten und Ehre und Geld zu machen, letztlich nicht.

Während der Sohn in Paris seinen Verpflichtungen nachging, verbrachte die Mutter die Zeit einsam in ihrem Quartier, begann zu kränkeln, bekam „Durchlauf", Kopfschmerzen, „frost, und auch gleich hitzen". Schließlich begann sie zu phantasieren, verlor das Gehör und starb vermutlich an Typhus am späten Abend des 3. Juli 1778. Noch in der Nacht, in der die Mutter gestorben war, schrieb Mozart an den Vater. Um ihn und die Schwester auf das Schlimmste vorzubereiten, spricht Mozart allerdings nur von einer nahezu hoffnungslosen Krankheit. Nach Tagen zwischen Furcht und Hoffnung sucht der zweiundzwanzigjährige W. A. Mozart Trost im Glauben: „ich habe mich aber ganz in willen gottes gegeben [...] was ist denn sonst für ein Mittel um ruhig zu seyn? [...] ich bin getröstet, es mag ausfallen wie es will – weil ich weis dass es gott, der alles wens uns noch so quer vorkömmt zu unserm besten anordnet, so haben will; denn ich glaube und dieses lasse ich mir nicht ausreden dass kein Doctor, kein mensch, kein unglück, kein zufall, einem menschen das leben geben, noch nehmen kann, sondern gott allein [...]"

Wohl um den Vater auf andere Gedanken zu bringen, berichtet der Sohn in diesem Brief noch ausführlich über die Umstände der Probe und Aufführung seiner *Pariser Sinfonie* (KV 297) und über den Tod Voltaires, der, so Mozart, „wie ein hund – wie ein vieh crepirt ist". Mozarts Begegnung mit Exponenten der französischen Aufklärung hatte offensichtlich zwiespältige Eindrücke hinterlassen.

GW

Lit.: Nissen 1828, S. 382; *MBA* 1962, Bd. 2, S. 387–390 Nr. 458 bes. Z. 1–40, 1971, Bd. 5, S. 533–535 Nr. 458; *Mozart Bilder und Klänge* 1991, S. 228 Nr. 211, Abb.

124.1. CD 20
Brief an Abbé Joseph Bullinger über den Tod der Mutter 3. Juli 1778
Fotomechanischer Nachdruck in: Otto Jahn, *Life of Mozart*, London 1882, Bd. 3

Druck, 23 x 40 cm
Salzburg, Internationale Stiftung Mozarteum, Sign. D 2 Moz 16261 a:3
(ausgestellt 8. April–16. Juli)

124.2.
Brief an Abbé Joseph Bullinger über den Tod der Mutter 3. Juli 1778
Abschrift

Papier, 22,6 x 18,6 cm
Berlin, Staatsbibliothek Preußischer Kulturbesitz, Musikabteil Mendelssohn-Archiv, Mus. ep. WAM Varia 3, Nr. 52, S. 1
(ausgestellt 18. Juli–20. September, nicht abgebildet)

Die Mutter Mozarts, Anna Maria Walburga, geb. Pertl, starb am 3. Juli 1778 „um 10 uhr 21 minuten abends" im Alter von 57 Jahren in Paris, wahrscheinlich an Herzschwäche und einem typhusartigen Infekt. Während seine Mutter im Sterben lag, schrieb Mozart an seinen Vater, sprach ihm Trost und Hoffnung zu, fand aber nicht den Mut, ihm die Wahrheit über das Ableben der Mutter mitzuteilen (Kat.Nr. 123.). Noch in der Todesnacht verfasste Wolfgang um zwei Uhr einen weiteren Brief an Abbé Joseph Bullinger (*Unterkochen/Württemberg 1744, † Diepoldshofen/Württemberg 1810), einen engen Vertrauten der Familie Mozart in Salzburg. Bullinger war

1761 den Jesuiten in Landsberg beigetreten und hatte in München und Ingolstadt studiert. Nach der Aufhebung des Ordens kam er 1773 als Erzieher und Hofmeister des jungen Grafen Leopold Ferdinand Arco (* Passau 1764, † Salzburg 1832) nach Salzburg.

Wolfgang setzte Bullinger über den Tod der Mutter in Kenntnis und bat ihn, Vater und Schwester schonend auf die traurige Nachricht vorzubereiten. Der Brief wird dominiert vom Schmerz über den Verlust der Mutter und dem Glauben an das vorherbestimmte Schicksal, dem niemand ausweichen kann. Mozart unterstellt sich dem Willen Gottes und findet Trost im Vertrauen auf die göttliche Vorsehung:

„Trauern sie mit mir, mein freünd! – dies war der Traürigste tag in meinen leben […] – ich muss es ihnen doch sagen, meine Mutter, Meine liebe Mutter ist nicht mehr! – gott hat sie zu sich berufen – er wollte sie haben, das sahe ich klar – mithin habe ich mich in willen gottes gegeben – Er hat sie mir gegeben, er konnte sie mir auch nehmen. […] sie hat 3 täge vorher gebeichtet, ist Comunicirt worden, und hat die heilige öehlung bekommen […] – ich bin der Meynung daß sie hat sterben müssen – gott hat es so haben wollen. ich bitte sie unterdessen um nichts als um das freünd=stück, daß sie meinen armen vatter ganz sachte zu dieser traurigen nachricht bereiten – ich habe ihm mit der nehmlichen Post geschrieben – aber nur daß sie schwer krank ist"

Erst im Brief vom 9. Juli 1778 teilt Mozart dem Vater den Tod der Mutter mit, und

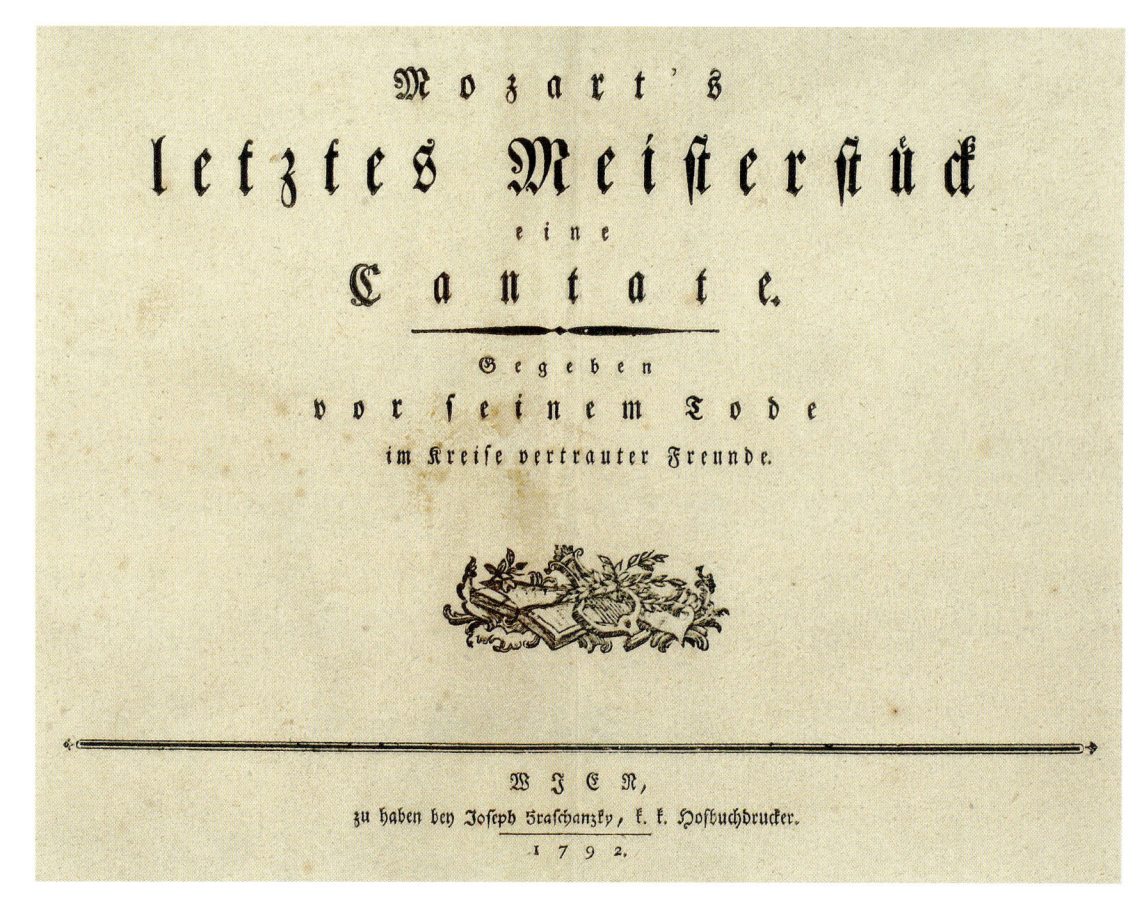

> **Mozart's**
> **letztes Meisterstück**
> eine
> **Cantate.**
>
> Gegeben
> vor seinem Tode
> im Kreise vertrauter Freunde.
>
> WIEN,
> zu haben bey Joseph Hraschanzky, k. k. Hofbuchdrucker.
> 1792.

gesteht, dass sie, als er den Brief vom 3. Juli verfasst hatte, „schon im genüß der himmlischen freuden" war.

Anna Maria Mozart wurde einen Tag nach ihrem Tod in der Kirche St-Eustache eingesegnet und vermutlich am Friedhof St-Jean-Porte-Latine beigesetzt. Ihr Grab existiert heute nicht mehr. 1953 wurde in einer Seitenkapelle der Kirche St-Eustache eine Gedenktafel für sie angebracht. AK

Lit.: Nissen 1828, S. 380, 524–525; Jahn 1867, Bd. 2; *MBA* 1962, Bd. 2, S. 390–391 Nr. 459 bes. Z. 7, 19, 1971, Bd. 5, S. 535 Nr. 459; *Mozart Bilder und Klänge* 1991, S. 228–229; Heinz Schuler: *Mozarts Salzburger Freunde und Bekannte* 1998/2004, S. 104–105; vgl. *Mensch Mozart* 2005, S. 25, 101.

125.
Kleine Freimaurerkantate (KV 623) 1791
Erstdruck der Partitur,
Wien: Joseph Hraschanzky 1792

Druck, ungebunden, 28,5 x 42 cm
Titel: „Mozart's / letztes Meisterstück / eine Cantate / Gegeben / vor seinem Tode / im Kreise vertrauter Freunde. / Wien, / zu haben bey Joseph Hraschanzky, k.k. Hofbuchdrucker. / 1792."
Salzburg, Internationale Stiftung Mozarteum,
Sign. Rara 623/6, S. 1–2
(ausgestellt 17. Juli–22. September)

Von England ausgehend hatte sich im 18. Jahrhundert die Idee des Freimaurertums als Reaktion auf Absolutismus und religiöse Intoleranz rasch in ganz Europa verbreitet, in Wien vor allem während der Regierungszeit von Joseph II. (s. S. 33–36).

Am 14. Dezember 1784 war Mozart in die Loge *Zur Wohltätigkeit* aufgenommen worden. Diese Loge hatte damals ihrem Namen alle Ehre gemacht, da bei der Sammlung für die Opfer der Hochwasserkatastrophe des Jahres 1784 von den Logenmitgliedern der stolze Betrag von mehr als 4.000 Gulden (ca. 100.000,– Euro) aufgebracht worden war. Die Freimaurerei hatte im 18. Jahrhundert so großen Zulauf, weil in den Logen jeglicher Rang- und Herkunftsunterschied aufgehoben war und unter den „Brüdern" Humanität und Toleranz praktiziert wurde. Daher fanden sich kritische und freigeistige Intellektuelle, Wissenschaftler, Künstler und hohe Beamte in ihren jeweiligen Logen regelmäßig zu Vorträgen im Geist der Aufklärung, zu festlichen Sitzungen und Konzerten zusammen.

Wolfgang Amadeus Mozart hat mehrmals mit Kompositionen zur feierlichen Gestaltung der Logensitzungen beigetragen – mit Liedern, Kantaten und Instrumentalmusik (vgl. Kat.Nr. 119.). Als sein letztes vollendetes Werk trug Mozart im November 1791 – kurz vor seinem Tod – die Kantate „Laut verkünde unsre Freude" in sein „Thematisches Verzeichnis" ein: „Eine kleine Freymaurer-Kantate. Bestehend aus 1 Chor, 1 Arie. 2 Recitativen, und ein Duo." Mozart vollendete diese Komposition am 15. November und leitete drei Tage danach, zur Weihe des neuen Tempels der Loge *Zur neugekrönten Hoffnung*, die Erstaufführung. Die Textvorlage hatte Emanuel Schikaneder (* Straubing 1751, † Wien 1812), der ebenfalls Freimaurer war, geliefert. Sie hat ihre zentrale Aussage in der Erkenntnis, dass Logenarbeit – auch als konsequente Arbeit an sich selbst – niemals zur Vollkommenheit gereichen könne.

1792 erschien die *Kleine Freimaurer-Kantate* (KV 623) im Druck. Die *Wiener Zeitung* schrieb dazu in der Pränumerationsanzeige des Drucks am 25. Januar 1792: „Verehrung und Dankbarkeit gegen den verewigten Mozart veranlaßten eine ‚Gesellschaft der Musikfreunde', die Herausgabe eines Werkes dieses großen Künstlers zum Vortheil seiner hilfsbedürftigen Wittwe und Waisen anzukündigen, eines Werkes, das man billig seinen Schwanengesang nennen kann, das er mit der ihm eigenen Kunst bearbeitet, und dessen Aufführung er zwei Tage vor seiner letzten Krankheit im Kreise seiner besten Freunde selbst dirigirt hat." GW

Lit.: *MBA* 1961 Ser. X, Suppl., Werkgr. 34, S. 385; *Mozart Bilder* 1961, Nr. 562; *Mozart Bilder und Klänge* 1991, S. 274–275 Nr. 245; Strebel 1991, S. 110–112, 163–164, 191 Abb. 56, S. 193 Abb. 59; Schuler 1992, S. 58–59, 223–226; Helmut Reinalter, in: *Mozart-Lexikon* 2005, S. 219; Christian Fastl, in: *ebd.*, S. 296–297.

126.

Mozarts Tod 1873 (?)

Hermann Kaulbach
(* München 1846, † ebd. 1909)

Öl auf Leinwand, 80 x 100 cm
Salzburg, Internationale Stiftung Mozarteum, Inv.Nr. 6

„Man hätte Mozart sterbend malen sollen, die Partitur des Requiem in der Hand", heißt es in der Mozart-Biographie Nissens 1828. Kaulbachs Darstellung des Todes Mozarts ist insbesondere durch die Beschreibung angeregt, die Mozarts Schwägerin 1825 lieferte und die in der Biographie veröffentlicht wurde: „[...] ich Lief [...] zu meiner Trost loßen Schwester, da war der Sissmaier bey M: am Bette dan Lag auf der Deke das Bekante Requem [...]" (Kat.Nr. 128.). Auch in den Einzelheiten hält sich der Maler an den Text, gestaltet sie aber mit größerer künstlerischer Freiheit, um der Szene stärkeren Ausdruck zu verleihen. „Als Halbverklärter" sitzt der Sterbende fast aufrecht in einem Sessel, ein Polster im Rücken. Mozarts Frau Konstanze küsst seine Hand: „Meine Schwester [...] konnte sich von ihrem Manne nicht trennen". Eine Dienerin kauert daneben. Mozarts Schüler, Franz Xaver Süßmayer (* Steyr 1766, † Wien 1803) steht dahinter, etwas distanziert.

Im Hintergrund fügt Kaulbach eine zweite Szene ein, die durch die Figur eines Knaben mit der ersten verbunden ist. Im Halbdunkel stehen sechs Männer und singen, ein siebter begleitet sie am Piano. Die Szene geht nicht auf die Biographie, sondern auf den Erstdruck der *Kleinen Freimaurerkantate* zurück, die 1792 mit dem Zusatz erschien: „Gegeben vor seinem Tode im Kreise vertrauter Freunde" (Kat.Nr. 125.). Doch sahen schon Zeitgenossen in der Darstellung Kaulbachs die „Aufführung seines Requiems" (Boetticher).

Das Sterben des Helden im häuslichen Ambiente, im Kreise seiner Angehörigen und Freunde, ist in der bildenden Kunst vor 1800 selten Thema. Das klassische Beispiel ist der Tod des römischen Feldherrn Germanicus (* 15 v. Chr., † Antiochia 19 n. Chr.), der vergiftet wurde und auf dem Sterbebett seine Gefährten aufforderte, für seine Familie zu sorgen und ihn zu rächen. Nicolas Poussin gestaltete die Szene, die ebenso an die Moral wie an das Gefühl appelliert, 1627 (Minneapolis, Institute of Art), Heinrich Friedrich Füger hatte damit 1789 großen Erfolg in Wien (Österreichische Galerie Belvedere). Der Tod des Cato oder der Tod des Seneca, den Rubens malte (1608/1609, München, Alte Pinakothek), sind Selbstmorde und thematisch anders gelagert, ebenso die Beweinung des aufgebahrten, toten Hektors durch Andromache.

Das früheste Gemälde, das den Tod eines Künstlers darstellt, ist vielleicht der *Tod des Leonardo da Vinci* von Jean-Auguste-Dominique Ingres (1818, Paris, Musée du Petit Palais). Er zeigt den sterbenden Künstler in seinem Bett, umarmt von dem französischen König Franz I. Die Darstellung ist also ebenso ein Künstler- wie ein Königsbild.

Hermann Kaulbach, Sohn des Malers Wilhelm von Kaulbach (* Arolsen 1805, † München 1874), studierte Medizin, ehe er 1867 Schüler des Historienmalers Piloty (* München 1826, † Ambach/München 1886) wurde. Mangels öffentlicher Aufträge verlegte Kaulbach sich, wie andere auch, auf die marktgängige Genremalerei (vgl. Springer).

Ein zeitgenössischer Autor hebt hervor, Kaulbach sei „glücklicher in der Auswahl der Stoffe, weil viel gebildeter" als andere Piloty-Schüler (Pecht).

Kaulbach malte *Mozarts Tod* höchstwahrscheinlich für die Wiener Weltausstellung 1873. Dort war er unter die deutschen Genrebilder gereiht, die neben Dorfszenen vor allem „die bürgerliche Gesellschaftswelt des 18. Jahrhunderts, die classische Zeit des Puders" (Bayer) zeigten. Kaulbachs Themenwahl entsprach also einerseits dem Ort und der Zeit, andererseits war sie durch seinen Lehrer beeinflusst, der unter anderem die letzten Augenblicke Alexanders, Cäsars, Wallensteins und Maria Stuarts gemalt hatte. So machte Kaulbach Mozart postum zum bürgerlichen Helden. Der offizielle Ausstellungsbericht lobt: „Das treffliche Bild [...] ergreift [...] durch die einfache Macht des Gegenstandes ohne künstlich beabsichtigte Rührung" (Bayer).

Das Gemälde der Stiftung Mozarteum ist, so weit feststellbar, eine Wiederholung der in Wien ausgestellten Fassung. Eine weitere Wiederholung wurde 2006 im Dorotheum Salzburg versteigert. Mehrere Skizzen und ein Gemälde des gleichen Themas gibt es von Mihály Munkácsy (1885/1886, Budapest, Ungarische Nationalgalerie, Salzburg, Privatbesitz). PK

Lit.: Josef Bayer, in: *Officieller Ausstellungs-Bericht, herausgegeben durch die General-Direction der Weltausstellung 1873. Bildende Kunst der Gegenwart* (Gruppe XXV), Wien 1874, S. 32; Friedrich Pecht, *Geschichte der Münchener Kunst im 19. Jahrhundert*, München 1888, S. 258; Friedrich von Boetticher, *Malerwerke des 19. Jahrhunderts. Beitrag zur Kunstgeschichte*, ¹Dresden 1891/1901, ᴺHofheim am Taunus 1969, Bd. 1,2, S. 688 Nr. 6; *Mensch Mozart 2005*, S. 130–131, vgl. S. 140–141; vgl. Nissen 1828, S. 564, 574, 628; vgl. Rudolf Oldenbourg, *Die Münchner Malerei im 19. Jahrhundert. Die Epoche Max Josephs und Ludwigs I.*, München 1922, Bd. 2, S. 94; vgl. MBA 1962, Bd. 4, S. 464 Nr. 1397, Z. 78–80; vgl. Robert Rosenblum, *Transformations in late eighteenth century art*, Princeton 1967, S. 50ff.; vgl. Horst Ludwig (Hrsg.), *Münchner Maler im 19. Jahrhundert*, München 1982, Bd. 2, S. 283–284; vgl. Ekkehard Mai/Anke Repp-Eckert (Hrsg.), *Triumph und Tod des Helden. Europäische Historienmalerei von Rubens bis Manet*, Ausst.Kat. Köln, Wallraf-Richartz-Museum/Zürich, Kunsthaus/Lyon, Musée des Beaux-Arts, Mailand 1987, bes. S. 179–180 Nr. 8, S. 233–234 Nr. 38, S. 316–317 Nr. 81; vgl. *Art Mozart*, Aukt.Kat. Salzburg, Dorotheum, 28. Januar 2006, Salzburg 2005, Nr. 27.

127.
Der Leichenzug des Armen 1819
Pierre Roch Vigneron
(* Vosnon/Aube 1789, † Paris 1872)

Lithographie, 37 x 47 cm
Bezeichnet: „Mozarts Leichenwagen vor dem Thor/des St. Marxer Friedhofes/am 6. Dezb. ab. 1791" unten links handschriftlich, „Convoi du Pauvre" unten mittig, „Der alleinige Begleiter ist sein treues Hundl" unten rechts handschriftlich
Salzburg, Internationale Stiftung Mozarteum, Inv.Nr. 2005

Der französische Maler, der sich auf schaurige Genreszenen spezialisiert hatte, zeigt einen Armenkondukt, wie er zur Zeit Mozarts auch in Wien hätte aussehen können. Die Lithographie, deren Vorlage im Pariser Salon 1819 ausgestellt wurde, hat mit Mozarts Begräbnis nicht das Geringste zu tun, wurde aber als Bild für das irdische Ende eines verlassenen Genies damit in Verbindung gebracht. Angeblich stammt sie aus dem Besitz von niemand Geringerem als Ludwig van Beethoven (* Bonn 1770, † Wien 1827).

Nach einer ungefähr zweistündigen Bewusstlosigkeit war Mozarts Tod am 5. Dezember 1791 gegen 1 Uhr nachts eingetreten. Sein Leichnam wurde, mit einem schwarzen „Todtengewand" bekleidet, bis zur Einsegnung in einem offenen Sarg in seinem Arbeitszimmer im Sterbehaus, dem „kleinen Kaiserhaus an der Rauhensteingasse" (Nr. 970), aufgebahrt. Sein Tod soll große Anteilnahme erweckt haben.

Nach der amtlichen Totenbeschau, die vermutlich Dr. Vincenz Eduard Guldener von Lobes (* Pilsen 1763, † Wien 1827) in Begleitung von Mozarts Hausarzt Dr. Thomas Franz Closset (* Stavelot 1754, † Wien 1813) vornahm, erledigte Gottfried van Swieten (* Leiden 1733, † Wien 1803), der Präfekt der kaiserlichen Hofbibliothek und Gönner Mozarts, noch am gleichen Tag für die Witwe die Begräbnisformalitäten in der Dompfarre St. Stephan und im „Todtenbahr-Ausleihamt" (vgl. Abb. 48). Er bestellte ein Begräbnis dritter Klasse mit kleinstem Geleit zu 8 Gulden 56 Kreuzer, wie es für den Großteil der Wiener Bevölkerung durchaus üblich war. Es handelte sich also keineswegs, wie später immer wieder fälschlich behauptet wurde, um ein Armenbegräbnis. Eine Statistik der 74 Erwachsenen, die von Mitte November bis Mitte Dezember 1791 zu St. Stephan eingesegnet wurden, bestätigt dies: erste Klasse — 5 Einsegnungen, zweite Klasse — 7, dritte Klasse — 51, Armenbegräbnis (gratis) — 11.

Laut Stolordnung vom 25. Januar 1782 setzten sich die Kosten für ein Begräbnis „Dritter Klasse mit den kleinsten Geleite" folgendermaßen zusammen:
„Für das Geläut / 1 Gulden //
Für die Grabstätte auf dem Friedhof / 1 Gulden //
Dem Priester, welcher die Leiche einsegnet / 1 Gulden //
Für das Bahrtuch sammt dem dazugehörigen Kruzifixe oder Pfarrbild / 1 Gulden //
Dem Messner und Kirchendiener / 30 Kreuzer //
Für 4 Träger sammt Mänteln / 2 Gulden //
Für 4 Knaben sammt Kutten / 24 Kreuzer //
Für 4 Windlichter / 1 Gulden 20 Kreuzer //
Für Todtengräber / 30 Kreuzer //
Für den Kreuzträger / 12 Kreuzer"

Mozarts Leichnam wurde laut Totengebührenbuch (Bahrleihbuch, 1791, folio 337) am Nachmittag des 6. Dezember 1791 vom Sterbehaus abgeholt und in einem Kondukt zur Einsegnung geleitet. Der Leichenzug bestand vermutlich aus dem Kreuzträger, dem die Leiche einsegnenden Priester in Begleitung des Mesners sowie den vier Trägern des mit dem Bahrtuch bedeckten Sarges, flankiert von vier Knaben mit Windlichtern.

Wer von den Angehörigen, seinen Freunden und Bekannten dem Sarg folgte, ist kaum bekannt: Constanze selbst und ihre in Wien lebende Weber'sche Verwandtschaft dürften teilgenommen haben sowie Mozarts engster Freundes- und Bekanntenkreis, nachweislich das Ehepaar Johann Georg Albrechtsberger (* Klosterneuburg 1736, † Wien 1809), Baron van Swieten, Antonio Salieri (* Legnago/Verona 1750, † Wien 1825), weiters Mozarts Schüler Franz Jakob Freystädtler (* Salzburg 1761, † Wien 1841) und Franz Xaver Süßmayr (* Schwanenstadt/Oberösterreich 1766, † Wien 1803).

Die Einsegnung erfolgte in der Kruzifixkapelle von St. Stephan. Eine Einsegnung

Convoi du Pauvre.

musste gewöhnlich „beim Eingange der Kirche" vorgenommen werden, innerhalb der Kirche ließ der Ritus sie nur in seltenen Ausnahmefällen zu. In St. Stephan war dafür die Kruzifixkapelle vorgesehen, die im Jahre 1752 über dem Abgang zu den seit 1783 nicht mehr benützten Katakomben an der Nordostseite des Domes neben der Capistranskanzel errichtet worden war und die keinen Zugang in das Dominnere aufweist.

Nach der Einsegnung wurde der Sarg in der Totenkammer von St. Stephan „beigesetzt". Dort verblieb er bis zur Überführung auf den St. Marxer Friedhof, der außerhalb des äußeren Befestigungsringes lag. Die Überstellung in einem mit zwei Pferden bespannten Einzelwagen, für den weitere drei Gulden zu bezahlen waren, dürfte erst am 7. Dezember vor Anbruch des Tageslichtes erfolgt sein, da die Frist von 48 Stunden eingehalten werden musste, um der Bestattung von Scheintoten vorzubeugen.

Mozart wurde weder in einem Massen-, noch in einem Armengrab bestattet, sondern in einem „allgemeinen einfachen Grab", d. h., in einem „allgemein üblichen", nicht in einem „gemeinschaftlichen" Grab, wie Nissen den Usus der Zeit missdeutete. Für derartige Gräber bestand kein Eigentums- und Fortbestandsrecht, sie konnten nach Ablauf von zehn Jahren wiederbelegt werden.

Die Aufstellung eines Grabkreuzes wäre erlaubt gewesen, aus unerfindlichen Gründen verabsäumte Constanze sie jedoch. Eine fehlende Grabinschrift wurde schon am 31. Dezember 1791 in der „Wiener Zeitung" und am 3. Dezember 1792 in der „Grätzer Bürgerzeitung" beanstandet.

Der zu den Exequien gehörende Gottesdienst, das Requiem, fand am 10. Dezember 1791 in der Hofpfarrkirche St. Michael statt. Die Gebühren in Höhe von 12 Gulden und 9 Kreuzer übernahmen die beiden Direktoren des Wiedner Theaters, Emanuel Schikaneder (* Straubing 1751, † Wien 1812) und Joseph von Bauernfeld. Laut Zeitungsmeldungen wurde dabei „das Requiem, welches er in seiner letzten Krankheit komponiert hatte", aufgeführt – freilich, wenn überhaupt, nur die beiden ersten, von Mozart fertig gestellten Sätze des Introitus und Kyrie, ergänzt durch Sätze aus einer anderen Requiem-Vertonung (s. Kat.Nr. 45.–46.).

Als Mozarts Witwe sich 1808, 17 Jahre nach Mozarts Tod, endlich aufraffte, sich nach dem Grab ihres Mannes zu erkundigen, musste sie hören, dass das Grab bereits im Jahre 1801 eingeebnet worden und der Totengräber, dem damals diese Arbeit oblag, schon vor längerer Zeit verstorben war. Ein Denkmal von Hans Gasser (1881) weist heute auf dem St. Marxer Friedhof auf Mozarts Begräbnisstätte hin. EH/PK

Lit.: *Explication des ouvrages de peinture, sculpture, architecture et gravure des artistes vivans, exposés au Musée Royal des Arts, le 25 août 1819*, Paris 1819, S. 129 Nr. 1181;
vgl. Nissen 1828, S. 576; vgl. Carl Bär, *Mozart. Krankheit – Tod – Begräbnis* (= Schriftenreihe der Internationalen Stiftung Mozarteum 1), Salzburg ²1972; vgl. Walter Brauneis, Mozarts Begräbnis, in: *Zaubertöne* 1991, S. 542–547; vgl. *Mensch Mozart* 2005, S. 143; vgl. Otto Biba, in: *Mozart-Lexikon* 2005, S. 106–108; vgl. Gruber 2005, S. 134–135.

Als ich zu meiner trostlosen Schwester kam, war Süssmaier bey Mozart am Bette. Auf der Decke lag das Requiem, und Mozart explicirte ihm, wie seine Meynung sey, dass er es nach seinem Tode vollenden sollte. Ferner trug er seiner Frau auf, den Tod geheim zu halten, bis sie Albrechtsbergern davon benachrichtigt hätte, denn diesem, sagte er, gehört mein Dienst vor Gott und der Welt. (Sein Wille wurde auch befolgt, denn Albrechtsberger erhielt den Dienst.) Als sein Arzt *D.* Closset kam, verordnete er noch *kalte Umschläge* auf den heissen Kopf, welche Mozart so erschütterten, dass er nicht wieder zu sich kam, bis er verschied. Sein Letztes war noch, wie er mit dem Munde die Pauken im Requiem ausdrücken wollte und er seine Backen aufbliess. Nach seinem Tode kam Müller, der Eigenthümer des Kunstcabinets (eigentlich Graf Deym), uud drückte sein bleiches erstorbenes Gesicht in Gyps ab. Meine Schwester warf sich auf die Kniee, um zu beten. Sie konnte sich von ihrem Manne nicht trennen, so sehr ich sie auch bat. Wenn ihr Schmerz noch zu vermehren gewesen wäre, so musste es dadurch geschehen, dass der nach dieser schauervollen Nacht folgende Tag die Menschen schaarenweise herbeyzog, und welche laut um ihn weinten und schrieen. Ich habe in meinem Le-

128.

Bericht der Schwägerin Sophie Haibl über Mozarts Tod 7. April 1825
in: Nissen, 1828, S. 574

Salzburg, Konsistorialarchiv
(ausgestellt 8. April–16. Juli)

In einem Brief vom 7. April 1825 aus Djakovo (Kroatien) an ihren Schwager Georg Nikolaus von Nissen und ihre Schwester Konstanze berichtet Maria Sophie Haibl, geb. Weber (* Zell bei Wiesental 1763, † Salzburg 1846), von jenen Begebenheiten, die ihr nach drei Jahrzehnten „zur Le(t)z(t)en Lebenszeit Mozarts" in den Sinn kamen.

Sophie lebte seit 1807 in Djakovo, verheiratet mit Johann Jakob Haibl (* Graz 1762, † Djakovo 1826), der ab 1789 Mitglied der Schikaneder'schen Theatertruppe gewesen war und 1806 die Chorregentenstelle am Dom zu Djakovo übernommen hatte. Nach dessen Tod zog Sophie zu ihrer Schwester Constanze, die bereits seit 1820 in Salzburg lebte.

Sophie Haibl starb vier Jahre nach Konstanze und wurde wie jene und beider ältere Schwester Aloisia (* Zell bei Wiesental um 1761, † Salzburg 1839) auf dem Sebastiansfriedhof begraben. Aloisia war Mozarts große Jugendliebe in Mannheim gewesen und hatte 1780 den Schauspieler, Komponisten und Maler Johann Joseph Lange (* Würzburg 1751, † Wien 1831, vgl. Kat. Nr. 91.) geehelicht, trennte sich jedoch um 1795 von ihm. Nach reger Konzerttätigkeit, die sie zeitweise gemeinsam mit ihrer Schwester Constanze bestritt, fand sie 1831 ebenfalls Zuflucht bei ihrer inzwischen wohlhabenden Schwester in Salzburg, wo sie im Juni 1839 völlig verarmt starb.

Wenn auch Sophie Haibl nach Jahrzehnten nicht mehr jedes mit Mozarts Todeskrankheit und Ableben zusammenhängende Detail nachvollziehen konnte, so spürt man dennoch vor allem aus dem Brief, aber auch aus anderen Zeugnissen, dass sie wie kaum jemand aufs engste an Mozarts Sterben Anteil nahmen.

Über die Krankheitssymptome, den zum Tod führenden Krankheitsverlauf und die erforderlichen medizinischen Vorkehrungen werden wir vermutlich niemals vollständig Aufschluss erhalten. Fakt ist, dass Mozarts Hausarzt Dr. Thomas Franz Closset (* Stavelot 1754, † Wien 1813), der ihn seit 1787 behandelt hatte und auch die letzten therapeutischen Vorkehrungen traf, zu den Spitzen der damaligen, hoch angesehenen Wiener medizinischen Schule zählte, ebenso wie sein Freund Dr. Matthias Sallaba (* 1764, † 1797), den er in der Endphase zur Beratung hinzuzog.

Mozart starb höchstwahrscheinlich an einem rheumatischen Fieber, wobei aus heutiger Sicht ein akutes Herzversagen als Todesursache nicht ausgeschlossen werden kann. Zweifellos waren die verordneten Aderlässe und kalten Umschläge sowie die vermutlich auch verabreichten Brechmittel nicht nur unzweckmäßig, sondern letztendlich sogar lebensverkürzend.

Von der durch Aloys Greither 1956 vertretenen These einer chronischen Nierenentzündung, an der Mozart seit seiner ersten italienischen Reise 21 Jahre hindurch gelitten haben soll, rückte man ab und sah im rheumatischen Fieber, das nicht fachgerecht als „hitziges Frieselfieber" im Totenprotokoll diagnostiziert wurde, den eigentlichen Grund, der zum Tode führte. Carl Bär ging im Jahre 1972 in einer umfassenden Studie allen Fakten im Zusammenhang mit Mozarts Todeskrankheit nach und dürfte sie, so weit überhaupt feststellbar, folgerichtig interpretiert haben.

Das Gerücht, Mozart sei vergiftet worden, tauchte bereits sieben Tage nach seinem Tod auf und wurde vom Berliner *Musikalischen Wochenblatt* kolportiert. Constanze selbst trug durch ihre Aussage, Mozart hätte wenige Wochen vor seinem Tod ihr gegenüber den Verdacht geäußert, er sei vergiftet worden, wohl auch dazu bei: „Gewiß, man hat mir Gift gegeben! Ich kann mich von diesem Gedanken nicht loswinden." Der später vermutete „Täter", Mozarts Rivale bei Hof Kapellmeister Antonio Salieri (* Legnago/ Verona 1750, † Wien 1825), soll sich im

Zustand zeitweiliger geistiger Umnachtung selbst des Giftmordes an Mozart bezichtigt haben. Der mit Salieri befreundete Jurist und Journalist Giuseppe Carpani wollte durch ein bei Dr. Vincenz Eduard Guldener von Lobes (* Pilsen 1763, † Wien 1827) in Auftrag gegebenes Attest 1824 diesen Verdacht entkräften. Guldener, der als einziger damals noch lebender, fachkundiger Zeuge auch Mozarts Leichnam beschaut hatte, stellte in seinem Attest ebenfalls die Diagnose „rheumatisches Entzündungsfieber" („febbre rheumatico inflammatoria"), an dem Mozart gestorben sei.   EH

Lit.: Nissen 1828, S. 573–575, 687–688; *MBA* 1961 Ser. X, Suppl., Werkgr. 34, S. 449–452; *MBA* 1962, Bd. 4, S. 462–465 Nr. 1397, 1971, Bd. 6, S. 606–608 Nr. 1397; *Mozart Dokumente* ²1981 S. 185–189; vgl. Carl Bär, *Mozart Krankheit – Tod – Begräbnis* (Schriftenreihe der Internationalen Stiftung Mozarteum 1), Salzburg ²1972.

129.
Bericht über Mozarts Tod und das Requiem 1792
in: *Salzburger Intelligenzblatt*
7. Jänner 1792, I. Stück, Sp. 13–14

Papier, 23,2 x 19,6 x 2,4 cm
Salzburg, Konsistorialarchiv, Sign. PH 07 500
(ausgestellt 23. September–5. November)

„Vermischte Aufsätze, Anekdoten.
1. Von Mozart. – Er erhielt einige Monathe vor seinem Tode ein Schreiben ohne Unterschrift mit dem Belangen, ein Requiem zu schreiben, und zu begehren, was er wollte. Da diese Arbeit ihm gar nicht anstand, so dachte er, ich will so viel begehren, daß der Liebhaber mich gewiß wird gehen lassen. Den andern Tag kam ein Bedienter, um die Antwort abzuholen – Mozart schrieb dem Unbekannten, daß er es nicht anders als um 60 Dukaten schreiben könnte, und dieß vor 2 oder 3 Monathen nicht. Der Bediente kam wieder, brachte gleich 30 Dukaten, sagte, er würde in 3 Monathen wieder nachfragen, und wenn die Messe [Totenmesse = Requiem] fertig wäre, die andere Hälfte des Geldes sogleich abtragen. Nun mußte Mozart schreiben, welches er oft mit thränendem Auge that, und immer sagte: Ich fürchte, daß ich für mich ein Requiem schreibe; er machte es einige Tage vor seinem Tode fertig. Als sein Tod bekannt war, kam der Bediente wieder, und brachte die anderen 30 Dukaten, begehrte kein Requiem, und seit der Zeit war keine Nachfrage mehr. Es wird auch wirklich, wenn es abgeschrieben ist, in der St.-Michaels-Kirche zu einem Gedächtnis aufgeführt."

Mit dieser Notiz beginnt eine lange Reihe anekdotischer Schilderungen rund um die Entstehung von Mozarts *Requiem* (Kat.Nr. 45.–46.) Ihr anonymer Autor zeigt sich außergewöhnlich gut informiert. Das für das *Requiem* vereinbarte Honorar belief sich tatsächlich auf fast 60 Dukaten (recte waren es 50), und sogar von einer Aufführung in der Wiener Michaelerkirche wusste der Autor so halb und halb Bescheid. Diese hatte bereits am 10. Dezember 1791 anlässlich eines Gedächtnisgottesdienstes für Mozart stattgefunden, der auf Anregung von Emanuel Schikaneder (* Straubing 1751, † Wien 1812), dem Impresario der *Zauberflöte*, gehalten wurde. Damals erklangen die beiden ersten Sätze der Komposition: Der Introitus war vollständig in Mozarts Partitur vorgelegen, für das Kyrie hatte sein Schüler Franz Jakob Freystädtler (* Salzburg ?, † Wien 1841) rasch die Orchestrierung der Mozart'schen Entwurfspartitur vervollständigt.

Andererseits meldet das *Intelligenzblatt*, Mozart habe das *Requiem* vor seinem Tod abgeschlossen. Wo hatte der Korrespondent dies erfahren? Im Hinblick auf seine so beachtliche Kenntnis näherer Umstände steht zu vermuten, dass Constanze Mozart selbst oder jemand aus ihrem nächsten Umkreis diese Nachricht in Umlauf setzte. Wurde die Fama versorgt, um zu Gunsten der Witwe zu manipulieren?   TH

Lit.: Ernst Hintermaier, Eine frühe Requiem-Anekdote in einer Salzburger Zeitung, in: *Österreichische Musikzeitschrift* 26, 1971, H. 8, S. 436–437; vgl. Gerhard Ammerer, in: *Salzburger Mozart-Lexikon* 2005, S. 406.

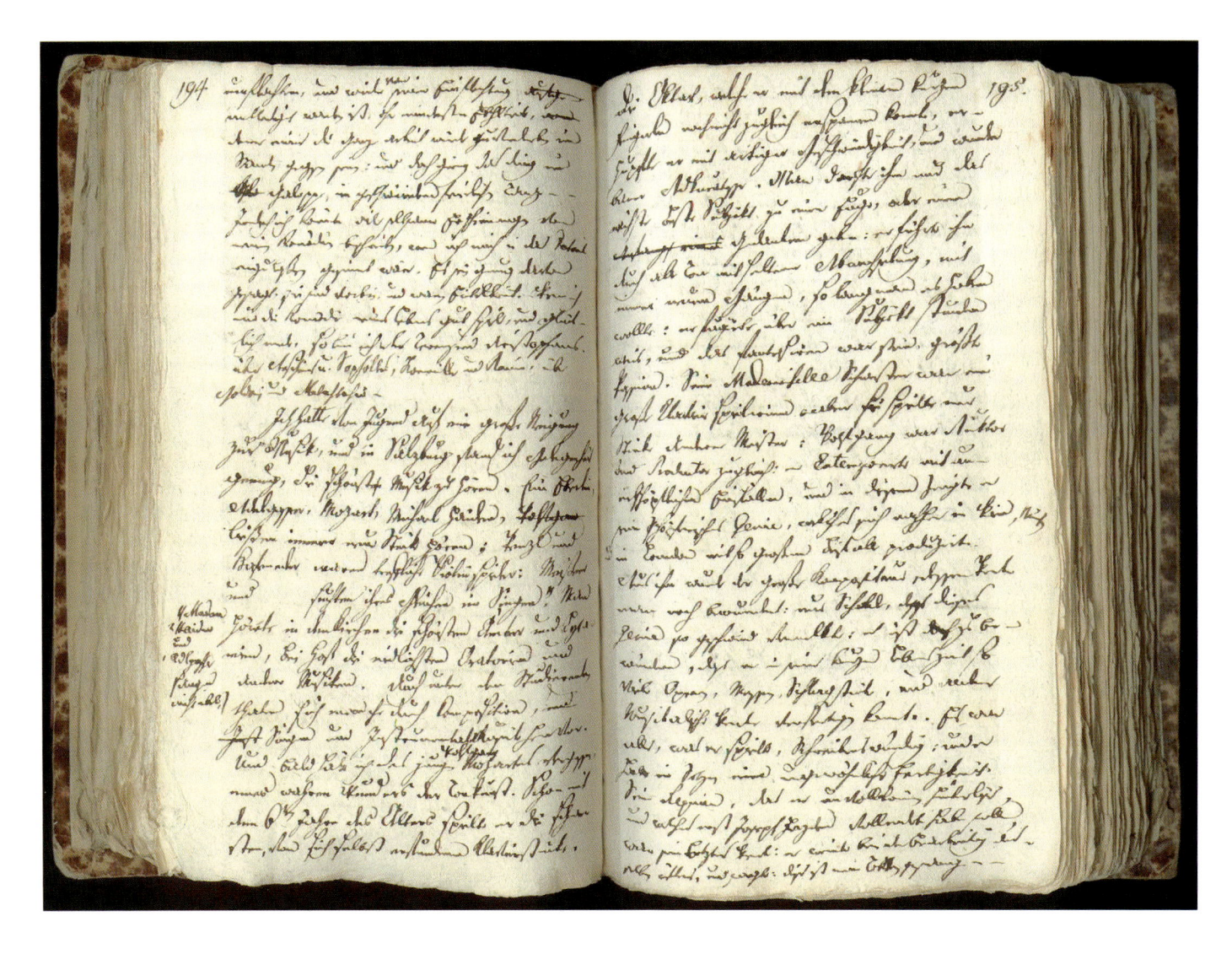

130.
Lebenserinnerungen des P. Placidus Scharl von Andechs 1808

P. Placidus Scharl OSB
(* Seefeld 1731, † München 1814)

Karton, Papier, Tinte, 18,1 x 11,7 x 3,9 cm
Titel: „Meine, eines Mönches, merkwürdigere Lebensumstände, und wie ich die Klöster erfahren habe, von mit im 77 Lebensjahre aufrichtigst beschrieben"
München und Andechs, Benediktinerabtei St. Bonifaz, Archiv Andechs, MS 83 (Manuscripta Andecensia), S. 194–196
(ausgestellt 8. April–18. Juli)

„Ich hatte von Jugend aus eine große Neigung zur Musik, und in Salzburg fand ich Gelegenheit genug, die schönste Musik zu hören. Ein Eberlin, Adelgasser, Mozart, Michael Haidn ließen immer neue Stücke hören; Perzl und Haseneder waren treffliche Violinspieler; Meißner und [Leerstelle] suchten ihres Gleichen im Singen! Madam Haiden und Adlgasser sangen [unleserlich] [Randnotiz]. Man hörte in den Kirchen die schönsten Ämter und Lytaneien, bei Hof die niedlichsten Oratorien und andere Musiken. Auch unter den Studierenden taten sich manche durch Komposition, und Singen und Instrumentalmusik hervor. Und bald habe ich des jungen [erg.: Wolfgang] Mozartes vergessen, eines wahren Wunders der Tonkunst. Schon mit dem 6ten Jahre des Alters spielte er die schwersten, von sich selbst erfundenen Clavierstücke [S. 194], die Oktav, welche er mit den kleinen kurzen Fingerln noch nicht zugleich erspannen konnte, erhupfte er mit artiger Geschwindigkeit und wunderbarer Adkuratesse. Man durfte ihm nur das nächste beste Subjekt zu einer Fuge, oder einem Gedanken geben, er führte ihn durch alle Ton mit seltener Abwechslung, mit immer neuen Gängen, so lang man es haben wollte. Er fugierte über ein Subjekt stundenweis, und das Fantasieren war seine größte Passion. Seine Mademoiselle Schwester war eine große Clavierspielerinn, aber sie spielte nur Stücke anderer Meister. Wolfgang war Auktor und Productor zugleich. Er extemporirte mit unerschöpflichen Einfällen, und in diesen zeigte er sein schöpferisches Genie, welches sich nachher in Wien, München und in London mit so großem Beifalle produzierte. Aus ihm wurde der große Kompositeur, dessen Werke man noch bewundert. Nur Schade, daß dieses Genie so geschwind verwelkte. Es ist doch zu bewundern, daß er in seiner kurzen Lebenszeit so viele Opern, Messen, Schlagstücke, und andere musikalische Werke verfertigen konnte. Es war alles, was er spielte, schreibenswürdig, und er hatte im Setzen eine ungewöhnliche Fertigkeit. Sein Requiem, das er unvollkommen hinterließ, und welches erst Joseph Haydn vollendet haben soll, war sein letztes Werk. Er weinte bei der Bearbeitung desselben öfters und sagte: Dies ist mein Todesgesang... [S. 195]

Ich hatte öfters Gelegenheit, das musikalische Talent des jungen H. Mozartes zu bewundern, und ihm für seine mir gemachte Unterhaltung kleine Verehrungen darzubringen. Er versprach mir auch, für mich besonders etwas zu komponieren. Aber ich hatte es ihm nicht vor Übel, daß er bei seinen Beschäftigungen, und bei dem Überlauf, der ihn den ganzen Tag hindurch belästigte, sein Wort nicht hielt. Er wurde zu sehr geplaget, als daß er jedem dienen könnte.

Da man es im Kollegium leicht merkte, daß ich die Musik liebte, so übertrug man mir auch die Direction der Musik in der Universitätskirche, und ich übernahm ganz leichtsinnig dieses Amt, behielt es auch, so lange ich in Salzburg war, mußte es aber oft bereuen, daß ich diese Bürde auf mich nahm, denn ich hatte viel Mühe mit Zusammenbringung anständiger, schöner Musikalien, und vielen Verdruß mit Aufstellung und gehöriger Versorgung der Sänger, und Instrumentenmusiker. Man wollte schon Musik hören, und auf selbe wenig wenden. Hätte ich dieses Amt nicht aus Verehrung des Höchsten, und um dessen Glorie nach meinen geringen Kräften zu verkünden, auf mich genommen, so würd ich die Verdrißlichkeiten, welchen ich dadurch ausgesetzet wurde, nicht haben übertragen können. Nun sei es Gott gedankt – ich habe mich mit Ehre durchgeschlagen." [S. 196]

Placidus Scharl wurde dem Necrologium des Benediktinerklosters Andechs zufolge am 10. Oktober 1731 in Seefeld im Bistum Augsburg geboren. Am 6. Oktober 1748 feierte er seine Profess in Andechs, im März 1755 wurde er zum Priester geweiht. Im September 1755, als das 300-jährige Gründungsjubiläum des Klosters festlich begangen wurde, bestritt P. Placidus eine der beiden wissenschaftlichen Disputationen, die aus diesem Anlass veranstaltet wurden, um im Fach Theologie den hohen Wissensstand des Andechser Konvents unter Beweis zu stellen. Ein von ihm entworfenes Thesenblatt, das in Augsburg in der Werkstatt der Gebrüder Klauber gefertigt wurde, zeugt von diesem bedeutenden Ereignis.

In der Folgezeit übte Scharl zunächst Lehrtätigkeiten in Freising und Salzburg aus und war später Rektor der Lyzeen zu Neuburg und München. Hier trat er als Verfasser mehrerer Schuldramen in Erscheinung. Im Kloster bekleidete er die Ämter des Bibliothekars und Archivars und zeitweise auch des Cellerars. Seine Hauptleistung bestand jedoch auf historischem Gebiet, so etwa in der „Beschreibung des heiligen Berg Andex", die 1782 herausgegeben wurde. Seit 1774 war er Historiograph der Bayerischen Benediktinerkongregation. Aufgrund seiner wissenschaftlichen Verdienste wurde er sogar in die Bayerische Akademie der Wissenschaften berufen. Er komponierte und zeichnete und interessierte sich auch für Natur und Technik. 1794 veröffentlichte er in den Abhandlungen der Akademie der Wissenschaften einen Beitrag „Von Versteinerung des Holzes".

Die Aufhebung seines Klosters 1803 erlebte Scharl als Direktor der so genannten Gruftkirche in München, die er mit dem dazugehörigen Haus des Klosters in der Residenzstadt betreute. Auf die schriftlich an ihn ergangene Frage des Aufhebungskommissars, ob er im Kloster zu bleiben oder auszutreten gedenke, antwortete er: „auf die […] Frage, ob ich mich zum Austritt aus der Klostergemeinde entschlüße? – diene ich untertänig, dass, da ich im J. 1748 das erste Mal, und 50 Jahre hernach das zweitemal auf das Kloster Heil. Berg Andex feierlich die Ordensgelübde ablegte, ich dieses Versprechen bis auf meinen letzten Athemzug zu halten gesinnet sei." Bei seiner Goldenen Profess im Jahr 1798 hatte er in der Predigt seinem Kloster und allen Klöstern im Land für die Zukunft „wenig trostreiches" vorhergesagt, „für diese Zeiten, die den Klöstern ja nicht frohnen". Er wendet sich direkt an sein Stift, wenn er meint: „Es ist dir wohl bekannt, dass itzt in ganzen Ländern geistliche Gemeinschaften nicht nur aufgehoben, sondern gar vertrieben sind […]" Fünf Jahre vor der Säkularisation eine bemerkenswerte Weitsicht!

Placidus Scharl starb 1814 in München im Alter von 84 Jahren und wurde auf dem alten Andechser Friedhof begraben.

Die Begegnungen Scharls mit Mozart dürften um die Jahre 1761 bis 1766 stattgefunden haben, für diese Zeit ist ein Aufenthalt in Salzburg jedenfalls durch ein Tagebuch belegt, das sich im Archiv des Klosters Andechs befindet. BK

Lit.: *NMA* 1961 Ser. X, Suppl., Werkgr. 34, S. 440–441; vgl. Archiv des Klosters Andechs, MS 34 (Necrologium), MS 70 (Ephemerides diurniae Salisburg. 1761–1766); Karl Bosl u. a. (Hrsg.), *Andechs. Der Heilige Berg*, München 1993.

131.
Eintrag im Totenbuch des Abtes Dominicus Hagenauer 1791

Papier, 15,7 × 21,2 cm
Titel: „Necrologium PArticulare P. Dominici San Petrensis Continens Nomina eorumj qui vel amicitia, vel beneficio aut singulari fama cogniti erant"
Eintrag, 5. Dezember 1791: „1791 Obiit D. Wolfgangus Mozart Salisburgensis Josephi 2di et Leopoldi 2di Imperatorum Musices Director aet[atis] 35."
Salzburg, Erzabtei St. Peter Hs. A 250, o. fol.
(ausgestellt 19. Juli–5. November)

Einem uralten Brauch folgend, legte der junge Benediktinerpater Hagenauer einen Jahreskalender mit den Namen der Verstorbenen eines jeden Tages an, um ihrer im Gebet und insbesondere während der heiligen Messe zu gedenken. Das Büchlein ist ein privates Seitenstück zu den mittelalterlichen Nekrologen und Verbrüderungsbüchern, von denen St. Peter in Salzburg ein besonders altes besitzt (Hs. A 1).

Anhand der Einträge lässt sich gut der Bekanntenkreis Hagenauers nachvollziehen: Neben den Verwandten und Konventualen finden sich Adelige, Beamte, Geistliche, Kaufleute, Angehörige der Universität und Bedienstete des Klosters St. Peter. Natürlich scheinen auch Musiker auf, so Abbé Vogler (6. Mai), Johann Michael Haydn (11. August, auf den 10. August korrigiert) und dessen Frau Magdalena (10. Juni), Anton Cajetan Adlgasser (21. Dezember), Andreas Brunmayr (11. Februar) und als berühmteste Namen Leopold (28. Mai) und Wolfgang Amadeus Mozart (5. Dezember). Der Eintrag des Letzteren – eine der wenigen auswärtigen Personen im Nekrolog – ist vergleichsweise ausführlich. Er geschah nicht aus chronikalen oder archivalischen, sondern aus religiösen Beweggründen: um des Jugendfreundes jährlich an seinem Sterbetag bei Gebet und Messe gedenken zu können. PE

Lit.: *NMA* 1961 Ser. X, Suppl., Werkgr. 34, S. 368; vgl. *St. Peter* 1982, S. 271–272 Nr. 159.

132.
Nachbildung der Figur des Salzburger Mozart-Denkmals um 1842

Holz (Birne, Linde), 6,5 x 2 cm
Salzburg, Privatbesitz

Die Figur gibt die Bronzestatue des Denkmals wieder, das 1842 zu Ehren Mozarts auf dem Platz errichtet wurde. Den Entwurf der Statue lieferte Ludwig Schwanthaler (* München 1802, † ebd. 1848), den Guss besorgte die Königliche Erzgießerei in München, die damals noch von Johann Baptist Stiglmaier (* Fürstenfeldbruck 1791, † München 1844) geleitet wurde.

Die verkleinerte Wiedergabe wurde vermutlich in Heimarbeit von Schnitzern im Halleiner oder Berchtesgadener Raum hergestellt und als Souvenir durch die Kunsthandlung Baldi in Salzburg verkauft. PK

Lit.: *Salzburg zur Zeit der Mozart* 1991, S. 383 Nr. II/243; vgl. Rudolph Angermüller, *Das Salzburger Mozart-Denkmal. Eine Dokumentation (bis 1845) zur 150-Jahre-Enthüllungsfeier*, Salzburg 1992; vgl. Gabriele Ramsauer, in: *Mozart-Lexikon* 2005, S. 162; vgl. Friederike Jary, in: *ebd.*, S. 754–755; Ulrike Kammerhofer-Aggermann, in: *ebd.*, S. 854–855.

133.1.–8.
Proportionen der Stille 1–8 2006
Gerhard Rühm (* Wien 1930)

Schwarzer Karton, Papier, geschnitten, 29,6 x 20,9 cm

„die ersten zeichnungen auf notenpapier, die ich ‚visuelle musik' nannte, weil sie nicht zum hören, sondern nur zum sehen beziehungsweise lesen bestimmt sind, entstanden 1976", schreibt Gerhard Rühm. „visuelle musik" wollte vage musikalische Assoziationen hervorrufen. Im Laufe der Jahre entwickelte Rühm aus vereinzelten Anfängen eine konsequent vorangetriebene, eigene Gattung, in der Zeichnung, Tuschmalerei, Collage und Coupage gleichermaßen Anwendung finden. Der Coupage, einer diffizilen Schnitttechnik, sind auch die ausgestellten acht Blätter *Proportionen der Stille* zuzurechnen, einer Befassung Rühms mit den acht Satztiteln von Mozarts *Requiem*.

Gerhard Rühm zählt zu den Mitbegründern der „Wiener Gruppe" (Friedrich Achleitner, H.C. Artmann, Konrad Bayer, Oswald Wiener). Ein halbes Jahrhundert nach deren kreativer Hauptphase (ca. 1954–1960), steht der künstlerische Wert der damals nicht selten als provokativ, ja skandalös empfundenen literarisch-musikalischen Arbeiten und Aktionen außer Zweifel.

„Die Wechselwirkung der Künste etablierte sich vor allem im 20. Jahrhundert zu einer zentralen ästhetischen Kategorie", erklärt dazu Joachim Brügge von der Abteilung für Musikwissenschaft an der Universität Mozarteum. Gerhard Rühm betätigt sich nach wie vor als permanenter Grenzüberschreiter. Als Literat, Komponist und bildender Künstler gleichermaßen profiliert, trägt er die Impulse der „Wiener Gruppe" selbständig weiter. Seine Arbeiten ziehen mannigfaltige Verbindungslinien zwischen den Künsten.

Rühm lehrte 1972–95 an der Staatlichen Hochschule für Bildende Künste in Hamburg und mehrere Jahre an der Internationalen Sommerakademie für Bildende Kunst in Salzburg. Er ist Mitglied der Freien Akademie der Künste in Hamburg, Sparte Musik. 1991 wurde er mit dem Großen Österreichischen Staatspreis ausgezeichnet. Rühm lebt in Köln. FA

Lit.: Gerhard Rühm, *visuelle musik*, Ausst.Kat. Salzburg, Galerie Altnöder, Salzburg 2004, bes. S. 2; vgl. Ute Jung-Kaiser, in: *Mozart-Lexikon* 2005, S. 630–633.

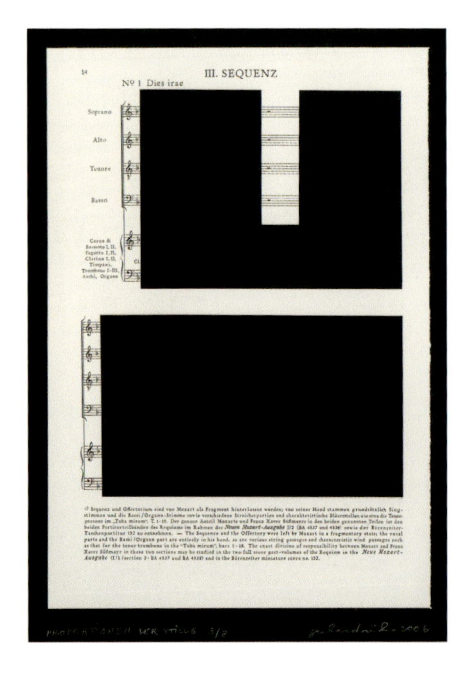

I. INTROITUS

Requiem   Mozart

Corno di Bassetto I, II, Fagotto I, II, Clarino I, II, Timpani, Trombone I–III, Archi, Organo *)

*) Cor. = Corno(i) di Bassetto; Fag. = Fagotto(i); Cl. = Clarino(i); Timp. = Timpani; Trbne., Trbni. = Trombone(i); Viol. = Violino(i); Va. = Viola; Vc. = Violoncello; B. = Basso (Contrabasso); Org. = Organo; Sopr. = Soprano; Ten. = Tenore.

Bärenreiter-Ausgabe 4538a   © 1965 by Bärenreiter-Verlag, Kassel

PROPORTIONEN DER STILLE 1/8   gerhard rühm 2006

134.

Kopf des Mozart 2005

Markus Lüpertz (*Liberec/Böhmen 1941)

Bronze, bemalt, 90 x 70 x 540 cm
Galerie Michael Werner, Köln/New York

135.

Mozart 2003–2004

Bronze, bemalt, 61 x 21 x 20 cm
Galerie Michael Werner, Köln/New York

136.

Mozart 2003–2004

Bronze, bemalt, 62 x 24 x 20 cm
Galerie Michael Werner, Köln/New York

Seit 2001 beauftragt die private Salzburg Foundation im Rahmen des „Kunstprojekts Salzburg" jedes Jahr eine/n namhafte/n Künstler/in mit einem Werk für die Altstadt. Der/die Künstler/in wählt den Standort und schlägt ein Werk vor, die Stadt genehmigt die Aufstellung, private Förderer finanzieren sie. Das Projekt ist auf zehn Jahre angelegt und soll zeitgenössische Kunst in den öffentlichen, historischen Stadtraum bringen. 2005 ging der Auftrag an Markus Lüpertz, der den Platz vor der ehemaligen Ursulinenkirche wählte und eine Mozartskulptur schuf. Am 1. Juli 2005 wurde sie feierlich enthüllt.

Der Platz im Winkel zwischen Gstättengasse und Salzach erhielt 1699–1705 durch den Kirchen- und Klosterbau Johann Bernhard Fischer von Erlachs (* Graz 1756, † Wien 1723) seine barocke Gestalt (Abb. 22). Durch die Salzachregulierung 1860/1861 wurde er verbreitert und verlor seine Funktion als Entrée der Stadt, der Verkehr fließt heute an ihm vorbei, den Fluss entlang. Die Skulptur steht auf der abgewandten Seite des Platzes, mit Blick zur Kirche, und gibt dem leeren Raum einen festen Punkt.

Markus Lüpertz wurde im ehemaligen Reichenberg geboren und kam 1948 an den Niederrhein. 1956–1961 studierte er an der Werkkunstschule in Krefeld, 1962 ging er nach Berlin. 1982 nahm er an der documenta 7 teil, 1983 war er Professor an der Sommerakademie in Salzburg. 1986 wurde er Professor, 1988 Rektor der Akademie in Düsseldorf.

Seit Ende der siebziger Jahre setzt sich Lüpertz mit Skulptur auseinander, zunächst malerisch (*Markus-Maillol*, 1977), dann bildhauerisch (*Standbein-Spielbein*, 1981). Seit 1985 beschäftigt er sich mit Figuren der klassischen Mythologie und Werken der antiken Bildhauerei. Die Entwürfe der Augsburger *Aphrodite* (2000), z. B., verarbeiten die „Venus pudica" und die „kauernde Venus". Lüpertz gestaltet seine Skulpturen durch „Zerstörung und Neuordnung [...] des plastischen Materials" (Elsen). Ziel dieses Prozesses sind nicht Harmonie und Schönheit, sondern eine dynamische Form. Zusätzlich bemalt Lüpertz die Figuren. Sein Vorgehen erinnert in vielerlei Hinsicht an Pablo Picasso (* Málaga 1881, † Mougins 1973).

Lüpertz' *Mozart* geht von den bekannten Porträts aus (Kat.Nr. 91., 93., Abb. 70–71), formt den Körper aber letztlich frei. Das erste Modell zeigt Mozart im weißen Hemd mit knielanger Hose und Zopfperücke, das zweite lässt diese Vorgaben fallen. Im Laufe der Arbeit gewann die Figur wie andere Skulpturen Lüpertz' androgyne Züge (*Parsifal*, *Judith*, beide 1995). Die Mischung von Männlichem und Weiblichem, die sich schon in frühen Gemälden findet (*Feiglinge – dithyrambisch*, 1964/1965, vgl. Gohr), gibt den Figuren etwas Unbestimmtes, Umfassendes, das dem Heilsbringer *Parsifal* ebenso ansteht wie dem Genie *Mozart*. Zugleich drückt es aus, wie wenig wir über Mozart wissen.

Lüpertz' Salzburger *Mozart* rief – wie die Augsburger *Aphrodite* – heftige Diskussionen hervor. Gerhard Wimberger, der nach eigenen Worten einem abstrakten Werk den Vorzug gegeben hätte, nannte die Figur „schielender Schwerversehrter" und „hässliches Monstrum". Oliver Binder wies darauf hin, dass solche Kritik Vorstellungen von „Entartung" zum Hintergrund habe und dass diese Vereinnahmung Mozarts auch die Diskussion um das Porträt Edlingers kennzeichne (vgl. Kat.Nr. 92., S. 70–79). Gottfried Franz Kasparek lobte Lüpertz' Darstellung des „faszinierend unauslotbaren künstlerischen Kosmos namens Mozart". Marlene Streeruwitz beurteilte die Skulptur von einem feministischen und kunstkritischen Standpunkt aus: Sie sei nicht mehr zeitgemäß, sondern der klassischen Moderne verhaftet, die Bezeichnung „Torso" sei ein Euphemismus für eine „arme Krüppelin" und kaschiere ein weibliches „Klischee". Der Seelsorger der Ursulinenkirche, Nikolaj Hornykewycz, und der Präsident des Salzburger Stadtvereins, Axel Wagner, kritisierten nicht die Figur, aber den Standort. Hornykewycz wehrte sich ebenso wie Wimberger gegen die „Bevormundung" durch Kunstexperten. Planungsstadtrat Johann Padutsch schließlich warf Lüpertz in einem offenen Brief Plagiat vor, weil der *Mozart* der *Judith* ähnele. Lüpertz heizte die Diskussion durch Vergleiche wie: „Mozart ist als junges Genie gestorben, ich werde als altes Genie sterben", zusätzlich an. Am 31. August 2005 wurde die Figur durch Martin Humer mit Farbe und Federn verunstaltet. Keiner der zuvor verständigten, anwesenden Journalisten griff ein. PK

Lit.: Michael Baum (Hrsg.), *Markus Lüpertz. Hommage à Mozart*, Wien 2005; *DrehPunktKultur* 4.–8. Juli 2005; *Salzburger Nachrichten*, 30. Juli–3. September 2005; vgl. Siegfried Gohr, *Markus Lüpertz*, Köln 2001, bes. S. 88–89, 200, 235, 267; *Markus Lüpertz. Die Augsburger Aphrodite*, Köln/New York 2003, bes. S. 53–54; Andrea Firmenich/Johannes Janssen, *Markus Lüpertz. Durs Grünbein. Daphne – Metamorphose einer Figur*, Ausst.Kat. Bad Homburg v. d. Höhe, Altana Kulturforum, 6. September–6. November 2005/Bedburg-Hau, Stiftung Museum Schloss Moyland, 12. März–11. Juni 2006, Bad Homburg 2005; vgl. Ute Jung-Kaiser, in: *Mozart-Lexikon* 2005, S. 630–633.

137.
Der Beweis der proletarischen Herkunft des Wolfgang Amadeus Mozart 1985
Georg Herold (* Jena 1947)/
Martin Kippenberger
(* Dortmund 1953, † Wien 1997)

Öl, Lack, Ziegelsteine, Leinwand, 151 x 124 cm
Salzburg, Sammlung Thaddaeus Ropac Salzburg • Paris

Eine Ausstellung der Galerie Thaddaeus Ropac zeigte 1985 Werke verschiedener Künstler, darunter Arman (* Nizza 1928, † New York 2005), James Brown (* Los Angeles 1951) und Arnulf Rainer (* Baden 1929), zum Thema Mozart. Georg Herold und Martin Kippenberger steuerten zwei Bilder bei: *Der Beweis der proletarischen Herkunft des Wolfgang Amadeus Mozart* und *Die Rache des Salieri*.

Der Beweis der proletarischen Herkunft des Wolfgang Amadeus Mozart lässt schemenhaft eine sitzende und eine stehende Figur erkennen. Über das Bild verteilt stehen und liegen drei Ziegelsteine. Die Figuren entsprechen keinem der bekannten Porträts Mozarts oder seiner Familie (Kat.Nr. 89.–93., Abb. 1, 52, 64, 70–71), die lockere Malweise findet sich in anderen Bildern Kippenbergers jener Zeit (*Ich kann beim besten Willen kein Hakenkreuz erkennen*, 1984). Die Backsteine sind typisch für Herolds „Ziegelbilder" (*Interessante Kunst aus Westdeutschland*, 1985).

Kippenberger studierte ab 1972 an der Hochschule für bildende Künste in Hamburg. Er schuf Gemälde, Installationen und Performances, ohne sich auf eine Gattung oder Technik festlegen zu lassen, und stilisierte sein Leben zum Kunstwerk: „[...] man [ist] entweder als Künstler geboren oder kein Künstler" (1997).

Herold kam 1973 in die BRD und studierte ebenfalls in Hamburg. Eines seiner bekanntesten Werke ist der „Dürerhase" aus Dachlatten (1984). Er verfasst ein Glossar zu seinen Werken, das dem *Wörterbuch der Gemeinplätze* Gustave Flauberts (* Rouen 1821, † Croisset 1880) ähnelt. Darin heißt es:

„Ziegelstein: auch Backstein, saugfähiges, poröses Material, neutrale Form, neutrales Verhalten [...], fühlt sich wohl in Gesellschaft (kein Einzelgänger), bedingt überlebens–fähig (s. u. Latte), [...] zerfällt (s. u. Zerfall) irgendwann (aber später)."

Kippenberger und Herold unterlaufen – im wahrsten Sinne des Wortes – die Erwartungen des Publikums. Ihre Werke und Materialien sind aggressiv trivial und antielitär, indem sie Sinn verweigern oder hohe und niedere Kunst mischen, aber auch idealistisch, indem sie die Bedeutung von Talent und Intuition des Künstlers hervorheben. „Intelligenz" und „gute Kunst" schließen sich aus, lautet ein Bonmot Kippenbergers, und eine Ausstellung in Nizza nannte er *L'Atelier Matisse sous-loué à Spiderman* (1996). „Die Materialien müssen nur fähig sein, meine Ideen aufzunehmen und sie [zu] transportieren. Materialien, die eine eigene Sprache sprechen, werden von mir grundsätzlich nicht benutzt" (Herold 1988).

Das Bild *Der Beweis der proletarischen Herkunft des Wolfgang Amadeus Mozart* stellt, ganz in diesem Sinne, nicht die Familie Mozart dar, und die Ziegelsteine lassen sich allenfalls als unedles Baumaterial verstehen. Der Titel versucht, Mozart in das Schema einer marxistisch-kommunistischen Biographie zu pressen, brüskiert die bürgerliche und ironisiert die linke Ideologie. Der vorgebliche Versuch der politischen Aneignung erinnert ebenso an Kaulbachs bürgerliches Genrebild *Mozarts Tod* (Kat.Nr. 126.) wie an die Diskussion um Edlingers Porträt (Abb. 70–79) oder Lüpertz' Skulptur (Kat. Nr. 134.–136.). PK

Lit.: Thomas Zaunschirm (Einl.), *Wolfgang Amadeus Mozart. Neue Bilder*, Ausst.Kat. Salzburg, Galerie T. Ropac, Salzburg 1985, S. 62–63;
vgl. *Georg Herold. Unschärferelation*, Ausst.Kat. Berlin, Neue Gesellschaft für Bildende Kunst, 18. Juni–26. Juli 1985, Berlin 1985, bes. S. 32, 46, 58–64; vgl. *Kippenberger sans peine : avec des clichés de reconnaissance = Kippenberger leicht gemacht / conversations avec Daniel Baumann et Jutta Koether*, Ausst.Kat. Genf, Musée d'Art Contemporain, 30.1.–25.5.1997, Genf 1997, bes. S. 10, 44; Eva Meyer-Hermann/Susanne Neuburger, *Nach Kippenberger*, Ausst.Kat. Wien, Museum Moderner Kunst, 12. Juni–31. August 2003/Eindhoven, van Abbe-Museum, 22. November 2003–1. Februar 2004, o. O. o. J. [2003], bes. S. 74, 208–213; Matthias Winzen (Hrsg.), *Georg Herold. What a Life*, Ausst.Kat. Baden-Baden, Staatliche Kunsthalle, 5. März–9. April 2005/Hannover, Kunstverein, 16. April–29. Mai 2005/Klagenfurt, Museum Moderner Kunst Kärnten, 16. Juni–28. August 2005, Köln 2005, bes. S. 21–22, 44; vgl. Ute Jung-Kaiser, in: *Mozart-Lexikon* 2005, S. 630–633.

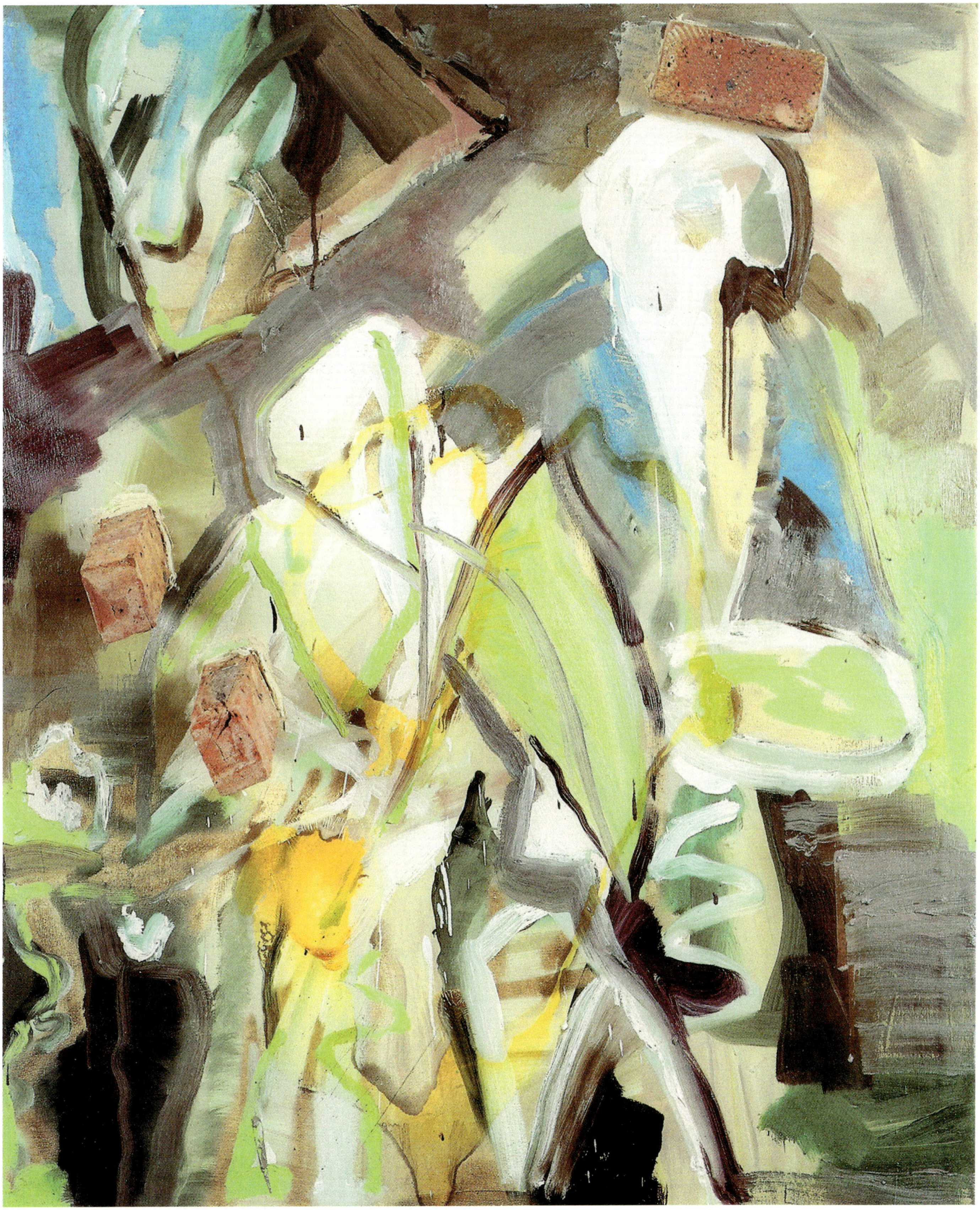

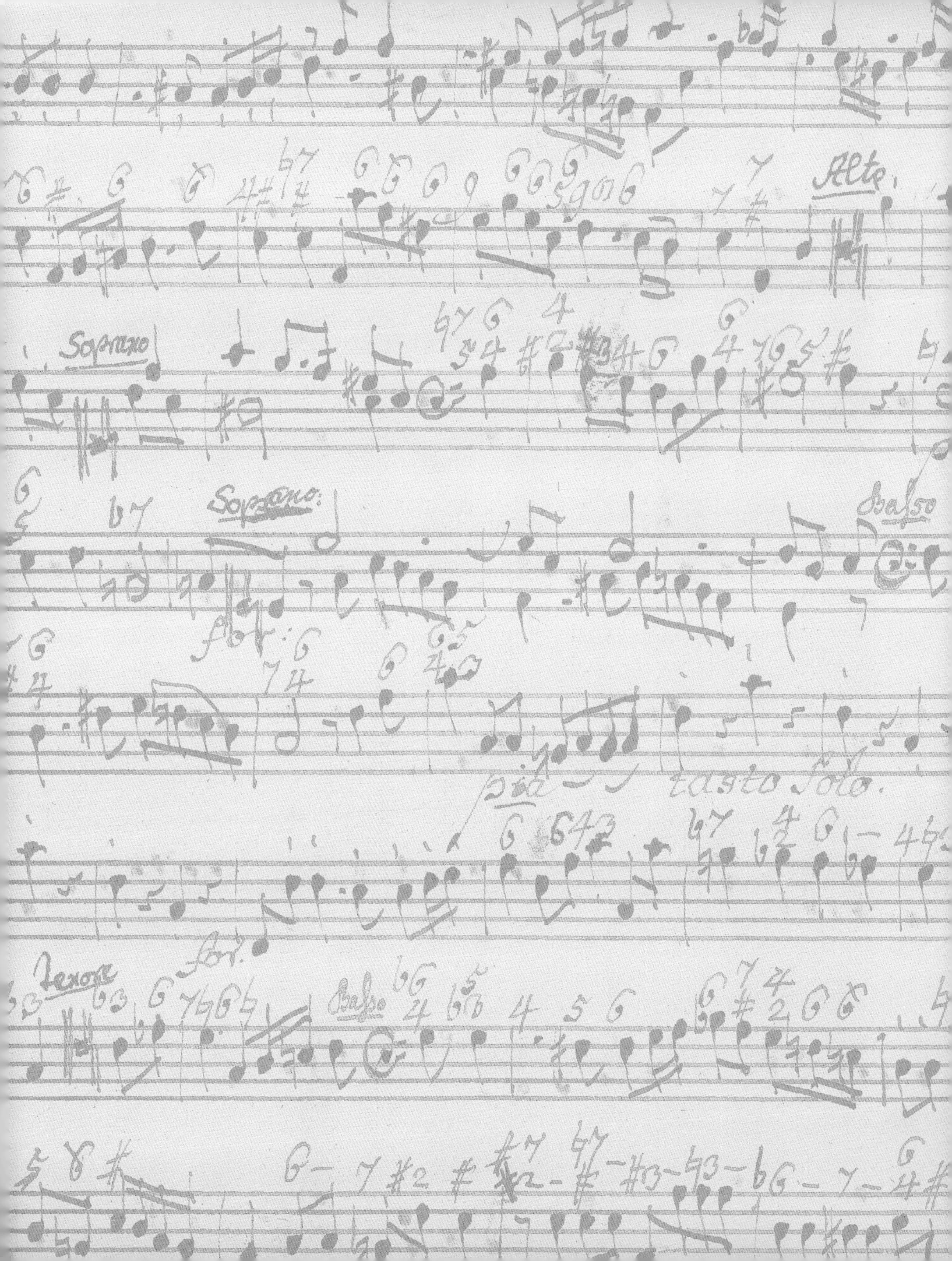
Alto
Soprano
Soprano:
Basso
for:
tasto solo.
for.
Tenore
Basso

Inhalt der CD

Das Werkverzeichnis W. A. Mozarts umfasst mehr als 80 kirchenmusikalische Werke, darunter 17 Vertonungen des lateinischen Messtextes und das unvollendete *Requiem*. Der Großteil seiner geistlichen Musik entstand während der Tätigkeit als Konzertmeister und Organist am Salzburger Dom. Verpflichtung dazu gab es für Mozart zunächst keine. „Mein Vater ist Kapellmeister der Metropolitankirche", schrieb Mozart am 4. September 1776 an Padre Martini nach Bologna, „was mir die Möglichkeit gibt, für die Kirche zu schreiben, soviel ich will" (*MBA* 2005, Bd. 1, S. 532). Erst im Bestellungsdekret zum Hoforganisten 1779 wurde für Mozart unter den „aufhabenden Verrichtungen" angeführt, Hof und Kirche „nach Möglichkeit" mit neuen Kompositionen „zu bedienen" (*Mozart Dokumente* 1961, S. 163). Doch auch unabhängig von Hof und Dom gab es für Mozart Anlässe und Aufträge zur Komposition von Messen, Vespern, Litaneien und Motetten für die Stiftskirche St. Peter, die Wallfahrtskirche Maria Plain, die Universitäts- und die Dreifaltigkeitskirche, die Schlosskapelle Mirabell und das Kloster Seeon im Chiemgau.

Mozarts frühe Kirchenmusik wurzelt in der Salzburger Tradition. Unmittelbare Vorbilder waren für den jungen Mozart neben dem Vater vor allem Hofkapellmeister Johann Ernst Eberlin (* Jettingen/Bayern 1702, † Salzburg 1762), später auch Johann Michael Haydn (* Rohrau/Niederösterreich 1737, † Salzburg 1806, Abb. 5). Auf seinen Reisen und in der Auseinandersetzung mit Werken von Johann Sebastian Bach (* Eisenach 1685, † Leipzig 1750) und Georg Friedrich Händel (* Halle 1685, † London 1759) hat Mozart vielfältige Anregungen aufgenommen und mit der in Wien entstandenen geistlichen Musik, der großen *Messe in c-Moll* (KV 427, CD Nr. 25, Kat.Nr. 42.–43.), dem *Ave verum* (KV 618, CD Nr. 27, Kat.Nr. 44.) und dem *Requiem* (KV 626, CD Nr. 29–30, Kat.Nr. 45.–46.) zu höchster Aussagekraft geführt.

Ausgewählt wurden für die vorliegende CD kirchenmusikalische Werke Mozarts, die diesen Bereich seines Schaffens in vielfältiger Weise repräsentieren und die kompositorische Entwicklung von der Kindheit bis zu seinem letzten Werk aufzeigen. Zugleich bietet die Zusammenstellung der Aufnahmen Beispiele für die Vielfalt der interpretatorischen Zugänge zu Mozarts Kirchenmusik, von einer Annäherung an das authentische Klangbild des 18. Jahrhunderts bis hin zur symphonischen Aufführungstradition. Ergänzend dazu sind Textpassagen aus Briefen von Vater und Sohn Mozart sowie aus zeitgenössischen Berichten zu hören – Zeugnisse der Religiosität Mozarts und Dokumente, die mit seiner Biographie und der Entstehung seiner geistlichen Werke in Verbindung stehen.

1.

Geläut der beiden historischen Glocken des Salzburger Domes aus dem Jahre 1628
vgl. CD Nr. 34

2.

Leopold Mozart an Johann Jakob Lotter in Augsburg, Salzburg, 9. Februar 1756
„übrigens benachrichte, daß den 27 Januarii abends um 8 uhr die meinige mit einem Buben zwar glücklich entbunden worden. die Nachgeburt aber hat man ihr wegnehmen müssen. Sie war folglich erstaunlich schwach. Itzt aber (Gott sey dank) befinden sich kind und Mutter gut. Sie empfiehlt sich beyderseyts. der Bub heißt Joannes Chrisostomus, Wolfgang, Gottlieb."
MBA 2005, Bd. 1, S. 34

3.

**Motette *God is our Refuge*
(KV 20, Kat.Nr. 50.), Juli 1765**
Die erste Vertonung eines geistlichen Textes schuf Mozart im Alter von neun Jahren 1765 in London, während der fast dreieinhalb Jahre dauernden Reise durch Westeuropa. Das kurze, 23-taktige geistliche Madrigal *God is our Refuge*, dem Vers 2 des Psalms 46 zugrunde liegt, nimmt den Stil der traditionellen englischen Kirchenmusik der Zeit zum Vorbild. Wolfgang schrieb dieses kleine Chorstück vermutlich unter väterlicher Aufsicht nieder und hatte dabei – wie das Autograph zeigt – offenbar mit dem Text größere Schwierigkeiten als mit den Noten.

*God is our refuge and strength,
a very present help in trouble.*

*Gott ist unsere Zuflucht und Kraft,
ein verlässlicher Helfer in Not.*
Psalm 46,2

Wiener Kammerchor, Leitung: Johannes Prinz
Aufnahme: Wien, November 2005, Carus-Verlag

4.
Leopold Mozart an Lorenz Hagenauer in Salzburg, Wien, 30. Juli 1768
„Es stecket die Ehre unsers gnädigsten Landes Fürsten ebenfals darunter. S:e Hochfürstlichen Gnaden haben keine Lügner, keine Charlatans, keine Leutbetrieger in ihren Diensten, die mit Vorwissen und gnädigster höchstderselben Erlaubnis an fremde Orte gehen, um den Leuten gleich den Taschenspielern, einen blauen Dunst vor die Augen zu machen; Nein: sondern ehrliche Männer, die zur Ehre ihres Fürsten und ihres Vatterlandes der Welt ein Wunder verkündigen, welches Gott in Salzburg hat lassen gebohren werden. Ich bin diese Handlung dem allmächtigen Gott schuldig, sonst wäre ich die undanckbarste Creatur: und wenn ich iemals schuldig bin die Welt dieses wundershalben zu überzeugen, so ist es eben ietzt, da man alles, was nur ein Wunder heist lächerlich machet und allen Wundern widerspricht. Man muß sie demnach überzeugen: und war es nicht eine grosse freude und ein grosser Sieg für mich, da ich einen voltairianer mit einem Erstaunen zu mir sagen hörte: Nun habe ich einmahl in meinem Leben ein Wunder gesehen; daß ist das erste! Weil nun aber dieses Wunder zu sichtbahrlich, und folglich nicht zu wiedersprechen ist; so will man es unterdrücken: Man will Gott die Ehre nicht lassen; man denckt: es kommt nur noch auf einige Jahre an, alsdann verfällt es ins natürliche und hört auf ein Wunder Gottes zu seyn."
MBA 2005, Bd. 1, S. 271–272

5.
***Offertorium Benedictus sit Deus* (KV 117), 1769**
Der Kompositionsanlass des dreisätzigen Offertoriums *Benedictus sit Deus* ist nicht eindeutig geklärt. Der Vermutung, es sei ebenso wie die *Waisenhausmesse* (KV 139) für die Einweihung der Wiener Waisenhauskirche im Dezember 1768 komponiert worden, steht Wolfgang Plaths Datierung der Handschrift auf das Jahr 1769 gegenüber. In diesem Jahr entstand die *Dominicusmesse* (KV 66, Kat.Nr. 41.) für den Primizgottesdienst von Mozarts Freund, dem Benediktinerpater Dominicus (Cajetan) Hagenauer, in der Stiftskirche St. Peter. Eine gemeinsame Aufführung der beiden Werke scheint nahe liegend, da zudem das Instrumentarium sich weitgehend entspricht.

Der Text des einleitenden Chores, in dem homophone und imitatorische Abschnitte wechseln, ist dem Offertorium zum Dreifaltigkeitsfest entnommen.

Benedictus sit Deus Pater
unigenitusque Dei Filius,
Sanctus quoque Spiritus,
quia fecit nobiscum
misericordiam suam.
Benedictus sit Deus Pater,
benedictus sit Deus Filius,
benedictus sit Sanctus Spiritus.

Gepriesen sei Gott, der Vater,
und der eingeborene Sohn Gottes,
und auch der Heilige Geist,
denn er hat uns erwiesen
sein Erbarmen.
Gepriesen sei Gott, der Vater,
gepriesen sei Gott, der Sohn,
gepriesen sei der Heilige Geist.
Liturgie, nach Tobit 12,6

Arnold Schönberg Chor, Leitung: Erwin Ortner
Concentus Musicus Wien, Leitung: Nikolaus Harnoncourt
Aufnahme: Wien, Dezember 1990, Warner Classics

6.
Leopold Mozart an Lorenz Hagenauer in Salzburg, Paris, 22. Februar 1764
„Nun bitt ich 4. Heilige Messen zu Maria Plain, und 1. Heilige Meß bey dem heiligen Kindl zu Loretto so bald es sein kann, lesen zu lassen, die wie wegen unsern Kindern versprochen haben, und mir zu notieren. Ich hoffe die heiligen Messen zu Loretto werden allzeit fort gelesen werden, so lange wir aus sind, wie ich gebethen habe. [...] Ich meinestheils lasse es der Gnade Gottes über. Es hängt ja von S.r göttlichen Gnade ab, ob er dieß Wunder der Natur, so er in die Welt gesetzet hat, auch darinnen erhalten, oder zu sich nehmen will. Von mir wird er gewiss so beobachtet, daß es eines ist, ob wir in Salzburg oder an welchem Ort der Welt wir sind."
MBA 2005, Bd. 1, S. 130, 131, vgl. Kat.Nr. 29., 34.

7.
***Kyrie in d-Moll* (KV 90), 1772**
Das Autograph dieses Kyries kann dem Jahr 1772 zugeordnet werden. Das Werk hat den Charakter einer Studie im alten Stil, wie Mozart ihn bei Padre Giovanni Battista Martini (*Bologna 1706, † ebd. 1784, Abb. 6) in Bologna erlernt hat. Dem vierstimmigen Chorsatz fügte Leopold Mozart nachträglich die Bezifferung der Bassstimme bei, um ihn für die kirchenmusikalische Praxis des 18. Jahrhunderts verwendbar zu machen. Die einzelnen Abschnitte werden in verschiedenen Techniken der Imitation durchgeführt und organisch in die Gesamtkonzeption eingegliedert.

Kyrie eleison.
Christe eleison.
Kyrie eleison.

Herr, erbarme dich.
Christus, erbarme dich.
Herr, erbarme dich.
Messliturgie

Arnold Schönberg Chor, Leitung: Erwin Ortner
Concentus Musicus Wien, Leitung: Nikolaus Harnoncourt
Aufnahme: Wien, Februar 1992, Warner Classics

8.
Wolfgang Amadeus Mozart an Erzbischof Hieronymus Colloredo, Salzburg, 1. August 1777
„Gnädigster LandesFürst, und Herr Herr! Die Eltern bemühen sich ihre Kinder in den Stand zu setzen ihr Brod für sich selbst gewinnen zu können: und das sind sie ihrem eigenen, und dem Nutzen des Staats schuldig. Ie mehr die Kinder von Gottes Talente erhalten haben; ie mehr sind sie verbunden Gebrauch davon zu machen, um ihre eigene und ihrer Eltern Umstände zu verbessern, ihren Eltern beyzustehen, und für ihr eigenes Fortkommen und für die Zukunft zu sorgen. Diesen Talentenwucher lehrt uns das Evangelium. Ich bin demnach vor Gott in meinem Gewissen schuldig meinem Vatter, der alle seine Stunden ohnermüdet auf meine Erziehung verwendet, nach meinen Kräften dankbar zu seyn, ihm die Bürde zu erleichtern, und nun für mich, und dann auch für meine Schwester zu sorgen, für die es mir leid wäre, daß sie so viele Stunden beym Flügl sollte zugebracht haben, ohne nützlichen Gebrauch davon machen zu können."
MBA 2005, Bd. 3, S. 5

9.
Erster Satz der Marianischen Antiphon *Regina coeli* in B-Dur (KV 127, Kat.Nr. 49.), Mai 1772
Das *Regina coeli* bildet den Abschluss des Stundengebetes der Priester und Ordensleute während der Osterzeit. Für Mozarts Komposition kommt als Entstehungsanlass die Vesper zum Fest des hl. Johannes Nepomuk am 16. Mai 1772 in Frage, die in der Kapelle von Schloss Mirabell (vgl. Kat.Nr. 73.) um 5 Uhr abends „in Bedienung der Hofmusik" gefeiert wurde. Mozart hat das Werk für die „Haydin" komponiert, die Hofsängerin und Gemahlin Michael Haydns, Maria Magdalena (* Laufen an der Salzach 1747, † Salzburg 1827). Dieser Umstand erklärt den virtuosen Charakter der viersätzigen Komposition. Der erste Satz entspricht mit seiner instrumentalen Exposition, mit Chorpart, Ritornell und Reprise der klassischen Konzertform.

Regina coeli, laetare,
alleluja.

Königin des Himmels, freue dich,
Halleluja.
Aus: Marianische Antiphon, um 1200

Arnold Schönberg Chor, Leitung: Erwin Ortner
Concentus Musicus Wien, Leitung: Nikolaus Harnoncourt
Aufnahme: Wien, Dezember 1990, Warner Classics

10.
Ernennungsdekret zum Ritter vom Goldenen Sporn, Rom, 4. Juli 1770 (vgl. Kat.Nr. 90., 95.)
„Unserem geliebten Sohn Johannes Amadeus Wolfgang Mozart, Bürger der Stadt und Diözese Salzburg, Gruß und Apostolischen Segen.

Wegen Deines aufrichtigen Glaubens und Deiner Hingabe an Uns und den Heiligen Stuhl, andererseits aber auch deshalb, weil wir Deinen Verdiensten die würdigsten Gunstbezeugungen Unserer Gnade und Wohltätigkeit erweisen wollen […], ernennen wir Dich, von dem Wir gesehen haben, daß Du seit Deiner frühesten Jugend im lieblichsten Cymbalklang ausgezeichnet warst, hiermit kraft Unserer päpstlichen Autorität mit dem Wortlaut dieser Urkunde zum vergoldeten Ritter und reihen Dich auf diese Weise bevorzugt in die Zahl der anderen Ritter ein, damit auch du alle und jegliche Privilegien, Wohltaten, Vergünstigungen und Vorrechte, die die anderen Ritter von Rechts wegen, durch Gebrauch und Gewohnheit und auf beliebige andere Weise genießen und deren sie sich bedienen und erfreuen und die sie jetzt und in Zukunft genießen und sich ihrer erfreuen können, frei und nach Belieben genießen und Dich ihrer bedienen und erfreuen kannst."
Mozart Dokumente 1961, S. 112, Übersetzung aus dem Lateinischen von Andreas Gamerith

11.
Alleluja aus der Motette *Exsultate, jubilate* (KV 165, Kat.Nr. 48.), 16. Januar 1773
Mozart komponierte die Motette *Exsultate, jubilate* Anfang des Jahres 1773 in Mailand für den Soprankastraten Venanzio Rauzzini. In der mehrsätzigen Anlage mit Arien, Rezitativ und abschließendem Alleluja entspricht Mozarts virtuose Solo-Motette dem in Italien verbreiteten Typus der geistlichen Solokantate, „welche unter der Messe, nach dem Credo, gemeiniglich von einem der besten Sänger gesungen" wurde (J. J. Quantz). Die Uraufführung, vermutlich ein Auftragswerk zum Patrozinium, erfolgte am Fest des hl. Antonius d. Gr. am 17. Januar 1773 in der Mailänder Kirche San Antonio. Das abschließende, in Rondoform gehaltene Alleluja zählt zu den Bravourstücken der solistischen Kirchenmusikliteratur.

Barbara Bonney (Sopran), Concentus Musicus Wien, Leitung: Nikolaus Harnoncourt
Aufnahme: Wien, September 1988, Warner Classics

12.
Mozart an seinen Vater in Salzburg, Augsburg, 23–25. Oktober 1777
„[…] lebe der Papa unbesorgt. ich habe gott immer vor augen. ich erkenne seine Allmacht, ich fürchte seinen Zorn: ich erkenne aber auch seine liebe sein Mitleiden und barmherzickeit gegen seine geschöpfe. er wird seine Diener niemalen verlassen – – wenn es nach seinem willen geht, so gehet es auch – – nach meinem; mithin kann es nicht fehlen – – ich muß glücklich und zufrieden seyn. ich werde auch gewis mich befleissen ihren befehl und rath, den sie mir zu geben die güte hatten, auf das genaueste nach zu leben."
MBA 2005, Bd. 2, S. 84f.

13.
Kyrie aus der *Missa brevis in D-Dur* (KV 194, Kat.Nr. 38.), 8. August 1774
Die *Missa brevis in D-Dur* ist einer Schaffensperiode zuzuordnen, in der sich Mozart intensiv mit geistlicher Musik auseinandersetzte. Vermutlich vollendete er die Messe am 8. August 1774 für die Hundertjahrfeier der Weihe der Wallfahrtskirche Maria Plain bei Salzburg. Ihre Beliebtheit bezeugt der Umstand, dass sie als erste geistliche Komposition Mozarts im Druck erschienen ist. Das Kyrie ist kontrapunktisch gearbeitet, aus dem Dreiklangsmotiv entwickelt Mozart einen dichten Vokalsatz, wie er typisch ist für Mozarts Missa-brevis-Vertonungen dieser Zeit.

Kyrie eleison.
Christe eleison.
Kyrie eleison.

Herr, erbarme dich.
Christus, erbarme dich.
Herr, erbarme dich.
Messliturgie

Maria Zedelius (Sopran), Hilke Helling (Alt), Klaus Schneider (Tenor), Klaus Mertens (Bass)
Kölner Kammerchor, Collegium classicum Köln, Leitung: Peter Neumann
Aufnahme: Stuttgart, Januar 1985, Carus-Verlag

14.
Mozart an Padre Martini in Bologna, Salzburg, 4. September 1776
„Unsere Kirchenmusik ist von der in Italien sehr verschieden, umso mehr, da eine Messe mit Kyrie, Gloria, Credo, Sanctus und Agnus Dei auch an den größten Festen, wenn der Fürst selbst die Messe liest, nicht länger als höchstens drei Viertelstunden dauern darf. Da braucht man für diese Art Komposition ein besonderes Studium, und doch muß es eine Messe mit allen Instrumenten sein, auch mit Kriegstrompeten! So? Ja, teuerster Herr Pater. O wie wohl würde es mir tun, Ihnen recht viel zu erzählen!"
MBA 2005, Bd. 1, S. 532, Übersetzung aus dem Italienischen aus Nissen 1828

15.
Sanctus aus der *Missa brevis in C-Dur* (*Spatzenmesse*, KV 220, Kat.Nr. 39.), Januar 1775 (?)
Die Besetzung mit zwei Clarini und Timpani ist ein Indiz dafür, dass diese Messe „in Festis Pallii", also bei Gottesdiensten, die der Erzbischof zelebrierte, verwendet wurde. Bei derartigen Anlässen gelangten stets Messkompositionen zur Aufführung, die mit Pauken und Trompeten besetzt waren. Die eigenhändige Partitur, die Mozart nach seinem Aufenthalt in Augsburg im Oktober 1777 den Chorherren zu Heilig Kreuz hinterlassen hatte, ist verschollen. Den Beinamen „Spatzenmesse" erhielt die Messe im 19. Jahrhundert wegen der charakteristischen Geigenfigur im Hosanna, dem Schlussteil von Sanctus und Benedictus.

Sanctus, Sanctus, Sanctus,
Dominus Deus Sabaoth.
Pleni sunt coeli et terra
gloria tua.
Hosanna in excelsis.

Heilig, heilig, heilig,
Herr, Gott der Heerscharen.
Erfüllt sind Himmel und Erde
von deiner Herrlichkeit.
Hosanna in der Höhe.
Messliturgie

Arnold Schönberg Chor, Leitung: Erwin Ortner
Concentus Musicus Wien, Leitung: Nikolaus Harnoncourt
Aufnahme: Wien, Oktober 1993, Warner Classics

16.
Leopold Mozart an Wolfgang in Augsburg, Salzburg, 23. Oktober 1777
„Mon très cher Fils!
Ich soll dir zu deinem Nahmenstage Glück wünschen! aber was kann ich dir itzt wünschen, was ich dir nicht immer wünsche? – – Ich wünsche dir die Gnade Gottes, die dich aller Orten begleite, die dich niemals verlassen wolle, und niemals verlassen wird, wenn du die Schuldigkeiten eines wahren Catholischen Christen auszuüben beflissen bist. du kennst mich. – Ich bin kein Pedant, kein Bettbruder, noch weniger ein Scheinheiliger: allein deinem vatter wirst du wohl eine Bitte nicht abschlagen? – Diese ist: daß du für deine Seele besorgt seyn wollest, daß du deinem Vatter keine Beängstigung in seiner Todesstund verursachest, damit er in ienem schweren augenblick sich keinen Vorwurff machen darf als hätte er an der Sorge für dein SeelenHeil etwas vernachlässiget."
MBA 2005, Bd. 2, S. 79

17.
Graduale *Sancta Maria, mater Dei* (KV 273), 1777
Kurz nach seiner (ersten) Entlassung aus dem Salzburger Hofdienst schrieb Mozart am 9. September 1777 das „Graduale ad Festum B.M.V." (Beatae Mariae Virginis, der seligen Jungfrau Maria) *Sancta Maria, mater Dei*. Da er am 23. September d. J. mit seiner Mutter zur Reise nach Paris aufbrach, könnte Mozart mit dieser Motette den Schutz der Gottesmutter erbeten haben. Denkbar wäre eine liturgische Bestimmung für das Fest Mariae Namen am 12. September. Das Werk ist „kunstvoll und liedhaft zugleich; es ist ebenso tief wie einfach" (Alfred Einstein, *Mozart. Sein Charakter – Sein Werk*, Frankfurt a. M. 1968, S. 326). Die formale Anlage folgt der Gliederung der Dichtung und führt zu einer dreiteiligen Form. Der Bittcharakter des Textes wird in den Schlusszeilen deutlich: „schütz mich im Leben, hilf mir in Todesgefahr". Die Streicher lehnen sich – wie im *Ave verum* (Nr. 30, Kat.Nr. 44.) – eng an den Vokalsatz an, der an Johann Michael Haydns Kompositionsstil erinnert.

Sancta Maria, mater Dei,
ego omnia tibi debeo,
sed ab hac hora singulariter
me tuis servitiis devoveo,
te patronam, te sospitatricem,
patronam eligo.

Tuus honor et cultus
aeternum mihi cordi fuerit,
quem ego nunquam deseram
neque ab aliis mihi subditis verbo,
factoque violari patiar

Sancta Maria, tu pia me pedibus tuis
advolutum recipe,
in vita protege,
in mortis discrimine defende.
Amen.

Heilige Maria, Mutter Gottes,
ich verdanke dir alles,
doch von dieser Stunde an
will ich mich allein deinem Dienst weihen,
dich wähle ich zur Patronin, zur Retterin,
zur Beschützerin.

Dein Ruhm und deine Verehrung
sollen mir ewig am Herzen liegen,
nie möchte ich ablassen davon,
noch dulden, dass sie von anderen,
die mir unterstehen, durch Wort oder Tat
entweiht werden.

Heilige Maria, nimm mich,
der sich zu deinen Füßen niederwirft, gnädig an,
beschütze mich im Leben,
in Todesgefahr steh mir bei.
Amen.
Antiphon zum Fest Mariä Geburt

Kölner Kammerchor, Collegium classicum Köln, Leitung: Peter Neumann
Aufnahme: Stuttgart, Januar 1985, Carus-Verlag

18.
Mozart an seinen Vater in Salzburg, Paris, 1. Mai 1778
„Nun bin ich hier. ich mus aushalten, und das ihnen zu liebe. ich danck gott dem allmächtigen wenn ich mit gesunden gusto davon komme. ich bette alle tag gott, daß er mir die gnade giebt, daß ich hier standhaft aushalten kann; daß ich mir und der gantzen teütschen Nation Ehre mache, indemme alles zu seiner grösten Ehr und glory ist, und das er zulässt daß ich mein glück mache, braf geld mache, damit ich im stande bin ihnen dadurch aus ihren dermalen betrübten umständen zu helfen, und zuwegen zu bringen daß wir bald zusammen kommen, und glücklich und vergnügt miteinander leben können. übrigens sein willen geschehe wie in himmel also auch auf Erden."
MBA 2005, Bd. 2, S. 346

19.
Gloria aus der *Messe in C-Dur* (*Krönungsmesse*, KV 317, vgl. Abb. 10, 74)
Unter den in Salzburg entstandenen geistlichen Kompositionen Mozarts hat keine eine derart große Bekanntheit und Beliebtheit erreicht wie diese Messe, für die sich schon im 19. Jahrhundert der Beiname „Krönungsmesse" eingebürgert hat. Für den Ostersonntag, 4. April 1779, an dem der Erzbischof den Gottesdienst feierte, präsentierte Mozart damit seine erste Komposition in der neuen Funktion als Salzburger Hof- und Domorganist. Die Anlage der Messe entspricht dem Typus der Missa

solemnis et brevis, die der seit 1772 residierende Erzbischof Hieronymus Colloredo bevorzugte. In ihrer reichen Bläserbesetzung entsprechen solche Messkompositionen der „Missa solemnis", in der zeitlichen Ausdehnung aber der „Missa brevis". In der formalen Geschlossenheit und der Verknüpfung der Sätze sind sie das Ergebnis von Mozarts „Studio particolare per questa Sorte di Compositione".
MBA 2005, Bd. 1, S. 533

Gloria in excelsis Deo.
Et in terra pax
hominibus bonae voluntatis.

Laudamus te.
Benedicimus te.
Adoramus te.
Glorificamus te.

Gratias agimus tibi,
propter magnam gloriam tuam.

Domine Deus, Rex coelestis.
Deus Pater omnipotens,
Domine Fili unigenite,
Jesu Christe,
Domine Deus, Agnus Dei,
Filius Patris.

Qui tollis peccata mundi,
miserere nobis.
Qui tollis peccata mundi,
suscipe deprecationem nostram.
Qui sedes ad dexteram Patris,
miserere nobis.

Quoniam tu solus sanctus.
Tu solus Dominus.
Tu solus Altissimus,
Jesu Christe.

Cum Sancto Spiritu
in gloria Dei Patris.
Amen.

Ehre sei Gott in der Höhe
und auf Erden Friede
den Menschen, die guten Willens sind.

Wir loben dich,
wir preisen dich,
wir beten dich an,
wir verherrlichen dich.

Wir sagen dir Dank
ob deiner großen Herrlichkeit.

Herr und Gott, König des Himmels,
Gott, allmächtiger Vater.

Herr, eingeborener Sohn,
Jesus Christus,
Herr und Gott, Lamm Gottes,
Sohn des Vaters.

Du nimmst hinweg die Sünde der Welt,
erbarme dich unser.
Du nimmst hinweg die Sünde der Welt,
nimm unser Flehen gnädig auf.
Du sitzest zur Rechten des Vaters,
erbarme dich unser.

Denn du allein bist der Heilige,
du allein der Herr,
du allein der Höchste,
Jesus Christus.

Mit dem Heiligen Geist
in der Herrlichkeit Gottes, des Vaters.
Amen.
Messliturgie

Joan Rodgers (Sopran), Elisabeth von Magnus (Alt),
Josef Protschka (Tenor), László Polgár (Bass)
Arnold Schönberg Chor, Leitung: Erwin Ortner
Concentus Musicus Wien, Leitung: Nikolaus Harnoncourt
Aufnahme: Wien, Dezember 1986, Warner Classics

20.
Mozart an Abbé Joseph Bullinger in Salzburg, Paris, 3. Juli 1778 (Kat.Nr. 124.)
„Allerbester freünd! für sie ganz allein. Trauern sie mit mir, mein freünd! – dies war der Trauerigste tag in meinen leben – dies schreibe ich um 2 uhr nachts – ich muss es ihnen doch sagen, meine Mutter, Meine liebe Mutter ist nicht mehr! – gott hat sie zu sich berufen – er wollte sie haben, das sahe ich klar – mithin habe ich mich in willen gottes gegeben – Er hat sie mir gegeben, er konnte sie mir auch nehmen. [...] mein freünd! – ich bin nicht itzt, sondern schon lange her getröstet! – ich habe aus besonderer gnade gottes alles mit standhaftigkeit und gelassenheit übertragen. wie es so gefährlich wurde, da batt ich gott nur um 2 dinge, nemlich um eine glückliche sterbstunde für meine Mutter, und dann für mich um stärcke und muth – und der gütige gott hat mich erhört, und mir diese 2 gnaden im grösten maaße verliehen. ich bitte sie also, bester freünd, erhalten sie mir meinen Vatter, sprechen sie ihm muth zu daß er es sich nicht gar zu schwer und hart nimmt, wenn er das ärgste erst hören wird. meine schwester empfehle ich ihnen auch von ganzem herzen – gehen sie doch gleich hinaus zu ihnen, ich bitte sie – sagen sie ihnen noch nichts daß sie Tod ist, sondern prepariren sie sie nur so dazu – Thun sie was sie wollen, – wenden sie alles an – machen sie nur daß ich ruhig seyn kan – und daß ich nicht etwa ein anderes unglück noch zu erwarten habe. – Erhalten sie mir meinen lieben vatter, und meine liebe schwester. geben sie mir gleich antwort ich bitte sie. – Adieu, ich bin dero gehorsamster danckbarster diener Wolfgang Amadè Mozart."
MBA 2005, Bd. 2, S. 390f.

21.
Agnus Dei aus der *Missa solemnis in C-Dur* (KV 337, Kat.Nr. 40.), 1780
Das Autograph von Mozarts letzter vollständiger Vertonung des lateinischen Ordinariumstextes trägt das Entstehungsdatum „nel Marzo 1780 in Salisburgo". Zusammen mit der *Kirchensonate in C-Dur* (KV 336) war die Messe für das feierliche Osterhochamt im Salzburger Dom bestimmt. Die Bezeichnung „solemnis", die nicht von Mozart stammt, sondern im Laufe der Rezeptionsgeschichte dem Werk beigefügt wurde, bezieht sich auf die reiche Besetzung des Orchesters mit Oboen, Fagotten, Trompeten, Pauken und Streichern. Dominiert bei der *Krönungsmesse* (CD Nr. 19) der prächtige Klang der Blechbläser, so geben bei der *Missa solemnis* die Holzbläser dem Werk einen mehr kammermusikalischen, intimen Charakter. Er kommt besonders im melodiösen Agnus Dei zum Ausdruck, das in der konzertierenden Anlage von Sopran-Solo, Oboe, Fagott und Orgel von sordinierten (gedämpften) Streichern begleitet wird.

Agnus Dei,
qui tollis peccata mundi,
miserere nobis.
Agnus Dei,
qui tollis peccata mundi,
dona nobis pacem.

Lamm Gottes,
Du nimmst hinweg die Sünde der Welt,
erbarme dich unser.
Lamm Gottes,
Du nimmst hinweg die Sünde der Welt,
gib uns Frieden.
Messliturgie

Barbara Bonney (Sopran), Elisabeth von Magnus (Alt),
Uwe Heilmann (Tenor), Gilles Cachemaille (Bass)
Arnold Schönberg Chor, Leitung: Erwin Ortner
Concentus Musicus Wien, Leitung: Nikolaus Harnoncourt
Aufnahme: Staintz, Juli 1990, Warner Classics

22.
Mozart an seinen Vater in Salzburg, Wien, 13. Juni 1781 (Kat.Nr. 113.)
„wegen meinen Seelenheyl seyen sie ohne Sorgen, mein bester vatter! – ich bin zwar ein fälliger Junger Mensch wie alle andere, und kann zu meinem trost wünschen daß es alle so wenig wären wie ich. – sie glauben vieleicht sachen von mir, die nicht also sind; – der hauptfehler bey mir ist daß ich nach dem scheine nicht allzeit so handle, wie ich handeln sollte. – daß ich mich geprahlt hätte ich Esse alle fast=täge fleisch, ist nicht wahr; aber gesagt habe ich daß ich mir nichts daraus mache, und es für keine sünde halte; denn fasten heisst bey mir sich abrechen; weniger essen als sonst. – Ich höre alle sonn= und feyertäge Meine Messe und, wenn es seyn kann, die werktäge auch, das wissen sie, mein vatter. [...] übrigens seyn sie versichert daß ich gewis Religion habe – und sollte ich das unglück haben, Jemals (was Gott verhüten wird) auf seiten weege zu gerathen, so spreche ich sie, mein bester vatter aller schuld los. – denn, nur ich allein wäre der schurke – ihnen habe ich alles gute so wohl für mein zeitliches als auch geistliches wohl und heyl zu verdanken."
MBA 2005, Bd. 3, S. 129–130

23.
„Laudate Dominum", Psalm 117, aus den *Vesperae solennes de Confessore* (KV 339, Abb. 72), 1780
Diese Vesper zählt zu den letzten Werken aus Mozarts Salzburger Jahren. Wie den Messzyklus hat Mozart auch die fünf Psalmen der „Bekenner-Vesper" (Ps 110–113 und 117) und das Canticum „Magnificat" jeweils durchkomponiert und als Einheit gestaltet. So konnten auch einzelne Psalmen für sich Verwendung finden. Das „Laudate Dominum" zählt neben dem *Ave verum* (Nr. 27, Kat.Nr. 44.) zu den bekanntesten Kirchenwerken Mozarts. Der Psalm ist als berührende Sopranarie mit Begleitung von Chor und Streichern konzipiert und weist in seinem Melos bereits in die Frühromantik.

Laudate Dominum omnes gentes
laudate eum omnes populi.
Quoniam confirmata est super nos
misericordia ejus
et veritas Domini manet in aeternum.
Gloria Patri et Filio,
et Spiritui Sancto
sicut erat in principio,
et nunc et semper,
et in saecularum. Amen.

Lobet den Herrn alle Geschlechter;
lobet ihn alle Völker.
Denn über uns waltet
seine Barmherzigkeit,
und die Wahrheit des Herrn bleibt in Ewigkeit.
Ehre sei dem Vater und dem Sohn
und dem Heiligen Geist,
wie es war im Anfang,
so auch jetzt und alle Zeit
und in Ewigkeit. Amen.
Psalm 117

Kaia Urb (Sopran), Estonian Philharmonic Chamber Choir, Tallinn Chamber Orchestra, Leitung: Tõnu Kaljuste
Aufnahme: Tallinn, Domkirche, September/November 1998, Carus-Verlag

24.
Mozart an seinen Vater in Salzburg, Wien, 17. August 1782
„Mon trés chèr Pére!
Ich habe leztin vergessen ihnen zu schreiben daß meine frau und ich zusamm am Purtiunkula tage bey den Theatinern unsere Andacht verichtet haben – wenn uns auch wirklich die andacht nicht dazu getrieben hätte, so musten wir es der Zettel wegen thun, ohne welche wir nicht hätten Copulirt werden können. – wir sind auch schon eine geraume Zeit lediger allzeit mitsammen so wohl in die hl: Messe als zum Beichten und Communiziren gegangen – und Ich habe gefunden daß ich niemalen so kräftig gebetet, so andächtig gebeichtet und Communizirt hätte als an ihrer Seite; – und so gieng es ihr auch; – mit einem Worte wir sind füreinander geschaffen – und gott der alles anordnet, und folglich dieses also gefüget hat, wird uns nicht verlassen. wir beyde danken ihnen auf das gehorsammste für ihren vätterlichen Seegen."
MBA 2005, Bd. 3, S. 220

25.
***Et incarnatus est* aus der *Messe in c-Moll* (KV 427, Kat.Nr. 42.–43.)**
Im Sommer 1782 begann Mozart mit der Komposition der *Messe in c-Moll* für Soli, Chor und Orchester und griff damit den Typus der barocken Kantatenmesse auf. Unmittelbarer Anlass dazu war das Studium der Werke Bachs und Händels im Rahmen der sonntäglichen Matineen im Haus des Diplomaten Gottfried van Swieten (* Leiden 1733, † Wien 1803) in Wien. Der Entstehungsanlass kann anhand einer Äußerung Mozarts im Brief vom 4. Januar 1783 an seinen Vater nur erahnt werden. Zweifellos steht die Komposition aber im Zusammenhang mit Mozarts Frau Constanze sowie der versprochenen und immer wieder verschobenen Reise des Ehepaars nach Salzburg: „zum beweis aber der wirklichkeit meines versprechens kann die spart (Partitur) von der hälfte einer Messe dienen, welche noch in der besten hoffnung da liegt". (*MBA* 2005, Bd. 3, S. 248)

Mit diesem Fragment – es fehlen der zweite Teil des Credo ab dem „Crucifixus" und das gesamte Agnus Dei – reiste Mozart im Juli 1783 nach Salzburg, wo er seine Gemahlin dem Vater und der Schwester vorstellte. Das „Et incarnatus est" aus dem Credo, eine Sopranarie mit konzertierenden Holzbläsern, ist als Pastoralszene gestaltet. Dass eine Aufführung in der Stiftskirche St. Peter stattfand, bei der Constanze eines der beiden Sopransoli sang, bezeugt Nannerl mit ihrer Tagebucheintragung vom 26. Oktober 1783: „zu st peter in amt mein bruder sein amt gemacht worden. die ganze hofmusik war dabey". (*MBA* 2005, Bd. 3, S. 290)

Et incarnatus est
de Spiritu Sancto
ex Maria virgine,
et homo factus est.

Und er hat Fleisch angenommen
durch den Heiligen Geist
aus Maria, der Jungfrau,
und ist Mensch geworden.
Messliturgie, aus dem Credo

Diana Damrau (Sopran)
Bach-Collegium Stuttgart, Leitung: Helmuth Rilling
Aufnahme: Stuttgart, März 2005, hänssler CLASSIC
Fassung: Robert Levin

26.
Mozart an seinen Vater in Salzburg, Wien, 4. April 1787
„ich lege mich nie zu bette ohne zu bedenken, daß ich vielleicht (so Jung als ich bin) den anderen Tag nicht mehr seyn werde – und es wird doch kein Mensch von allen die mich kennen sagen können daß ich im Umgange mürrisch oder traurig wäre – und für diese glückseeligkeit

danke ich alle Tage meinem Schöpfer und wünsche sie vom Herzen Jedem meiner Mitmenschen."
MBA 2005, Bd. 4, S. 41

27.
Motette *Ave verum* (KV 618, Kat.Nr. 44), Juni 1791

Ein halbes Jahr vor seinem Tod schrieb Mozart im Juni 1791 die Motette „de venerabile sacramento" (vom verehrungswürdigen Sakrament) *Ave verum corpus* für gemischten Chor, Streicher und Orgel als Akt der Dankbarkeit für den Schullehrer und Regens Chori Anton Stoll (* um 1747, † Baden/Wien 1805) in Baden bei Wien. Stoll war Mozart bei der Quartiersuche für die Kuraufenthalte seiner Frau Constanze behilflich gewesen. Er dürfte Mozart um ein kurzes, leicht aufführbares Werk ersucht haben, das das Altarsakrament zum Thema hat. Vermutlich fand die Uraufführung der Motette am 23. Juni, dem Fronleichnamstag 1791, in Baden statt. Das Bild des Todes hat in Mozarts Vertonung nichts Schreckendes, sondern jenes Moment der Ruhe und des Trostes, den Mozart in seinem Brief vom 4. April 1787 (Nr. 28) anführt. Dem entspricht konsequent auch Mozarts Vortragsanweisung „sotto voce": Selbst der Klang der menschlichen Stimme soll entmaterialisiert wirken. Selten ist Transzendenz so erfahrbar geworden wie in diesem nur 46 Takte umfassenden Gelegenheitswerk.

Ave verum corpus
natum de Maria Virgine,
vere passum, immolatum
in cruce pro homine,
cuius latus perforatum
unda fluxit et sanguine,
esto nobis praegustatum
in mortis examine.

Sei gegrüßt, wahrer Leib,
geboren aus Maria, der Jungfrau,
wahrhaft gelitten, geopfert
am Kreuz für die Menschen,
aus dessen durchbohrter Seite
Blut und Wasser floss:
sei uns Stärkung
in des Todes Prüfung.
Liturgie, 14. Jahrhundert

Arnold Schönberg Chor, Leitung: Erwin Ortner
Concentus Musicus Wien, Leitung: Nikolaus Harnoncourt
Aufnahme: Wien, Februar 1992, Warner Classics

28.
Mozart an seinen Vater in Salzburg, Wien, 4. April 1787

„Nun höre aber daß sie wirklich krank seyen! wie sehnlich ich einer Tröstenden nachricht von ihnen selbste entgegen sehe, brauche ich ihnen doch wohl nicht zu sagen; und ich hoffe es auch gewis – obwohlen ich es mir zur gewohnheit genacht habe mir immer in allen Dingen das schlimmste vorzustellen – da der Tod (genau zu nehmen) der wahre Endzweck unseres lebens ist, so habe ich mich seit ein Paar jahren mit diesem wahren, besten freunde des Menschen so bekannt gemacht, daß sein Bild nicht allein nichts schreckendes mehr für mich hat, sondern sehr viel beruhigendes und tröstendes! und ich danke meinem Gott, daß er mir das glück gegönnt hat mir die gelegenheit (sie verstehen mich) zu verschaffen, ihn als den schlüssel zu unserer wahren Glückseeligkeit kennen zu lernen."
MBA 2005, Bd. 4, S. 41

29.–30.
Introitus und Kyrie aus dem *Requiem in d-Moll* (KV 626, Kat.Nr. 45.–46., Abb. 46–47)

Mozart begann im Frühjahr 1791 mit der Komposition des *Requiem*. Zunächst erstellte er, wie es seiner Arbeitsweise entsprach, einen Partiturentwurf mit den Vokalstimmen, dem Instrumentalbass sowie einzelnen instrumentalen Partien und fixierte erst zu einem späteren Zeitpunkt die Instrumentierung. Durch die Arbeit an der *Zauberflöte* und der aus Prag bestellten Krönungsoper *La Clemenza di Tito* wurde Mozart an der Vollendung des *Requiem* gehindert, und als er am 5. Dezember 1791 starb, lagen nur der Introitus „Requiem aeternam" und die Kyrie-Doppelfuge vollständig ausgeführt vor, die Einzelsätze der Sequenz „Dies irae" bis zum 8. Takt des „Lacrimosa", das Offertorium „Domine Jesu Christe" mit dem Vers „Hostias et preces" dagegen nur in Partiturskizze. Noch am 4. Dezember 1791, einen Tag vor seinem Tod, hat nach dokumentarischer Überlieferung am Krankenbett eine Probe des unvollendeten Werkes stattgefunden – Mozart muss also bis zuletzt daran gearbeitet haben.

Schon früh ist die musikalische Bedeutung von Mozarts *Requiem* erkannt worden, einerseits in der Summe der traditionellen Formen der Kirchenmusik des 18. Jahrhunderts wie Kanon und Fuge, Cantus-firmus-Technik und kontrapunktischer Arbeit, andererseits in der zukunftsweisenden Harmonik zur Intensivierung und Verinnerlichung des Ausdrucks, der wohl als Mozarts persönliche Identifikation mit den Fragen um die letzten Dinge menschlicher Existenz zu deuten ist.

Requiem aeternam dona eis, Domine,
et lux perpetua luceat eis.
Te decet hymnus, Deus, in Sion,
et tibi reddetur votum in Jerusalem,
exaudi orationem meam,
ad te omnis caro veniet.
Requiem aeternam dona eis, Domine.

Kyrie eleison.
Christe eleison.
Kyrie eleison.

Die ewige Ruhe gib ihnen, Herr,
und das ewige Licht leuchte ihnen.
Dir gebührt, o Herr, ein Loblied in Sion,
dir erfülle man seine Gelübde in Jerusalem,
erhöre mein Gebet,
zu dir kommt alles Fleisch.
Die ewige Ruhe gib ihnen, Herr.

Herr, erbarme dich.
Christus, erbarme dich.
Herr, erbarme dich.
Liturgie

Vasiljka Jezovsek (Sopran), Claudia Schubert (Alt),
Marcus Ullmann (Tenor), Michael Volle (Bass)
Kammerchor Stuttgart, Barockorchester Stuttgart,
Leitung: Frieder Bernius
Live-Aufnahme: Stuttgart, November 1999, Carus-Verlag
Fassung: Franz Xaver Süßmayr/Franz Beyer

31.
Nachricht der Wiener Zeitung, 7. Dezember 1791

„In der Nacht vom 4. zum 5. d. M. verstarb allhier der K. K. Hofkammerkompositor Wolfgang Mozart. Von seiner Kindheit an durch das seltenste musikalische Talent schon in ganz Europa bekannt, hatte er durch die glücklichste Entwickelung seiner ausgezeichneten Naturgaben und durch die beharrlichste Verwendung die Stufe der größten Meister erstiegen; davon zeugen seine allgemein beliebten und bewunderten Werke, und diese geben das Maß des unersetzlichen Verlustes, den die edle Tonkunst durch seinen Tod erleidet."
Mozart Dokumente 1961, S. 369

32.
„Lacrimosa" aus dem *Requiem in d-Moll*
(KV 626, Kat.Nr. 45.–46., Abb. 46–47)

Lacrimosa dies illa,
qua resurget ex favilla
judicandus homo reus,
huic ergo parce, Deus,
pie Jesu Domine,
dona eis requiem. Amen.

An jenem Tag der Tränen,
da aus der Asche ersteht
der schuldhafte Mensch zum Gericht,
verschone ihn, o Herr,
milder Herr Jesus,
schenk ihnen die ewige Ruhe. Amen.
Aus der Sequenz „Dies irae"

Vasiljka Jezovsek (Sopran), Claudia Schubert (Alt),
Marcus Ullmann (Tenor), Michael Volle (Bass)
Kammerchor Stuttgart, Barockorchester Stuttgart,
Leitung: Frieder Bernius
Live-Aufnahme: Stuttgart, November 1999, Carus-Verlag

33.
Joseph Haydn an Michael Puchberg in Wien, London, Jänner 1792
„Ich war über seinen Todt eine geraume Zeit ganz außer mir und konnte es nicht glauben, daß die Vorsicht so schnell einen unersetzlichen Mann in die andere Welt fordern sollte."
Mozart Dokumente 1961, S. 382

34.
Volles Geläut des Salzburger Domes
Das Geläut des Salzburger Domes besitzt die nach der Pummerin des Wiener Stephansdomes zweitgrößte Glocke des Landes und gilt als das klangschönste Geläut Österreichs. Die beiden historischen Glocken der Augsburger Bronzegießer Wolfgang II. (* Ulm 1575, † Augsburg 1632) und Johann Neidhart (* Augsburg um 1600, † Frankfurt am Main 1635) gehören zu den wertvollsten Klanginstrumenten ihrer Zeit (CD Nr. 1). Sie überstanden die Glockeneinschmelzungen beider Weltkriege, von denen 1917 und 1942 auch der Salzburger Dom nicht verschont blieb. Dem heutigen Gesamtgeläut mit seiner interessanten Tonfolge in es-Moll geben sie einen unverwechselbaren Charakter. Die fünf neuen Glocken wurden bei der Salzburger Glockengießerei Oberascher in Auftrag gegeben und am 24. September 1961 geweiht. Dem vollen Geläut stehen zu Beginn der CD die beiden historischen Glocken aus dem 17. Jahrhundert gegenüber (Nr. 1), deren Klang Mozart vertraut gewesen sein muss.

1. **Oberascher**, 1961
es+, 14.256 kg, 279 cm, Salvator

2. **Oberascher**, 1961
ges, 8.273 kg, 233 cm, Rupert

3. **Wolfgang und Johann Neidhart**, 1628
b, 4.008 kg, 183 cm, Maria

4. **Oberascher** 1961
des1+, 2.518 kg, 155 cm, Josef

5. **Wolfgang und Johann Neidhart** 1628
es1+, 1.648 kg, 136 cm, Virgil

6. **Oberascher** 1961
ges1, 1.025 kg, 118 cm, Leonhard

7. **Oberascher** 1961
as1+, 715 kg, Barbara

Aufnahme: Herbert Stemberger, November 2005

Lesung: Hannes Eichmann
mit freundlicher Unterstützung
des ORF Salzburg

Autoren und Abkürzungen

Autoren

AK	Armin Kircher, Salzburg
AS	Annette Schommers, München
AW	Alfred Stefan Weiß, Salzburg
BK	Birgitta Klemenz, München
EH	Ernst Hintermaier, Salzburg
FA	Ferdinand Altnöder, Salzburg
GA	Gerhard Ammerer, Salzburg
GW	Gerhard Walterskirchen, Salzburg
KM	Katharina Karin Mühlbacher, Salzburg
MU	Michael Ullermann, Wien
PE	P. Petrus Eder OSB, Salzburg
PK	Peter Keller, Salzburg
RW	Rüdiger Wolf, Wien
TD	Thomas Drescher, Basel
TH	Thomas Hochradner, Salzburg
UL	Ulrich Leisinger, Salzburg
UV	Urd Vaelske, Salzburg

Abkürzungen

KAS	Konsistorialarchiv Salzburg
LThK	Lexikon für Theologie und Kirche
MBA	Mozart Briefe und Aufzeichnungen
MGG	Musik in Geschichte und Gegenwart
MGSL	Mitteilungen der Gesellschaft für Salzburger Landeskunde
NMA	Neue Mozart-Ausgabe
ÖKT	Österreichische Kunsttopographie

Biographien

Richard Bauer
Stadtdirektor , seit 1981 Leiter des Stadtarchivs München und seit 1984 erster Vorsitzender des Historischen Vereins von Oberbayern, Autor zahlreicher Veröffentlichungen zur Stadtgeschichte Münchens

Papst Benedikt XVI.
Kardinal Joseph Ratzinger
*Marktl am Inn 1927, lehrte als Professor in Bonn, Münster, Tübingen und Regensburg. 1962–1965 nahm er beratend am Zweiten Vatikanischen Konzil teil. 1977 wurde er zum Erzbischof von München und Freising sowie zum Kardinal ernannt. 1981 wurde er Präfekt der Glaubenskongregation, 1998 Vize-Dekan und 2002 Dekan des Kardinalskollegiums. 2005 wählte das Konklave ihn zum Papst. Zu seinen Veröffentlichungen zählen die Bücher *Einführung in das Christentum* (1968), *Dogma und Verkündigung* (1973) sowie die Interview-Bücher *Zur Lage des Glaubens* (1985) und *Salz der Erde* (1996)

Patrick Bircher
* Baden/Aargau 1965, Studium der Geschichte, Kunstgeschichte und Theologie, Ausbildung zum Chorleiter und Organisten, Lizentiatsarbeit über die liturgische Praxis am Dom zu Salzburg im 17. Jahrhundert

Nikolaus Harnoncourt
* Berlin 1929, Cellist, Dirigent, Spezialist für Alte Musik und historische Aufführungspraxis, gründete 1953 den Concentus Musicus Wien

Philipp Harnoncourt
* Berlin 1931, Priesterweihe 1954, 1972–1998 Professor für Liturgie und Vorstand des Instituts für Liturgiewissenschaft, Christliche Kunst und Hymnologie an der Universität Graz

Thomas Hochradner
* Salzburg 1963, seit 1993 an der Universität Mozarteum in Salzburg Dozent für Historische Musikwissenschaft, wissenschaftlicher Redakteur des *Handbuchs der musikalischen Gattungen*, Veröffentlichungen zur Musikgeschichte des 17. bis 20. Jahrhunderts sowie zur Musikgeschichte Salzburgs und zur Volksliedforschung

Peter Hofer
* Neukirchen am Großvenediger/Salzburg 1944, Priesterweihe 1968, seit 1994 Professor für Pastoraltheologie in Linz, Domprediger in Salzburg

Egon Kapellari
* Leoben/Steiermark 1936, Priesterweihe 1961, 1964–1981 Hochschulseelsorger in Graz und Leiter des Afro-Asiatischen Instituts in Graz, 1981–2001 Bischof der Diözese Gurk-Klagenfurt, seit 2001 Bischof der Diözese Graz-Seckau, stellvertretender Vorsitzender der Österreichischen Bischofskonferenz, Konsultor der Päpstlichen Kommission für die Kulturgüter der Kirche

Peter Paul Kaspar
* Wien 1942, Priesterweihe 1966, Akademiker- und Künstlerseelsorger der Diözese Linz, Rektor der Ursulinenkirche Linz, Konzerttätigkeit als Organist und Cembalist, Lehrtätigkeit an der Anton Bruckner Privatuniversität, Verfasser zahlreicher Bücher, darunter *Musica Sacra* und *Ein großer Gesang – Musik in Religion und Gottesdienst*

Klaus Küng
* Bregenz 1940, 1969–1970 Arzt am LKH Graz, Priesterweihe 1970, 1976–1989 Regionalvikar des Opus Dei in Österreich, 1989–2004 Bischof der Diözese Feldkirch, seit 2004 Diözesanbischof von St. Pölten

Ulrich Leisinger
*Baden-Baden 1964, 1991–1993 Postdoktorat an der Harvard University, 1993–2004 wissenschaftlicher Mitarbeiter des Bach-Archivs Leipzig, 2004–2005 Arbeitsstellenleiter für das Forschungsprojekt Bach-Repertorium, Visiting Professor an der Cornell University in Ithaca, New York, seit Juli 2006 Leiter des wissenschaftlichen Bereichs der Internationalen Stiftung Mozarteum, Salzburg, Arbeitsstellenleiter für die *Neue Mozart-Ausgabe* und Projektleiter für das Nachfolgeprojekt *Digitale Mozart-Edition*

Hans Maier
* Freiburg im Breisgau 1931, emeritierter Professor für politische Wissenschaften an der Universität München, 1970–1986 Staatsminister für Unterricht und Kultus in Bayern, 1988–1999 Inhaber des Guardini-Lehrstuhls für Christliche Weltanschauung, Religions- und Kulturtheorie an der Universität München, lange Jahre Präsident des Zentralkomitees der deutschen Katholiken

Rainer Michaelis
* Berlin 1954, Studium der Kunstgeschichte, Klassischen Archäologie und Philosophie an der Berliner Humboldt-Universität, Dissertation *Das weltliche Ereignisbild im Brandenburg-Preußen des 18. Jahrhunderts*, seit 1983 wissenschaftlicher Mitarbeiter, seit 1995 Kustos und seit 2004 Oberkustos an der Berliner Gemäldegalerie, zuständig für deutsche, englische und französische Malerei des 18. Jahrhunderts sowie Miniaturmalerei des 16.–19. Jahrhunderts, Publikationen zur deutschen und französischen Malerei des 18. Jahrhunderts sowie zur Sammlungsgeschichte der Berliner Gemäldegalerie

Luise Müller
* Weissenstadt/Oberfranken 1952, Ordination 1979, seit 1995 Superintendentin der Diözese Salzburg und Tirol der Evangelischen Kirche AB

Peter Planyavsky
* Wien 1947, Organist, Komponist, Kirchenmusiker, seit 1980 Professor für Orgel, Improvisation und Liturgisches Orgelspiel an der Wiener Universität für Musik und darstellende Kunst 1969–2005 Domorganist und 1983–1990 Dommusikdirektor am Stephansdom in Wien

Franz Karl Praßl
* Feldbach/Steiermark 1954, Professor für Gregorianik und kirchenmusikalische Werkkunde an der Universität für Musik und darstellende Kunst in Graz, Mitherausgeber der *Beiträge zur Gregorianik*, Gründer und künstlerischer Leiter der Grazer Choralschola

Georg Ratzinger
* Pleiskirchen bei Altötting/Oberbayern 1924, Priesterweihe 1951, 1964–1994 Domkapellmeister am Regensburger Dom und Leiter der Regensburger Domspatzen, Honorarprofessor an der Hochschule für Katholische Kirchenmusik Regensburg, Apostolischer Protonotar

Helmut Reinalter
* Innsbruck 1943, Professor für Geschichte an der Universität Innsbruck, Mitglied des Akademischen Rates der Humboldt-Gesellschaft sowie der Europäischen Akademie der Wissenschaften und Künste

Helmuth Rilling
* Stuttgart 1933, Dirigent, Gründer und künstlerischer Leiter der Internationalen Bachakademie Stuttgart und der Ensembles Gächinger Kantorei Stuttgart, Bach-Collegium Stuttgart, Festival Chor und Orchester des Europäischen Musikfestes

Carena Sangl
* Erlangen 1966, freiberufliche Musikwissenschaftlerin, Pädagogin und Künstlerin, Dissertation über die cäcilianische Bewegung in Salzburg

Thomas Daniel Schlee
* Wien 1957, Organist, Musikmanager, Komponist von Orchesterwerken, Kammermusik und geistlicher Vokalmusik, 1986–1989 Musikdramaturg am Landestheater in Salzburg, 1990–1998 Musikdirektor des Brucknerhauses, Präsident der Guardini Stiftung Berlin, seit 2004 Intendant des Carinthischen Sommers

Manfred Hermann Schmid
* Ottobeuren 1947, seit 1986 Ordinarius für Musikwissenschaft an der Universität Tübingen, 1992/1993 Gastprofessor an der Universität Salzburg, Mitglied der Akademie für Mozart-Forschung der Internationalen Stiftung Mozarteum Salzburg und der Musikgeschichtlichen Kommission Kiel

Heinz-Walter Schmitz
* 1944, 1976–2000 Domkantor in Passau, seit 2000 Leiter des Referates Kirchenmusik im Bistum Passau

Wolfgang Schüssel
* Wien 1945, Bundeskanzler der Republik Österreich, 1975–1991 Generalsekretär des Österreichischen Wirtschaftsbundes, 1989–1995 Bundesminister für wirtschaftliche Angelegenheiten, seit 1995 Bundesparteiobmann der ÖVP, 1995–2000 Vizekanzler und Außenminister

Gerhard Walterskirchen
* Kemmelbach/Niederösterreich 1939, bis 2004 Assistenzprofessor am Institut für Musikwissenschaft der Universität Salzburg, Mitherausgeber der *Denkmäler der Musik in Salzburg* und der *Veröffentlichungen zur Salzburger Musikgeschichte*

Gerhard Wimberger
* Wien 1923, Dirigent und Komponist, bis 1991 Professor für Komposition an der Hochschule Mozarteum in Salzburg, 1971–1991 Mitglied des Direktoriums der Salzburger Festspiele, seit 1977 korrespondierendes Mitglied der Bayerischen Akademie der Schönen Künste in München, 1991–1998 Präsident der AKM Österreich

Kataloge, Sammelschriften

1200 Jahre Erzbistum Salzburg 1999
Heinz Dopsch/Peter F. Kramml/Alfred Stefan Weiß (Hrsg.), *1200 Jahre Erzbistum Salzburg. Die älteste Metropole im deutschen Sprachraum*, Salzburg 1999

Allgemeines Künstlerlexikon 1992ff.
Allgemeines Künstlerlexikon. Die bildenden Künstler aller Zeiten und Völker, München/Leipzig 1992ff.

Argenti del Nord 2005
Daniela Floris/Domenica Primerano, *Argenti del Nord. Oreficerie di Augsburg in Trentino*, Ausst.Kat. Trient, Museo Diocesano Trentino, 26. Juni–6. November 2005, Trient 2005

Augustiner-Museum Rattenberg 1996
Hermann Drexel/Adolf Hahnl u. a., *Augustiner-Museum Rattenberg. Bildführer durch die Sammlungen*, Rattenberg 1996

Biber 1994
Petrus Eder/Ernst Hintermaier, *Heinrich Franz Biber. 1644–1704. Musik und Kultur im hochbarocken Salzburg. Studien und Quellen*, Ausst.Kat. Salzburg, Haydn-Gedenkstätte o. J., Salzburg 1994

Bildniskatalog 1933
Hans Wolfgang Singer, *Allgemeiner Bildniskatalog*, Leipzig 1933, Bd. 9

Componiern 1991
Hans-Günter Klein, *Wolfgang Amadeus Mozart. Componiern – meine einzige freude und Paßion. Autographe und frühe Drucke aus dem Besitz der Berliner Staatsbibliotheken*, Ausst.Kat. Berlin, Staatsbibliothek Preußischer Kulturbesitz, 5. Dezember 1991–8. Februar 1992, Wiesbaden 1991

Deutsche Gemälde 2002
Rainer Michaelis, *Die deutschen Gemälde des 18. Jahrhunderts. Kritischer Bestandskatalog. Staatliche Museen zu Berlin, Gemäldegalerie*, Berlin 2002

Dom zu Salzburg 1959
Franz Simmerstätter (Red.), *Der Dom zu Salzburg. Symbol und Wirklichkeit*, Ausst.Kat. Salzburg, Domoratorien, 30. April–31. Aug. 1959, Salzburg 1959

Dommuseum 1981
Johannes Neuhardt (Hrsg.), *Dommuseum und alte erzbischöfliche Kunst- und Wunderkammer zu Salzburg*, Best.Kat., Salzburg 1981

Erzbischöfe im Porträt 1981
Johannes Neuhardt, *Die Erzbischöfe im Porträt*, Ausst.Kat. Dommuseum zu Salzburg, Mai–19. Okt. 1981, Salzburg 1981

Festschrift St. Peter 1982
Aegidius Kolb OSB (Hrsg.), *Festschrift St. Peter zu Salzburg 582–1982* (= Studien und Mitteilungen zur Geschichte des Benediktiner-Ordens und seiner Zweige 93), Salzburg 1982

Freimaurer 1992
Günter Düriegl/Susanne Winkler (Red.), *Freimaurer. Solange die Welt besteht*, Ausst.Kat. Wien, Historisches Museum, 18. September 1992–10. Januar 1993, Wien 1992

Freimaurer in Österreich 1976
Rupert Feuchtmüller/Ernest Krivanec (Bearb.), *Die Freimaurer in Österreich. Zur Geistesgeschichte des 18. Jahrhunderts. Museum Schloss Rosenau*, Zwettl, o. O. (1976)

Freimaurerei 1974
Hans Georg Gmelin, *Freimaurerei. Eine Auswahl kulturgeschichtlicher Zeugnisse aus drei Jahrhunderten*, Bielefeld, Museum für Kulturgeschichte, 21. April–26. Mai 1974, Bielefeld, 1974

Freimaurermuseum 2005
Österreichisches Freimaurermuseum Schloss Rosenau bei Zwettl, Wien 2005

Geschichte Salzburgs 1983–1991
Heinz Dopsch/Hans Spatzenegger (Hrsg.), *Geschichte Salzburgs. Stadt und Land*, Salzburg 1983–1991, Bd. I/1–II/4

Gold und Silber 1984
Johannes Neuhardt/Franz Wagner, *Gold und Silber. Kostbarkeiten aus Salzburg. Meisterliste und Katalog*, Ausst. Kat. Salzburg, Dommuseum, 12. Mai–14. Okt. 1984, Salzburg 1984

gold und silber 2003
gold und silber. Augsburgs glänzende Exportwaren, Ausst.Kat. Augsburg, Diözesanmuseum St. Afra, 3. Mai–27. Juli 2003, Augsburg 2003

Holzblasinstrumente OöLM 1997
Philipp T. Young/Stefan Gschwendtner, *Die Holzblasinstrumente im Oberösterreichischen Landesmuseum*, Linz 1997

Inventar Mirabell 1989
Thomas Heinz Fischer, *Schloß Mirabell* (= Inventare der Salzburger Burgen und Schlösser Bd. 6), Salzburg 1989

Johannes von Nepomuk 1979
Johannes Neuhardt, *250 Jahre hl. Johannes von Nepomuk*, Ausst.Kat. Dommuseum, Mai–Okt. 1979, Salzburg 1979

Kongressbericht Kassel 1963
Georg Reichert/Martin Just (Hrsg.), *Bericht über den Internationalen musikwissenschaftlichen Kongreß Kassel 1962*, Kassel 1963

Lebensbilder Salzburger Erzbischöfe 1998
Peter F. Kramml/Alfred Stefan Weiß (Hrsg.), *Lebensbilder Salzburger Erzbischöfe aus zwölf Jahrhunderten. 1200 Jahre Erzbistum Salzburg*, Salzburg 1998

Lodron 2003
Peter Keller/Johannes Neuhardt (Hrsg.), *Erzbischof Paris Lodron (1619–1653). Staatsmann zwischen Krieg und Frieden*, Ausst.Kat. Salzburg, Dommuseum zu Salzburg, 16. Mai–26. Oktober 2003, Salzburg 2003

Maria Plain 1674–1974 1974
Maria Plain 1674–1974. Festschrift (= Studien und Mitteilungen zur Geschichte des Benediktinerordens und seiner Zweige 85), Ottobeuren 1974, S. 172–223

MBA = Mozart Briefe und Aufzeichnungen 1962–1975
Wolfgang Amadeus Mozart, *Briefe und Aufzeichnungen. Gesamtausgabe* (Wilhelm A. Bauer/Otto Erich Deutsch, Hrsg.), Kassel/Basel/London/New York 1962–1975, 2005, Bd. 1–7

Meissener Porzellan 1966
Rainer Rückert, *Meissener Porzellan. 1710–1810*, Ausst.Kat. München, Bayerisches Nationalmuseum, München 1966

Meisterwerke 1998
Johann Kronbichler (Hrsg.), *Meisterwerke europäischer Kunst. 1200 Jahre Erzbistum Salzburg*, Ausst.Kat. Salzburg, Dommuseum, 2. Mai–26. Oktober, 1998

Mensch Mozart 2005
Sabine Greger-Amanshauser/Christoph Großpietsch/Gabriele Ramsauer, *Mensch Mozart! Antworten auf die 100 häufigsten Fragen*, Salzburg/München 2005

MGG = Musik in Geschichte und Gegenwart 1951–1986, 1994ff.
Friedrich Blume (Hrsg.) *Die Musik in Geschichte und Gegenwart. Allgemeine Enzyklopädie der Musik*, Kassel ^{1}1951–1986
Ludwig Finscher (Hrsg.) *Die Musik in Geschichte und Gegenwart. Allgemeine Enzyklopädie der Musik*, Kassel ^{2}1994ff.

Mozart Bilder 1961
Mozart und seine Welt in zeitgenössischen Bildern (= *NMA* Ser. 10, Suppl., Werkgr. 32, Otto Erich Deutsch, Hrsg.), Kassel/Basel/London/New York 1961

Mozart Bilder und Klänge 1991
Rudolph Angermüller/Geneviève Geffray (Red.), *Mozart Bilder und Klänge*, Ausst.Kat. Salzburg, Schloss Klessheim, 23. März–3. Nov. 1991, Salzburg 1991

Mozart Briefe 1914
Die Briefe W. A. Mozarts (Ludwig Schiedermair, Hrsg.), München/Leipzig 1914, Bd. 1–5

Mozart Briefe 1983
Wolfgang Amadeus Mozart, *Briefe* (Willi Reich, Hrsg.), Zürich 1983

Mozart Dokumente 1961, 1963, 1981
Mozart. Die Dokumente seines Lebens (= *NMA* Ser. X, Suppl., Werkgr. 34, Otto Erich Deutsch, Hrsg.), Kassel 1961
Mozart. Dokumente seines Lebens (Otto Erich Deutsch/Joseph Heinz Eibl, Hrsg.), Kassel/München ¹1963, ²1981

Mozart Dokumente/Addenda und Corrigenda 1971
Mozart. Die Dokumente seines Lebens. Addenda und Corrigenda (= *NMA* Ser. X, Werkgr. 31, Bd. 1, Josef Heinz Eibl, Zusammenstellung), Kassel 1971

Mozart Handbuch 2005
Silke Leopold (Hrsg.), *Mozart Handbuch*, Kassel/Stuttgart/Weimar 2005

Mozart-Lexikon 2005
Gernot Gruber/Joachim Brügge (Hrsg.), *Das Mozart-Lexikon* (= *Das Mozart-Handbuch*, Bd. 6), Laaber 2005

Mozart und die Geistliche Musik 1992
Mozart und die Geistliche Musik (Brixner Initiative Musik und Kirche. Viertes Symposion 1991), Brixen 1992

Mozarts Kirchenmusik 1992
Harald Schützeichel (Hrsg.), *Mozarts Kirchenmusik* (Tagungsberichte der Katholischen Akademie der Erzdiözese Freiburg), Freiburg i. Br. 1992

Musikaliensammlung St. Peter 1970
Manfred Hermann Schmid, *Die Musikaliensammlung der Erzabtei St. Peter in Salzburg. Katalog I. Leopold und Wolfgang Amadeus Mozart, Joseph und Michael Haydn*, Salzburg 1970

Musikinstrumente BNM 1999
Bettina Wackernagel, *Musikinstrumente des 16. bis 18. Jahrhunderts im Bayerischen Nationalmuseum*, München o. J. (1999)

Musikinstrumentensammlung OöLM 1958
Othmar Wessely, *Die Musikinstrumentensammlung des Oberösterreichischen Landesmuseums*, Linz 1958

NMA = Neue Mozart-Ausgabe 1955ff.
Wolfgang Amadeus Mozart. Neue Ausgabe sämtlicher Werke, Kassel 1955ff.

ÖKT = Österreichische Kunsttopographie
Hans Tietze/Franz Martin, *Österreichische Kunsttopographie*, Bd. 9, *Die kirchlichen Denkmale der Stadt Salzburg (mit Ausnahme von Nonnberg und St. Peter)*, Wien 1912
Hans Tietze, *Österreichische Kunsttopographie*, Bd. 12, *Die Denkmale des Benediktinerstiftes St. Peter in Salzburg*, Wien 1913
Hans Tietze, *Österreichische Kunsttopographie*, Bd. 16, *Die Kunstsammlungen der Stadt Salzburg*, Wien 1919
Franz Martin, *Ostmärkische Kunsttopographie*, Bd. 28, *Die Kunstdenkmäler des Landkreises Bischofshofen*, Wien 1940
Hans Bertele Grenadenberg, *Österreichische Kunsttopographie*, Bd. 43, *Die Kunstdenkmäler des Benediktinerstiftes Kremsmünster*, T. 2, *Die stiftlichen Sammlungen und die Bibliothek*, Wien 1977

Requiem 1991
Günter Brosche/Josef Gmeiner/Thomas Leibnitz, *Requiem. Wolfgang Amadeus Mozart. 1791–1991*, Ausst.Kat. Österreichische Nationalbibliothek, Musiksammlung, 16. Mai–5. Dezember 1991, Graz 1991

Sakramentliche Feiern 1984–1992
Bruno Kleinheyer/Emanuel von Severus/Reiner Kaczynski, *Sakramentliche Feiern*, Regensburg 1989, Bd. 1,1–2

Säkularisation Salzburgs 1803 2005
Gerhard Ammerer/Alfred Stefan Weiß, *Die Säkularisation Salzburgs 1803. Voraussetzungen – Ereignisse – Folgen* (Protokoll der Salzburger Tagung, 19.–21. Juni 2003), Frankfurt 2005

Salzburg als Motiv 1988
Roswitha Juffinger (Red.), *Salzburg als Motiv. Die Graphiksammlung der Residenzgalerie Salzburg*, Ausst.Kat. Salzburg, Residenzgalerie, 9. Aug.–16. Okt. 1988, Salzburg 1988

Salzburg zur Zeit der Mozart 1991
Johannes Neuhardt/Albin Rohrmoser (Hrsg.), *Salzburg zur Zeit der Mozart*, Ausst.Kat. Salzburger Museum Carolino Augusteum/Dommuseum (= Jahresschrift des Salzburger Museums Carolino Augusteum 37–38), Salzburg 1991

Salzburger Kulturlexikon 2001
Adolf Haslinger/Peter Mittermayr (Hrsg.), *Salzburger Kulturlexikon*, Salzburg 2001

Salzburger Mozart-Lexikon 2005
Gerhard Ammerer/Rudolph Angermüller (Red.), *Salzburger Mozart-Lexikon*, Bad Honnef 2005

Salzburger Musikgeschichte 2005
Jürg Stenzl/Ernst Hintermaier/Gerhard Walterskirchen (Hrsg.), *Salzburger Musikgeschichte. Vom Mittelalter bis ins 21. Jahrhundert*, Salzburg 2005

Salzburgs alte Schatzkammer 1967
Johannes Neuhardt, *Salzburgs alte Schatzkammer*, Ausst.Kat. Salzburg, Domoratorien, 11. Juni–15. Sept. 1967, Salzburg 1967

Salzburgs Wallfahrten 1986
Johannes Neuhardt, *Salzburgs Wallfahrten in Kult und Brauch*, Ausst.Kat. Salzburg, Dommuseum, Mai–Okt. 1986, Salzburg 1986

St. Peter 1982
Heinz Dopsch/Roswitha Juffinger, *St. Peter in Salzburg. Das älteste Kloster im deutschen Sprachraum*, Ausst.Kat. Salzburg, Dommuseum/Erzabtei St. Peter, 15. Mai–26. Oktober 1982, Salzburg 1982

St. Peter zur Zeit Mozarts 1990
Petrus Eder OSB/Gerhard Walterskirchen (Red.), *Das Benediktinerstift St. Peter in Salzburg zur Zeit Mozarts. Musik und Musiker – Kunst und Kultur*, Salzburg 1991

Trachtenbuch 1983
Friederike Prodinger/Reinhard R. Heinisch, *Gewand und Stand. Kostüm- und Trachtenbilder der Kuenburg-Sammlung*, Salzburg 1983

Wallfahrt zu Mozart 1959
Nerina Medici di Marignano/Rosemary Hughes (Hrsg.), *Eine Wallfahrt zu Mozart. Die Reisetagebücher von Vincent und Mary Novello aus dem Jahre 1829*, Bonn 1959

Zaubertöne 1991
Tine Erben, *Zaubertöne. Mozart in Wien 1781–1791*, Ausst.Kat. Wien, Historisches Museum der Stadt Wien/Künstlerhaus, 6. Dezember–15. September 1991, Wien 1991

Aufsätze, Monographien

Andreas Andresen, *Handbuch für Kupferstichsammler oder Lexicon der Kupferstecher, Maler-Radierer und Formschneider aller Länder und Schulen nach Massgabe ihrer geschätzten Blätter und Werke*, Leipzig 1870–1873, Bd. 1–2

Bauer 2005
Richard Bauer, Der „Berliner Mozart". Notwendiger Widerspruch gegen eine Weltsensation, ¹in: *Acta Mozartiana* 52, 2005, S. 5–22, ²in: *Oberbayerisches Archiv* 129, 2005, S. 7–22

Blaha 1950
Herta [Haselberger-] Blaha, Österreichische Triumph- und Ehrenpforten der Renaissance und des Barock (= unveröff. Diss., Universität Wien), Wien 1950

Brettenthaler 1987
Josef Brettenthaler, *Salzburgs Synchronik*, Salzburg 1987

Braun 1932
Joseph Braun S.J., *Das christliche Altargerät in seinem Sein und in seiner Entwicklung*, München 1932

Croll 1982
Gerhard Croll, Die Mozarts, Johann Michael Haydn und das Stift St. Peter, in: *St. Peter* 1982, S. 149–152

Dannecker 2005
Klaus Peter Dannecker, *Taufe, Firmung und Erstkommunion in der ehemaligen Diözese Konstanz. Eine liturgiegeschichtliche Untersuchung der Initiationssakramente* (Liturgiewissenschaftliche Quellen und Forschungen 92), Münster 2005

Danreiter o. J.
Franz Anton Danreiter, *Die Saltzburgische Kirchenprospect gezeichnet und unterthänigst überreichet Dem hochwürdigsten Hochgebohrnen des H. R. R. Fürsten und Herrn Herrn Leopoldo Ertz- Bischoffen zu Saltzburg [...]*, Augsburg: Johann Andreas Pfeffel o. J.

Danreiter 1982
Franz Anton Danreiter, *Salzburger Ansichten. Vedutenwerk in vier Teilen aus der Zeit um 1750* (Dieter Messner, Nachwort), Dortmund 1982

Deutsch 1965
Otto Erich Deutsch, Zu den Bildnissen der Familie Mozart, in: *Mitteilungen der Internationalen Stiftung Mozarteum* 13, 1965, H. 1–2, S. 12–13

Eising 1906–1907
Johannes Eising, Geschichte der Katechetik in Salzburg, in: *Katholische Kirchenzeitung Salzburg* 46, 1906, Nr. 85–99, 101–102, 47, 1907, Nr. 1–7

Elias 1991
Norbert Elias, *Mozart. Zur Soziologie eines Genies* (Michael Schröter, Hrsg.), Frankfurt am Main 1991

Federhofer 1958
Hellmut Federhofer, Probleme der Echtheitsbestimmung der kleineren kirchenmusikalischen Werke W. A. Mozarts, in: *Mozart-Jahrbuch* 1958, S. 102–103

Feuchtmüller 1982
Rupert Feuchtmüller, Die spätbarocke Umgestaltung der Stiftskirche unter Abt Beda Seeauer, in: *Festschrift St. Peter* 1982, S. 653–693

Feuchtmüller 1989
Rupert Feuchtmüller, *Der Kremser Schmidt. 1718–1801*, Innsbruck/Wien 1989

Frey/Schommers/Seelig 1996
Hilde Frey/Annette Schommers/Lorenz Seelig, *Georg Ignatius Baur. Kurfürstlicher Hofgoldschmied in Augsburg*, Biberach 1996

Fuhrmann 1963
Franz Fuhrmann, *Salzburg in alten Ansichten. Bd. 1. Die Stadt, Bd. 2. Das Land*, Salzburg 1963

Gärtner 1997
Heinz Gärtner, *Mozart und der „liebe Gott"*, München 1997

Gruber 2005
Gernot Gruber, *Wolfgang Amadeus Mozart*, München 2005

Haberkamp 1986
Gertraut Haberkamp, *Die Erstdrucke der Werke von W. A. Mozart* (= Musikbibliographische Arbeiten 10), Tutzing 1986

Hahnl 1969
Adolf Hahnl, *Studien zu Wolfgang Hagenauer (1726–1801)* (= Diss.), Salzburg 1969

Hahnl 1974
Adolf Hahnl, Zur Bau- und Kunstgeschichte des Plainer Heiligtums, in: *Maria Plain 1674–1974* 1974, S. 172–223

Hahnl 1982
Adolf Hahnl, Barocke Klosteransichten, Baurisse und Entwürfe von St. Peter, in: *Festschrift St. Peter* 1982, S. 694–739

Hahnl 1990
Adolf Hahnl, Die Brüder Wolfgang, Johann Baptist und Johann Georg Hagenauer, in: *Ainring. Heimatbuch*, Ainring 1990, S. 329–390

Heinz 1950
Günther Heinz, *Die Salzburger Barockmalerei im 18. Jahrhundert* (unveröff. Prüfungsarbeit, Institut f. Österreichische Geschichtsforschung), Wien 1950

Hermann 1982
Friedrich Karl Hermann OSB, Das Kloster im Sturm des politischen Umbruches bis 1816, in: *Festschrift St. Peter* 1982, S. 288–334

Hildesheimer 1977, 1990
Wolfgang Hildesheimer, *Mozart*, Frankfurt am Main ¹1977, 1990

Hintermaier 1991
Ernst Hintermaier, Musik – Musiker – Musikpflege, in: *Geschichte Salzburgs* 1991, Bd. II,3, S.1619–1706

Holböck 1978
Ferdinand Holböck, *Wolfgang Amadeus Mozart. Der Salzburger Domorganist und seine Beziehungen zur katholischen Kirche*, Stein am Rhein 1978

Holböck 1991
Ferdinand Holböck, Wolfgang Amadeus Mozarts Weltanschauung und Religion, in: Luigi Cotteri (Hrsg.), *Wolfgang Amadeus Mozart (1756–1791)* (= Studi Italo-Tedeschi. Deutsch-Italienische Studien 15, 1991), Meran 1991, S. 2–26

Irmen 1996
Hans-Josef Irmen, *Mozart's Masonry and the Magic Flute*, Essen 1996

Jahn 1856–1859, 1867, 1889–1891, 1905–1907
Otto Jahn, W. A. Mozart, Leipzig ¹1856–1859 Bd. 1–4, ²1867, ³1889–1891, ⁴1905–1907, je Bd. 1–2

Kaspar 2002
Peter Paul Kaspar, *Ein großer Gesang*, Graz/Wien 2002

Klein 1982
Hans-Günter Klein, *Staatsbibliothek Preußischer Kulturbesitz. Kataloge der Musikabteilung*, 1. Reihe, *Handschriften*, Bd. 6, *Wolfgang Amadeus Mozart. Autographen und Abschriften*, Berlin 1982

Klieber 1994
Rupert Klieber, Musikalische Implikationen einer Institution. Salzburgs Bruderschaften im Ausgang des 17. Jahrhunderts am Beispiel St. Josef und Hl. Kreuz, in: *Biber* 1994, S. 141–153

Klieber 1999
Rupert Klieber, *Bruderschaften und Liebesbünde nach Trient. Ihr Totendienst, Zuspruch und Stellenwert im kirchlichen und gesellschaftlichen Leben am Beispiel Salzburg 1600–1950*, Frankfurt a. M. u. a. 1999

Köllmann 1970
Erich Köllmann, Der Mopsorden, in: *Keramos* 1970, Nr. 50, S. 71–74

Konrad 1992
Ulrich Konrad, *Mozarts Schaffensweise. Studien zu den Werkautographen, Skizzen und Entwürfen* (= Abhandlungen der Akademie der Wissenschaften in Göttingen, Philologisch-Historische Klasse, Dritte Folge, Nr. 201), Göttingen 1992

Konrad 2004
Ulrich Konrad, Mozart, Wolfgang, in: *MGG* 2004, Personenteil, Bd. 12, Sp. 591–758

Langegger 1978
Florian Langegger, *Mozart. Vater und Sohn. Eine psychologische Untersuchung*, Zürich/Freiburg im Breisgau 1978

Lindner 1976
Erich J. Lindner, *Die königliche Kunst im Bild. Beiträge zur Ikonographie der Freimaurerei*, Graz 1976

Martin 1949, 1966, 1982
Franz Martin, *Salzburgs Fürsten in der Barockzeit*, Salzburg ¹1949, ³1966, ⁴1982

Menzhausen 1993
Ingelore Menzhausen, *In Porzellan verzaubert. Die Figuren Johann Joachim Kändlers [!] in Meißen aus der Sammlung Paul-Eisenbeiss Basel*, Basel 1993

Michaelis/Seiller 1999
Rainer Michaelis/Wolfgang Seiller, Ein unbekanntes Bildnis Wolfgang Amadeus Mozarts in der Berliner Gemäldegalerie, in: *Mozart-Jahrbuch* 1999, S.1–12

Michaelis/Stehr 2004
Rainer Michaelis/Ute Stehr, Das Berliner Bildnis des Wolfgang Amadeus Mozart. Zu einer Entdeckung im Depot, in: *Museums-Journal* 18., 2004, Nr. 3 (Juli), S. 32–33

Nebehay/Wagner 1981–1991
Ingo Nebehay/Robert Wagner, *Bibliographie altösterreichischer Ansichtenwerke aus fünf Jahrhunderten. Die Monarchie in der topographischen Druckgraphik von der Schedel'schen Weltchronik bis zum Aufkommen der Photographie. Beschreibendes Verzeichnis der Ansichtenwerke*, Graz 1981–1991, Bd. 1–6

Neuhardt 1982
Johannes Neuhardt, *Wallfahrten im Erzbistum Salzburg*, München/Zürich 1982

Niemetschek 1984, 2005
Franz Xaver Niemetschek, *Ich kannte Mozart* (Jost Perfall, Hrsg.), München 1984, 2005

Nissen 1828
Georg Nikolaus von Nissen, *Biographie W. A. Mozart's. Nach Originalbriefen, Sammlungen alles über ihn Geschriebenen, mit vielen neuen Beylagen, Steindrücken, Musikblättern und einem Fac-simile*, Leipzig 1828

Nohl 1865, 1877
Ludwig Nohl, *Mozarts Briefe*, Leipzig ¹1865, ²1877

Nottebohm 1880
Gustav Nottebohm, *Mozartiana*, Leipzig 1880

Pahlen 1969
Kurt Pahlen, *Das Mozartbuch*, Wiesbaden 1969

Pahlen 1991
Kurt Pahlen, *Wolfgang Amadeus Mozart. Sein Leben und seine Zeit*, Herrsching 1991

Pitsch 2002
Ulrich Pietsch (Hrsg.), *Die Arbeitsberichte des Meissener Porzellanmodelleurs Johann Joachim Kaendler, 1706–1775*, Berlin 2002

Pirckmayer 1876
Friedrich Pirckmayer, Zur Lebensgeschichte Mozart's, in: *MGSL* 16, 1876, S. 130–151

Pirckmayer 1886
Friedrich Pirckmayer, Über Musik und Theater am fürsterzbischöflichen salzburgischen Hofe 1762–1775, in: *Salzburger Zeitung* 1886, S. 11–13

Plath 1963
Wolfgang Plath, Über Skizzen zu Mozarts „Requiem", in: *Kongressbericht Kassel 1962*, 1963, S. 184–187

Plath 1976/1977
Wolfgang Plath, Beiträge zur Mozart-Autographie II. Schriftchronologie 1770–1780, in: *Mozart-Jahrbuch 1976/77*, S. 131–173

Pretzell 1935
Lothar Pretzell, *Salzburger Barockplastik. Entwicklungsgeschichte der Salzburger Plastik vom Anfang des 17. bis zum Ende des 18. Jahrhunderts*, Berlin 1935

Radinger/Walcher 1909
Karl von Radinger, Verzeichnis der Zinngegenstände des städtischen Museums, in: *Städtisches Museum Carolino-Augusteum Salzburg. Jahresbericht* 1909/ Alfred Walcher von Molthein, Das Zinngießerhandwerk der Stadt Salzburg, ¹in: *Kunst und Kunsthandwerk* 12, 1909, H. 10, ²in: *Städtisches Museum Carolino-Augusteum Salzburg. Jahresbericht* 1909

Riedel 1992
Friedrich W. Riedel, Mozarts Kirchenmusik: Liturgische Funktion – musikalische Tradition – historische Position, in: *Mozart und die Geistliche Musik* 1992, S. 25–55

Rossacher 1966
Kurt Rossacher, *Der Schatz des Erzstifts Salzburg. Ein Jahrtausend deutscher Goldschmiedekunst*, Salzburg 1966

Rossbacher 1998
Bettina Rossbacher, *Andreas Nesselthaler (1748–1821). Hofmaler im klassizistischen Salzburg. Historiengemälde und Landschaftsbilder* (= Diss.), Salzburg 1998

Salzmann 1984
Ulrich Salzmann, Der Salzburger Erzbischof Siegmund Christoph Graf von Schrattenbach (1753–1771) und sein Domkapitel, in: *MGSL* 124, 1984, S. 9–240

Sangl 2005
Carena Sangl, *Der Cäcilianismus in Salzburg unter Erzbischof Johannes Kardinal Katschthaler*, Salzburg 2005

Schenk 1983
Rolf Schenk, *Der Münchner Porträtmaler Johann Georg Edlinger. Monographie und Werkskatalog*, München 1983

Schick 2005
Hartmut Schick, Die geistliche Musik, in: *Mozart Handbuch* 2005, S. 164–247

Schmid 1976
Manfred Hermann Schmid, *Mozart und die Salzburger Tradition* (Münchner Veröffentlichungen zur Musikgeschichte 24), Tutzing 1976, Bd. 1–2

Schmid 2006
Manfred Hermann Schmid, *Mozart in Salzburg*, Salzburg 2006

Schmid/Eder 2005
Manfred Hermann Schmid/Petrus Eder, Leopold Mozart – Wolfgang Amadeus Mozart – Michael Haydn, in: *Salzburger Musikgeschichte* 2005, S. 255–331

Schnitzler-Sekyra 1994
Andrea Schnitzler-Sekyra, *Franz Anton Danreiter (1695–1760)* (= vervielf. Diss.), Salzburg 1994

Schöttl 1939
Josef Schöttl, *Kirchliche Reformen des Salzburger Erzbischofs Hieronymus von Colloredo im Zeitalter der Aufklärung* (= Südostbayerische Heimatstudien 16), Hirschenhausen 1939

Schröder 1929
Alfred Schröder, Augsburger Goldschmiede. Markendeutungen und Würdigungen, in: *Archiv für die Geschichte des Hochstiftes Augsburg* 6, 1929, S. 541–607

Schuler 1992
Heinz Schuler, *Mozart und die Freimaurerei. Daten, Fakten, Biographien*, Wilhelmshaven 1992

Seiller 2005
Wolfgang Seiller, Neue Erkenntnisse zum Bildnis Wolfgang Amadeus Mozarts in der Berliner Gemäldegalerie, in: *Mozart-Jahrbuch* 2005 (in Vorbereitung)

Seling 1980
Helmut Seling, *Die Kunst der Augsburger Goldschmiede 1529–1868*, München 1980, Bd. 1–3

Sismanoglu 2000
Gül Sismanoglu, Salzburger Barockveduten als Hinterglas-Goldradierung mit Spiegelrahmen, in: *Restauratorenblätter* 21, 2000, S. 149–153

Stadler 1826
Maximilan Stadler, *Vertheidigung der Echtheit des Mozartischen Requiems*, Wien 1826

Strebel 1991
Harald Strebel, *Der Freimaurer Wolfgang Amadé Mozart*, Stäfa 1991

Tyson 1987
Alan Tyson, *Mozart: Studies of the Autograph Scores*, Cambridge (Massachusetts) London 1987

Wolff 1991
Christoph Wolff, *Mozarts Requiem. Geschichte – Musik – Dokumente – Partitur des Fragments*, München/Kassel 1991

Wurzbach 1857–1891
Constant von Wurzbach, *Biographisches Lexikon des Kaiserthums Oesterreich*, Wien 1857–1891, Bd. 1–60

Ziegler 1990
Frank Ziegler, *Deutsche Staatsbibliothek. Handschrifteninventar*, Bd. 12, *Wolfgang Amadeus Mozart. Autographenverzeichnis*, Berlin 1990

Zimburg 1963
Heinrich Zimburg, *Die Baudenkmäler von Badgastein. Die Kirche „Maria vom guten Rat" von Böckstein, ein Barockjuwel des Gasteinertales* (Sonderdruck aus: *Badgasteiner Badeblatt* 1963, H. 23–24)

Zimburg 1978
Heinrich Zimburg, *Die Baudenkmäler von Badgastein*, Sankt Johann im Pongau 1978

Fotonachweis

Augsburg, Stadtarchiv
Abb. 14; Kat.Nr. 43., 52.

Berlin, Staatsbibliothek zu Berlin – Stiftung Preußischer Kulturbesitz, Musikabteilung mit Mendelssohn-Archiv
Kat.Nr. 42., 45., 47., 124.2.

Berlin, Staatliche Museen zu Berlin – Stiftung Preußischer Kulturbesitz, Gemäldegalerie
J. Anders: Abb. 63, 66, 68, 69; Kat.Nr. 92.

Bologna, Civico Museo Bibliografico Musicale/Fornasini Microfilm Service
Abb. 65

Bologna, Fornasini Microfilm, Service s.r.l.
Abb. 64

Freising, Foto-Studio Werkmeister
Kat.Nr. 48.

Innsbruck, frischauf bild GmbH
Kat.Nr. 59.1.–59.3.

Kellberg, a.b-PhotoDesign
Kat.Nr. 62.–65.

Köln/New York, Galerie Michael Werner
Kat.Nr. 134.–136.

Kraków, Biblioteka Jagiellońska
Abb. 72–75

Kremsmünster, Stift Kremsmünster, Sternwarte
P. A. Kraml: Kat.Nr. 101.

Linz, Oberösterreichische Landesmuseen
Kat.Nr. 55.–58.

London, The British Library
Kat.Nr. 50.

Meißen, Staatliche Porzellan-Manufaktur Meissen GmbH
Kat.Nr. 114., 115.

München, Abtei St. Bonifaz, Stiftsarchiv
Kat.Nr. 130.

München, Bayerisches Nationalmuseum
Kat.Nr. 60., 61.1.–2.

München, W. Haberland
Kat.Nr. 66.

München, Bayerische Staatsbibliothek
Abb. 29–30

Rattenberg, Augustinermuseum
Kat.Nr. 15.

Salzburg, Salzburger Barockmuseum
Abb. 13

Salzburg, Dommuseum
Foto Oskar Anrather: Kat.Nr. 2.
Josef Kral: Abb. 1, 2, 5, 7–12, 15–18, 20–27, 31–43, 45–47, 49–54, 56, 58–60, 62, 67; Kat.Nr. 1., 4.–14., 18.–39., 46., 49., 54., 67.–75., 77.–81., 83.–88., 96.–100., 106.–110., 122., 124.1., 125., 128.–129., 131.–133.
Johann Kronbichler: Abb. 61; Kat.Nr. 3.1.a.–n., 82.

Salzburg, Erzabtei St. Peter
Kat.Nr. 41.

Salzburg • Paris, Galerie Thaddaeus Ropac
Kat.Nr. 137.

Salzburg, Internationale Stiftung Mozarteum
Abb. 3, 4, 6, 19, 55, 57, 70, 71; Kat.Nr. 53., 89.–91., 93., 94., 104., 113., 121.1.–2., 123., 126., 127.

Salzburg, Salzburger Landesarchiv
Kat.Nr. 105.

Salzburg, Salzburger Museum Carolino Augusteum
Kat.Nr. 16., 17., 76., 112.

Wien, Archiv der Domkirche St. Stephan zu Wien
Abb. 48

Wien, Großloge von Österreich
Kat.Nr. 116.1.–119.

Wien, Österreichisches Staatsarchiv, Haus-Hof- und Staatsarchiv
Kat.Nr. 103., 120.

Wien, Österreichische Nationalbibliothek
Kat.Nr. 40., 44., 51.

Wien, Wien Museum
Abb. 28

Repro
Abb. 44, Kat.Nr. 95.

Leihgeber

Wir danken den Leihgebern, insbesondere auch den ungenannten privaten, ohne deren
großzügiges Entgegenkommen die Ausstellung nicht möglich gewesen wäre:

Abtenau, Pfarrkirche hl. Blasius

Augsburg, Staats- und Stadtbibliothek/Katholische Wallfahrtskirchenstiftung Hl. Kreuz

Bergheim, Wallfahrtsbasilika Maria Plain

Berlin, Staatliche Museen zu Berlin – Stiftung Preußischer Kulturbesitz, Gemäldegalerie

Berlin, Staatsbibliothek zu Berlin – Stiftung Preußischer Kulturbesitz, Musikabteilung mit Mendelssohn-Archiv

Böckstein, Pfarrkirche Maria vom Guten Rat

Freising, Dombibliothek

Hallein, Pfarrkirche hl. Antonius Eremit

Hopfgarten, Pfarrkirche hll. Jakobus d. Ä. und Leonhard

Köln/New York, Galerie Michael Werner

Kössen, Pfarrkirche hll. Petrus und Paulus

Kremsmünster, Stift Kremsmünster, Kunstsammlungen

Kremsmünster, Stift Kremsmünster, Musiksammlung

Kremsmünster, Stift Kremsmünster, Sternwarte

Laufen an der Salzach, Stadt Laufen

Linz, Oberösterreichisches Landesmuseum

London, The British Library

Meißen, Staatliche Porzellan-Manufaktur Meissen GmbH

Michaelbeuern, Benediktinerabtei Michaelbeuern

München, Bayerisches Nationalmuseum

München, Benediktinerabtei St. Bonifaz in München und Andechs

Rattenberg, Augustinermuseum

Salzburg, Archiv der Stadt Salzburg

Salzburg, Dom- und Metropolitankirche hll. Rupert und Virgil

Salzburg, Erzabtei St. Peter

Salzburg, Erzbischöfliche Mensa

Salzburg, Galerie Altnöder

Salzburg, Internationale Stiftung Mozarteum

Salzburg, Kirchenrektorat der Kollegienkirche

Salzburg, Konsistorialarchiv

Salzburg, Land Salzburg

Salzburg, Pfarrkirche St. Johannes am Imberg

Salzburg, Priesterseminar der Erzdiözese Salzburg

Salzburg, Salzburger Landesarchiv

Salzburg, Salzburger Museum Carolino Augusteum

Salzburg-Mülln, Pfarrkirche U. L. Frau Mariae Himmelfahrt

Salzburg • Paris, Sammlung Thaddaeus Ropac

Seitenstetten, Benediktinerstift Seitenstetten

Straßwalchen, Pfarrkirche hl. Martin

Wien, Großloge von Österreich

Wien, Österreichische Nationalbibliothek

Wien, Österreichisches Staatsarchiv, Haus-, Hof- und Staatsarchiv

DOMMUSEUM ZU SALZBURG

Postfach 62, 5010 Salzburg

Tel: +43-662-8047-1860 oder -1870
Fax: +43-662-8047-1809
office@museum.kirchen.net
www.kirchen.net/dommuseum